国家“985工程”“汉语言文学与民族认同”哲学社会科学创新基地项目资金资助

南 京 大 学 美 学 研 究 所
南京大学人文社会科学高级研究院
主办

马克思主义美学研究

Research on Marxist Aesthetics

第12卷 | 第2期

中央编译出版社
CCTP Central Compilation & Translation Press

编　委

（按姓氏英文字母顺序）

目 录

卷首语

在全球化时代，文化问题显得更为复杂，也更为重要。在这个新的历史时期，马克思主义美学的研究应该是开放的和发展的，以便对当代重大的社会问题和文化问题做出积极的研究和思考。在这个意义上，对话的意识和学理分析的意识是十分重要的。没有对话的态度，马克思主义美学就不可能获得自己的当代性，没有学理的意识和方法论的创新，马克思主义美学研究就不可能深入并解决当代众多的理论纷争和文化上的谜团。

本着交流和发展的基本理念，今年5月本刊编辑部举办了“文化研究的关键问题”小型国际研讨会，英国、澳大利亚、中国学者就文化与习性的关系、文化中的自由治理与审美机制的关系、文化研究的中国视角等问题展开了热烈的讨论，本期集中刊发了这次会议的部分论文。托尼·本尼特是文化研究的领军人物之一，他的会议主旨发言论文《文化、历史与习性》把习性问题放在文化研究关键问题的位置来讨论和思考。托尼指出，习性是一个十分复杂的概念，对习性的研究在文化人类学和美学研究中都具有十分重要的地位和作用。托尼批评了西方“先进文化理念”简单评价和衡量不同文化中的习俗和审美活动的错误观念。托尼认为，在当代文化研究和美学研究中，以不同文化和习性为基础的不同的美学是值得重视和认真研究的。

匹兹堡大学许倬云教授与南京大学美学研究所同仁的座谈《文化差异中的

美学与伦理经验》，也从中国文化特殊性的角度分析和讨论了中国美学观念的独特意义，以及中国美学观念在当代西方主流文化中的影响。许倬云教授是著名的历史学家，他从历史学的角度来看美学问题，许多思路和观点都是很有启发的。本辑刊发的孙子威教授的长篇论文《真正的问题乃是如何解释这些现象》，是孙子威教授最后的遗作，孙先生以理论家的洞察力和批判精神，对“思想进步，艺术退步”这个理论问题做出了深刻的思考。本刊全文发表这篇遗作，既是对孙子威先生表示敬意，也是为后人研究这一段问题史保留一份资料。吴子林副教授的论文《中国审美学派：理论与实践》，对以审美意识形态为核心概念的“中国审美学派”产生和发展的社会历史原因和理论上的根据作了分析和论述，值得一读。关于审美意识形态问题的讨论是本刊关注的一个理论现象，欢迎不同观点的学者继续关注并参加讨论。

在访谈栏目中，我们刊发了英国著名学者、剑桥大学社会学系原系主任汤普森的访谈，汤普森就马克思主义的当代发展问题，以及自己最近的研究兴趣发表了很好的意见。托尼教授的访谈同样包含了许多重要的信息，有些观点值得我们重视和进一步思考。

从1995年刘纲纪先生筹划创办刊物算起，到明年春天，《马克思主义美学研究》将迎来办刊15周年。15年前的春天，桂林独秀峰下老少同堂论艺，众人平等切磋的情形如在眼前。刊物走过了风风雨雨的15年，编辑部的人员和单位也多次变动，从一个侧面折射出马克思主义美学研究事业的艰难。在此，我们对所有参与过《马克思主义美学研究》编辑工作的同仁，对支持刊物工作的作者和读者们，对广西师范大学出版社和中央编译出版社的编辑们致以崇高的敬礼！

下一辑我们将就“马克思主义美学基本问题研究”和“文化遗产的多重意义”等专题组发稿件，本刊编委齐泽克、德里克、朱立元、王杰均将有论文发表，敬请关注。我们真诚地期望，关心《马克思主义美学研究》的同仁们继续支持，共同努力把刊物办好。

《马克思主义美学研究》编辑部

2009年11月25日

分裂的惯习（Habitus Clivé）：皮埃尔·布尔迪厄著作中的美学与政治

■［英］托尼·本尼特

付德根、王琨涵译　郑从容校

皮埃尔·布尔迪厄临死前在他的自我心理分析纲要结尾处写道，他的心理体现了一种分裂的惯习，即habitus clivé，这是他从社会底层出发去努力获取显赫学术声誉的过程中体验到的一种矛盾心理（《草稿》127）。这貌似真实有理。人们确实可以在这方面把布尔迪厄视为以社会和文化上的混乱体验作为教育和职业发展代价的那一代人的完美典型。但是，这种主张尖锐地对立于布尔迪厄在其他地方所说的惯习概念，在那里它是作为统筹文化消费活动的一整套调控原则提出来的。布尔迪厄在其他地方都坚持惯习的**统一性**。而对惯习的这种诠释对于布尔迪厄的《区隔》的分析结构来说是至关重要的。它构成了关键的概念枢纽，通过这个枢纽他把个体层面和阶级层面上的分析整合进生活方式的社会空间内，通过这个枢纽，文化资本在不同领域内的运作便得到了调停。因此，如果惯习的统一证明是不能成立的，那么在那些研究中，布尔迪厄研究方法的其他诸方面就同样应该受到置疑。

沿着这条探索路线，我将对布尔迪厄的概念进行一种内在的批评，并利用另两位作者的两部著作来批评布尔迪厄的概念和方法。首先是伯纳德·拉伊尔（bernard Lahire）的个体社会学及其对于惯习的不同阐释，其次是雅克·兰塞尔（Rancière）对于作为“感觉的分配”（distribution of the sensible）特定模式的审美的解释。通过分析布尔迪厄研究当代英国文化资本和社会不平等之间关系的一些数据，我还将把文化消费分析所暗示出的某些东西与布尔迪厄对这些问题的处理做一个对比。[①] 同时，我将特别关注以下方面：布尔迪厄在《区隔》中对于惯习的解释是通过他对于康德审美观的阐释做出的，而这种解释也确立了资产阶级审美的非功利（disinterestedness）特性和工人阶级文化的必需性（the necessary）之间的分裂。此处，我认为，布尔迪厄在这个问题上的看法严重阻碍了人们去充分理解一些复杂而矛盾的作用方式，正是通过这些方式，文化消费活动和社会阶级之间的关系受到了各种不同形式的影响，后康德的审美话语则是在这些不同的形式中被铭刻进了这些关系中。我还想指出的是，与表象相反，人们最好把布尔迪厄的观点理解为西方审美话语传统中的一个策略，一种通过重复某些条款来剥夺工人阶级的政治权利和政治能力的策略。[②]

阶级惯习的单一性统一

我首先考察布尔迪厄对于惯习这个概念的阐释及其对于惯习的统一的强调。在《实践理性》中，布尔迪厄把惯习定义为“一种生成性的和统一性的（generative and unifying）原则，这种原则把某一处境（position）之内在的和关系的诸多特征回现为一种单一的生活方式，即一整套对于人员、商品和活动的选择”。(8) 而在《区隔》中，当论及作为构成一个阶级的惯习倾向系统一个方面的审美倾向时，布尔迪厄明确强调：

> 作为与特定阶级的生存条件相联系的限制的产物，它把源于类似条件的所有那些人联合起来，同时把他们与其他的人区分开来。它以一种本质的方式做出区分，因为趣味既是一个人所拥有的一切（人和物）的基础，也是他人看待他的基础，藉此人对自己做出归类，他人也藉此对他进行分类。(56)

布尔迪厄在有些地方也确实选择了更加灵活的阐释。在《实践理论概要》

① 我这里指的是社会研究委员会从2003年到2006年资助的研究项目**文化资本和社会排斥：批判研究**（CCSE）。本项目的调查问卷涉及的主要样本是1564名受访者，次要样本是227名少数族群受访者（印度人、巴基斯坦人和非裔加勒比人），与之相伴的是焦点小组讨论和入室访谈，在调查问卷的基础上，本项目研究了文化活动和社会分化之间的关系。这项调查是团队完成的，团队成员包括托尼·本尼特（第一申请人）、麦克·萨维奇、伊丽莎白·席尔瓦、阿兰·沃德（共同申请人）、戴维·赖特和莫德斯托·加约一卡尔（研究员）。申请者共同负责设计全国调查、焦点小组和入室访谈，正是这些活动形成了这个项目的定量数据和定性数据。在戴维·赖特的协助下，伊丽莎白·席尔瓦分析了采自焦点小组和入室访谈的定性数据。迈克·萨维奇和阿兰·沃德在莫德斯托·加约一卡尔的协助下分析调查得来的定量数据。托尼·本尼特负责全面指导和项目协调。

② 我的讨论的这些方面进一步发展了始于本尼特的《历史的普遍原则》的批评倾向。

中，他仅仅对同一阶级的成员将共享相同经验做了概率估计（probabilistic expectation），他强调，并非一个阶级的所有成员都能共享完全相同的经验，甚至想找出经验完全相同的两个人都不可能。（85）同样的，他在《换言之》（*In Other Words*）中这样规定惯习的规律性（regularity），根据这种规律性，“惯习与含糊性和不确定性紧密联系”；惯习具有一种“生成性的自发性，这种自发性在即兴面对不断更新的情境时显示自己的威力”，服从于“确定某人与世界之间的一般关系的实践逻辑，即模糊性、不确定性的逻辑”。（77—78）在涉及艺术家和知识分子的时候，布尔迪厄还常常考虑他们的阶级惯习和与他们在特定的艺术或知识领域中的特殊位置相联系的惯习之间的张力，这是他在解释科学惯习时提出的观点，例如《科学的科学》。最后，在《帕斯卡尔沉思录》中，他指出，惯习产生于充满“失谐、冲突、失败”的变形形式，因此，那些处于矛盾的社会地位的人常常“破坏惯习的稳定性，因矛盾和内在的分裂而备受折磨，深感痛苦”。（160）

但是，这些后来的限定和修正并没有改变如下事实：在《区隔》中，布尔迪厄指出，通过一种简单的移情（transference）机制，惯习之生成性模型（schemas）可以应用于不同的消费领域，进而形成一套统一的倾向。他写道，“同一行为主体（agent）的活动和同一阶级所有行为主体的活动在风格上的相关性可以归功于下述事实：他们都是同一行动模式从一个领域到另一个领域的转换的产物。而这种相关性使得他们中的每一个人都成为其他人的隐喻。”（173）

布尔迪厄对于生活方式空间中不同位点之间的相应关系（homology）的解释意味着在文学领域中奠定个体的或群体的趣味的基础的原则同样可以应用于那个个体或群体在其他所有领域中的趣味。布尔迪厄坚持认为，这种机制彰显于系统的统一中，人们可以在个体趣味或群体趣味的各个方面发现这种统一：

> 在围绕个体和群体的所有的占有物——房屋、家具、绘画、书籍、汽车、美酒、香烟、香水、衣服中，在个体和群体藉以证明他们的卓尔不凡的活动——体育、游戏、娱乐中，人们都可以发现这种统一，因为它存在于惯习的综合统一中，它是所有活动之统一性的和生成性的原则。趣味是（从物质层面或象征层面）占有某一类已归类的和用于分类的物体及活动的特定阶级所专有的倾向和能力，是生活方式的生成性规则，是一系列与众不同的偏爱，这些偏爱在每一个象征性的子空间、家具、衣饰、语言或身体语言构成的特殊逻辑中表达了同样的表现意图。（《区隔》173）

通过结构的因果关系机制的运作，基本上排除了例外的可能性，因为通过这种运作，背离阶级惯习理想类型（ideal-type）的行为都被理解为其深层结构的变异。拉伊尔注意到，如同布尔迪厄对于“降低身份的阅读（slumming it）”这种现象的评述一样，例外于规则仅仅是对规则的确认，根据他的评述，当知识分子或艺术家阅读通俗小说、观看西部片或阅读漫画书时，通过按资产阶级审美惯习的组织原则进行疏离化（distancing）或反讽性阅读，他们把这些通俗作品也转化为区隔的道具（*La culture*）。

对于惯习的这种解释包含着《区隔》的分析框架中的一个关键节点（hinge）。它紧随着布尔迪厄对于生活方式的社会空间的组织的解释，在这种社会空间中，文化活动要么彼此接近要么彼此疏远，一种文化活动与特定的阶级相联系而与其他的阶级相分离，这取决于这些文化活动被置于（由资本数量和经济资本与文化资本的比率构成的）控制着那个空间的组织的孪晶轴（twin axes）的什么位置上。在随后的几章中，这种解释为他讨论三种既有区别又内在统一的阶级惯习奠定了基础：资产阶级的区隔意识（sense）、小资产阶级的“文化善意”（cultural goodwill）、无产阶级的必需性选择。在这些章节中，布尔迪厄详细阐述了个人形成（person formation）的过程，但这些解释非常难以确定，因为布尔迪厄经常强调惯习的不同方面。不过，通常有三种成分在发挥作用：首先是一种观念——即认为一个人的惯习是由社会地位和发展轨迹塑造而成的这种观念；其次是一些方面，在这些方面中，各种行为模式通过特殊的制度化训练（如艺术机构在训练纯粹的凝视［pure gaze］中的作用）塑造而成；第三是社会地位在决定人们取得各种特殊的制度化训练和话语方面的作用。在《区隔》中，在建构作为“阶级状况及其伴随的限制的内在化形式”的惯习的过程中，所有这些方面都从属于阶级的活动。（101）因此，他把一个人所受的限制解释为给惯习提供一个统一原则的阶级状况的必然结果：

> 因此，人们必须建构客观的**阶级**，即一批行为主体（agents），这些行为主体被置于相似的生存状况中，相似的生存状况强制推行相似的限制和训练，并创造能够产生相似的活动倾向的相似系统。他们拥有一套共同的道具、客观化的道具，有时得到法律保护的道具（如对商品和权力的占有），或者是表现为阶级惯习的道具（尤其是分类模式的系统）。（《区隔》101）①

在布尔迪厄的评价中，惯习这个概念的优点在于，通过解释主体（个体或阶级）如何依据那些构成性的决定性因素行动，以便将其惯习构建成一种变化

---

① 布尔迪厄的研究的这个方面在他概略地表述惯习之间的关系时得到了解释，他的表述把每一种惯习固置于不同的生存状况。（《区隔》171）这些限制每一种惯习的运作，因此，作为一种“被建构的和建构中的结构”，惯习只能以保证统一的生活方式即那些生存状况的表现形式的方式改造结构它的环境。（171）

的、被建构的和建构中的（structured-yet-structuring）结构，它克服了一系列的二元性：内部和外部之间、结构和机构（agency）之间、肉体和精神之间的二元性，同时还解释了惯习形成过程中的过去环节（moment）如何保留在现在的环节中。虽然这些优点得到了有些人有所保留的认可（参阅 Crossley，第六章），拉伊尔（在《理论》[*De la théorie*]）中却对之进行了全面的抨击，他提出了三个主要的异议。首先，他指出，在《区隔》中，布尔迪厄为这个目的提出的众多不同且常常矛盾的主张（formulation）背离了支持统一惯习的观点——即认为倾向应该始终与惯习保持联系的观点，无法达到其要求。其次，拉伊尔指出，布尔迪厄提出的“被建构的和建构中的结构”的惯习观纯粹是一种解释外在性的内在化和内在性的外在化的修辞手段。并且，它还妨碍了人们对“内部”和“外部”在不同的个性（personhood）系统和活动中的不同组织方式进行人种学的和历史的分析。第三，他驳斥了布尔迪厄关于惯习始终必然统一的观点，或者说惯习鲜有源于社会发展轨迹的中断的观点，他认为这些观点十分武断，因为他们忽视了这样一个问题：生活条件的变化可以使人们将早期的一些习惯当做“陋习”而予以抛弃。

这些观点驱使拉伊尔提出了一个替代性的惯习观点，即认为惯习或多或少存在不统一性，是一种以完全不同的方式形成的各种倾向的聚合体：

> 与其预先假定统合的（incorporated）过去影响必然以一贯的方式系统地作用于个体现在的行为……社会学必须通过行动、倾向和统合能力构成的不同语境，质询过去的系统影响在多大程度上发挥作用或没有发挥作用。一方面是倾向和能力的多重性，另一方面是它们在其中得以实现的各种语境的变化，这两者使得人们从社会学的角度把同一个体或者说是个体构成的同一个群体的行为的变化理解为不同活动领域的功能，理解为行动的情境或者说更为非同寻常的活动环境的特性。（*La culture* 14，笔者所译）。

在解释和谐的与失谐的趣味取向时，他还为分析布尔迪厄在《区隔》中研究的文化消费资料提出了一个考察惯习的这种竞争性建构的意蕴的框架。我现在就转到这个问题。

和谐的和失谐的趣味取向（Profiles）

拉伊尔的观点大体是，要抛弃布尔迪厄关于惯习的统一的推理性假设需要各种分析程序，这些程序既密切注意个体的、群体的或阶级的趣味取向中可能的差异和断裂或者说失谐，同时又密切注意共享的趣味和活动。[①] 拉伊尔争辩道，布尔迪厄对于文化消费的研究把这些失谐的意义降到了最低，因为他的研究几乎只集中关注最为清晰地把一个特定的阶级与其他的阶级区分开来的趣味或文化参与模式，其代价是牺牲一个特定阶级的成员与其他那些阶级的成员共享的其他趣味或活动。这样做的结果是塑造出理想的阶级形象，这个形象过多地关注在整个阶级的活动中不那么重要的活动，同时精确界定把一个阶级与其他阶级最明确地区分开来的各种趣味，并因此最为清楚地确定（或戏剧性地表现）各个阶级在社会空间中的相对定位。在评述1997年的法国资料的时候，拉伊尔注意到，虽然高级管理人员和专业人员在他们对于歌剧、古典音乐、爵士乐和古典文学方面的偏爱可以最为明确地区别于工人阶级，但这些活动仅占这些阶级的文化偏爱中的很小部分。只有3%的高级管理人员和专业人员偏爱歌剧，9%偏爱爵士乐，22%偏爱古典音乐。若与他们中有56%从来没有去听过歌剧或爵士乐音乐会，41%从来没有去听过古典音乐演奏会相比，这些数字表明了这个阶级某种程度上远离正统的文化而非浸润其中（*La culture* 160—165）。

在《文化资本与社会排除》的调查样本中，33%的专业人员表示动作片、惊悚片或冒险片是他们钟爱的电影类型，32%的专业人员说他们时常观看斯蒂芬·斯皮尔伯格[②]的电影，比较而言只有3%的人喜爱佩德罗·阿尔莫多瓦(Pedro Almodovar)[③] 的电影，45%的专业人员读过并喜爱约翰·格里逊(John Grisham)[④] 的小说《公司》（*The Firm*），比较而言62%的专业人员读过并喜爱简·奥斯汀的小说《傲慢与偏见》，44%的专业人员喜欢摇滚乐，33%的专业人员喜欢乡村音乐，与之对照的是75%的专业人员喜欢古典音乐，41%的专业人员把风景画描述为他们钟爱的绘画类型，21%的专业人员钟爱印象主义绘画。（表1）

---

① 布尔迪厄的著作在此处最易受到女权主义的挑战，针对他将惯习统一视为根源于阶级差异的中心（参阅阿德金斯和席尔瓦）。然而，我的目的是要表明，阶级将不服务于这个目的，甚至不重视性别或种族的复杂影响。

② 斯蒂芬·斯皮尔伯格（Stephen Spielburg，1946— ），美国当代著名导演，主要作品有《星球大战》系列电影和《泰坦尼克号》。——译注

③ 佩德罗·阿尔莫多瓦（Pedro Almodovar，1949— ），西班牙著名导演，主要作品包括《佩比、露西、伯姆和其他姑娘们》、《激情迷宫》、《黑暗的习惯》和《为什么我命该如此》、《濒临崩溃边缘的女人》、《捆着我、绑着我》和《高跟鞋》等。他的电影以黑色幽默的形式讲述着西班牙社会中的性、暴力和变态，同时也赞美着人与人之间的友谊、爱情以及由此所带来的欢娱和快乐，他的作品不但在艺术上有其独特的风格和深刻的内涵，而且商业上也有着强大的号召力。——译注

④ 约翰·格里逊（John Grisham，1955— ），美国知名畅销小说作家，做过执业律师，包括刑法和民法，当选密西西比州众议员。他的一系列以法庭法律为内容的畅销犯罪小说为他赢得了巨大的声誉和财富。目前出了18本小说，11本拍成电影，1本拍成电视剧。——译注

表1　阶级趣味的取向：专业人员

最偏爱动作片、惊悚片、冒险片	33%
总是观看斯蒂芬·斯皮尔伯格的电影	32%
总是观看佩德罗·阿尔莫多瓦的电影	3%
最偏爱另类的或艺术的电影	8%
读过约翰·格里逊的小说《公司》	45%
读过简·奥斯汀的小说《傲慢与偏见》	62%
喜欢摇滚乐	44%
喜欢乡村音乐和西部音乐	33%
喜欢古典音乐（包括歌剧）	75%
最为偏爱风景画	41%
最为偏爱印象主义绘画	21%

相反，工人阶级受访者也显示出对于正统文化的高度参与：22%的半熟练和不熟练工人读过奥斯汀的小说《傲慢与偏见》；3%读过福楼拜的小说《包法利夫人》；35%喜欢古典音乐；42%听过并喜欢维瓦尔第（Vivaldi）的音乐，39%看过并喜欢毕加索的作品。（表2）

表2　阶级趣味取向：半熟练和不熟练工人

最偏爱动作片、惊悚片、冒险片	29%
最偏爱另类的（alternative）或艺术的电影	2%
读过简·奥斯汀的小说《傲慢与偏见》	22%
读过福楼拜的小说《包法利夫人》	3%
喜欢古典音乐	35%
听过并喜欢维瓦尔第的音乐	42%
看过并喜欢毕加索的作品	39%
最偏爱风景画	44%
最偏爱印象主义绘画	6%

按照布尔迪厄的阐释，这些数字就意味着把我们的注意力放在特定阶级的活动之次要方面：例如最为钟爱印象主义的专业人员有21%，而半熟练和不熟练工人有6%；最为钟爱艺术电影的专业人员有8%，而工人只有2%。但是，这种关注忽视了有33%的专业人员喜欢动作片、惊悚片和冒险片（其比率高于

熟练工人的22%），41%的专业人员偏爱风景画，这个数字略低于半熟练和不熟练工人的44%。

在拉伊尔为了评价趣味在不同领域中的可转换程度而采用的变量中（*La culture* 175—207），如果把我们考察中所问及的不同活动按不同的正统性（legitimacy）归类，并且考察趣味跨越这些领域时的和谐与失谐程度——这是布尔迪厄的解释所要求的，这个结果同样是有说服力的。表 3 指定了（allocate）我们要求我们的受访者回答的不同类型的电影、电视和艺术的不同正统性。这是在相关性分析的基础上做的，这种相关性分析确定了对于这些类型的不同首选与这些首选与不同教育程度的联系的强度之间的统计学意义上的重要联系。[①]

表 3　电影、电视和视觉艺术类型的正统性分类

电影类型	
低度正统性：	音乐喜剧、战争电影、西部片、浪漫电影、恐怖电影、卡通片、好莱坞电影
中度正统性：	动作/冒险/惊悚电影、喜剧电影、犯罪电影、幻想电影、科幻小说

① 特定的类型分配到不同的正统性范畴同样是以确定不同选择之间重要的统计意义的联系的相关性分析的结果为基础的。因此，对于显示电视新闻和时事的喜爱与对影院中的古装剧和文学改编电影的喜爱正向联系，与对浪漫作品的喜爱反向联系，反映了性别作用的（operation）对浪漫作品的喜爱与对肥皂剧的喜爱紧密联系。跨越（across）电视与艺术之间的关系，对于文艺复兴时期艺术的挚爱与肥皂剧反向联系，尽管对于肖像画的挚爱——这种喜爱受到性别的强烈驱动，因为喜爱肖像的女性近乎两倍于男性——与对肥皂剧的喜爱正向联系。当然，这并不表明这些分类毫无异议，对于那些位于依据阶级或教育程度表现出来的类型等级和依据性别表现出来的类型等级的交叉点上的类型来说尤其如此。以电影为例，相关分析揭示了对于动作片、惊悚片、冒险片、战争片和西部片的偏爱之间的紧密联系，揭示了其与浪漫作品和音乐剧之间的关系，因为两种类型主要根据性别彼此区分开来。偏好这两个类型序列中任何一个之中的类型都与具有较为高度的文化正统性的类型反向联系。这适用于对于战争片和艺术电影的偏爱之间的关系，同样适合于对浪漫作品与黑色电影（film noir）之间的那些电影的偏爱。然而，尽管有这些相似之处，考虑到阶级和性别涉及它们时的不同运作方式，我把动作片、惊悚片和冒险片归类为中度正统性类型，把浪漫作品归类为低度正统性作品：21 %的女性表示他们第一偏爱的是动作片、冒险片和惊悚片；在这些女性中约有三分之一来自专业阶级和中间阶层，但是，总共只有 5 名男性（其中有两名是中间阶层，没有专业阶级）表示偏爱浪漫作品。因此，我对这两个类型的不同分类反映了相对于女性的等级而言男性之更为重要的影响，以及它们在结构女性和男性的观看倾向中的作用。同样应该注意的是，我把艺术亚领域中的"没有（none）"这个范畴解释为等同于电影和电视中的低度正统性选择。我这样做的根据是，涉及给出的类型的名单时，更多的受访者回答"没有"：相对于 26 人选择电影和 6 人选择电视，137 人选择没有。由于这个数字的 74 %是那些没有学历或中等学历的人，所以我把这解释为指明了一种外在于艺术领域的情境，因此也是无能或不愿在其中作出判断。值得补充的是，这些正统性的划分同样我已解释是指一种艺术领域以外的情况，因此他们是没有能力或不愿意作出判断。值得补充的是，这些合法性的分类同样适合于揭示英国艺术领域的组织。布兰登·泰勒（Brandon Taylor）讨论了 18 世纪肖像画自上而下的社会发展轨迹，其结果是艺术家从属于赞助商，形式从属于所指（referent）。M. 格林费尔和 C. 哈代把文艺复兴时期的艺术和印象主义分别概括为后卫的形式（formation，昨天最神圣的艺术）和神圣的前卫派，同时把我们所定义的现代艺术归类为一种依旧在争取其合法性的先锋派。

高度正统性：	另类的（alternative）/艺术的电影、古装剧/文学改编电影、黑色（noir）电影、纪录片

电视类型

低度正统性：	测试/游戏表演、肥皂剧、现实题材节目（reality）、杂耍表演/谈话秀
中度正统性：	喜剧节目、体育节目、警察/侦探节目、电影、烹调/园艺/自己动手组装（DIY）
高度正统性：	新闻和时事、艺术电视、有关自然和历史的纪录片、戏剧

艺术类型

低度正统性：	肖像画、非艺术作品
中度正统性：	表演艺术、静物画、风景画、现代艺术
高度正统性：	印象主义绘画、文艺复兴时期艺术

对于我们的主要样本中的成员来说，趣味如何跨越三个领域而保持和谐呢？并不是很多：只有 1.5％与低度正统性趣味保持和谐；20％与中度正统性趣味保持和谐；3％与高正统性趣味保持和谐。当把那些跨越电影、电视和艺术领域而具有和谐取向的所有一切合并起来的时候，那些具有和谐趣味取向只占到样本的 24.5％，其余则具有这种或那种失谐取向，主要是在低度和中度的组合与中度和高度的组合之间，这部分占到了样本的 60％。（表 4）

表 4　和谐的/失谐的取向：电影、电视、艺术（百分比）

和谐的：高度正统性	3
失谐的：中度/高度组合	32
和谐的：中度正统性	20
失谐的：低度/中度组合	28
和谐的：低度正统性	1.5
失谐的：低度/高度组合	3
失谐的：低度/中度/高度组合	9
没有注意/其他	3.5
总共	100

当我们把这些不同的取向与不同的职业阶层联系起来的时候（表 5），显而易见的是，对于所有的阶层来说，失谐的趣味取向比和谐的趣味取向更为普遍。

表 5　和谐的与失谐的趣味取向/职业阶层（百分比）

	High Cons	Med/High	Med Cons	Low/Med	Low Cons	Low/High	Low/High/Med	Other	Nos
NSEC1	2	58	17	11	1	2	3	6	125
NSEC2	4	35	19	24	1	4	10	3	385
NSEC3	2	38	18	30	2	2	9	2	186
NSEC4	4	37	25	19	0	2	11	3	111
NSEC5	0.5	30	27	24	2	6	7	4	186
NSEC6	3	25	17	38	2	2	11	2	323
NSEC7	0.5	20	23	35	4	4	12	2	202
NSEC8	0	21	18	44	0	3	3	13	39

关键（Key）

NSEC1：大老板、高级管理人员和专业人员

NSEC2：低层专业人员、高级技师、基层管理人员、高层主管

NSEC3：中间职业（Intermediate occupations）

NCEC4：小老板和自营职业者（own-account）

NCEC5：低层主管和技术工人

NSEC6：半常规性（Semi-routine）职业

NCEC7：常规性职业

NSEC8：从不工作的

跨领域运作（operating）的简单转换（transference）机制是难以在这些数字的基础上维持的。如果我们考察生活方式空间，会产生相似的问题，按照布尔迪厄的说法，通过多样的相似分析，我们为《文化资本与社会排除》项目建构了这种生活方式空间。[①] 图 1 概述了那些趣味和文化参与（或不参与）的形式的分布（distribution），从统计的角度来说，那些趣味和形式是这种分析的最重要成果。这些形式（modalities）在这个空间内的定位告诉我们彼此相关的趣味和活动的分布，它告诉我们，这些形式彼此越靠近，它们之间的相互联系就越紧密，而对于那些彼此远离的活动来说，它们彼此间的关联度（interconnection）便为最小。在这个空间内彼此相关的职业阶层的位置连同其他的人口统计学变量都展示在图 2 中。

① 关于人们用以建构这个空间的方法的解释，请参阅加约一卡尔、萨维奇和沃德的著作。

图1　生活方式空间——最为活跃的形式（modalities）

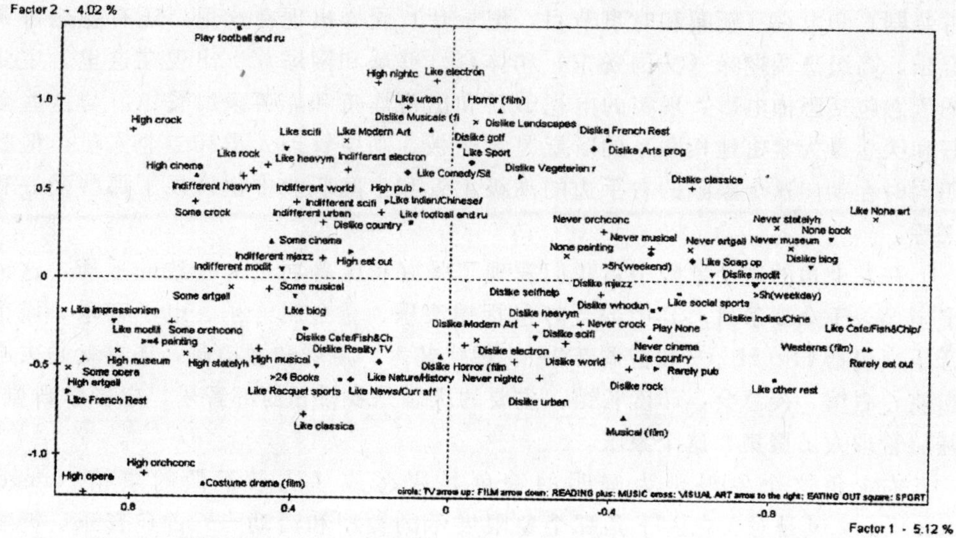

FIGURE 1. The space of lifestyles—most active modalities.

图2　职业阶层、教育程度和年龄的分布

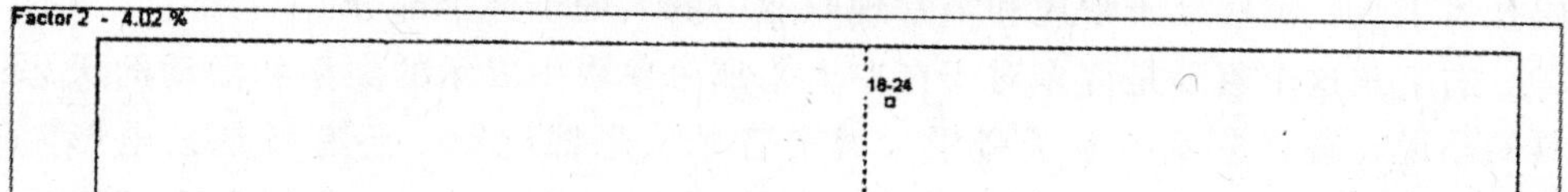

FIGURE 2. The distribution of occupational class, level of education, and age.

简要考察位于图1的每一个象限中的活动、爱好、厌恶并注意图2中显示的与之相关的阶层的定位是非常有益的。

左下角这个象限显示了通常与高级文化资本的传统形式——印象主义、现代文学、歌剧、参观博物馆（visiting museums）、艺术画廊和豪华古宅

(stately homes)——相联系的各种爱好。高度正统性的电影（文学改编电影和古装剧）和电视（新闻和时事节目、纪录片）同样出现在这里，还有就是古典音乐。高级烹调趣味（法国餐馆）和体育（壁球和网球）也出现在这里。主要的厌恶包括恐怖电影、现实的电视节目和出售炸鱼和炸薯条的餐馆。与这些爱好和厌恶最为紧密地相联系的阶层是大老板、高层管理人员和专业人员，但我们同时在朝向这个象限的右手边的高级主管和中间职业中也发现了那些爱好和厌恶。

在左上角的这个象限中，我们发现了爱好和厌恶之更为一致的平衡，这种平衡无关于众多条目。其中的爱好包括摇滚乐、重金属音乐、电子音乐、城市音乐（包括 Hip-Hop[①] 和蓝调音乐）、现代艺术、足球和橄榄球，还有就是去电影院、酒馆、夜总会、印度餐馆。主要的厌恶是乡村和西部音乐、电影歌舞剧。基层管理人员聚集在这个象限。

右上角这个象限最为鲜明的特色是厌恶或“从来不做的事情（never do's)”，尤其是对于在左下角那个象限展示的类型和活动——古典音乐、博物馆、现代文学、法国餐馆来说。爱好限制在电视中的肥皂剧和恐怖电影的范围内，后者充当了左下角那个象限中的一个厌恶。那些从来没有工作过的人、基层技术工人、那些处于常规和半常规职业中的人处于这个部分。

右下角这个象限是许多对于在左上角那个象限中展示的类型和活动的厌恶：科幻小说、现代艺术、电子音乐、城市音乐、恐怖电影，还有就是去电影院、夜总会或摇滚音乐会。主要的爱好是西部片和电影歌舞剧、乡村和西部音乐、出售炸鱼和炸薯条的餐馆。低层的工头和小老板处于这个象限。

大量事实证明，文化趣味和活动的不同形式（modalities）确实是可以根据它们在生活方式空间内的分布彼此区分开来的，不同的趣味更为紧密地与某些阶级地位相联系。但是，需要明确的是，从统计的角度来说，这种直观化的文化活动的分布状况渐进地切分个体的趣味和活动，并且通过取决于每次选择或活动的统计学中心（statistical nucleus）所处位置的生活方式空间来分布这些趣味和活动。因此，我们不可能假定，在这个空间里彼此接近的爱好和厌恶就如同统一的惯习的观念所要求的那样必然是个体的趣味取向的共同方面。如果我们考虑到对个体来说趣味在跨越与三种文化活动——阅读、视觉艺术和户外休闲活动——相联系的形式的和谐程度，我们就会发现重要的变化。这些活动之间的和谐程度在右下角那个象限中最高，有 71%的人不喜欢现代艺术，也不喜欢科幻小说，并且从来不参加摇滚音乐会。但是，如果我们考察右上角那个象限中相关的三者——不喜欢我们询问的任何类型的艺术，在过去的 12 个月里没

---

① Hip-Hop 是一种与美国黑人生活方式紧密相关的文化活动，主要包括说唱、涂鸦、街舞、街球、B-Box 等活动。

有读过任何书，从来没有参观过豪华古宅，其数字只有26%。在左上角那个象限中，与一年几次或多次去电影院、偏爱现代艺术、最喜欢科幻小说或恐怖文学的和谐程度只有20%。同样的，我们发现，在左下角这个象限中，只有33%的人最喜欢印象主义，每年几次或多次参观豪华古宅，喜欢现代文学。

至于趣味的形式（modalities），各个阶级显示在这个空间中的位置是该阶级的集结中心，但这些阶级个体成员的趣味却可以分布于所有四个象限中，并与其他阶级有所重叠。但是，考虑到这个图表可以使我们看到的是相较于其他阶级而言，最明确地与特定阶级文化活动相关的那些方面，上述这些问题都令人难以察觉。（其实）这些（显示出的趣味）并不必然就是特定阶级趣味的主要方面。正如我们已经看到的那样，高级专业人员从统计的角度来说更加倾向于喜欢风景画而不是印象主义，与所有其他阶级相比，他们对风景画的偏爱程度是最高的。同样的，如果从右上角那个象限来看，我们把常规的和半常规的工人连同低层监工和低层技师归类为工人阶级，我们发现相当数量与位于左下角那个象限中最紧密地与高级管理和职业阶层相联系的那些趣味和活动的横向交叉。例如，44%的工人阶级喜欢阅读传记和自传；15%喜欢现代文学；35%喜欢古典音乐；13%偏爱电视上的新闻和时事节目；31%有时去艺术画廊。

图3　重叠的阶层界线

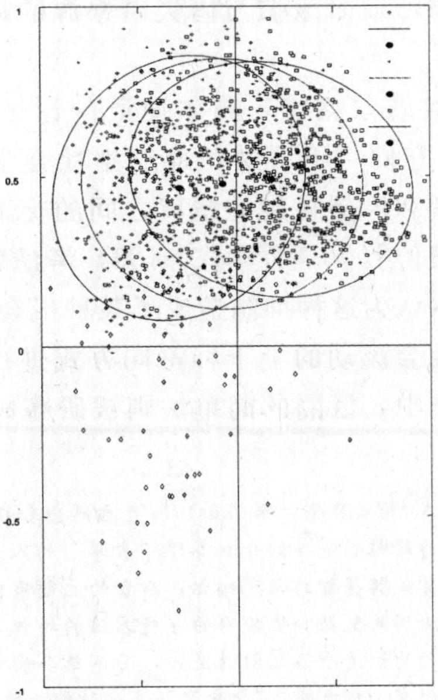

概括起来说，图3详细清楚地说明了把图2中所标示的职业阶层位点合并为三个阶层的结果：专业人员和大老板/上层管理阶层；下层管理人员、高级主管、中小老板群体组成的中间阶层；如前所述的工人阶级。三个彩色圆点显示

的是在统计平均值的空间里这三个阶层各自的位置：浅红色的点代表工人阶级（被蓝色圆周包围的个体集合的中心），栗色的点代表中间阶层（被绿色圆周包围的个体集合的中心），灰色的点代表专业的/高层的管理阶层（被红色的圆周包围的个体的集合的中心）。虽然这三个点在这个空间中占据着清晰的点位，但其成员分布却存在相当程度的重叠，且（重叠）并不仅仅存在于中间阶层与它两侧的两个阶层之间；许多空间也为工人阶级与高级专业人员和管理人员所共享。

显而易见，我们无权根据生活方式的这些社会空间建构断定，个体或阶层在不同领域的趣味雷同性在方式上或表现程度上足以表明各阶级在彼此的关系中形成了统一惯习的基础，而这种统一惯习又以和谐趣味取向的方式表现为统一的生活方式。[①] 但是，这恰恰是布尔迪厄在《区隔》中得出的结论。这部分的是多项对应分析把文化数据转化为二元对立方式的反映，二元对立不允许人们考虑细微的区隔，而且如果不加提防，就会夸大差异，牺牲共享的趣味。[②] 不过，这也是布尔迪厄集中关注阶级活动彼此间区别最明显的那些方面，并分别单独讨论每个阶级惯习的结果。共享的趣味被阐释为令人误解的表象，这些表象是不同阶级惯习（资产阶级文化的堕落［slumming］或小资产阶级乏味的烦琐哲学）的不同挪用（appropriation）模式产生的结果，因此应当不予考虑。这样，本可以作为个体惯习或阶级惯习内失谐根源的趣味、活动和文化知识便消失于视觉和统计之中。

考虑到这种情况，兰塞尔指出，布尔迪厄的论证中存在着一种二元对立（polarising）逻辑，致使它们“不可避免地产生社会学家所需的东西：对中间状态的抑制，对再生产者和声望显赫的精英之间的交汇点和交流的抑制……必然不存在混合、不存在模仿”。（《哲学家》189）考虑到布尔迪厄的读图方式所彰明的各种关系，兰塞尔认为这种抑制造成了某种机会的错失。他写道，“那些领域之间的互动应当对社会流动的上千种不同方式进行界定，它们不过是一度叠增的镜子，在这些镜子中，区隔的简单法则被研磨成上千种映像”。（《哲学

① 关于由 R. A. 佩特森和 A. 西马库斯（Simkus）所开启的杂食性（omniverousness）的文献似乎也在关注失谐，至少对于人们认为跨越正统性的分割界限“食草”的人来说如此。如同拉伊尔注意到的那样，与佩特森的著作以及后来仿效其著作的研究相比，杂食的主题有赖于是否能够阐明精英集团的个体成员的杂食性。但是，由于他运用的数据和他援用的分析方法的特性，佩特森所能阐明的一切仅仅是群体层面上的杂食性。这所确立的一切是个体之间的变异，而不是杂食的主题所要求的个体的趣味取向内的变异。对我们自己的数据的研究工作表明，“杂食者”是一种神话的建构，当人们加以更为细致的考察时，这种建构就分解为若干不同的杂食者类型——这种观点更加接近于拉伊尔的观点，而不是接近于佩特森的观点（请参阅沃德和赖特的著作）。

② 对应分析的程序把对问题的答复转化成二元的是/否选择，甚至在没有得到对于问题的阐述的保证的情况下亦如此——例如，从统计的角度来说，没有表明对于特定的电影或电视类型的喜爱被转化为不喜欢。这种分析实际上夸大了趣味的两极分化程度。

家》194—195）兰塞尔指出，这种困难的根源在于布尔迪厄用康德哲学来建构文化领域，采用了资产阶级非功利审美气质（ethos）和工人阶级必需性趣味之间极端对立的形式，以及这种分裂带来的相关的自相矛盾。我们现在就转到这个问题。

审美话语的矛盾社会印记（Inscriptions）

此处，我先从较少为民众所注意的《区隔》之后记和布尔迪厄《艺术法则》之间的差异谈起。首先，康德的《判断力批判》显然处于（论证的）中心舞台，它提倡的非功利性——审美判断之"无目的的目的性"——充当了处于净化过程和社会过程中心的被否定的社会关系的象征，通过净化过程优雅的（refined）趣味与粗俗和野蛮区分开来，通过社会过程，资产阶级象征性地与工人阶级区分开来并使这种区分合法化。但是，在《艺术法则》的后记中，康德虽然处于幕后，但也同样在场。在这篇后记中，作家、艺术家和知识分子对于艺术的承诺本身就是目的，是一种"无目的的目的性"，这种承诺被确认为反对市场和国家的双重侵蚀、保护艺术的自治的手段。在阐明这个观点的时候，布尔迪厄强烈要求知识分子承担起恢复作为自由政治的一个组成部分的历史记忆（anamnesis）的责任，通过自由政治，作家、艺术家和知识分子首先将试图恢复为了集体的普遍性进行的斗争的历史，集体的普遍性就暗含在过去为了艺术和知识自治的斗争之中；其次他们反对国家和市场，维护自治，同时试着拓宽其社会范围。简言之，他提出了一种如果没有审美判断的作用就不可想象的自由政治，康德把审美判断的这种作用视为一种自由的实践，这种自由的运用包含着共通感（sensus communis）的历史投射。

我指出两个后记之间的这种张力，目的是为了强调康德的非功利性在其中呈现出的两种极其不同的"运用（takes）"：它首先体现为布尔迪厄在其批判中对（审美非功利性）的象征性运用，在这些批判中，通过主张审美判断的非功利性，把资产阶级的趣味与显现在工人阶级必需性趣味中的利益考虑区分开来，掩盖了背后的阶级利益；第二，作为布尔迪厄思想的先兆，这种非功利性明显地体现在其后期的著作中，如《帕斯卡尔沉思录》等，目的是为了推进关于艺术自治的诠释，进一步阐明某种对普遍价值的非功利性兴趣，后者也是他进行启蒙斗争的一个方面。同样重要的是要注意到：布尔迪厄对于康德审美观和后康德审美观这些方面的强调实际上遮蔽了这个遗产的第三个方面，在这种遗产中，美学通过自由主义政府的文化技术过去是、现在依旧是与国家联系在一起的。兰塞尔和让—菲利普·乌泽尔（Jean-Philippe Uzel）都注意到，布尔迪厄没有充分考虑康德的《审美判断力批判》（1790）的出版日期，也没有注意到它所关系到的同时期的政治和文化争论，这种疏忽进一步强化了这种遮蔽。因此，虽然康德驳斥了两种早期的审美理论传统——首先是18世纪英国的市民人道主义文学与市场社会发展对趣味发挥的作用（尤其是沙夫兹伯里［Shaftesbury］所表达的观点，参阅 Barrell；Klein；Paulson；Poovey，《美学》和《历史》）；其次是美学和政治学（poliziewissenschaften）当年在普鲁士国家的语境中形成的联系，还试图调停这两者之间的关系，但布尔迪厄并没有正确地评价康德是如何通过这样做来建构他的审美理论的。布尔迪厄在《艺术法则》中简要勾勒审美理论的谱系的时候，虽然把康德与市民人道主义传统的关系囊括进来，但他忽略了康德与克里斯汀·沃尔夫（Christian Wolff）之间的交锋（1750），通过使判断的低级能力臣属于理性的高级能力（并因此使民众臣属于哲学家官僚）这种行为合法化，沃尔夫充当了普鲁士国家的高级哲学牧师。而康德重申并修正了沙夫兹伯里对于审美作为自我塑造活动的强调，通过形成一种审美判断活动纲要，避开普鲁士国家进行社会管理的指导方针，把自我塑造转化为一种自我的自由实践——这种实践后来在1806年改革中由《法治国家》（*Rechstaat*）作了推介，并与《教育》（*Bildung*）所提出的各项计划相关联（参阅 Caygill；Chytry；Guyer），但是布尔迪厄却忽略了康德这些修正的重要意义。

兰塞尔关于美学在实现“感觉的分配”方面的作用的设想为人们理解这些发展的后果提供了一个有益的框架。在他的设想中，有些人注定要成为市民共同体的一部分，有些人则被判定只适合成为被统治者，通过感觉（即感觉的能力）在确立这两者之间的区分中所发挥的作用，美学被置于政治的中心。前一部分人之所以注定要成为市民共同体的一部分是因为他们的职业赋予他们考虑的（to care）时间和能力并因此对共同体所共有的东西负责，而后一部分人之所以只适合成为被统治者是因为他们缺乏这些能力。兰塞尔援引的例子是柏拉图的论点——工匠不可能在政府中发挥重要作用，因为他们没有时间投身于职业之外的任何事情。但是，在18世纪的市民人道主义话语中——如在约书亚·雷诺兹（Joshua Reynolds）的绘画理论中（参阅 Barrell），“感觉的分配”同样作用于自由的职业和机械的职业之间的关系。在这种话语中，市民的权利（entitlements）就如同非功利性地欣赏美的能力一样仅限于少部分人，由于其土地所有权和/或其对于自由职业的追求，那些人能够从服从于他人的意志的可能性中解放出来，他们的心灵（minds）能够从机械职业的习惯性单调中解放出来，因此他们能够“非功利性地”对公益（common good）富有兴趣。

按照布尔迪厄的解释，非功利性是借助于他们的职业在**社会空间**中确立与那些视野局限于必需性的人的距离的手段，但根据这种观点，重要的东西不是非功利性，而是非功利性在政治空间中创造一个地位（position）的作用，这个地位赋予那些能够对自我发出指令并控制自我的人指导他人的行为的能力。后面我还会回到这一点。现在，我们需要考虑兰塞尔在“感觉的分配”的两种不同体制——艺术之诗意的和表现性的体制与艺术之审美体制——之间所作的进一步区分，需要考虑这些藉以解释不同的行为（doing and making）方式之间的关系的不同方式。在这些体制的第一种中——古典时代的“美术（fine art）”体系是兰塞尔提到的例子，艺术与其他的行为方式（例如机械职业的那些行为方式）区分开来，艺术被组织成根据不同类型的表现能力（如主题的庄严性）构想的等级。这些等级充当了社会的和政治的等级的类似物的角色，并因此充当了不平等的市民能力和权利的分配手段。相反，艺术的审美体制并不确立艺术与其他行为方式之间的分裂，但是它“以区分艺术产品所特有的感觉（sensible）模式为基础”。（兰塞尔，《政治》22）通过使感觉服从于使之产生自我异化或自我陌生化的思维方式，这种模式把感觉与一般的联想和联系分离开来。

这种审美观念使艺术摆脱了任何特定的规则，如特定的艺术等级或类型的规则。兰塞尔认为艺术的审美体制目的在于实现感觉的重新分配，直至感觉承诺赋予艺术新的生命，承诺赋予个体和共同体新的生命，他的这种观点同样是非常重要的。因为这种诠释产生了一种既想要维护艺术的自治又想要使这种自治与“‘改变生活’的希望联系起来”并以此为基础的倾向。（《审美》，134）布尔迪厄把自治和他治之间的关系解释为在彼此之间简单的对抗关系中确定的对立性原则，与布尔迪厄的解释相反的是，兰塞尔指出，艺术的审美体制产生了自治和他治之间的关系的一系列不同的“情节设置”（emplotments）。福楼拜的为艺术而艺术（l'art pour l'art）、博物馆和图书馆的教育使命、早期的产业工人通过文学追寻自由的活动、阿多诺的否定美学、作为美的艺术和生活艺术之分裂的一种弥合方式的艺术之商业化，所有这些都是由“和”（and）而生的各种可能性行动过程中不同的“情节设置”，这类“和”均源于“把自治和他治链接起来的同一根纽带”，但在运作中又各不相同。

这个框架使我们能够充分考虑艺术的审美体制中审美活动之多样而矛盾的社会印记（inscription）。到了它不再必然与不同的行为方式之间的区分相联系的阶段时，艺术就不再必然是标示社会职业序列中的区分的手段。作为感觉的序列被悬置起来的瞬间，艺术的自治这种体验成为原则上所有人均可以获得的自由的自我塑造的瞬间和空间。在席勒看来，“为了培养适于生活在自由共同体中的人，感觉的世界必须由‘审美教育’来发展，它成了感觉的世界中的一种特定生活模式”。（兰塞尔，政治 27）因此我们容易理解，作为其社会印记之一，审美这一概念如何与教育项目联系起来，教育项目超越了国家官僚的道德培训和资产阶级的个人教养，想要按照康德的概念把文化转化为公共教育，被管理者则通过公共教育被纳入自我管理活动的轨道（Kosellek）。这不是纯粹的审美话语发挥的作用。相反，它关注某些方面，在这些方面中——在琳达·道林（Linda Dowling）令人信服的评述中，美学开始被庸俗化，因为通过把美学与政府项目联系起来，把美学与社会功利性的艺术观念及其功能联系起来，政府项目的目的则是为了把新的支持者纳入自我管理的自由技法中。艺术和生活之间的这种“混乱”关系，正是艺术的审美体制在它试图把艺术与改变生活的任务联系起来的时候带来的可能性。

这仍然是审美话语的社会印记的一个持续方面，是自治和他治之间的各种关系被置于艺术的审美体制中去的方式之一。布尔迪厄忽视了这些看法，这种忽视意味着他无视过去是、现在依旧是形成那些公共文化机构修辞和活动内的张力的东西，它们是在19世纪形成的，这些公共文化机构包括艺廊、图书馆、音乐厅，它们既作为区分各种活动的经常性场所，同时热心于充当致力于艺术范围拓展的市民管理机构。[①] 毫无疑问，布尔迪厄想要人们注意艺廊在产生审美凝视这种纯粹的凝视方面的作用，他是正确的。但是，这需要得到补充，需要进一步考虑试图以公共实用方式训练访客艺术眼光的尝试，这些相似的训练尝试过去构成公共艺廊诸多活动的一个重要方面，今天依旧如此。（本尼特，“增殖”和“市民观察”）

兰塞尔对于“和”在把自治和他治在艺术的审美体制中联系起来的纽带中的运作方式的理解，有助于理解前一部分中讨论的和谐与失谐之间的关系。出于实现观众利益的最大化的目的，人们常常跨越阶级界限传播文化，根据这个过程中的文化生产的商业化形式运作，此时看到的失谐程度得到了最好的解释。然而，前面我们讨论过这个问题，审美话语的各种政府印记（inscription）——连同工人阶级自我改善的传统——引导工人阶级参与同正统文化机构相联系的各种高雅文化活动，强调这点同样是非常重要的。这是兰塞尔在恢复历史的工程中着手揭示的东西。在修订共产主义（ouvrièrism）文化形式的过程中，恢复历史的工程并非旨在恢复被遗忘的工人阶级的写作和阅读传统，恢复其被遗忘的声音，而是要揭示19世纪工人中重要人物的文学活动是如何削弱了那些从事实用劳动的人和那些渴望通过非功利的美学追求获得自由的人之间的区别，这种区别与早期的艺术诗意体制紧密相连。[②] 乔纳森·罗斯同样指出，从19世纪初到紧接着的战后年代，对于英国工人阶级的重要组成部分来说，他们在文学、音乐上的趣味和活动既产生于由政府和商家发起的旨在扩散高雅文化的活动，同时又得益于与劳工运动相关的机构性活动所形成的工人阶级自我启蒙形式，后者显然受到了经由马修·阿诺德引介的非功利性风气（ethos）的影响。

在《区隔》中介绍工人阶级的审美时，布尔迪厄认为，它“必须不断地根据占主导地位的美学界定自己”。（41）然而，他稍后又指出，在美学立场的体系中，工人阶级唯一的功能是“充当一个陪衬，一个负面参照点，所有美学则

---

① 劳伦斯·列文对这点做了更为详细的阐述。（206—210）

② 我提请大家在这里注意安德鲁·帕克对兰塞尔的《哲学家及其穷困》所作的编辑导语，唐纳德·里德对《劳动的黑夜》所作的导论。

依据这个参照点通过不断的否定界定自己”。（57）这是要按照一种镜子结构（mirror structure）来进行界定工作，在这种镜子结构中，通过充当彼此的对立面，资产阶级的审美倾向和工人阶级的审美倾向得以建构起来。然而，当人们充分考虑前面提到的混乱历史时，布尔迪厄归因于工人阶级审美的那五个原则——必需性的趣味、无节制的欢宴、满足于愉悦惬意而不刻意追求美的倾向、在混合道德判断和审美判断的倾向中混淆美与善、无法认识康德所作的内容与形式的分离——都不适合于这个目的。在后康德的美学中，美与善的混淆更普遍和严重（如拉什金和莫里斯）；亚文化研究表明，形式重于内容的偏好绝不是康德高级美学（high aesthetics）独有的特征（桑顿［Thornton］）；而且并非所有的现代高级美学都是以对形式的非功利欣赏为前提——20 世纪早期的美国现代主义中便存在着一种强烈的功利倾向，反映了其清教主义基础（德·拉·福恩特；列文，146—160）。因而我们得承认，布尔迪厄审美概念所依据的对立结构是不能成立的。现在我将转入讨论另一问题：即这样做在布尔迪厄理解工人阶级的概念及其与知识分子的关系上所带来的后果。

必需性文化：剥夺工人阶级的权利

根据兰塞尔的观点，布尔迪厄在《区隔》中分析各阶级的文化表述时，让这些文化表述遵从早期的艺术之诗意的或表现的体制逻辑，在这种艺术表现体制内，某些行为方式通过与其他行为方式区分开来成为艺术，并在僵化的、按等级组织起来的类型区分的基础上与特权群体（status groups）相勾连，从历史的角度来说，他的分析是不合时宜的。《区隔》的分析结构也同样源于康德曾驳斥过的审美传统的失谐关系，这种失谐关系使传统审美活动与社会区分之间的联系构成了一系列更为广泛的活动，这些活动在赋予某些人公民权益的同时却剥夺了另外一些人的公民权益。这在 18 世纪的公民人道主义美学中是显而易见的，在公民人道主义美学中，人们把艺术判断能力与统治能力联系起来，使之成为自由的产物，而这种自由只有在摆脱了苦工和源于乡绅土地所有权的政治干预后方可获得。对自由职业的追求也促进了（公民）从具体到抽象的智力发展，以便他们能够关注整个政体的公益性，后者从对形式的非功利欣赏中得到了审美补充。而从事机械劳动的那些人否定这两种能力，因此他们的视野被判定为仅限于常规功能的表现。

在《区隔》中布尔迪厄对于这些早期观点是作出过回应的，特别是在他研究工人阶级必需性文化的时候。他在这一点上不同于对其他惯习所做的研究。在讨论惯习和生活方式空间之间的关系时，布尔迪厄确定了两个建构惯习的因素：第一，源自相关阶级生存状况的固有特性；第二，每一阶级源于其相对于其他阶级而言的地位的相关属性，这种由差别关系构成的整体系统在每一种惯习中都很清晰。但是，这两个因素之间是不平衡的，因为工人阶级被指定充当固定的参照点，其他的观点依据这个参照点把自己区分开来。因此，除了从纯粹否定的角度来说，工人阶级的惯习本身并非区分活动的场所，因为在拒绝主流文化的过程中，工人阶级被扔回到自己的纯粹阶级限制中。这里，必需性这种未得到任何调解的力量被作为阶级存在的内在条件来讨论，而包含在这个问题中的关系属性却没有受到任何质疑。这进一步导致工人阶级的惯习比起其他阶级的惯习来说更加具有单一化的统一性和稳固性。正如我们所看到的那样，布尔迪厄在跨越不同领域的个体或群体因其矛盾位置而产生张力的地方允许惯习的统一出现例外——这包括艺术家的阶级立场与他们在艺术领域内的地位之间的张力，或者，如同布尔迪厄自己在分裂的惯习中一样，由于社会地位的变化而呈现出阶级起点和阶级终点之间的显著距离。在后来的著作中（《经济学》），布尔迪厄通过解释"技术资本"对安排工人阶级在住房市场中进行选择所发挥的作用，提出了一种更开放、更具区分性的研究工人阶级惯习的方法。然而，对于《区隔》中讨论的工人阶级成员而言，必需性的可怕重负不允许在区分中有丝毫差池。他们不是区分游戏里的玩家；相反，他们提供游戏的背景，但只能任由他人在其中玩耍。正如兰塞尔所说：

> 至于穷人，他们并不参玩。他们的惯习向他们揭示的只是游戏的副本（semblance），在其中，预期的未来不是可能性而是不可能性："大门紧闭的社会环境"、"死巷"和"黯淡的前途"，在那里，评估可能性的艺术不可能委婉地称赞（euphemise）必需性的优点。只有那些被选的人才有选择的可能性。（政治，183）

我们可以从《区隔》的以下几段中看到这种排斥的后果，即否认受到无产阶级崇高召唤的工人阶级有能力对与必需性选择相分离的形式作出审美判断。

> 对于工人阶级妇女来说，没有什么比这种典型的资产阶级观念更加陌生的了：使家里的每一个物体都成为审美选择的对象，或者在选择平底锅或橱柜的时候也用上特定的审美标准。（379）
>
> 为"装饰"而指定的社交场所——"起居室"、"饭厅"、"客厅"——都依照确定的惯例进行装饰，壁炉上的装饰品、弦面板的森林美景、桌面上的鲜花，这些都是强制性的选择，根本没有暗含（主人）的决定或对效果的追求。（379）
>
> 也许最残酷的秩序吁求（call for order）……源于人们的直接社会体验所产生的同质性的封闭效果。根本不存在其他可能的语言、其他的生活方式、其他形式的亲属关系；可能的世界被封闭了。（381）

在讨论必需性选择的下一章，布尔迪厄紧接着讨论了工人阶级与政治的关系。布尔迪厄不同意他所描绘的民粹主义者或阶级种族主义者的观点，因为这些人奉行普通民众具有与生俱来的政治知识这样一种颠倒的种族（群）优越感，他关注的是工人阶级因为工人阶级不被允许获得形成政治见解和判断的适当条件，被剥夺政治权利进而自己取消自己资格的过程。此处除了可以看到布尔迪厄是如何通过援引马克思和恩格斯的共产主义社会宏伟蓝图而提出这个话题的之外，看不到任何他为深化这个解释留出的空间。在共产主义社会里，只有让所有人都有可能参与审美活动和判断，所有阶级都从必需性中获得了普遍的解放，才能允许“每个人都有充足的时间参与**理论的和实际的**普遍社会事务”（马克思和恩格斯，转引自《区隔》第397页）。此处，马克思和恩格斯的观点回应了人本主义美学的定义方式，即绅士阶层的审美判断能力与他们的政治资格之间存在联系被通过工匠阶层的缺乏政治资格而界定出来。此处的难题是，只要马克思和恩格斯所期望的闲暇时间的均等分配这个问题尚未解决，工人阶级因为工作就被剥夺了作为政治主体的资格。或者，如兰塞尔所说，人们呼吁无产阶级履行某种政治主体的义务（如革命），但在无产阶级获得这种能力之前，无产阶级实际上不可能履行这种作用。然而，这不是无产阶级本身能够完成的事情，无产阶级必须经由哲学灌输将之以礼物的形式接受下来，因此，无产阶级实际上必须服从于知识分子的指导。① 与此同时，除非无产阶级得到来自外部的哲学家的指导，否则无产阶级就会被剥夺政治行动的资格。

在布尔迪厄的阐释中，虽然工人阶级拥有正式的政治权利，但由于工人阶级形成政治见解和判断的途径受到排斥，工人阶级依旧被剥夺了非正式的政治权利。反过来，这是他们被排除在教育体系之外并因之使视野受限于只由必需性文化塑造的惯习的一种结果。当然，布尔迪厄关注的是将那些剥夺政治权利的非正式机制确定为需要通过教育机会均等来加以抵消的机制，教育机会均等是使人们接近普遍原则的条件普遍化的唯一手段，而这些普遍原则在他看来是获得充分、有效公民身份的前提条件。问题在于与此同时会发生什么。在解释从可能的阶级到真正的阶级所需的转变机制时，布尔迪厄对此作了一些说明。阶级最可能是根据人们按照关系建构的位置空间内通过彼此的关联来界定的，并且这样一些主体所组成，他们“受制于相似的生存条件和制约因素，并因此被赋予某些相似的倾向，这些倾向促使他们完成相似的活动”。（《由谁创造》[*What Makes*]，第6页）想要让可能的阶级成为真正的阶级，则可能是一项对空间做的位置划分要压倒其他可能的划分方式（如源于性别或种族关系的划分）

① 当马克思确实允许工人阶级以自己的名义行动时，这只能通过作为绝对否定的立场的流氓无产阶级的诞生，工人阶级才能够把自己与流氓无产阶级区分开来。通过阐明这个过程，尼古拉斯·特波恩为这种观点提供了一个有益的限定。

的工程，这取决于阶级形成的政治过程是否能够产生一个作为“具有充分依据的历史典型”的阶级（在这里，他引用了E.P.汤普森的著作来支持他的观点），这与涂尔干在谈论宗教时把它看做一种有充分依据的幻想如出一辙。但是，这只能是既授权同时又夺权的过程的结果：

> 当某类主体由于得到授权，可以从它所处的位置出发、以它自己的名义正式发表看法和付诸行动，他们便能够把自己的意志强加给另外一些人，那些人在这些全权代表中认识自己，认可这些全权代表有充分的权力以他们的名义发言和行动，在这样做的同时，那些人便赋予它只有一个群体才能拥有的存在方式。此时，一个“阶级”——社会的、性别的、种族的或按其他方式划分的阶级——就实际存在了。(15)

在布尔迪厄的著作中，从《区隔》（在其中它需要进一步挖掘）到他晚年的著作（在其中它是非常清晰的），工人阶级的文化匮乏既使他们需要做这种授权，又导致它服从于某种代表普遍价值的知识分子的领导。由于这个领导核心旨在追求非功利性的目标，它便负有了从艺术家和知识分子过去的斗争中提取普遍价值，并在今天代表这种普遍价值的责任。然而，正如本·辛格所注意到的，这样一种对于普遍性的断言的逻辑要求是，如果他们坚持要为形成中的人类利益做代言人，这个知识分子核心必须通过“代表的替代”关系把被排斥的人包括进来。但是，辛格提出的问题是，“当代表与被代表者之间的分歧如此巨大，以致被代表者似乎完全无法表达自己之时（因为他们缺乏倾向和才智，更不用说得到社会确认的能力）”，这种代表的替代行为如何能够“克服它所谴责的分歧呢”？他争辩说，隐含在布尔迪厄著作中的解决方法是“一种教育学的乌托邦，在这种乌托邦中，替代的逻辑渐渐地为代表性吸收的逻辑所取代，从而人人都能够使用普遍性的语言”。(294) 而与此同时，剥夺劳动者在城邦中取得充分地位权利的系统却依旧能保持不变，而它与艺术的诗意体制不无关系。

我们有充分的理由重视布尔迪厄的著作，因为他的著作开启了围绕文化资本、教育系统、阶级形成和分化的当代过程相互关系的诸多问题。我们同样有充足的理由要求把这些问题与审美和政治关系概念所提供的关系范畴分离开来，布尔迪厄对于文化消费的分析就是建立在这些关系中的。如同我极力想要阐明的那样，这种重新考虑不仅涉及对于布尔迪厄的主要理论范畴的审慎考察，而且涉及对于各种程序的审慎考察——问卷设计、可视化（visualisation）技术、对统计数据的解释，这些主要的范畴则通过这些程序运作于经验的分析中。除了布尔迪厄对康德美学的“运用（take）”给予我们的阐释，我们还需要更加细致入微地阐释美学与社会之间的关系。我曾经说过，兰塞尔关于艺术的审美体制的观点通过自治和他治之间更为多样的关系满足了这个需要，通过解释把艺术的生活和生活的艺术之间的关系连接起来的“和”的各种组织形式，自治和他治之间的关系得以展开。

鸣谢

首先，我要感谢菲利普·戈尔茨坦对本文早期版本的评论，感谢吉姆·马克细致的文本编辑工作：本文的论点因此得到了极大的完善。同时我非常感谢他们邀请我在他们于2005年在特拉华州组织的来稿研讨会上首次陈述本文所自源出的这些观念。我还要感谢CCSE小组成员对初稿的评述，感谢约翰·弗劳、阿图罗·莫拉托和马塞尔·富尼埃等人提供机会让我在墨尔本大学的一次公开演讲时展示本论文的早期版本，并在2006年国际社会学协会世界大会上把它作为大会演讲。

参考文献：

Adkins, Lisa. “Reflexivity: Freedom or Habit of Gender?” *Feminism after Bourdieu*. Ed. Lisa Adkins and Beverley Skeggs. Oxford: lackwell/Sociological Review, 2005, 191—210.

Barrell, John. *The Political Theory of Painting from Reynolds to Hazlitt: “The Body of the Public.”* New Haven: Yale UP, 1986.

Bennett, Tony. “Civic Seeing: Museums and the Organisation of Vision.” *Companion to Museum Studies*. Ed. S. MacDonald. Oxford: Blackwell, 2006. 263—281.

…. “The Historical Universal: The Role of Cultural Value in the Historical Sociology of Pierre Bourdieu.” *British Journal of Sociology* 56 (2005): 141—164.

…. “The Multiplication of Culture's Utility.” *Critical Inquiry* 21 (1995): 859—889.

Bourdieu, Pierre. *Distinction: A Social Critique of the Judgement of Taste*. London: Routledge and Kegan Paul, 1984.

…. *Esquisse pour une auto-analyse*. Paris: Éditions Raisons D'Agir, 2004

…. *In Other Words: Essays Towards a Reflexive Sociology*. Cambridge: Polity, 1990.

…. *On Television and Journalism*. London: Pluto.

…. *Outline of a Theory of Practice*. Cambridge: Cambridge UP, 1977.

…. *Pascalian Meditations*, Cambridge: Polity, 2000.

…. *Practical Reason*. Cambridge: Polity and Blackwell, 1998.

.... *The Rules of Art: Genesis and Structure of the Literary Field*. Cambridge: Polity, 1994.

.... *Science of Science and Reflexivity*. Chicago: U of Chicago P, 2004.

.... "What Makes a Social Class? On the Theoretical and Practical Existence of Groups." *Berkeley Journal of Sociology*, 32, (1987): 1—17.

.... *The Social Structures of the Economy*. Cambridge: Polity, 2005.

Bourdieu, Pierre, and Haans Haacke. *Free Exchange*. Cambridge: Polity, 1995.

Caygill, Howard. *Art of Judgement*, Oxford: Blackwell, 1989.

Chytry, Josef. *The Aesthetic State: A Quest in Modern German Thought*. Berkeley: U of California P, 1989.

Crossley, Nick. *The Social Body: Habit, Identity and Desire*. London: SAGE, 2001.

De la Fuente, Eduardo. "Max Weber and Charles Ives: The Puritan as Cultural Modernist." *Journal of Classical Sociology* 4 (2004): 191—214.

Dowling, Linda. *The Vulgarization of Art: The Victorians and Aesthetic Democracy*. Charlottesville: UP of Virginia, 1996.

Gayo-Cal, Modesto, Mike Savage, and Alan Warde. "A Cultural Map of the United Kingdom, 2003." *Cultural Trends* 15 (2006): 213—238.

Grenfell, M., and C. Hardy. "Field Manoeuvres: Bourdieu and Young British Artists." *Space and Culture* 6 (2003): 19—34.

Guyer, Paul. *Values of Beauty: Historical Essays in Aesthetics*. Cambridge: Cambridge UP, 2005.

Klein, Lawrence E. *Shaftesbury and the Culture of Politnesss: Moral Discourse and Cultural Politics in Early Eighteenth-Century England*. Cambridge: Cambridge UP, 1994.

Koselleck, Reinhart. *The Practice of Conceptual History: Timing History, Spacing Concepts*. Stanford: Stanford UP, 2002.

Lahire, Bernard. *La culture des individus: dissonances culturelles et distinctions de soi*. Paris: Éditions la découverte, 2004.

.... "De la théorie de l'habitus à une sociologie psychologique." *Le travail sociologique de Pierre Bourdieu: Dettes et critique*. Ed. Bernard Lahire. Paris: Éditions La Découverte, 2001. 121—152

.... "From the Habitus to an Individual Heritage of Dispositions: Towards a Sociology at the Level of the Individual." *Poetics* 31 (2003): 329—355.

Levine, Lawrence W. *Highbrow/Lowbrow: The Emergence of Cultural*

Hierarchy in America. Cambridge: Harvard UP, 1988.

Mauss, Marcel. *Sociology and Psychology: Essays*. London: Routledge and Kegan Paul, 1979.

Paulson, Ronald. *The Beautiful, Novel and Strange: Aesthetics and Heterodoxy*. Baltimore: John Hopkins UP, 1996.

Peterson, R. A. "Understanding Audience Segmentation: From Elite and Mass to Omnivore and Univore." *Poetics* 21 (1992): 243—258.

Peterson, R. A., and A. Simkus (1992) "How Musical Tastes Mark Occupational Status Groups." *Cultivating Differences: Symbolic Boundaries and the Making of Inequality*. Ed. Michelle Lamont and Marciel Fournier. Chicago: U of Chicago P, 1992, 152—186.

Poovey, Mary. "Aesthetics and Political Economy in the Eighteenth Century: The place of Gender in the Social Constitution of Knowledge." *Aesthetics and Ideology*. Ed. George Leveine. New Brunswick, NJ: Rutgers P 1994. 79—105.

…. *A History of the Modern Fact: Problems of Knowledge in the Sciences of Wealth and Society*. Chicago: U of Chicago P, 1998.

Rancière, Jacques. "The Aesthetic Revolution and Its Outcomes: Emplotments of Autonomy and Heteronomy." *New Left Review* 14 (2002): 133—151.

…. *Malaise dans l'esthétique*. Paris: Éditions Galilée, 2004.

…. *The Nights of Labor: The Workers' Dream in Nineteenth-Century France*. Philadelphia: Temple UP, 1989.

…. *The Philosopher and His Poor*. Durham: Duke UP, 2004.

…. *The Politics of Aesthetics: The Distribution of the Sensible*. London: Continuum, 2004.

Rose, Jonathan. *The Intellectual Life of the British Working Class*. New Haven: Yale UP, 2001.

Silva, Elizabeth. "Distinction through Visual Art." *Cultural Trends* 15 (2005): 175—192.

Singer, Brian C. J. "Méditations Pascaliennes: The *Skholè* and Democracy." *European Journal of Social Theory* 2 (1999): 282—297.

Taylor, Brandon. *Art for the Nation: Exhibitions and the London Public*. Manchester: Manchester UP, 1999.

Thoburn, Nicholas. "Difference in Marx: The Lumpenproletariat and the Proletarian Unnamable." *Economy and Society* 31 (2002): 434—460.

Thornton, Sarah. *Club Cultures: Music, Media and Subcultural Capital*. Cambridge: Polity, 1995.

Uzel, Jean-Phillipe. "Kant et la socialite du gout." *Sociologie et Société* 36 (2004): 1—12.

Warde, Alan, and David Wright. "Understanding Cultural Omniverousness, of the Myth of the Cultural Omnivore." Internal working paper for the CCSE project.

Wolffe, Christian. *The Real Happiness of a People under a Philosophical King*. London: Cooper, 1750.

文化、历史与习性

■ [英] 托尼·本尼特

（英国开放大学 社会文化变迁研究中心）

陈春莉译 强东红校

柯林·坎贝尔（Colin Campbell）在评论社会学文献的去习俗化时指出，“尽管习性①概念对于这种学科缔造者的概念纲要和理论观点是非常重要的，但令人费解的是，迄今为止，它一直没有得到社会学学者的重视。”[1](p. 159) 他可能也会同意，习性对于文化社会科学方面的一系列现代学科的基本问题也是同样重要的。它在现代政治思想的发展方面扮演了至关重要的角色，也在把社会心理学既从心理学又从社会学区分开来方面起了重要作用，它也是一个贯穿现代美学史（从美学的市民人文主义起源开始一直到后现代表述）的概念。不过大量迹象表明，习性问题在近10年左右受到更为批评性的关注。吉尔·德勒兹（Gilles Deleuze）关于重复和差异的论述在这方面已扮演了一个重要角色。他复活了柏格森（Bergson）曾区分过的习性与记忆的术语，努力构建一种关于独特性重复（repetition of singularities ）的学说，这种独特性重复不同于产生了广

① 在英语原文中有三个相近的单词：habit，habitus 和 custom。考察托尼在文章中的用法，habit 偏重于个体的心理结构，暂译为习性，而 habitus 偏重于个体的无意识的自动化行为，暂译为习惯，而 custom 偏重于社会意义上的习惯规则，暂译为习俗。——译者注

泛影响的重复机械形式，他认为后者是由习性形成的。① 在加布里埃尔·塔尔德（Gabriel Tarde）的著述中表现出来的对这种术语复活的兴趣也有类似指向，因为他在对建议（suggestion）与模仿二者的关系在社会性形成过程中所起的作用进行论述时，给予重复性实践重要地位。

后福柯主义关于自由治理的文献也是非常重要的，他们特别注意作为一种机制的习性，因为它能够区分，一是应该在何处实行通过个体的自由渴望实现对个体统治的构想，二是，相反，应该在何处实行更为直截了当的统治形式。他们把习性对行为的控制看得非常重要，认为人格的决定层面完全干涉了能够进行自由实行和反思性判断的能力，而在强调习性成为自我统治的自动化形式的机制方面，也可以看出这种快照（shutters）已经注意到自由统治策略。②

鉴于这些考虑，我在这篇论文中意欲表明，与充斥在自由治理文献之中的假说相反，习性在人格建构中（或在与不同统治形式相应的统治个人的手段之中）并非总是占据同样的位置。我并没有把“人格结构”看做永久不变的心理结构，而是看做（用尼古拉斯·罗斯［Nikolas Rose］的话说）一系列随着历史变化的“空间、洞穴（cavities）、关系与分隔（divisions）”，这是由于造成自我分裂的不同力量各种方式，与对这些碎片施加影响的各种方式相互叠合、相互作用而形成的。[2](p. 301) 我将审视后达尔文主义在生物学和人类学的发展是如何改变习性在人格结构之中的地位（它们割裂了习性最初与习俗观念的联系，而将其与对本能的新理解联系起来），来展示这些问题，审视其后果。

首先，我将参照关于自由治理的讨论，因为这些讨论给予成为一系列社会文化学科的通货的习性足够关注，来更为充分地勾勒习性的地位。然后，我将审视皮特·里弗斯（Henry Pitt Rivers）将习性与本能相互区分开来的术语，并考虑他用以解释习性与本能的相互关系的方法，是如何与澳大利亚殖民统治实践牵连在一块的。最后，作为总结，我要讨论后达尔文主义对习性与本能的关系建构的替代选择，并讨论将习性与本能纠缠在一块，是如何有利于达成更为历史化的巧妙的自由治理实践的目的的。

习性与自由治理

帕特里克·乔伊斯（Patrick Joyce）论述性格在 19 世纪中期的自由治理观

---

① Bergson distinguishes two kinds of memory, one of which, purely automatic, carried in the motor mechanisms of the body, 'has *all* the marks of a habit' while the second, formed through the intervention of conscious representation, 'has *none* of the marks of a habit'. (Bergson, 2004: 89－90) The first, as Bergson further glosses this distinction, 'follows the direction of nature', while the second 'would rather go the contrary way'. (102)

② For an extremely useful introduction to these concerns, see the special issue of *Economy and Society* (36 [4], 2007) on the work of Tarde edited by Andrew Barry and Nigel Thrift.

念中所起的作用时，注意到关于习性观念的一系列复杂问题。这些问题就是，习性观念在调节欲望与冲动时发挥了作用，这种调节把主体形塑为静止而又变化的中心："习性就深深地印在天性之中，但并非不能被意志力所动摇"[3](p. 118)。他可能是在谈约翰·穆勒（John Stuart Mill）的例子，在穆勒《论自由》的文章中，自我观念是依据遗传的习俗分量和意志力的反对力量之间的对立而组织起来的，这种对立成为他在有历史社会和无历史社会之间所作的区分的基础，这种有历史社会是在柯施莱克（Koselleck）所用术语的意义上来谈的：即期望未来与现在和过去不同，这是主体行为迟早会引起变化的结果。就是在这种新暂存性与它所引起的对未来一定不同于过去（这是因为人的能动性在不断革新）的期望之中，习性成为须以新的方式来解决的问题。在穆勒那里，这种须解决的问题是以下面二者之间对立的形式而呈现出来的：一方面是在自由民主中所发现的对自由和革新的激励，一方面是亚细亚社会和原始社会。穆勒把前者解释为通过改善与"东方专制主义"相应的习俗，从而已经超越了曾经的历史的社会（过去曾经在历史上非常活跃），相反，把原始社会解释为由于持续不断重复的半自然形式的力量，因而仍然没有进入历史的社会，这是因为它仍然逗留于自然与文化之间的难以察觉的过渡区的原始位置。

乔伊斯并不是唯一意识到习性对于自由治理问题的重要性的学者。玛丽安娜·瓦尔德（Mariana Valverde）也讨论过习性与专制倾向的密切联系，而专制倾向经常可以在自由治理之中看到。这一点也可以从对被殖民者的行为习惯模式的改善中看出来，那些统治者认为被殖民者缺乏意志力可以实行的自我结构。玛丽·普维（Mary Poovey）也说明了类似观念如何充斥在19世纪对缺乏技术的部分工人阶级进行治理的观点之中，这些工人被认为缺乏那些镜子似的道德形式，要依照斯密斯的著名的"意志人（man within）"① 的模子而形塑，而如果习性对行为的控制，要通过使其面对反思性审视来松动的话，这种形塑是需要的。

就是通过这些方式，习性观念成为自由治理的理论与实践之中占有重要地位的人格结构的组成部分，这样就将个性纳入轨道之中，并将习性置于自我重新构形过程的中心，通过这种典型运作，自由治理的目标开始运转了。习性之所以位于这种过程的中心，正是因为，如果要摧毁习性的力量，只能（如乔伊斯指出的）用一系列其他习性替代它。如他指出的，"习性必定遭遇习性"[3](p. 120)，因为意志的实行必须既挑战习性，又努力输入一系列调节行为的新习性，如果不断自我革新的人格（人格能使自身保持稳定②）的理想要实现的

① This concept is elaborated in Smith's *Theory of Moral Sentiments* (Smith, 2002). See, as well as Poovey, Brown (1994, 1997) for a discussion of the operation of this concept in Smith's work.

② This concern with the role of habit in stabilising the person is particular clear in Mill's account of ethology; see Mill (1967).

话，这样通过主体的自由活动，社会可以继续得到进步。然而，如果习性在自由治理的话语与实践之中继续运转，它就很难以同一方式继续发挥作用。乔伊斯实际上谈到了这一点，他曾指出，在19世纪晚期，习性以新方式被观念化了，正如性格逐渐被观念化为心理学或社会学的术语，而不是道德术语。例如，威廉斯·詹姆斯（Williams James）曾谈到，在1890年前后，习性已经成为一种“物质性法则”，刻记在大脑生理机能的运行之中。然而，在相关的变化之中，对于像穆勒那样的作家来说，习性常常等同于那些与习俗观念相联系的重复形式，而在生命科学的后达尔文主义发展那里所创立的自然/文化关系的新概念之中，（对于劳埃德·摩根［Lloyd Morgan］来说，）更多地成为要依据本能来考虑的事物，成了一种连接进神经系统之中的重复形式。

更多的是因为穆勒，在爱弥尔·涂尔干（Emile Durkheim）处理习性的手段之中也充斥着类似的区分，他也把习性看做需要改变的障碍。涂尔干把社会行为划分成两极对立——一种是在习性影响下的重复行为形式，一种是自觉反思控制下的行为，对于他来说，重大挑战是当将社会行为带入自觉意识的控制之下时，要面对习性的力量。因为把习性看做自然的强大力量，要通过社会学对道德文明教育的影响来克服，所以社会学实践的社会作用是要使习性屈服于意志力与意识力量的调节作用。这并非如查尔斯·卡米克（Charles Camic）所强调的，是用无习性甚至新习性形成来替换习性的问题。所谓新习性，就是在自我控制意识的最佳形式影响下行动的习性，来取代本能的或机械的习性，而这种自我控制意识是在讨论过程中形成的。然而，涂尔干的习性实践使命实现的代价是将其排斥在社会学理论区域之外。他把习性接纳进心理学学科之中，以便于研究植根于人类动物性的生理结构之中的行为形式，卡米克指出，涂尔干标出了社会学学科化、自主化的要求，只关注道德因素和观念因素（即意识）在社会行为组织化之中的作用。[①]

韦伯的著述尽管与卡米克的截然不同，但也有类似指向。他认识到习性力量是传统形式的社会组织化的钝性资源，在其“习惯”（habitus）概念中，他揭示了习惯（它完全是由传统形成的）和习惯的某种动态形式之间的差异。习惯的动态形式是在日常生活的静态习性中形成的，从而推动习惯步入那种动态过程，这是终结历史必需的（在Kosselek的意义上）。而且，韦伯也显示类似于涂尔干所关切的，努力为社会学在德国高校系统中获得一种特殊位置，他强调了文化在构成有意义行为场域方面的作用，将其作为社会学的真正问题，这样就把真正习性引入心理学之中，而习性行为尚未受到表征、意识和意志力调节的影响。

卡米克继续指明帕森斯（Parsons）对习性的论述在美国社会学中的重要作用，尽管他也指出，他在欧洲社会学中并非那么重要。这里最明显的例外是皮

① This is also, for Geras (1976), the move that most distinguishes classical sociology from Marxism.

埃尔·布尔迪厄，他的关于习惯的论述吸取了胡塞尔和梅洛·庞蒂所倡导的尽管是现象学传统但也可以是哲学社会学的表述，当然还有莫斯（Mauss）的遗产，继续在韦伯著述的轨道上将习俗机制与习性机制区分开来。布尔迪厄在回溯性表述之中，坚持“在古代社会和现在社会，社会代理人并非像时钟一样遵循他们并不理解的规则，被自动地调节”[4](p. 9)，他们将习惯融入通过经验获得并重塑的倾向性能力。在据说可能是他的最有影响的论述习惯的著作《区分》中，习惯的这种特点并没有平均分布，一些习惯（如他归之于工人阶级的显著习惯），就具有植根于必要选择的习性的所有特点。① 习性也在日常生活社会学的文献中占有重要地位，从乔治·卢卡奇开始到亨利·列斐伏尔，不过在这方面，它被看做对立形式之中的负面因素，即一方面是社会行为完全规则化的、非反思性的重复形式，另一方面，是授予一些团体洞穿日常生活的物化表面而获得超常卓异的非凡因素的能力，这样他们就可以成为社会革命行动的自觉代理人。

这种文献与平行发展的（将感知和注意的自动形式陌生化或去习惯化的）现代主义美学对习性的否定性编码之间也有着重要联系。显而易见，这也适用于俄国形式主义将感知的习惯模式陌生化或去习惯化在革新文学系统之中的作用的论述。不过，这也同样适用于现代主义的先锋派对陌生化或去习惯化的作用的构想，他们的第一代在19世纪晚期法国的已经自动化的文学艺术场中，运用了一系列陌生化手段，打破了早期惯例化的文学形式，在布尔迪厄对他们的论述中，去习惯化机制占有重要地位。

我出于两个原因注意到现代美学与日常生活社会学对习性的理解的联系。第一，它是一条非常有用的途径，来强调在现代美学和现代社会理论的漫长历史中，习性得以表征的术语之间的紧密联系。第二，它提供了一种手段，便于回到我刚才关于习性与自由治理的话语实践之间关系的评论。鉴于现代美学与自由治理的问题式的早期表述的关系，所以现代美学成了一个平台，使习性本身（即习性被理解为无思想重复而不是任何特殊习性）第一次出现并成为一个问题。这里重要的人物是沙夫兹伯里（Shaftesbury），因为他的关于美丽的礼貌话语给政治权威奠定了基础，这种政治权威既不依赖神圣权利，也不依赖霍布斯式的强权，而且其目标更多的是，为了治理成所有人都分享（尽管相互之间保持相当距离）他们自己的政府。关于品味与判断力问题的礼貌话语要通过自我表面分裂转换成自我治理的内部机制，沙夫兹伯里实现的手段是将社交谈话的对话层面转换成一种手段，这样，自我和自己对话（或自我调节），从而使许多部分达成和谐。②

---

① See Bennett (2007) for a discussion of some of the difficulties this occasions.

② I draw here on the discussions of Shaftesbury and the more general formulations of civic humanist aesthetics in Barrell (1986), Paulson (1996), and Poovey (1994, 1994a, 1998).

然而，在许多其他限制当中，这种经由自我多重组织化达到自我治理的能力，在其社会分布状况中也受到限制。沙夫兹伯里（作为雅克·朗西埃［Jacques Ranciere］已经指出的一个话语范例）在从马克思到布尔迪厄的现代社会政治思想的随后发展中已经发挥了重要作用，它排斥了“乡巴佬”、朴实的手艺人和底层民众[5](p. 7)以及更为普遍的机械师，理由是，他们的职业规则和习性本质耽搁了他们发展成这种多重自我。这样，市民人文主义的审美政治话语就在统治者与被统治者之间造成了一种对立，那些统治者有资格参加集体自我统治政党，因为他们能够反思性监控和调节自己的行为，而那些被统治者囿于习性，注定遭到更会反思的统治者的统治。

这使我不得不在此更为详细地说明康德在《判断力批判》里的现代自我范式构建中，是如何尽力把市民人文主义范畴转变为他所给予审美判断的角色。① 但是，在康德看来，习性和文化对于他所心仪的自我特殊层叠来说是非常重要的。“只有文化，才能生产出无论选择什么，都没有倾向性的理性存在，才能生产出那种心仪存在自由的倾向性”[6](p. 389)。同样，康德在《实用人类学》中指出，文化的对立面是习性：

> 然而，习性是一种身体内部的被迫性，使人以同一方式行进（迄今为止人们一直以这种方式行进）。它甚至剥夺了人们的可贵道德的良好行动，因为它削弱了心灵的自由，而且导致了不假思索的完全相同行为（单调）的重复，因此显得荒唐可笑……为什么在我们身上有另类习性激起丑恶欲望，那是因为，人的动物性跳出来太多了，其行为是由习性规则导致的本能行为，完全像另一种自然（非人）一样，因此就会有完全堕入兽类之虞。[7](p. 40)

习性在这里就在自然与文化之间的敏感区运转，被安置在自然/动物与文化/人二者之间对立的交界点之处，这在拉图尔（Latour）对现代社区的论述中也是显而易见的。

即使从这种非常简要的勾勒中，也可以看出习性在现代社会理论、政治理论、美学理论和文化理论之中扮演了一个重要角色。而且不止如此，它一直横跨了这些不同的理论体系，成了一个重要的连接性术语，从而使它们对治理实践和手段的关注聚集起来，凝聚成一系列对立：自然/文化，必然性/自由，这样就将包含自由治理与排斥自由治理二者组织起来了。而且，也有大量迹象表明，现在的情况也是如此。正如利萨·阿德金斯（Lisa Adkins）和贝弗·斯基

① But see, for two of the most pointed engagements with these issues, Caygil (1989) and Deleuze (1984).

茨（Bev Skeggs）二人已经指出的，关于反思性自我的叠合组织化（乌尔里希·贝克［Ulrick Beck］、安东尼·吉登斯［Anthony Giddens］和斯科特·拉什［Scott Lash］将其视为“高级现代性”的特征）的论述，对于现在的当代阶层化话语的运转是非常重要的，这种运转侮辱了那些所谓的缺乏这种叠层化自我所需的反思性自我调控能力的阶层。更概括地说，这种观点只不过是罗斯所概括的社会学的基础性的“历史虚构”重新表演而已，在由一条长期单一线路所支配的只能如此的故事中，行为模式被束缚于传统和共同体的力量，屈服于个体性和自治的现代实践，这条单一线路尽管或发达或滞后，却都是从固定性发展到不稳定性，从习性发展到反思性，横跨了所有的生存与经验的领域[2](p. 304)。

然而，我在这里更为注意的是，习性思想通过标出如下二者之间的对立，来确定自己在时间关系的差异之中所扮演的角色，一方面，是能够自由地自我构建的社会，另一方面，是注定以过去/现在的区分形式无休止地重复的社会，它形成了扁平、简单和机械的个性的“古老”或“原始”形式的重复结构。我在这里主要想表明，必须密切注意这种过去/现在区分得以表达的不同方式，这种表达依据的是给予习性在个性结构之中位置的变动结构。

习性、本能与竞争存活（survivals）

为了探讨这些问题，现在让我转到英国人类学中的达尔文主义与后达尔文主义的争论之中的习性与本能之间的关系。我在这里主要参照19世纪晚期的进化人类学的问题式之中的适者生存法则来探讨习性与本能所起的作用，尽管我也会叙述在政治理论与生命科学之中的相关争论。不过，我要从一系列出版于1844年的《关于土著与澳大利亚殖民的文件》的英国议会文件开始。我引用的文件来自洛德·史坦利（Lord Stanley［他是殖民办公室的政府首脑］）写给新南威尔士殖民总督乔治·吉普斯爵士（Sir George Gipps）的信件，是关于吉普斯转交的格雷上尉报告的信件，格雷在报告中，讲述了他作为探险队队长在澳大利亚内陆的经验，讲述了试图将土著文明化的徒劳行动，强调了这种企图是毫无希望的。史坦利评论道：

> 我极为认真地拜读了这些快报，为那些让人沉重压抑的经历深表遗憾。考虑到这种使命所面临的匪夷所思的困难，似乎难以否认，迄今为止所做的文明化土著的努力一直是徒劳无功的，仍然没有实现实质性的进步，也没有合乎理智的理由期望他们在未来获得更大成功。阁下一定会理解我是多么痛苦、多么不情愿地得出这个观点，但是我不能对议员们必然会对您给我的关于这个问题的叙述作出的结论装作不知。[8](p. 120)

但是，他又继续表示，尽管非常勉强，但保留土著还是可以改善的希望要比另一种选择，即已经广为讨论的观点更好：

> 我还是更愿意相信，可以做一点事情；我并不认为给他们一点关怀，基督教义就一定不会生效，我也不认为，文明化的益处是不可交流的。我并不能在理论上默许：他们是不能改善提高的，在白人殖民者的先进发达面前，他们的灭亡是必然的，是不可控制的。[8](pp. 120－121)

凯·安德森（Kay Anderson）在《种族与人文主义危机》中，把这些文件视作对18世纪四五十年代这段时期的表征。在这段时期，殖民话语在两方面之间维持着平衡，一方面，是18世纪基督救世主义话语的遗产和启蒙运动阶段理论的现世改良主义，它们相信，尽管采用不同手段，澳大利亚土著是可以改善提高的。另一方面，是19世纪晚期的更为典型的种族话语。这些种族话语坚信种族特征根深蒂固地植根于身体之中，它们将土著从基督救世时代和文明化的进步时代迁移出来，认为土著是劣等种族，在生存竞争中无可避免地会走向灭亡，从而将其置于灭绝的死亡时代。然而，对于安德森来说，这里更为危险的是一系列具体殖民实践。她是从后人类视角来写作的，这种视角是堂娜·哈拉维（Donna Haraway）、布鲁诺·拉图尔（Bruno Latour）和其他人在挑战那些将人与自然世界区分开来的二元本体论的著述中提出来的。安德森指出，澳大利亚土著引发了一种表征危机，搞乱了这种本体论术语。她将美洲野蛮人被启蒙运动的推测性的、阶段性的历史所同化的方式与突如其来的挑战进行了比较与对照，这种突如其来的挑战就是，18世纪晚期太平洋航海家和随后的澳大利亚殖民者提出的这种历史，他们发现了一类显然难以改善（正如经验所表明的）和难以提高的人，他们似乎如此稳定地徘徊在自然/文化的分界线的入口处，这就冲击和置疑了原来的二元本体论。

安德森指出，这种紊乱紧张得以解决的最重要方式之一，就是把种族差异自然化。从18世纪晚期到19世纪中期，这种方式最初采取了多基因发展学说的形式，这种学说将种族差异解释成不同发展线路的结果，这对基督教和启蒙运动的人类整体论构成了挑战。安德森表明，尽管达尔文的进化论学说开拓了一个空间，可以通过否认种族差异是天生的、不可逾越的方式，把土著放在文明化工程之中，但是，人类学的随后发展依然将土著置于这种工程所能触及之外，将他们划拨到史前史范畴所表征的自然与文化之间的新历史过渡区。作为过去在目前的存活（survivals），土著面对的困难不是被认为天生不同，而是被认为太落后于时代，仍然位于从自然进入文化的入口处，他们表征了人类进化的零度发展，这意味着他们远远没有达到穿越进化时代的漫长时期，这将他们与殖民者所处的正确历史时代分离开来，而种族竞争的必要性就导致了他们的灭绝。

现在看来，一切都合乎逻辑，然而，我想指出，要充分理解在这里运转的独特动力，就需要理解，这种把土著视为残存（survivals）的构建，是如何成为对早期关于习性与本能的关系更为公允论述的重构的。因为如果将这两种构建相互分离，适者生存法则就把个性置于人格构形的完全不同的辩证过程之中，这种辩证过程就是从那种康德之后发展起来的习性与本能倾向缠绕成一对的人格，到文化力量（被视为自由地自我形塑的能力，可以推动历史的发展）所坚决反对的人格。桑克·穆图（Sankar Muthu）指责康德道："他所构建的阻挠人性的动物性，实际上是由本能驱动的。从动物性到人性的运动是一种通向自由与文化的运动"。[9](p. 128) 正是这种对立为文化制度行动奠定了人格的动力，而文化制度在其经典的19世纪形式中，被塑造为削弱习性对人类行为影响的实践。传统、习俗、习性习惯，这些在后康德主义的文化观念中，都是"能够实现我们的充分人性之前要去克服的对手"[10](p. 16)。这样，文化就发动了一种审视过程，使个人将他们自己从沦陷于前反思或不思考的行为习性模式中解救出来，而发动自由自我的构建过程。

在维多利亚晚期的人类学中所说的人格结构，与此截然不同。第一，它把人格设想为一系列历史化的渐变阶段（即，不是对立形式而是上升形式）；第二，它不是把本能解释为与文化对立的纯自然，而是作为自觉行动的储存库，它通过习性的调节作用而步入本能的自动化形式。对于土著来说，其后果是一种矛盾悖论，一方面，认为他们没有丰厚的可以文明化的本能储存。另一方面，认为土著处在从自然过渡到文化的入口处，所以其行为是由一系列原始本能引导的。在某种程度上说，这些本能作为从未完成的自然向文化过渡的残存，在千年的干预中一直重复着，因此其力量得到了加强，这样它们现在多多少少有点像钢铁一样控制、束缚着行为。这种逻辑在皮特·里弗斯关于人类学收藏原因的论述中是显而易见的。他遵循着达尔文对习性和精神性力量在人与低等动物中所起作用的论述，将动物与人类身上的习性与本能的关系视为本质上受到同一原则支配。就像动物要么通过豢养要么通过经验理性形成本能习性并遗传给下一代一样，类似过程也发生在"智性思维"和"自动思维"在调节人类行为所发挥的不同作用之间的关系之中。

> 我们知道智性思维可以对不熟悉的情况作出理性反应，而自动思维可以直觉地对特定情况作出反应，不需要意志和意识的努力。然而我们也知道，习性通过有意识理性的运行而获得，而不变的习性就成了自动化，那么就不再需要开动意识理性指导行动，就像它们最初所做的那样……[11](p. 296)

皮特·里弗斯由此得出的结论是，"每个由本能引发的行动，在一些物种历史上的先前阶段都是自觉经验的结果”[11](p. 298)。这种观念成了（动物和人的）发展机制的组成部分，认为更多的源于经验的简单思想被传递形成本能的自动化形式，就可以更自由地对新的和复杂的思想作出反应。① 在这种机制中关键点就是习性，皮特·里弗斯将其视作一种包含了智性思维有意识理解的形式，但是，它由于通过重复而成为惯例了。就是通过习性，经验教训由于一种储存逻辑被转变成本能，这种储存逻辑是，由习性到本能的循环完成之后就为另一种循环敞开了空间，从而导致了一系列逐渐成熟的本能反应，构成了自动思维。同样，习性控制着行为，如穆勒所说的习俗控制着行为一样，尽管这种抑制力量得以运行的机制是截然不同的。对于穆勒以至于康德而言，本能等同于人的自然性的动物成分，这种力量可以既在人又在豢养动物身上得到校正，但并非社会行为的先前学习形式积累形成的倾向性。[12](p. 561)

殖民圈套在论证结尾大煞风景地出现了，皮特·里弗斯指出，“自动化倾向根据任何既定系列观念来行动的能力，必定与个体祖先为了那些具体观念而进行思维的时代长度是相应的”。[11](p. 299) 正是由于这种原因，低等动物要比高等动物更倾向于自动化的行为形式；因为其本能还没有纠正到与那些高等动物相同的程度，所以它们实践着同一套自动反应的时间就会更长，相应地，本能对行为的控制就增长了。土著的位置大体而言是相同的，因为把他们永远定位在自然/文化对立的入口处，所以他们就从不会超越简单模仿自然的形式，不会出于一定目的调整这些行为（皮特·里弗斯用这些术语论述石器工具的发展），这些行为一直重复沿袭了好多代。因此，“与这种观念联合持续存在于这种生物（我们现在可以称之为人）的连续数代的头脑中的时代长度相应，总会有一部分后裔倾向于继续选择使用这些特定形式，这多多少少出于本能——事实上，不是出于那种永恒本能（它是由于动物内部机能为了更好地适应外部条件而逐渐形成的），而是出于纠正过的本能，这种本能呈现了一种永不变更的保守僵硬形式”。[11](p. 300) 对于未开化人尤其是（以皮特·里弗斯的野蛮人范畴而言）土著来说，问题在于，习性机制不能以充分活力来构建“纠正过的本能”的储存库，它仍然非常微弱稀薄，只能达到对行为的格外束缚与控制，这是数千年来的无休止重复造成的。

作为坐在摇椅里的人类学家，尽管皮特·里弗斯的写作与殖民统治的即时性还保持着一段距离，但显而易见，这些表述在 19 世纪晚期的澳大利亚引起反响。帕特里克·沃尔弗（Patrick Wolfe）在其关于殖民主义逻辑的精彩的探索性著述中提醒我们，最好把这种逻辑看做一种结构而不是一个事件，这种结构

① A similar account had been proposed by Felix Ravaisson (2008) earlier in the nineteenth century. With the significant difference that Ravaisson did not historicise or racialise the distinction between humans possessing thick or thin stocks of instinct in the manner proposed by Pitt-Rivers.

在不同历史时刻采取了不同形式。因为殖民主义的主要目标不是剥夺土著的劳动剩余产品，而是占有土著的土地，因此其逻辑就是灭绝土著人口。沃尔弗指出，就澳大利亚而言，这种结构呈现了三种不同形式：边界冲突形式目标在于灭绝殖民人口；通过进化规则和不可避免屈服于优等民族的监禁形式的手段而推迟土著的灭绝；通过管理方案的传播和与白人的文化合并而将其融化吸收。不难理解皮特·里弗斯关于习性在土著人身上所发挥的作用的论述如何与第二种灭绝策略相关，第二种灭绝策略在19世纪末期产生了很大的影响，事实上，这种影响也波及了20世纪初期。在1901年澳大利亚联邦成立之后，它也渐渐让位于当时语境下的融化策略，那时民族政府工程得到发展，蒂姆·洛斯(Tim Rowse)称之为“土著领地”（其目标在于将土著人口合并于国家之中）的联盟形态得到了发展。①

更为深入的分析

在后达尔文主义的人类学与生物学之中，有许多其他模式显示了进化观是如何最大限度地体现在当代的关于不同人性级别之间关系的争论之中。一些是在类似于皮特·里弗斯所论述的相同领域之中，另一些情况在其表述中要更为简约。哈登（Alfred Court Haddon）利用了他在Torres Strait岛所做的田野调查，费尽心思讲述了一个完全以达尔文主义术语编织的进化故事，并认为这是物竞天择所调节的没有计划的竞化结果。这样，就把他所设计的品质进化看成令人失望的习性结果（菲利浦·斯蒂德曼［Philip Steadman］称之为“不精确复制”），这样就可以将其描述为“就人类整体智力而言，它是完全没有引导的操作”[13](p.318)。沃尔特·白芝浩（Walter Bagehot）关于“文明化连接问题”的论述，在穆勒对习俗控制的论述和达尔文著述之间铸造一种联系方面也产生了同样影响。对于白芝浩来说，习性获得是通过社会训练、通过达尔文式的变化机制的运行，有选择地遗传给下一代的“遗传技艺形式”，并以某种方式嵌入神经系统，成为能力的储存库，使其有可能推动社会进化。不管在什么地方，不管什么原因，如果这种情况并不发生，社会就不能生成变化，因而就不能提供一系列进化选择，不能挑选性地从一代遗传到下一代。白芝浩在此接着穆勒表明，这种情况主要发生在社会处在专制主义控制之下，因为专制主义摧毁了讨论的民主原则，而这种民主原则是变化得以导成一种政体的主要机制。这些关注所引起的回响可以在鲍德温·斯潘塞（Baldwin Spencer）所使用的术语中听到（他是一位曼彻斯特自由家庭的儿子，并不墨守成规），他在古典自由主义和达尔文主义思想方面都受过很好训练，他用这些术语描绘他在澳大利亚中部的

① See Bennett (2004) for a fuller discussion of these questions.

土著居民阿兰达人①中间的遭遇：

> 如在所有的未开化部落一样，澳大利亚土著的习俗注定了他们只能使用手和脚。他必须做父辈在他之前所做的事情。如果在一场仪式表演中，其先辈在前额上涂了一条白线，那么他必须涂一条白线。在一定范围内，任何对习俗的违背，肯定都会遭到经常是严厉的惩罚。然而，尽管土著非常苛严保守固执，仍然有可能将变化引入。[14]

斯潘塞为了说明这种变化如何到来，他引用了讨论原则，不过他是以一种既解释变化如何能够发生（它是由对不同的地方性集群相遇时发生的不同行事方式的讨论激发的）又解释同时这种变化是有限的（在穆勒和白芝浩所倡导的作为促进变化的必要条件的风尚之后，这些讨论并不是平等的自由讨论，而是由男性长者权威支配的，结果是，变化只有在那些长者认可的保守有限的范围内才是可能的）方式做到的。

论述也无疑吸收了罗马尼斯（Romanes）—赫胥黎（Huxley）的传统，这种传统偏离了新拉马克主义（neo-Lamarckian）关于习得特征遗传的论述，也偏离了达尔文自己关于泛生论机制的晦涩说明，并将文化发展机制与自然进化机制脱离开来。这种习性进化观和习性与本能的关系在劳埃德·摩根（Lloyd Morgan）的《习性与本能》这个文本中得到严格贯彻。摩根依据达尔文把本能和习性解释为既是人又是动物的行为要素，把本能界定为“人的并非有意识推理过程形成的性格和行为的组成部分”[15](p.2)，把习性界定为“多多少少是既定的程序或行为模式，它通过重复由个体获得，可以说已经成为惯例”[15](p.1)。他所提出的关键问题是，“习性的第二次自动作用是否由遗传传递，以至于导致了本能的最初自动作用”[15](p.325)。但是与皮特·里弗斯和白芝浩不同，摩根否认它们之间存在什么联系。他指出，“种族进步”之所以可能，是因为进化已经从机体转移到环境。作为进化的必要条件的增长物，通过在社会环境之中储存而出现，因此，每一个新一代以跨代增长的形式调整着自身，但是并不需要任何增强的作为本能的天生适应能力：

> 在书写记录中，在社会传统中，在各种各样使科学和工业进步成为可能的发明中，在艺术品中，在所记录的高贵生活的典范之中，我们拥有一个环境，它同时也是智力进化的产物，并提供了目前的每个个体心灵发展

① I follow convention here in using Spencer's spelling rather than using the corrected form of the Arrernte, since my concern is with the operation of this category in nineteenth-century Eurocentric discourses.

的条件。[15](p.340)

就行为调节而言，这种情况的主要后果是，将注意力从白芝浩和皮特·里弗斯所关注的习性/本能的关系，转向取而代之的文化（已经储存在社会环境之中）与习性的联系。那么，这里又要回到康德所提出的文化与习俗之间对立的术语，这种回归在赫胥黎的《进化与道德》中是明确的，尽管这种回归仍然深深打上进化论思想所塑形的进化人格新历史深度的烙印。这种在对竞争和殖民的反对中（摩根将这种反对作为其论说的一般逻辑）也是显而易见的。因为当它最后与其立场的后果相对时，他又回避接受，出生在文明化国度的孩子与出生在野蛮或未开化国度的孩子之间的唯一不同，是储存在社会环境之间的精神氛围，而不是任何遗传的自然习性。在这种"局限情况"之中，依然存在种族差异，植根于仍然进行的物竞天择过程之中，在野蛮人可以进入真正的智性和文化进化的阶段之前，物竞天择仍旧必然折腾消耗他们。

然而，我在这里不只是把上述内容标成需要更加深入研究的问题。我的更为普遍的目的一直是要建议一些研究途径，使"文化、历史与习性"和自由治理实践二者之间的关系可以敞开，以便于进行更加多样的历史分析。我特别主张，尤其是当把上述二者的关系与瓦尔德（Valverde）的习俗与专制主义的关系进行比较时（专制主义作为一种制度被引用来作为自由治理的替代物），要特别重视研究把不同人格结构中的习性操作成治理行为目标的多种手段。如果说，在穆勒的分析中，对亚细亚社会的静止状态的论说是依据习俗的丰厚度来进行的，那么，皮特·里弗斯引用的说明"原始"社会惰性的就是本能的浅薄度。因为依赖于习性如何依据习俗或本能来定位，依赖于习性即习俗或习性即本能如何依据文化来定位，所以，不同类型的人格就被以不同方式向治理干预敞开。

参考文献：

[1] Colin Campbell. Detraditionalisation: Critical Reflections on Authority and Identity[M]. Oxford: Blackwell, 1996.

[2] Nikolas Rose. Authority and the genealogy of subjectivity[A]. in Paul Heelas, Scott Lash and Paul Morris (eds.). Detraditionalisation: Critical Reflections on Authority and Identity[C]. Oxford: Blackwell, 1996.

[3] Patrick Joyce. The Rule of Freedom: Liberalism and the Modern City [M]. London: Verso, 2003.

[4] Pierre Bourdieu. In Other Words: Essays Towards a Reflexive Sociology [C]. Cambridge: Polity Press, 1990.

[5] Ronald Paulson . The Beautiful, Novel and Strange: Aesthetics and Heterodoxy[M]. Baltimore and London: The John Hopkins University

Press, 1996.
[6] Immanuel Kant . Critique of Judgement [M]. trans. W. S. Pluhar, Indianapolis/Cambridge: Hackett Publishing Company, 1987 (1790).
[7] Immanuel Kant. Anthropology from a Pragmatic Point of View [M]. trans. Robert L. Louden, CUP, 2006(1798).
[8] Kay Anderson. Race and the Crisis of Humanism [M]. London and New York: Routledge, 2007.
[9] Sankar Muthu. Enlightenment Against Empire [M]. Princeton University Press, 2003.
[10] William Ray. The Logic of Culture: Authority and Identity in the Modern Era [M]. Oxford: Blackwell, 2001.
[11] H. Pitt Rivers . On the principles of classification adopted in the arrangement of his anthropological collection now exhibited in the Bethnal Green Museum [A]. The Journal of the Anthropological Institute of Great Britain and Ireland, vol. 4, 293 — 308 (published under Col. A. H. Lane Fox), 1875.
[12] John Stuart Mill. A System of Logic, Ratiocinative and Deductive. Being a Connected View of the Principles of Evidence and the Methods of Scientific Investigation [M]. London: Longmans, 1967.
[13] Alfred Court Haddon. Evolution in Art: As Illustrated by the Life-histories of Designs [M]. London: Walter Scott Ltd, 1895.
[14] Baldwin Spencer and J. Gillen Frank. The Native Tribes of Central Australia [M]. London: Macmillan & Co, 1899.
[15] Lloyd Morgan. Habit and Instinct [M]. London: Edward Arnold, 1896.

内容摘要:

这里主要谈了三个话题。首先，回顾了习性作为一个关键概念在现代社会、文化和美学理论中所扮演的角色，并表述了一系列与重复在社会生活中所起的作用有关的问题。这些问题也与福柯学派关于文化、习性和自由治理之间关系的论述有关。这里关键的问题聚焦于习性在区分拥有历史社会和无历史社会、在为有历史社会保留文化自我治理的自由形式方面所扮演的角色。接下来，较为详细地审视了这种逻辑的具体例子：19 世纪晚期的生存法则中习性的作用。然后审视了这种逻辑对于殖民管理形式发展的后果。本文的结尾，主要考虑了这种关于习性的特殊论述与习性概念在人类学和生命科学中的后达尔文主义争论中所扮演的更为宽泛的、更为多样化的角色之间的关系。

关键词：
文化；历史；习性

Culture, History, Habit

Tony Bennett

Abstract:

This paper addresses three main issues. First, it reviews the role that habit has played as a key hinge concept in modern social, cultural and aesthetic theory, articulating a linked set of concerns centred on the role of repetition in social life. These concerns are connected to Foucauldian accounts of the relations between culture, habit, and liberal government. Key questions here focus on the role played by habit in distinguishing between societies with and without history, and in reserving liberal forms of cultural self governance for the former. A particular example of this logic is then examined in detail: that accorded the role of habit in the late-nineteenth-century doctrine of survivals. The consequences of this for the development of colonial forms of administration are then examined. The paper concluded by considering the relations between this particular account of habit and the broader, more varied roles that the concept of habit played in post-Darwinian debates in anthropology and the life sciences.

Key Words:

culture; history; habit.

文化记忆、习性与审美

■ 张良丛*

（南京大学 文学院 南京 210093；哈尔滨师范大学 文学院 哈尔滨 150080）

文化研究的实践性要求其关注现实的问题。中国语境中的文化研究，不是照搬西方文化研究的模式，而是针对中国文化的特有的问题进行研究。作为对文化社会科学的核心概念——习性的研究，恰恰可以深入文化研究的核心。目前对中国人习性的考察，不能离开中国特有的文化记忆，也不能忽视当前的全球化语境。这样，才能深入地研究和阐释中国人习性的构成、变化。在中国语境中的习性建构中，我们发现审美承担着特有的功用。因此，对习性的考察，必须重视审美在其中的作用。

一

文化具有传承性，从这个角度看文化记忆对于研究习性的建构和变化，就是一个很好的视角。“文化记忆论是德国学者阿斯曼在 20 世纪 90 年代提出来的，从文化传承的角度解释文明的发展规律。以文字和记忆为主要媒体的文化记忆，对民族主体性的形成有着直接的影响。它以类似于集体灵魂的价值观念体系为核心，经过政治及文化精英的维护处置而外化为文本和仪式，二者在互动中共同塑造一个民族的整体意识和气质。”[1](p.21) 由此可见，文化记忆是一个

---

* 张良丛，男，1975 生，山东即墨人，现任哈尔滨师范大学文学院讲师，南京大学文学院博士生。主要从事西方文学理论和审美人类学研究。

民族集体心理的阐释。从文化记忆的角度，我们可以更好地研究中国的文明传统和历史记忆，以及由此形成的中国人的习性结构。对中国文化记忆进行考察，第一重文化记忆就是传统文化。传统文化记忆大概涉及到文化结构的考察、社会结构的考察和宗教结构的考察。第二重文化记忆就是近代以来的苦难历史给我们带来的文化记忆的考察。

首先我们来考察传统文化记忆。中国传统文化具有儒道互补的文化结构，是连续性的文化。但是它并不是固定不变的，而是在历史的发展中不断融合新的元素，是一个复杂的综合体。先秦时期是中国文化的轴心时代的文化奠基期始，它不断地吸收不同的文化因素而形成的。从先秦时期的百家争鸣到儒法合流，阴阳家汇入儒家，再到后来的儒道互补的文化格局，这是中国文化自身的发展变迁，体现了中国人在应对自身问题时的文化建构。儒家的入世、治世与法家的法治相结合是应对现实的需要的。这个传统在中国人的心理结构中就形成了刚健有为的入世精神，这个精神支撑着中国文人的昂扬向上的斗志，体现出强烈的现实关怀。而阴阳家汇入儒家传统，乃至汉代发展起来谶纬之学，虽然是基于统治者神化自我的政治需要，但是对中国人的习性也形成了一定的影响。这个影响就是对不可知的事物的一种理性的解释，这是对中国没有宗教的一种补充。道家的影响一直没有消亡，它作为一股精神指向一直参与建构中国人的心理结构，构建中国人的习性，更直接影响了中国人的审美心理结构，以阴柔的精神弥补了儒家的刚健有为的精神。李泽厚先生对此有着详细的论述，他指出先秦时期的理性主义思潮，“正是它承先启后，一方面摆脱原始巫术宗教的种种观念传统，另一方面开始奠定汉民族的文化——心理结构。就思想和文艺领域说，这主要表现为以孔子为代表的儒家学说，以庄子为代表的道家，则作为它的对立和补充。儒道互补是两千年来，中国思想一条基本线索。”[2](p. 45)儒道互补构成中国人的心理结构是对中国传统文化的精心研究得出来的。虽然儒道互补是中国文化的一条主线，但是，我们必须注意到，不同的时代都有不同文化因素汇入其中。

中国传统的宗教结构缺少宗教精神，对神秘性采取的方式不是类似巫术的方式，就是存而不论的儒家的态度。直到佛教传入中国，关于灵魂的归宿问题才有了一个合理的答案。佛教构建了彼岸世界（佛土和地狱），沟通了生与死两个领域。佛教的传入和发展也刺激了中国本土宗教的发展，这就是道教的形成与发展。佛教最后也融入到中国文化中，形成中国化的佛教，尤其是禅宗的出现，使得中国的宗教精神重新回归了传统的自我内省的道家文化特色。所以，很多学者指出中国文化儒释道的结构。佛教的这种走向，体现了中国文化习性的稳定性。

其次考察以血缘为基础的宗法关系的社会结构。这种社会结构贯穿了中国几千年的文明史，有力地塑造了中国人的心理结构，使得中国人形成了内倾型的心理。同时，这种社会严格的等级制度，把人严重地束缚在各自的社会位置上，一方面造成一种集体文化的稳定性，另一方面也压抑了人的个性，培养了人的奴性心理。固守在自我封闭的小天地中，形成较为稳定的心理习性。这种心理结构特点，使中国人缺乏向外开拓的、外扬型的精神，而是在顺从和服从中安分守己。到目前为止，这种宗法关系的社会结构虽然经历了上百年的改造，仍然没有彻底的改变，在现代化文明中一直成为改造的目标。

对于现代中国人，我们面临的第二重的文化记忆就是近代西方列强入侵带来的苦难的民族记忆，并且这种历史苦难的记忆，随着时间的发展，已经构成我们民族的一种文化记忆，在记忆和文本中有着清晰的体现。近代西方列强的坚船利炮打开了满清的国门，落后挨打的深刻的记忆开始刻满了百年的中国历史，救亡图存成为中国思想发展的主线索。尤其是“五四”之后，对传统文化的否定，改造我们的国民性似乎成了我们表明自己先进的惯性思路。这种情况在“文化大革命”中达到了顶峰。20 世纪 80 年代中后期，民族复兴的思潮的兴起，国学泛热，传统文化才重新获得正确的认识。这种现象在我们的教育、新闻等各个领域都有着清晰的体现。现代中国人的心理结构、习性都有着这种沉重的历史的记忆。所以，我们考察中国人心理结构的变化，离不开当代的这种历史赋予我们的记忆，而且这种记忆也是极为重要的。

因此，对于中国文化的理解，必须放在传统文化和近代屈辱史的双重语境中，离开这两个语境是很难理解中国人的习性的。传统文化和历史苦难这双重文化记忆都构成了中国人自我建构的资源和对比的语境。

二

文化记忆与习性有着密切的联系。一方面，文化记忆作为一种文化传承，它构造了保证该文化传承的以制度为代表的机制等外在的有形的东西，这种机制直接作用于习性的形成。另一方面，文化记忆作为一种精神性的行为，也通过文化遗传，也就是通过民歌、传说等无形的东西构造习性。文化记忆形塑着不同文化圈中的人的习性结构，形成不同的性情倾向系统。因此我们需要对习性理论做一下综合的探讨。从布尔迪厄的习性理论中，我们知道习性是历史文化和社会条件在人身上的内化积淀，是连续性与变化性的统一，是理论性与实践性的统一，是个体和集体性的统一。“我们的习性，就是认为所谓个人，乃至私人，主观性，也是社会的、集体的。习性就是一种社会化了的主观性。”[3](p. 170) 习性往往以无意识的形式存在。它们不是通过理性起作用，往往是无意识的，自动化的。所以习性已成为一种文化无意识，成为行为的一种惯性。布尔迪厄称习性是一种“体现在人身上的历史”，只是由于人们将它内化为一种“第二天性”，以致已经完全忘记它是一种历史习性，是一种“外在性的内在化”，即已经成为一种无意识。因此，西方哲学很多时候把习性与本能联系在一起，认为习性是本能化的、自动化的结构，需要从整体上加以改造。托尼·本尼特教授在分析习性结构时，就提到了澳大利亚早期殖民统治，因为把土著人的习性结构当做接近自然的、本能的，而对他们加以残酷的屠戮。

由布尔迪厄的习性理论来看，中国的传统文化和历史记忆，必然塑造出中国人独特的习性结构，并且这种习性结构直接制约了中国特有的审美习性，也影响了当代中国面对全球化语境所采取的文化变迁。正如戴维·斯沃茨所言，“习性、传统、风俗、信仰这些过去的文化或社会遗产，渗透到并塑造人们对于现在与未来的个体的或集体的反应。它们调节着外在的结构对行为产生的影响。”[4](p. 80)因此，从习性的角度考察中国当代的审美问题和文化问题具有了显而易见的价值。

可以说，儒道互补构成了审美习性的结构，其外在显现为：一方面，儒家以礼乐文化来进行教化，“游于艺”，“成与乐”。审美承担起政治功能，从感性的角度来塑造人的习性结构，构成一个自动反应的意识形态的人格，在审美和艺术中，完成教化的政治功用。另一方面，过于承担政治和教化功能，又会使得审美过于走向理性，直接压抑了感性的基础和自由的追求。因此，道家文化直接从这个方面入手，以审美来超越过于紧张的教化，也就是，摆脱了过于社会化、治理性的功能，走向个体化，在潜在的意义上反抗着审美治理。因此，儒道互补的文化心理结构，通过习性的建构和解构，在审美和自由之间形成了某种张力。正是在这种张力结构中，审美和教化构成了一种平衡。所以，我们看到中国知识分子，一方面劳心于达则兼济天下，津津乐道于教化人民，另一方面，也在山水田园的自然审美中洗心沐浴，退归于个体的心理自由。儒道互补的文化心理结构，构造了教化和审美的某种张力，儒道互补的模式同时也构造了中国人的习性，所以我们看到儒家文化作为中国文化的主流，其强调的审美承载教化的功能，在中国文化中也构成了主流。一直到现在，文艺的教化功能还是被高度强调。但是我们也必须清楚，习性不是永恒不变的，“习性不是宿命。由于习性是历史的产物，所以它是一个开放的性情倾向系统，不断地随经验而变，从而在这些经验的影响下不断地强化，或是调控自己的结构。它是稳定持久的，但不是永久不变的”。[3](p. 178)中国的这种审美习性结构是随着社会文化的变化而变化的。所以，这个审美与教化的张力只是一种总体的概括，在具体的发展中有不同的变化。

中国文化缺少宗教精神，从美学的角度看，主要是指宗教给文化提供的主要是一种超越精神。中国文化明显缺少这种成分，道家的所谓超越只是回归了自然，把个体的精神寄托到自然中，而缺少一种对彼岸企求的无限性。佛教的传入，可以说是中国文化的一件大事情，补足了中国文化缺少的世界建构。佛教成功传入有其原因，因为佛教毕竟属于东方文化的范畴，二者在宇宙观和世界观上有其相似点。但是佛教最后的发展也是走向了中国化，尤其是禅宗的兴起，某种程度上回归了道家的精神。这也显示出集体习性结构的惯性和滞后性，容纳新的思潮，但是却向自我回归。作为西方宗教代表，基督教传入中国却是命运坎坷，先后经历了几次东传，直到鸦片战争后，才真正地传入中国。宗教对国人的习性结构的形成具有重要的作用。一方面宗教具有一种治理性，有助于巩固和加强人的原有的习性结构。我们从佛教和道教的很多教义来看，它们所宣扬的东西很多都是来源于中国本土文化，只是从一方面加强了以儒家文化为代表的世俗治理性，巩固了原有的心理结构。另一方面，我们看到，宗教对彼岸世界的建构，对此岸世界形成了一种解构，也有助于解脱原有的治理性形成的习性。从历史来看，很多反对现行体制的人，都出身于宗教。但是应该看到，宗教的这种对原有习性的颠覆功能是被动的，无意识的。从审美的角度看，宗教艺术本身行使的是意识形态的治理功能，但是对超越性的追求使得审美具有了无限性的追求，这又在否定现实的合理性。尤其是异文化宗教的传入，更是改变着本土的审美习性结构。基督教的传入是伴随着西方文化的强势入侵而来的，与佛教文化不同，它是完全异质的文化。它的传入大大改变了中国人的习性结构。从审美习性来看，也引起了很多变革，例如悲剧的出现很大程度上得益于基督教文化。

以血缘为基础的宗法社会的社会基础，是中国农业文明的典型结构。家天下，天下和家是同一个系统，家长制成为社会的基本结构。这种亚细亚生产方式与专制有着直接的联系。这种社会结构构造的人的习性，就是奴性。由于习性本身的连续性和稳定性，乃至其无意识的存在方式，这种习性左右了中国人，却往往没有自觉意识。由此，鲁迅先生等一大批文化健将早就对此进行了深刻地批判，强烈要求改变国民性。但是，由于习性本身的惯性，其很难被改变。这种习性目前在中国人身上有着清晰的体现，仍然是值得研究的课题。在国民性的改造中，审美在中国语境中被赋予了很多神圣的功能，蔡元培先生甚至提出“以美育代宗教”的主张。“五四”时期的解剖人性的文学，新中国成立以后的共产主义思想对私欲的去除，也是通过各种各样的艺术审美来达到的。在中国的历史中，审美承担了两种相对的功用，既建构新的习性，又拆解旧的习性。我们的文化赋予审美的这种功能到底起到怎样的作用，达到了什么样的效果，这个问题仍然需要考察。这种对国民性的反思，源头就在于我们的第二重文化记忆，近代苦难史的记忆。正是因为面临亡国灭种的危险，人们才把目光指向了自己的国民性，这种集体的习性。从“五四”到现在，这种思潮一直延续着，不过是时强时弱，一直没有间断过。这种思潮对我们的文化，对我们的宗教，对我们的审美，都潜在地起着改造性的作用。传统文化的被否定，宗教的被批判，英雄崇拜的推行，都是这些方面的直接表现。

三

目前的背景是全球化语境。与以前相比，这个语境是崭新的，必然会引起许多崭新的问题。1993年，美国学者塞缪尔·亨廷顿（Saimuel P. Huntington）发表了《文明的冲突》，提出，冷战结束后，世界的冲突不再是几个集团，而是世界上几个主要的文明。文明间的冲突将左右全球的政治，文明间的断层将是未来的主战场。在西方文明和非西方文明的冲突中，儒教文明和伊斯兰文明尤具威胁性。他还认为，文明的冲突永远不会终结，但是每一种文明必须学会与其他文明共处。亨廷顿的这种论调不乏西方中心主义的色彩和夸大其词的成分，但是他指出的文明的差异甚至冲突，确实是客观存在的。目前在全球化语境中，不同文明之间交流对话，甚至冲突，都是显而易见的问题。

中国文化自古以来就有和不同的文明交流的经历，但是近代以来的历史记忆赋予中国的是文化自信心的缺乏。而目前，中国经历了30年的经济高速发展，经济的发展带来了文化的自信。20世纪80年代中期就有了传统文化复兴的思潮，90年代后许多大学国学研究院和传统文化研究院的建立一直不断。最近孔子学院通过国家的主导，在世界各地的开设，更是体现出中国在新的全球化语境中的文化自信心。这些活动的举行，明显和以前的文化记忆不同。因此，面对这个语境，中国人的习性必然会发生改变。与之相伴随，审美趣味也必然会发生改变。这个问题值得我们重新加以考察。

中国文化的发展目前应对的主要问题，其实仍然没有发生根本的变化。这个主要问题是本土文化如何发展，如何与西方文化对话？语境仍然没有变化，还是百年前的中西文化的关系问题。清末的“中学为体”，“西学为用”，到其后的“西学为体”，“中学为用”。这个问题仍然没有妥善地解决。而且随着近百年的西化，当前中国人的文化心理结构与传统文化心理结构也有了一些差异。因为，习性结构也在近百年的过程中发生了变化，在无意识中保留了对西方文化先进、中国文化落后的文化记忆。因此，如何恢复文化自信心，在中国仍然是个关键的问题。前段时间的“恢复繁体字的讨论”，也是这种思潮的反应。现在人们并不认为中国传统文化，以及由之形成的中国人的习性是阻碍中国进步的东西，而是强调中国传统文化对于中华民族认同和崛起的有利作用。从近几年关于民族身份认同、民族主义的讨论中，我们能够清晰地感到这种思潮。但是，中国文化的优越性是哪些，如何发挥这些优越性，这些问题都是值得探讨的。

这种文化自信是值得期待和建构的，但是我们也不能走向反面。对此，美国人类学家本尼迪克特有着清醒的认识。她指出，“现代生活已把多种文明置于密切的关连之中，而与此同时对这一境况的绝大多数反应却又是民族主义和带有种族上的好恶的。因而，文明从未像现在这样迫切需要一批这样的个体，他们具有真正的文化意识，从而能够客观地，毫无畏惧地，从不以反唇相讥的态度来看待别的部族之受社会调节与制约的行为。”[5](p. 13) 民族主义的思潮是值得警惕的，我们建构文化自信是建立在交流的基础上，不是去排他。这是一种健康的文化心理。但是近百年的深重的苦难和落后的文化记忆，已构成一种自卑的民族习性；同时，我们悠久的文明传统又给我们带来了文化回望中的自信。我们的文化习性具有混杂性，这个特点在很多个体的身上都有着清晰的显现。由于其习性的稳定性，它也会在全球化的语境中重新浮现，特别容易导致一种民族主义情结。因此，我们现在要防止和改造的就是这种习性的过于庞大。但是我们也应该看到，中国近半个世纪的国际主义教育，或许能够对民族主义情绪有一种纠正作用，能让人们客观公正地看待别的民族的文化。

与之相对应，在全球化的语境中，审美习性也会发生一定新的变化。由于习性的连续性和变化性是伴生的，因此，审美习性的变化就在两个方面获得体现：一方面，传统的审美习性必然会保留在我们的习性结构中；另一方面，在西化过程中，审美习性必然会发生与传统不同的改变，这个趋向也是必然的。近百年来的西化思潮，对中国的社会结构、制度、文化，甚至很多习俗都产生了巨大的影响。这个影响表现为本土文化落后，西方文化先进。因此，在审美领域，西方的话语也主导了我们的审美话语。也就是说，在传统文化给我们塑造的审美习性中，我们还能认同多少传统的东西？同时，我们也必须考虑到，本土化的习性也不会消失，必然会在审美习性中体现出来。

客观地说，中国当代的审美习性结构是多元的。全球化语境必然会带来审美习性的又一次变化。但是面对异质文化的又一次强势进入，本土文化到底如何应对？这需要引入一个新的名词，就是“文化自觉”的概念。在文化自觉的观照下，异质文化恰好可以成为本土文化自我认识和反思的良好的参照系。正是在这个意义上，很多学者指出了全球化对文化发展的好处。“全球性恢复了文化的无边界性，并且促进了文化表达方式的无限可更新性和无限多样性，而不是促进了同质化或杂交化。”[6](p. 227) 因此，全球化的语境，一方面，地方性、民族性的审美心理会进一步得到突出。民族性的审美文化必然能更好地迎合当前的社会心理，也能符合审美习性的传统部分。在此方面，新中国成立后我们国家对民族性的审美文化的挖掘和建设是非常有价值的，民歌的整理和传播尤其体现了这个特点。因此，在全球化的语境中，必然会对民族性更加强调。与之相对应，全球化语境也促使我们对本身的审美习性进行反思，肯定和否定也要同时进行。另一方面，多种传媒渠道和现实的文化交流带来的异域审美文化也会汇入中国人的审美习性中。如前所述，中国传统文化虽然是以儒道互补为主线，但是不断地汇入新的元素，因此，中国的审美习性结构并不是封闭的，而是不断的纳新的。在全球化语境中，这种多元的审美习性会随之改变，能够容纳更多的新的元素。走向审美多元的共识是文化发展的健康的道路，它的基础就是立于文化自信之上的文化自觉。

参考文献：

[1] 王霄冰．文字、仪式与文化记忆［M］．北京：民族出版社，2007.
[2] 李泽厚．美学三书·美的历程［M］．天津：天津社会科学院出版社，2003.
[3] 皮埃尔·布尔迪厄．实践与反思［M］．李猛等译，北京：中央编译出版社，1998.
[4] 戴维·斯沃茨．文化与权力［M］．陶东风译，上海：上海译文出版社，2006.
[5] 露丝·本尼迪克特．文化模式［M］．王炜等译，北京：三联书店，1988.
[6] 马丁·阿尔布劳．全球化时代［M］．高湘泽等译，北京：商务印书馆，2001.

内容摘要：

文化记忆是从文化传承的角度来探讨文明发展规律，它是考察习性变迁的重要视角。在当前全球化语境中，考察中国人的习性和审美问题，从文化记忆的角度看具有重要的意义。这里涉及双重文化记忆：中国传统文化带来的文化记忆和中国近代苦难史带来的文化记忆，这些都对习性结构产生了巨大的影响。全球化语境是当前考察中国人习性的大背景，它必然会给习性结构带来新变化。这就需要加强文化自信和文化自觉，从而在审美多元化的共识的基础上，塑造新的审美习性。

关键词：

文化记忆；习性；审美；全球化

Cultural Memory, Habit, and Aesthetic

■ Zhang Liangcong

(Department of Literature, Nanjing University, Nanjing 210093)

Abstract:

Habit is changing along with the change of social and cultural context. From cultural memory, we can understand the change of habit. In Chinese context, we need deal with two aspects: Chinese traditional culture give us cultural memory, and Chinese modern distressful history has become cultural memory. They affect Chinese habit. Globalization forces the habit to change. So, cultural studies

involve with Chinese cultural memory and it's history changes, so we study the changes of Chinese habit.
Key Words:

cultural memory; habit; aesthetic; globalization

审美历史化和政府治理性

——试论托尼·本尼特文化研究中的关键因素

■ 周海玲*

（南京大学文学院　南京　210093）

伯明翰学派在霍尔的领导之下经历了一个繁盛时期，随着伯明翰学派内部发生分歧，霍尔离开伯明翰学派之后，特别是霍尔的“《新时代》（写于1989年的著作）的出现，伯明翰学派发生了很大变化，即从现代走向了后现代。……后现代出现之后，一方面把过去的概念系统给解构了，一方面文化研究开始泛化”[1](p.112)。英国文化研究的多元化表现为，在全球化思潮的影响下，女性主义、后殖民主义、传媒研究取代了原先伯明翰学派的阶级研究，其理论研究中的马克思主义色彩也渐趋稀薄。托尼·本尼特深受卢卡奇、阿尔都塞和福柯等人的影响，他重新寻找英国文化批评的中“审美认知”传统，批判地吸收福柯对于审美主体性问题方面的研究，建设性地将“审美和政府治理性”关系作为文化研究的关键要素。这无疑对我们思考文化研究未来的走向，将马克思主义的方法论用于建设后现代理论退潮之后的理论空场，以及运用马克思主义的理论资源去批判性地重建和复兴经典的美学传统，都极具启发意义。

一、英国文化批评视野下的“审美作为自由”后康德命题

托尼认为，威廉斯等马克思主义者对什么是“文化研究”的通货

* 周海玲，女，1974年生，湖北阳新人，汕头职业技术学院教师，南京大学文学院文艺学专业2008级博士生，主要研究方向为西方马克思主义美学、文学理论。

(currency)，也即什么是文化研究中的主要对象并不是很清楚，因此他创导的是“另一种选择，即要求构建将自己的领域与文化研究领域区分开来的拥有自己的术语的独特的研究领域”[2](p. 157)。他立足于英国19世纪以来的文化批评传统，将他自己的文化研究重新定位，“我将批判性地与从英国文化研究出现的（过去与现在的）轨道进行接轨来做到这一点”[2](p. 159)。也就是说，托尼对审美问题的研究的关注是在英国文化批评传统和英国马克思主义美学传统双重对话的背景下展开的，“审美作为主体性的认知模式”这一命题既存在于始于19世纪的英国文化批判传统中，也存在于英国马克思主义美学对于审美意识形态的问题域中。

托尼·本尼特对于审美作为主体性认知模式的分析是在后康德理论背景下展开的。康德美学对于英国的文学批判和文化批评的影响不是发展出康德美学中对于纯粹美和审美无功利的方面的形式美学的路向，而是朝着康德美学中的“审美作为自由”这种审美的实践和认知功能方面发展了。“按照康德的说法，人类在其历史发展过程中，通过科学的发展和艺术的发展，审美能力得到了提高，于是人类的审美能力就可以猜到人的道德，所以美是道德的象征。美不是道德，但它可以暗示人的道德，也就是说，人的道德在人的现实生活中应当留下它的痕迹，应当有它的象征，所以人类通过文明化以后，进入文明世界发展科学和艺术，发展审美，这样慢慢地开始就觉察到了自己的道德本体。”[3](pp. 97—98)托尼在《审美、自由、政府》一文中指出，他对于审美这个问题的研究渊源来自于“把文化当做自由的一个领域的后—康德式（post-Kantian）建构”。康德美学的一个核心指向是通过审美实践实现道德伦理的善，自然目的论的系统最终的走向是道德目的论，“在人身上体现的终极目的就是作为道德法则的主体并遵照这个法则而使自己成为自由的存在着的，作为本体看的人”[4](p. 3)，康德的审美实践传统对英国的文化批评传统产生了深刻的影响。

审美与认知之间的关系也是英国的经验主义美学传统的显著特点，“把审美与认知等同，把美与真等同，这是经验主义自然科学思维方式在美学研究中的表现之一”。[5](p. 23)诞生于19世纪的英国文化批评传统的一个深层模式就是相信通过审美认知而实现教育功能。柯勒律治—罗斯金—阿诺德之间存在着一个文化批评的谱系。阿诺德在《文化与无政府状态》（1869）中给文化下了这样的定义：文化是甜美、是光明，甜美是艺术，光明是教育，文化因光明而甜美，因甜美而光明；它是我们思想过和言说过的最好的东西，它从根本上说是非功利的，它对完善的研究，它内在于人类的心灵，又为整个社群所共享，它是美和人性的一切构造力量。文化作为精神生活，是通过审美认知来达成人格的完善，进而论之，达成社会的完善。这和康德真善美的统一和席勒的审美教育观念是一脉相承的，因此，托尼说，“康德对于审美、文化与自由之间关系的论述在英国所产生的影响，……毋宁是通过柯勒律治和浪漫派传播的”。[①] 20世纪利维斯主义文化批评直接继承了阿诺德对于文化教化作用的重视。利维斯在《伟大的传统》中以民族意识、道德主义和历史主义以及一种侧重文学自身美感的有机审美论，阐释了精英主义的文学对于解决20世纪社会危机的价值。因此，利维斯等人确立了“英国文学”这门学科，“英国文学不仅是一门值得研究的学科，而且是最富于教育作用的事业”[6](p.39)，“《细察》不仅是一份杂志，而且是一场道德和文化改革运动的中心”[6](p.42)。

威廉斯等文化马克思主义者既继承了也批判了阿诺德和利维斯的文化批评主义。与一般人对威廉斯的理解不同的是，托尼在对威廉斯的文化概念进行词源学的分析后认为，威廉斯的文化研究包含着将“文化（审美）作为改革者的科学”的命题。托尼评价威廉斯说，“文化批评家角色的各种形式的道德权威能够在左派批判方案中被重新布置，在左派方案中文化分析能够重新发挥一种重要的政治作用。正是通过这种方式，19世纪批评传统中培养出来的、稍后的20世纪利维斯主义的批判方案中又加以塑造的独特的道德声音开始转变为一种偏向左派的新立场，它提供了一种合理性，使文化在新左派所优先处理的问题之中处于中心地位”[4](p.17)。另一方面，威廉斯等英国马克思主义者的文化批评观念也继承了布拉格学派、法兰克福学派和阿尔都塞学派对于“审美成为主体性认知的模式”的马克思主义的论题。浪漫主义美学对20世纪西方马克思主义美学的深远影响，在布拉格学派和法兰克福学派中，“从卢卡契到马尔库塞，浪漫主义美学的影响在他们的思想和体系中一直时隐时现，例如卢卡契关于艺术实现了完整的人类本性的观点，本雅明艺术哲学中深沉的怀乡病倾向，马尔库塞关于艺术与快乐原则关系的理论，都或多或少地建立在美学人道主义的基本前提上：艺术和美是绝对自由的世界，人的本性在这个世界里得到了充分的实现”。[7](p.11)其后的英国马克思主义深受阿尔都塞学派影响，在学术上实现了“葛兰西转向”，注意到了意识形态的实践性作用，强调科学的理论和艺术，而不是布拉格学派和法兰克福学派所谓的自律性的审美经验是反抗资本主义意识形态以及资本主义国家机器的主要力量，由此，伊格尔顿的审美作为一种意识形态的理论可以说就是在审美方面继承了阿尔都塞的意识形态理论。即使这样，英国马克思主义对于审美（也就是文化研究中的文化）作为实现自由的政治功能给予了期待，也就是说，英国马克思主义以审美的他律性认识取代了之前的审美自律性认识作为实现主体自由的功能。以上论述表明，自英国19世纪的阿诺德文化批评传统开创以来，英国文化批评是依据不同的社会历史条件具体化康德的“审美作为自由”的命题。但是到底怎么样的审美，或者说审美如何具

① 托尼·本尼特：《审美、政府、自由》。本文系托尼·本尼特2009年5月10日在南京大学演讲的文章。

体化和历史化，什么是文化批评中的关键因素就一直成为不同的理论家就时代问题所作出的回答。

托尼肯定了英国马克思主义者在审美他律性（也即审美意识形态）以及文化研究和阶级斗争等方面问题的重要贡献和影响，可以说，英国马克思主义的文化研究揭示文化和权力之间的密切关系是对审美进行历史化的一个进步。英国整个文化批评传统在康德美学的框架下思考审美和自由之间的关系，从审美自律性（也即阿诺德传统和利维斯主义）的纯粹理想走向审美他律性（也即以威廉斯为中心的文化研究）自觉认识，从学理上讲，就是对于超验性的康德美学转向对于审美的社会历史条件的分析，将审美的政治功能转向话语、媒介、阶级、性别、身份、殖民、族群等具体的社会条件和时代现实的分析只是审美历史化的一个方面。但是，托尼并不认为审美的历史化仅仅止步于揭示出阶级和身份中的问题，马克思主义文学和美学中对于“现代国家”在“审美作为塑造主体的技术”中的重要作用并没有完整地揭示出来。“我认为应该对马克思主义文学和美学理论的这些方面加以反驳，因为它们与马克思主义的历史论证原则存在尖锐的冲突，在我看来这个历史论证原则是马克思主义思想的本质特征，但是一旦变成要对‘审美’进行分析了，许多马克思主义者似乎更乐于弃之不用。”[8](p. 15)

审美的马克思主义精神要求彻底的历史化论证。阿尔都塞学派的马克思主义研究已经注意到了现代化过程中国家在生产意识形态的主导作用，“所有意识形态国家机器，无论它们是什么，促成了相同的结果：生产关系的再生产，即资本主义剥削关系的再生产”[9](p. 154)。意识形态国家机器甚至成为比强制性国家机器更重要的资本主义国家的运行机制。而意识形态国家机器的重要机制是“意识形态将个体当作属民质询”[10](P. 122)，意识形态国家机器不同于强制性国家机器的一个基本区别是，强制性国家机器通过暴力起作用，而意识形态国家机器通过意识形态起作用，“除了具体的主体以外，不存在意识形态，而且只有通过主体才能使意识形态的这种指归成为可能；意思是：通过主体的范畴及其功能”。[10](p. 122) 一个可以成立的逻辑的推论是：“主体”是意识形态国家机器塑造属民的核心概念。伊格尔顿在英国的文化批评传统中发现，利维斯的精英主义与威廉斯的大众主义都潜伏着“主体”这个概念，“这种从文学向文化政治学的转移并非只是不适当的，因为连接这些领域的是主体性的观念。文化意味着社会主体性的范畴——一种比意识形态宽泛但又比社会狭窄、不如经济那么明显却又比理论更切实的范畴”。[11](p. 46) 审美作为塑造主体性的特殊技术，一定要历史地放在自启蒙运动以来国家机器管理功能转变的背景下被思考。英国马克思主义文化批评继承了阿尔都塞的意识形态理论的深刻影响，关于意识形态与主体性的复杂关系，但是对于蕴含在阿尔都塞意识形态中的“国家”和“审美”之间的关系并没有充分重视。在托尼看来，英国文化研究中的后康德美学的

"审美和自由"的关系，在马克思主义历史论证的原则下，要求作为"审美和政府治理性"的关系被重新考虑。"文化研究中至少误解了一些它的研究领域的有机层面。我想提出，如果把文化看做一系列历史特定的制度地形成的治理关系，目标是转变广大人口的思想行为，这部分是通过审美智性文化的形式、技术和规则的社会体系实现的，文化就会更加让人信服地构想。同样，它的出现最好可以被看做现代社会化早期社会生活特有的日益治理化过程的一部分。"[2](p.163)

二、英国马克思主义美学视野中"审美作为塑造主体性的特殊技术"的后福柯美学

托尼 1983 年移居澳大利亚，移居后，他从澳大利亚的思想传统中获得的最大收益就是用实证的方法"把福柯关于主体性的研究，关于治理性复杂性的研究运用于文学、艺术的有关问题的研究中"，"大大地拓展了马克思主义美学的研究空间和学术视野"。[12](p.27) 实际上，伯明翰学派的文化研究在 20 世纪 70 年代初期就已关注过福柯，比如霍尔在 1980 年发表的《文化研究：两种范式》中就以一个马克思主义文化研究学者的角度讨论过福柯（这一点正是罗钢、刘象愚主编的《文化研究读本》译文中略去的部分——笔者），只不过当时是以一种排斥的态度来讨论福柯，认为福柯与马克思产生分歧的地方在于否认客观真理以及历史的真实客观性。托尼 1998 年才回英国，他与霍尔等人和后霍尔时代对福柯的接受不同的是，托尼不是从福柯的话语——权力理论和越轨理论来接受福柯的，而是对于福柯权力理论中的政府治理性（governmentality）产生了兴趣。

在福柯的思想中，政府治理性是对生命政治（bio-politics）概念思考不断深化的结果。福柯认为霍布斯的国家主权理论过于强调国家对属民具有决断性和压制性主导地位，而"生命政治"概念表明自由主义国家是在内容上将人的生命作为管理的对象，在方式上不是压制而是以正确、适当的方式来引导和丰富个体，从而使人成为可以调整和控制的对象。关于"生命政治"的相关讨论至少从《规训与惩罚》开始，最集中的表现是在《必须保卫社会》、1975—1976 年的法兰西讲座课程以及《性经验史》的第一卷中。福柯在此将生命政治描述为："这一管理生命的权力自 17 世纪以来发展出两种主要的形式。……第一种是肉体的规训（disciplines），是关于身体的政治解剖学，……第二种是人口的调节控制，是关于人口的生命政治学（a bio-politics of the population）……构成了生命权力机制展开的两极。"[13](p.139) 在 1977—1978 的讲座《论治理性：安全、领土、人口》中，生命政治的问题变成一个"治理性"（governmentality）的问题。生命政治（人口问题）概念的提出在现代国家出现的意义并不单纯只是从"领土式国家"（territorial state）转变成"人口式国家"（population state）而已，更重要的意义在于它是国家从17世纪到19世纪的这个历史时期政治理性成熟的标志：它有自己“新的问题领域、新的对象，以及新的技术”[14](p. 67)，它变成一个如何去“管理人”（government of man）、“引导（conduct）人的行为”的问题，生命政治变成一个政府管理的艺术（arts of government）的问题。因此，“治理性”的内涵是“一种关于管理儿童、一个家庭、一个领域、一个国家的权力方式”以及“使个体受最高的权力控制的一套复杂的行为方式”。[14](p. 68)

在福柯的后期，治理性与他的生存美学思想——“自我的技术”联系起来了。在1980年以后的关于“活人的治理”（On the government of the living）的法兰西学院的演讲中，福柯的视线已经从“控制的技术”转向了“自我的技术”。自我的技术就是通过审美的方式，将自我雕琢成艺术品，包含着自我解放和自由的意向。在此，福柯以“治理性”来取代“生命政治”，治理性甚至比生命政治的范围还要来得广大，因为它不只包含总体人口的调节，甚至包含了个体行为的治理，治理性甚至上溯到古代希腊，涉及伦理与美学。福柯《性经验史》的第二卷《快感的享用》和第三卷《关注自我》就试图在古希腊人的“关心自我”中找到真正的主体性的自我，追溯出生存美学的源初意义，“我们必须理解那些审慎的和自愿的实践，人们通过它们不仅确定了各种行为的规则，而且还试图自我改变，改变自己独特的存在，把自己的生活改变成一种具有审美价值和反映某些风格标准的作品。”[15](p. 304) 这种真理性和主体性是“生存”意义上的真理，是个体意义上的真理；它还是自身的技术，为了完美和幸福，所以也是“伦理学”上的实践的真理，它需要个人为了获得真理和幸福，要自我创造、改变自己，转换自己。最后，这种真理还是“美学”意义上的真理，是把生活本身当成美学的材料加以运用的真理，让个人生活的意义在于审美的生存。所以，治理性联系起“自我的技术”意味着“通过审美的认知方式，个体达到自我的自由和主体性”，它是个体自我的主体性内在要求而不是外在的力量的要求。

福柯的政府治理术由法语“Governmentalite”转化过来，是福柯自己创造出来的词，它由两部分组成：一部分是统治、管理、规训、引导，另一部分是心态。总结以上的论述，政府治理性具有以下的意义：1. 在17至19世纪这段特殊的历史阶段，国家管理手段从强制型的暴力的方式转向了引导型的驯服的模式；2. 国家管理的对象从领土转向了生物学上的人口，后来转向了个体的内心的意识，“主体”这个人文主义的概念成为治理术的锁定对象，国家通过一系列复杂的权力、知识体系塑造出主体；3. 治理性是在国家和个体两个轴心上运转的：一方面，国家通过意识形态的工具引导和塑造个体；另一方面，个体也可以以自我的方式来自我塑造通过审美的方式实现生存意义上的自由。在此，审美作为塑造主体的技术既是现代国家治理术的主要方式，也是个体主动要求以审美的方式来自我塑造的方式。

通过以上分析我们可以看出福柯的政府治理性在现代美学中的重要意义：1. 将个体的审美作为一种文化，是现代国家形成过程中的一种管理方式。审美作为治理术是 19 世纪现代“国家”概念形成过程中的产物，是作为国家管理模式的转变而产生的。可以说，它是康德的“审美作为自由”命题放在这个特定的历史时期的表达，审美成为塑造民族共同体的想象。这在伊格尔顿的《审美意识形态》和安德森的《想象的共同体》中都有相似的论证。2. 审美作为治理术，不能仅仅从意识形态国家机器塑造主体性方面来简单地看做是虚假意识，因而具有消极和压制性的意义；另一方面，它还具有国家引导个体，通过审美而实现自我解放的积极的意义。也就是说在审美的方式中，个体既被国家型塑同时又自我型塑。正是在这个意义上，托尼对福柯的“治理性”理论予以充分的接受，“福柯著作的优点在于它主张，在作用于社会的特殊的制度体制背景下，行为者在特定知识框架中行动，他们如何组织和使用文化资源的方式在一定程度上建构了人们的生活方式，在这个意义上，文化应该被看做既是政府统治的工具又是统治的对象，文化和政府在同样程度上既在同一方又是对立面。”[8](p. 25) 在审美中，如果考虑到 19 世纪国家形成这个特殊的历史语境，“只是随着启蒙运动和它的余波，艺术智性活动才逐渐被认识到可以成为工具，以一种积极建设性的方式来改善一般大众的特殊精神活动和行为品质，可以成为培养公民计划的一部分。”[2](p. 164) 谁也不能否认，特别是 20 世纪 60 年代以后，风起云涌的各种社会运动，各种亚政治形式，“首先政治体系和法团主义体系之外的代理人也可以出现在社会设计的舞台上（这个群体包括职业团体和行业团体、工厂、研究机构和管理阶层中的技术知识界，熟练工人、公民主动权、公共领域等）。其次，不但社会和集体代理人而且个人也可以与后者相互竞争、争夺新兴的政治塑形权”。[16](p. 29) 个体的自由既是以与政府对立的形式存在着，另一方面，政府也在切实给予主体以某种程度的自由，“审美作为自由”并不仅仅是虚假的意识形态，也是个体自我解放的方式。“自由不是政府的对立面而是对于政府的运作具有重要作用的机制。这将涉及多方面的考虑：其中的文学、审美及自由之间的诸种关系已经作为政府的一个独特领域的诸组成部分而产生了影响，而不是作为政府的外表，能够以解放的名义为其超然的批判提供基础。”①

三、审美自律与审美他治在马克思主义美学中的历史化联结

康德“审美作为自由”的演绎是审美是发生在审美主体内部的精神活动，

① 托尼·本尼特：《审美、政府、自由》，本文系托尼·本尼特 2009 年 5 月 10 日在南京大学演讲的文章。

它的一个假设就是审美是无功利的，审美是自治的，审美是只关涉主体自我的事件，它超然于主体之外的社会和实践。“审美本身经常被等同于自由的这样一种所在——作为治理术的外在物、一个纯粹自由的领域，以及一种批判的源泉。”① 但是，康德的审美无功利作为立法型国家在18世纪政府治理性的手段，随着从管理的他治到自治的国家形态的改变，审美无功利作为自治的理想方式（后福柯主义）迅速收编了审美作为自由的想象（后康德主义），审美的无功利作为一种统治阶级高雅的审美标准，充当了国家治理性中对自治的需求。审美作为自由的想象，或者说通向自由的途径，是在具体的文化实践中，也就是管理者和被管理者之间的文化实践中展开的，是在现代国家的审美体制下进行的，审美实践变成了可以利用的东西。托尼以马克思主义的历史论证原则，将审美放在19世纪国家形成这个特定的历史和社会实践之中来认识，可以清楚地看到“构成审美的原初决定性特质的无用性之特质是如何被重新界定的，以便它能够被用作政府的一件工具”。② 康德的“审美作为自由”在此特定的社会历史条件下转化成为福柯的“审美作为塑造主体的技术”，这也意味着审美自治性转化为审美他律性。

审美的自治性和审美的他律性在马克思主义这里并不是以决然对立的形式存在的。一方面，马克思主义认为审美需要是实现人性和自由的方式。审美需要的一个假定就是审美是可以自治的，马克思主义的观点并不是否定审美的自治性，而是批判不作历史分析的超验的审美自治性，“在我看来，把审美当作一种精神与现实之间关系的不变模式来建构，这很难与作为一种旨在对所有的社会和文化现象进行彻底的‘历史化’（historicisation）的历史科学的马克思主义概念相协调。如果精神与现实之间关系的审美模式的结构是普遍的并因此是超历史的，……它只能解释这些文学艺术实践的偶然的、短暂的方面，而不是它们的本质，因为早在对它们的生产、流通和接受的特定历史条件进行分析之前，它们的结构、准确地说它们的审美结构已经给出了这一本质。”[8](p. 14) 文学等审美方式的本质不在于它可以给出一个本质主义的定义，而在于在文学的内在自律性与外在的社会历史意识形态相互影响的背景下，文学可以考察“文学与审美能产生什么效果以及如何产生效果”，文学的效果来自某种文学话语与社会的认同。换言之，这是历史之手撮合的结果。文学不仅分析文学的存在，更重要的是分析文学如何历史性地存在。“马克思主义尊重艺术在社会状况之上的超验性，然而同时，它并不满足于只是牢记这种事实，或在新康德主义精神的意义上，在研究艺术的社会发生的方法与艺术的价值问题之间提出一种简单的二元

① 托尼·本尼特：《审美、政府、自由》，本文系托尼·本尼特2009年5月10日在南京大学演讲的文章。

② 同上。

性。马克思主义既重视艺术的超验性又努力根据其特定的社会历史状况来解释它。”[17](p.25)

另一方面，马克思主义的历史论证原则是可以得出审美是被一定的社会历史意识形态而制约的结论的。但是不是审美的历史论证原则，就意味着，福柯的“审美作为主体塑造的技术”是将康德的“审美作为自由”的审美自律性消解了，置换成为“审美是他律的”呢？我们承认，福柯的政府治理性是将审美、自由和政府三者之间联结在一起，审美作为政府的治理术必然是运用文化制度和文化机构，例如博物馆、艺术馆、交响音乐厅、图书馆、文学的与科学的协会，成为自由主义政府隐蔽地管理个体的方式。在此，个体的审美体验，看什么和怎么看，都是在政府文化管理机制下的调控下进行的。在此貌似个体自治形式下的审美实质是审美的他治，审美文化也变成了可以用新的方式的文化管理。但是，我们是不是将审美的自律行为和审美的他治之间的关系过于简单化地对立了呢？“审美自始就是一个矛盾的双面概念。一方面，它是一种真正的解放力量，主体通过感性律动和兄弟情感而不是外加的律法联结成群体，每一个个体既有自己独一无二的特殊性，但又能够和谐地融入社会。审美为中产阶级的政治追求提供了极为有用的范式，典型地表现出新的自主和自决形式，改造了律法与欲望、道德与知识之间的关系，重铸了个体与总体的联结，以习俗、情感和怜悯为基础修正了社会关系。另一方面，审美是马克斯·霍克海默所称的‘内化的压抑’，把社会权力插入被支配者的内心深处，这是一种极为有效的政治霸权形式。”[18](p.75)

我们不要忽视了审美自律性这个康德命题中的人道主义的审美救赎功能，马克思主义者一方面是以审美的历史原则将审美放在历史和社会实践中考察，破除审美自律性的幻象，充分认识审美是在一定社会条件下发生的，有时候甚至是虚假的和颠倒的意识；另一方面，审美毕竟作为个体经验层面上的想象性存在，是人类最基本的需要，也是人类进步和人类文明的标志。“审美作为主体塑造的技术”既是作为自由主义政府的治理术存在的，也是作为可以成为个体自我实现审美化的生存论意义而存在的。这样，“审美作为主体塑造的技术”中这个“主体”(subject)，既是国家中的属民，它是具有被管理、被治理的性质；又是主动态的自决的主体。我们发现，如果没有康德意义上的、自我主体的审美经验上的审美自律性的这种“审美作为自由”的想象，审美作为一种管理的艺术是无法实现的。所以，审美的他治和审美的自律之间并不存在矛盾，“通过解释把艺术的生活和生活的艺术之间的关系连接起来的‘和’的各种组织形式，自律和他治之间的关系得以展开。”① 审美话语中的自律与他治中的矛盾，并不

① 托尼·本尼特：《分裂的惯习：皮埃尔·布尔迪厄著作中的审美与政治》，本文系托尼·本尼特2009年5月13日在南京演讲的文章。

是决然地对立性的，其实应该引入治理性的概念来解释这样的一致性。“布尔迪厄把自律和他治之间的关系解释为彼此之间简单的对抗关系中确定的对立性原则，与布尔迪厄的解释相反的是，兰塞尔指出，艺术的审美体制产生了自律和他治之间的关系的一系列不同的情节设置（emplotments），所有这一切都是可能的行动过程的不同‘情节设置’，这些过程是由源自‘把自律和他治连接起来的同一根纽带’但被它们加以不同地运用的那个‘和（and）’引发的。”①

托尼将审美历史化的论证，关注了特定历史条件和实践中审美是如何起作用和起什么样的作用，将康德的审美自由理想历史地融入国家的治理性思考的领域内，一方面坚持了审美在马克思主义美学中的救赎功能，坚持了审美具有解放和实现自由的意义，肯定了以审美自律的提升主体功能；另一方面，发展了英国文化批评传统中对于审美意识形态功能的社会学的分析，分析审美发生的文化体制和文化机构的运转，剖析了审美是如何被他律的。可以说，托尼以审美的复杂性和辨证性以及历史化分析审美发生机制的观点，发展和深化了威廉斯等英国马克思主义文化批评的理论。

参考文献：

[1] 肖寒．伯明翰学派和英国文化研究——黄卓越教授访谈［J］．中国图书评论，2007（4）．

[2] 托尼·本尼特．把政策引入文化研究之中［A］．托尼·本尼特．文化与社会［C］．桂林：广西师范大学出版社，2007.

[3] 邓晓芒．康德哲学讲演录［M］，桂林：广西师范大学出版社，2005.

[4] 康德．判断力批判［M］．北京：人民出版社，2002.

[5] 章辉．经验的限度［M］．北京：中国社会科学出版社，2005.

[6] 特里·伊格尔顿．二十世纪西方文学理论［M］．西安：陕西师范大学出版社，1987.

[7] 王杰．审美幻象研究［M］．桂林：广西师范大学出版社，1995.

[8] 托尼·本尼特．我的学术之路和理论方法——为中国读者而写［A］．托尼·本尼特．文化与社会［C］．桂林：广西师范大学出版社，2007.

[9] 斯拉沃热·齐泽克．意识形态的崇高客体［M］．南京：南京大学出版社，2002.

[10] 阿尔都塞．意识形态与意识形态国家机器［A］．齐泽克．图绘意识形态［C］．南京：南京大学出版社，2006.

[11] 特里·伊格尔顿．文化的观念［M］．南京：南京大学出版社，2003.

① 托尼·本尼特：《分裂的惯习：皮埃尔·布尔迪厄著作中的审美与政治》，本文系托尼·本尼特2009年5月13日在南京演讲的文章。

[12] 王杰．托尼·本尼特的马克思主义美学研究［J］．南方文坛，2007（6）．
[13] Foucault. The History of Sexuality(Volume 1: An Introduction)［M］．New York: Random House, 1978.
[14] Foucault. Ethics: Subjectivity and Truth, Essential Works of Foucault, 1954—1984, Vol I. (P. Rabinow ed.)［M］. New York: New Press, 1997.
[15] 福柯．性经验史（增订版）［M］．上海：上海人民出版社，2002.
[16] 乌尔里希·贝克．自反性现代化［M］．北京：商务印书馆，2001.
[17] 托尼·本尼特．与美学决裂［A］．托尼·本尼特．文化与社会［C］．桂林：广西师范大学出版社，2007.
[18] 特里·伊格尔顿．自由的特殊：审美的兴起［A］．马尔赫恩．当代马克思主义文学批评［C］．北京：北京大学出版，2002.

内容摘要：

面对英国文化研究的泛化，托尼·本尼特重返英国文化批评的“审美认知”的传统，结合英国马克思主义美学中审美意识形态问题域，批判地吸收福柯关于“审美作为塑造主体的技术”的观点，建设性地将“审美和政府治理性”关系作为文化研究的关键要素。这无疑对我们思考文化研究未来的走向，将马克思主义的方法论用于建设后现代理论退潮之后的理论空场，运用马克思主义的理论资源去批判性地重建和复兴经典的美学传统，都极具启发意义。

关键词：

审美；主体性；治理性；马克思主义美学；历史化

Aesthetic Historicization and Governmentality: An Analysis of What is the Key Factor in Tony Bennett's Cultural Studies

■ Zhou Hailing

(Department of Chinese Language and Literature, Nanjing University, Nanjing 210093)

Abstract:

Work in cultural studies is too boundless to cause arguments. Tony Bennett return to the concept of aesthetics as knowledge underlying in the convention of English cultural critique, relate to aesthetics ideology problematic in the study of English Marxism Aesthetics, and critically assimilate Foucault's thought that aesthetics is a kind of technique to shape Subject, consequently, Tony Bennett regard the relation of aesthetics and govenmatality as the key constituent in cultural studies. The above mentioned will contribute to think about where

cultural studies progress, how to construct the theory after post-modernism by the means of Marxism and how to reconstruct classic Aesthetics using the resource of Marxism theory.
Key Words:

Aesthetics; subjectivity; governmentality; Marxist aesthetics; historicization

从习性到审美习俗：一个布尔迪厄概念的中国化

■ 曹成竹*

（南京大学文学院　江苏　南京　210093）

一、习性与审美：从习性理论到审美习俗

习性（habitus，又译作“惯习”）作为布尔迪厄理论中的核心概念，一直以来受到了国内外学界的广泛重视。虽然对这个概念社会功能的研究并不是布尔迪厄的原创，却在他这里得到了重要的阐发，并被注入了前所未有的理论意义和反思价值。在我看来布尔迪厄习性理论的内涵，主要可以分为以下几个层面：

首先，习性不是源自天赋或趣味的纯粹生物学行为，而是后天习得的和受社会文化影响的，用他的话说即“产生于铭写在人的躯体（生物学的个体）中的社会制度”、“习性是一种社会化了的主体性”。[1](p. 173) 确切地说，习性是主体所处社会空间（social space）的符号性代表，在社会上处于不同位置的人借助习性彼此区别。第二，习性具体体现在人们对各种文化产品的选择，以及人们的行为方式和举止等方面，而这其中暗含了一个编码和解码的过程，也就是把

* 曹成竹，男，1981年生，山东济南人，南京大学文学院博士研究生。主要从事审美人类学及马克思主义美学研究。

本文系江苏省普通高校研究生科研创新计划资助项目，项目编号：CX09B_012R。

关于趣味和审美的消费融入日常生活消费中。布尔迪厄认为消费者通过这种“身份认证”和“解码”劳动，一同参与了他的消费产品的生产。因此可以说，在文化层面的习性具有稳定性和自我生产性：“习性，作为两个对象之间的客观性关系，在实践与（社会）位置之间建立一种可理解的必要联系，其意义在不同类型的感知和欣赏的习性中产生，而这些习性是一定社会条件下的自我生产。”[2](p.101) 第三，习性的生成模式具有内在的一致性，因此同一个阶级或阶层在不同的消费和文化领域表现出的性情倾向总是相同或趋近。也就是说，某个阶级在不同领域的习性或性情倾向，例如对音乐、电影、服饰、文学、发型的爱好，存在着类似维特根斯坦所谓的“家族相似”。然而习性的这种稳定结构也具有不确定性和模糊性，这种情况在知识分子和艺术家身上表现得更复杂，他们的阶级习性和他们的领域习性之间存在着张力，知识分子和艺术家经常以自己的领域习性来挑战或颠覆自己或他人的阶级习性。布尔迪厄以后印象主义把自身的规范强加给产品的生产和消费双方这个例子，来说明艺术家的纯粹意图可以产生一种自律的艺术场域。只有以艺术家和艺术史赋予我们的“纯粹的凝视”的眼光，才能把握对象的意义与价值。“纯粹的凝视”意味着与日常生活态度的决裂和对大众美学的拒绝，也就是布尔迪厄所谓的“去习惯化”。因此可以说，习性在稳定的生成性结构之上还存在着一定的可变性和开放性。第四，在以上三个层面的基础上，布尔迪厄立足康德超功利的审美判断的能力，认为“纯粹凝视”的审美习性蕴含着更多的感性与非功利性因素，与大众美学背后的理性和功利性判断截然相反。最重要的是，布尔迪厄认为“大众趣味把适用于日常生活环境的社会图示，运用于合法的艺术作品，从而系统地将艺术的丰富内涵化约为日常生活之物”[2](p.5)，这是一种“天真的”感情投入，使普通人相信并不自觉地维护必然性世界和现有秩序，从而彼此禁锢与区隔在习性之中，缺乏批判和反思能力。只有以“纯粹凝视”的态度对日常生活的种种必然性选择保持一定距离（类似于布莱希特的“间离效应”），才可能实现对已有行为模式及其背后的社会空间、权力秩序中不合理因素的清醒认识和反思批判。在这个意义上他说：“这种循环论证的、机械的模式，正是习性这一概念能帮助我们去摧毁的东西。”[1](p.183)

可见，布尔迪厄将习性看做理解社会秩序、社会结构的核心概念，因为它一方面是人们所处社会位置的表征，代表着自己的阶级身份和区分标志，并以生物性的、无意识的机械重复和自我复制的方式维护社会秩序；同时，对这一概念的认识与深入分析，又蕴含着抵抗和颠覆日常生活以及现有社会秩序中不合理因素的可能。而实现这一目标的方法在于将习性从趣味、天赋等生物学和纯粹感性意义的理解中解放出来，以分析的、关系的、阶级的、实践的理性视角来看待；另一方面，应该在超越日常生活审美秩序表征的更高一层的理性层面，将习性重新复归于超功利的感性判断，以“纯粹凝视”的态度赋予事物价值和意义。因此在布尔迪厄的理论中，“习性”便潜在地与“审美”联系起来，虽然他没有专门地探讨两者的关系，却让我们看到从审美的角度理解习性、改造和建构习性的诸种可能。习性的实践意义如布尔迪厄所言：“提出这个概念的主要目的是，摆脱唯理智论的（和理智中心主义的）行为哲学。”[1](p.168) 理想的习性理论旨在建立一种感性与理性相结合，能够统一主体与客体、自然与文化二元对立模式并超越这一模式的反思性审美观念和行为方式。正是在这个意义上，习性理论为“社会再生产”从机械重复到批判超越提供了人类学的理论支撑。

布尔迪厄的习性观对我们的启发是显而易见的，即以阶级的、分析的、批判的眼光看待日常生活中的种种行为。我们称之为习性的东西既是我们的身份标识，也是区隔和禁锢我们的囹圄，更可以作为我们实现交流与沟通的桥梁，因此习性为文化研究和社会批判提供了新颖的理论视角。然而它同样存在着许多不足：首先它坚持一种自上而下的精英主义立场，一方面对文化资本（特别是高雅文化）持有者的审美判断力和启蒙力过度相信，或者说，将文化资本的领导权简单地赋予了精英阶层。另一方面则将日常生活中的普通人或底层民众，看做完全没有反思批判精神的群氓。更重要的是，他更多地看到了各阶级、阶层之间的习性差异，却相对忽视了某一文化背景、地域范围内人类群体之间性情倾向的相对共性，以及其中蕴含的积极合理因素或潜在危机，因此难以有效地阐释一些社会各阶层广泛参与的、带有集体联欢性质的文化活动或审美行为的意义与价值，从而形成了对于审美文化现象中身份认同、情感交流等问题的理论空场。在我看来，问题的关键在于布尔迪厄对习性的强调和探讨，根源于经济条件不平等导致的社会和阶级差异，以及由此决定的行为倾向和反思能力。这种多少带有“经济—文化”机械决定论意味的习性观，在一定程度上把对于习性的解释，局限在和社会现实及经济基础相对应的上层建筑范畴内，而忽略了更广阔语境中历史的、地方的、民族的文化传统，对特定群体习性的构建作用。对此，伊格尔顿《再论经济基础和上层建筑》中的一段话可以给我们一定的启发：

换句话说，上层建筑把政治的一定范围的意识形态的功能具体化为固定的本体论范围。而且仅当某一习俗或社会机制通过一定方式支持一系列占统治地位的社会关系时，它的行为才具有上层建筑的性质。由此，某一社会机制这一时刻是上层建筑的，但在另一时刻又不是上层建筑的。因此，在这一点上，这一机制的各种功能也许是互相冲突的。事实上，我们的行为大多既不是上层建筑性质的也不是基础性质的。你可以把一部文学作品当做物质产品的组成部分来研究，这是把它当做基础性的来看待；你也可以仔细阅读作品，搜寻它与统治权力共谋的象征，这是从上层建筑的角度

阅读它；再者你只是想统计那些符号的个数，那么这两者皆不是。[3](p. 461)

因为存在着这些缺憾和不足，布尔迪厄对习性的阐发也招致了一些质疑和批判①。可以说布尔迪厄将习性作为自然与文化、个体与社会、感性与理性的结合点，以及他将习性与超然性的审美态度联姻等都值得肯定，但这种努力还没有达到预期的效果。而托尼·本尼特②为我们呈现了西方理论界关于习性问题的思考，并梳理出达尔文主义与后达尔文主义关于习性、本能、文化关系问题争论的线索③，为我们从人类学视角推进习性理论的完善提供了十分有益的参考。

在这一理论视角的转换中有一个十分有趣的现象，我们可以发现布尔迪厄意义上的源自拉丁语的习性（habitus）在一些西方学者的论文和讨论议题中的出现频率，远不及habit、custom等词语。在布尔迪厄那里，习惯和风俗的表述很少出现，他的习性（habitus）即性情倾向（disposition），或者说“性情倾向构成了习性”[2](p. 109)。在他集中论述习性的《区隔》、《实践理性》等重要著作中，我们经常可以看到习性和性情倾向作为同义词同时出现。例如：

> 这种方式也许显得抽象和晦涩，它表明恰当解读社会地位（关系概念）、性情倾向（或习性）同采取的立场和社会行动者在实践的不同领域，如烹调或体育运动、音乐或政治等方面所作的“选择”之间关系的分析的首要条件。[4](p. 6)
>
> 通常，社会位置的空间借助于性情倾向（或习性）的空间，在采取立场的空间里重新表现出来。[4](p. 10)
>
> 事实上，联系现实和虚构，以及相信它们所拟仿的现实和虚构的种种不同方法，总是多少带有一些距离感和超然性。这些方法借助于它们预设的经济和社会条件，与社会空间中的不同位置紧密相连，并且，相应地，

① 关于国内外理论界对布尔迪厄习性概念的评价，可参见托尼·本尼特：《分裂的惯习：皮埃尔·布尔迪厄著作中的美学与政治》，朱国华：《习性与资本：略论布迪厄的主要概念工具》等文。本尼特的文章为2006年国际社会学协会世界大会的发言稿，中译版载于本书，朱国华的文章载于《东南大学学报》（哲社版）2004年第1期。

② 托尼·本尼特（Tony Bennett），生于1947年，当代英国文化研究的领军人物，著名马克思主义文艺理论批评家。20世纪70年代成为英国文化研究的主要发言人，80年代受聘于格里菲斯大学，90年代回英国开放大学接替斯图加特·霍尔的教授职务。现为英国开放大学社会科学学院教授、社会与文化变迁研究中心（CRESC）主任、澳大利亚人文学院研究员，墨尔本大学文化与交流学院专职研究员。主要专著有：《形式主义与马克思主义》、《文学之外》、《博物馆的诞生：历史的、理论的、政治的》、《文化：改革者的科学》、《文化与政策：作用于社会》、《福柯：文化研究与治理性》、《新关键词：重新修订的关于文化与社会的词汇表》等。

③ 2009年5月10—11日在南京大学人文社会科学高级研究院举办的“文化研究的关键问题”研讨会上，托尼·本尼特的主题发言“Culture，History，Habit”为我们详细呈现了西方理论界近年来对习性、习俗、风俗等问题的探讨，以及这些概念的自然及文化内涵。该文载于本书。

与秉持不同阶级、阶层特征的性情倾向（习性）绑定在一起。[2](p.6)

而在《实践理论大纲》的一处注脚中，布尔迪厄简要解释了将这两个词并提的原因："性情倾向（disposition）这个词似乎特别适合于表达习性（habitus）（可界定为一个由性情倾向构成的系统）这一概念所涵纳的内容。它首先表达了一种组织化的行动的结果，其涵义接近于诸如结构之类的词语；它还指某种存在方式，某种习惯的状态（尤其指身体的），还特别指某种倾向，某种趋势，某种习惯或者偏好。"[5](p.214)

事实上，habitus、disposition、habit、custom 从拉丁语、法语到英语、汉语的转译中，有着既相互包含又相互指涉的复杂关系，其含混性和复义性给我们的翻译和理解带来了一定的困难。例如布尔迪厄的 habitus 便在不同的文章和著作中被译成习性、惯习、习惯，而 habit 则同样被译为习惯、习性，同时 custom 也可以被译为习惯。于是经常会出现这样一种情况：在关于习性理论的汉语译文中，我们看到的习性事实上代表着英文和法文中的几个不同的词，或者原文中的同一个词被译为几个不同的中文词。而问题在于，只有从原初语境来考察，才可以发现在布尔迪厄、韦伯、莫斯、本尼特等人的理论中，这些词语事实上是有差别的：如前文所述，布尔迪厄的习性与性情倾向相连，代表着习性中具有特殊含义的，需要编码和解码才可以感知的一类文化行为，这使它从一般意义上的日常习惯（habit）层面区分出来。例如，退休老人饭后散步可能仅仅被看做 habit，而他散步时喜欢牵狗或遛鸟则具有 habitus 的意味。也就是说，habit 具有广义性和一般性，而 habitus 则具有特殊性。如何把 habitus 从 habit 中区分出来，思考各种经过重塑的行为规则，及其"使普通行为特殊化"或"特殊行为普通化"的诸种表现，是习性理论的一个关注焦点。此外，custom 则与人类学视角中独特的地域和风俗传统相联系，它对于 habitus 和 habit 都会产生潜在而巨大的影响，可以在一定程度上补充和修正布尔迪厄习性理论的不足之处，这一点在本尼特的文章中有明显的体现。另外，如爱荷华州立大学的伊拉海恩（Hsain Ilahiane）的《撒哈拉边境哈林人的社会变动性与布尔迪厄习性理论的重构》① 一文，也体现出在人类学视角下的地域风俗传统、殖民统治交错影响下，哈林人日常生活中重要习性的历史性改变。这样的例子还有很多，在此不赘述。需要指出的是，这几个词语之间的微妙关系只有通过第一手文献才能得到更好的清理，并可以看出西方学界对习性理论的种种延伸思考。

对于我们的研究来说，与其一直停留在对西方理论的翻译和转述层面，在译文、原文错综复杂的语词迷宫中迷失方向，不如以我为主，吸收布尔迪厄习

① 该文见 *American Anthropologist*, New Series, Vol. 103, No. 2 (Jun., 2001), pp. 380－394。

性理论的合理因素，并针对他的不足之处和西方学界以人类学方法为补充的策略，将美学、人类学的思路与习性的社会学理论相融合，用既具有后天习得、社会铭刻意味，同时又能体现出一定历史、地域、民族特殊文化传统影响的概念——审美习俗，来涵盖 custom 作用下 habit 中的 habitus。也就是说，中国学界应该在对西方理论翻译、借鉴、发掘的基础上，建立并阐释具有中国特色的审美习俗理论。

这不是一种简单的翻译与对应，而是学理上的积极构建。因为“审美”本身就体现出个人交杂着理性和感性的性情倾向（disposition），正如卡希尔所言：“美不能根据它的单纯被感知（percipi）而被定义为‘被知觉的’，它必须根据心灵的能动性来定义，根据知觉活动的功能并以这种功能的一种独特倾向来定义。它不是由被动的知觉构成，而是一种知觉化的方式和过程。但是这种过程的本性并不是纯粹主观的，相反，它乃是我们直观客观世界的条件之一。”[6](p.192) 因此“审美”与“性情倾向”有着内在的一致性。同时“习俗”又是习得的和受社会文化影响的，并带有人类学意味，更能突显出地方性知识和独特历史文化影响下的经验对于人们性情倾向或审美趣味的集体作用，从而过滤掉了习惯中的个体机械的重复行为，也就更便于探寻一些感性因素和行为表象背后社会结构的深层机制。而且，因为审美习俗既有普遍性和一般规律，同时又有它适用的地域和族群范围，即使在一定地域和族群之内，习俗也不是恒定不变的，而会在漫长的社会历史演进中，随外界潮流趋势的冲击或一些突发事件的影响，发生缓慢或急剧的、被动或者自发的改变。在历史的和具体的语境中对审美习俗进行分析，考察其共性、特性以及变化甚至分裂的多种可能，正是布尔迪厄习性理论中有所欠缺的地方。此外，我们应该结合中国历史与现实中的具体问题和个案，以实证的田野调查和理论阐释相结合的方法，广泛考察大型或小型社会的主流文化、新兴亚文化、边缘剩余文化中各种审美习俗的具体表现，不以布尔迪厄习性理论的精英主义为唯一立场，而构建一种具体的、多元的文化分析理论。在此基础上围绕审美习俗问题展开的探讨，将会对美学研究、文化研究、文学研究、人类学研究、社会学研究、民俗学研究等人文社会科学提供宝贵的材料和有益的启发。

正因为有着跨学科的特点，因此审美习俗研究的理论资源十分丰富。西方自 20 世纪 60 年代以来，兴起了一股独特的理论浪潮。福柯、拉康、德里达、阿尔都塞、布尔迪厄、威廉斯、伊格尔顿、鲍德里亚、杰姆逊等理论家提出的各种理论和研究方法，呈现出明显的跨学科和多重视角的倾向。他们虽然都曾以文学为言说对象，但绝不是新批评和形式主义意义上的内部研究，而是面向最广阔的社会现实和历史文化，发掘各种文本和现象对于人类的当下价值。在这个意义上我们提到的理论，便是一种广义上的作为思维方式的研究立场和方法，它是一种跨学科的、分析和推测的、具有自反性的、对于常识的批评。[7](p. 16) 因此，审美习俗应该面向作为跨学科和批判性思维方式的西方现代理论敞开。布尔迪厄的习性与场域、威廉斯的文化唯物主义和情感结构、福柯的治理术与权力关系、拉康的镜像理论、葛兰西的文化领导权、伊格尔顿的审美意识形态、哈贝马斯的公共领域和交往行为理论等都可以作为分析理解审美习俗的有效工具。在这个基础上更需要我们具体思考的是，如何以审美习俗为切入点，以跨学科的理论方法为手段，对审美现代性大潮冲击下丰富多样的中国经验进行深入的分析和阐释，并对中国社会的现实问题以及合理的发展趋势作出正确的评判。

审美习俗广泛存在于语言、艺术、集体活动、日常生活和历史传统中，作用于人们的性情倾向和行为认知模式。王杰教授指出："中国美学的理论根基，应该建立在中国经验的文化人类学解释的基础上，这包括中国特有的生产方式、生活方式、社会组织制度，以及由此制约的心理习惯和审美习俗，这些都决定着中国人的思维方式、情感特征和表达方式。"[8](p. 142) 因此对审美习俗的研究，应该是立足于实证和材料的基础上，对中国经验中特有的习俗、制度等现象的美学阐释。从这个意义上说，对审美习俗的研究应凸显鲜明的"解释人类学"特征：

> "解释人类学"是各种民族志实践和文化概念反思的总称，它是在六七十年代受当时支配地位的帕森斯社会学理论、经典的韦伯社会学、现象学、结构主义、结构和转换语言学、符号学、法兰克福学派批判理论以及阐释学的共同影响下产生的。这些理论为那些关注民族志基本抱负而进行的前所未有的探索提供了思想源泉，使民族志作者有可能引出"本土人的思想观点"，有可能阐明社会现实的文化建构如何影响社会行动。[9](p. 47)

社会现实的文化建构对社会行动的影响，可以归结为两种结果：或是长久地维持社会结构的稳定，或是对其构成挑战。而中国社会习俗中审美内涵的丰富性和复杂性为这两方面的维度都预留了足够宽广的拓展空间。

二、中国语境中审美习俗的复杂性：以民歌为例

因为"审美"与"艺术"密切相关，因此对审美习俗的研究应该尤其重视艺术史的发展演变，以及在某一特定的社会文化背景中艺术的功能和意义。这种阐释既偏重于审美和自由的感性层面，而在中国，又同样不能忽视伦理和道德的理性层面。因为古代中国社会作为亚细亚生产方式的典型代表，长久以来保持了社会结构和生产关系的超稳定性，它的一大特点是在君主政权的控制下，整个社会又可以分为许多与国家形态相似或同构的独立组织，它们成为支撑封

建社会生产关系的稳固基石。中国农耕文明特有的宗法和伦理观念在上至国家、下至村落、家族等各种同构组织中扮演了维护社会稳定的核心观念。而在整个社会体系中，这些宗法和伦理观念多存在于各种习俗、习性中，例如婚、丧、嫁、娶中对长辈和祖先的崇敬，以及许多村落一年一度的由族长主持的祭祖、庆典、惩戒仪式等。在这些习俗中，儒家观念的“三纲（君为臣纲、父为子纲、夫为妻纲）五常（仁、义、礼、治、信）”等伦理道德判断借助美的形式和艺术手段表现出来（例如农村节日庆典中必不可少的台戏、乐曲等），它们在世代沿袭的审美习俗中不断地强化自身、压制异己，维护了亚细亚生产方式和社会结构的稳定性。但另一方面，由于艺术是人们抒发情感、宣泄情绪的最有效手段，因此当审美习俗中的主流社会意识形态对人们真实自然的情感和向往自由的个性造成了过度的压抑和伤害时，人们对伦理道德、社会秩序的反抗同样会以各种艺术手段中审美习俗的改变为媒介。因此可以说中国语境中的审美习俗是丰富的和复杂的，它既因其内在的理性因素而扮演着专制主义社会“稳压器”的角色，同时又因其审美和自由的向度，而一直没有放弃对不合理秩序和强制权力的抵抗。我们借助福柯的“治理术”理论，以民歌这一兴起于底层民间，却对中国社会各阶层都产生了广泛影响的艺术形式为例，可以更好地理解中国语境中的审美习俗问题。

1978年福柯在法兰西学院讲授的“安全、领土和人口”课程中，详细分析了治理术（governmentality）的概念。他对治理行为的文本和历史考察表明，这一概念逐渐由“给君主的忠告”转变为一种独立于君权之外的，国家理性式的权力运作的目标与方法，并最终成为普遍存在的上至国家、下至社会组织、乃至个人的各种权力行为。福柯认为，“在很长一段时期，整个西方存在一种趋势，比起所有其他权力形式（主权、纪律等）来说，这种可称为‘治理’的权力形式日益占据了突出的地位（pre-eminence），这种趋势，一方面导致了一系列治理特有的机器（apparatuses）的形成，另一方面则导致了一整套知识（savoirs）的发展。”知识意味着话语权，是治理的先决条件，知识使“治理”的形式和目的多样化，自由化，也使这一作为权力施加的掩盖物蕴含了更为复杂的内容：治理既可以是一种自上而下的推行，也可以是一种自下而上的自发手段。可以是外在于个体或团体的，也可以是内在于其中的。正是在这个意义上，福柯的“治理术”逐渐被他之后的理论家们改造为一种自由治理观（liberal government），从而成为理解现代社会知识运作、文化行为、文化政策、社会体制方面问题的一个有效途径，并在某种程度上推进了文化作为一种生活方式的多元意义。对此托尼·本尼特评价道：

福柯著作的优点在于，它主张在作用于社会的特殊的制度体制背景下，行为者在特定的知识框架中行动，他们如何组织和使用文化资源的方式在

> 一定程度上构建了人们的生活方式，在这个意义上，文化应该被看作既是政府统治的工具又是统治的对象，文化和政府在同样程度上既在同一方又是对立面。[10](p. 25)

治理作为一种权力运作的艺术，无论是自上而下，还是自下而上，或是在平等的组织群体之间，都是不同于强制霸权的一种权力“软着陆”。即使在古代中国的封建专制社会，治理的观念也并非完全缺席。自先秦时代起，诸子百家就有各种劝导君王治理国家的学说，形成了以仁义和社会秩序治天下、以法度治天下、以无为治天下、以平等兼爱治天下等多种思想流派。他们游说于各诸侯国之间，以自己的文化资本谋求政治权力。而且重要的是，这些理论的言说者——先秦士人，并不是只单方面地为帝王和百姓制定行为规范，他们自己必须首先成为道德和行为的楷模，才会使自己的言说更有分量：

> 士人思想家唯一可以致力的领域就是文化话语系统，而他们可以利用的文化资源中唯一可以使自己“增值”的就是道德人格的自我提升。于是他们就只能先做圣贤，后为人师了。这里的确是这样的：言说了道德，就占有了道德；话语即权力。思想家总是靠言说获得并行使权力的。[11](p. 29)

于是自律与他律构成了当时诸子关于治理的学说中互为支撑的向度，也在一定程度上为中国早期的知识形态和文化形态打上了鲜明的“治理艺术”烙印，正是在这个意义上，我们可以更好地理解孔子的“夷狄之有君，不如诸夏之亡也”——蛮夷之国虽然有君王统治国家，但因为他们没有一整套以知识文化为载体的社会价值体系，因此无论是自治还是他治，都达不到理想效果。而相比之下，华夏诸国即使没有君王，却仍有一些内在和外在的因素确保社会和谐有序、百姓安居乐业，这便回到了中国史料中关于文化的最早描述：“观乎人文，以化成天下”。而这种治理性文化的最主要载体，便是礼和乐。

如果从治理术的角度考察中国语境中的审美习俗，便可以发现治理的观念实际上广泛渗透在各种审美习俗中，成为一种潜在的权力运作方式，多方面地影响着中国艺术和美学的发展历史。以民歌为例，关于我国最早的诗歌总集《诗经》，《汉书·艺文志》写道：“古有采诗之官，王者所以观风俗，知得失，自考正也。”可见“国风”中来自十五个地区的民间歌谣，是统治阶级体察民情、检验政绩的重要手段，也从一个侧面反映出创作和传唱歌谣作为一种民间习俗的流行普及程度。当时的人民群众（大部分是底层劳动者），乐于借助歌谣的形式反映自己的日常生活，抒发真情实感，指斥统治阶级的残暴昏庸，逐渐形成了一种特有的源自底层民间的审美习俗，与官方意识形态话语和艺术手段（如雅、颂）鲜明地对立。这些民间意义上的歌谣，虽然内容风格和功能都不同于周公制礼作乐的“乐”，却因为通俗易懂、朗朗上口、自由灵活，而成为人民百姓最乐于选择的情感表达和交流的艺术手段，也记载了当时人民特有的情感结构。除《诗经》外，以屈原、宋玉为代表的“楚辞”作为一种特殊文体，实际上也起源于楚地民歌。为了全面了解和把握民歌这种普通民众审美习俗的艺术载体，汉代专门设置了采集和掌管音乐的机构——乐府，自此以后，这些“缘情”、“感物”、“言志”的民歌逐渐确立了“献诗讽谏”和“观诗知政”的双重作用，成为中国古代专制社会在统治者和被统治者之间建立联系的一条纽带，为中国古代社会结构的稳固定型提供了重要支撑。在以后的魏晋、唐、宋、元、明、清各代的文献中，都能看到大量的民歌存在。

此外更值得一提的是，民歌不仅是底层民众抒发情感、上层社会体察民情的桥梁，还在很大程度上对中国社会的中间力量——士人阶层或知识分子群体产生了重要影响。它们虽然被排斥于正统文学之外，但其朴实真挚的语言、大胆奔放的情感、丰富充实的内容却又是文人知识分子吸收营养的重要源泉，而且当知识分子的政治理想得不到满足或对社会现状不满的时候，有些人会改变审美倾向而转向民间，大力提倡学习民歌。如刘禹锡的《竹枝词》便由古代巴蜀民歌变化而来，逐渐演变为一种语言清新自由、夹杂俚语白话的新诗体，得到了后世许多诗人的推崇和模仿。特别是历史发展至明代，资本主义萌芽的出现初步推进了中国社会结构的转型，而这一时期的民歌也从不为正统文人重视的底层俗艺，而发展壮大为影响整个社会的滚滚洪流。李梦阳为了反对当时雅文学形式浮艳、内容空洞、情感苍白的流弊，提出“真诗乃在民间”，陈宏绪在《寒夜录》中更引卓珂月之言：“我明诗让唐，词让宋，曲让元，庶几《吴歌》、《挂枝儿》、《打枣竿》、《银纽丝》之类，为我明一绝耳。”民歌对明代文人和社会结构转型的影响，主要表现为“文人开始积极主动地汲取民歌的营养，在重性情、重个人体验的层面，完成了对各种形式主义诗文风气的冲击和反拨，从而极大地丰富和充实了具有人文启蒙意义的晚明文学革新思潮的内涵”。[12](p.1)

自明朝以后，中国社会结构的每一次变动或转型，都与民歌有着密切的联系。例如“五四”时期《北京大学日刊》发表了刘半农拟定的向全国征集民俗歌谣的简章，掀起了“歌谣学运动”，吸引了大批知识分子和民众的热情参与。1942年毛泽东《在延安文艺座谈会上的讲话》提出文艺要为广大人民群众服务，要用他们喜闻乐见的艺术形式，如墙报、壁画、民歌、民间故事等，表现日常生活的丰富内容。这就从古代统治阶级将民歌作为考察政绩的标准而转为同人民群众沟通交流的重要手段，显现出文艺面向大众的构建和转向。这些事件并非单纯的文学或艺术现象，而蕴含着当时复杂的社会政治背景，在此难以详述。我们只想通过这些事例来展示民歌在特定的历史时期内，作为一种可变的审美习俗对于不同社会群体的复杂作用。因此深入分析民歌在中国古代历史中的地位演变及其对于社会各阶层的功用（如审美的、伦理的、政治的、经济的、文化的），可以为我们从治理性的角度思考中国语境中审美习俗的变迁提供有益的个案。

民歌在中国广阔土地上的普遍流行，不仅表征了这种艺术形式的巨大生命力，也使其成为人民群众寻求身份和情感认同的重要手段，也就是某一社会群体一致的性情倾向和身份标志，正如《乐记》所载："乐者为同，礼者为异。"礼让人们彼此区分差异，按照社会等级和秩序规则来约束自己的言行，而在音乐（民歌）中，人们基于普遍人性的共同情感、地方性经验、历史记忆、生存体验等原本支离破碎的精神世界会得到宣泄、唤醒和重新整合，从中人们得以确证自我，彼此认同（这需要布尔迪厄所谓的编码和解码）。也正是在这个意义上，民歌作为审美习俗的一个特殊的生成性场域，其意义与价值值得我们认真分析。虽然古代民歌只残存于各种历史文献中，并且因为难登大雅之堂而一直未得到足够的重视，给我们的研究带来了一定的难度，但我们也应该看到，中国作为一个地域广阔的多民族国家，民歌仍然鲜活地存在于不同民族、地域人们的习俗传统中，如陕北的信天游，西北的秦腔、花儿，东北的二人转，山东的沂蒙山小调，广西的各种山歌等，即使在民歌遭到政策禁止和舆论贬斥的特殊年代，它们也并未完全断裂和失传，而是仍然或隐或显地在普通人的日常生活中扮演着其自古以来的重要角色，体现出比布尔迪厄"社会经济铭刻"更深层的"历史文化铭刻"。

改革开放以后，在中国社会面临现代化和全球化大潮的冲击下，在中国民众普遍遭遇现代性体验的焦虑与困惑时，民歌这一古老而具有民俗性的艺术在中国社会新的转型期正被赋予新的意义和价值。一方面是许多地方政府将民歌作为一种文化资源推向市场，我们可以发现当代人特别是都市人对民歌的喜好，正日益习俗化、制度化，催生了如南宁国际民歌节这样的大型商业性民歌盛会；另一方面真正的民歌赖以产生和流传的乡土环境正因为经济大潮的冲击和社会的发展而改变，民歌的保护和传承遭遇了前所未有的危机。如何在社会历史发展的必然趋势与人们的怀旧乡土情结之间找到一个平衡点，如何使商业运作模式下的民歌艺术不失去本真的原貌，如何在政府文化政策、企业家商业运作、知识分子的理性思索、艺术家的创造以及平常百姓的情感需求等不同层面，发掘民歌作为一种审美习俗的多元意义，这些问题都可以帮助我们思考中国社会在新时期，由传统治理术到实现他律与自律多元交替的自由治理观念的可能性。

三、余论

布尔迪厄的"习性"概念作为社会学研究和文化研究的理论工具，无论是其丰厚的理论内涵还是不足和欠缺之处，都足以为我们将这一概念中国化提供有益的启发。审美人类学学科中的审美习俗，不是对习性、惯习概念的简单对应，而是吸取布尔迪厄理论中，对日常生活中一般产品或特殊艺术品的审美观照和性情倾向的分析方法，并借鉴文化人类学或解释人类学的思路，以地域、民族、历史、文化、现实等相互联系影响的因素为更广阔的阐释背景，对人们日常生活中约定俗成、但并非一成不变的审美倾向，艺术活动中所蕴含的意义、价值、发展趋势、潜在危机等问题进行深入探究，以此来揭示中国文化和审美经验的多样性和复杂性。

古代中国作为亚细亚生产方式和社会结构的典型代表，其审美习俗是多样的、复杂的、可变的，而治理术的观念正是潜藏于人们的审美习俗中，使其蕴含了既维护社会秩序，又挑战和对抗不合理现实的多种可能。以民歌为考察个案，以治理术和审美习俗的对抗与共谋为视角，在具体的、历史的语境中思考自我与他人、个体与群体、自然与社会、历史与现实的多种关系，为我们深入思考审美习俗的历史意义与价值提供了一种视角。另一方面，在当下现代性大潮给人类带来普遍的生存困惑和审美危机的大背景下，民歌（音乐）的认同功能对人们情感结构的契合、对人们审美经验的修复无疑具有积极意义，也使都市人对民歌的喜好日益习俗化、制度化。但我们不能为这一现象高唱凯歌，或是完全陷于专家学者主观经验的阐释，而是应该回到布尔迪厄的一个基本观点，即回归这一审美倾向的基本社会功能，分析它对不同社会群体的作用和意义，才能看到其合理性和潜在的矛盾与危机，使我们对中国的民歌艺术、审美习俗以及社会现实有更加清楚的认识。

参考文献：

[1] 皮埃尔·布尔迪厄．文化资本与社会炼金术：布尔迪厄访谈录［M］．包亚明译，上海：上海人民出版社，1997.

[2] Pierre Bourdieu. Distinction：A Social Critique of the Judgement of Taste［M］. Cambridge Massachusetts：Harvard University Press，1984.

[3] 特里·伊格尔顿．再论经济基础和上层建筑［J］．马克思主义美学研究第5辑，2002.

[4] 皮埃尔·布尔迪厄．实践理性［M］．谭力德译，北京：三联书店，2007.

[5] Pierre Bourdieu. Outline of a Theory of Practice［M］. Cambridge：Cambridge University Press，1977.

[6] 恩斯特·卡希尔．人论［M］．甘阳译，上海：上海译文出版社，1985.

[7] 乔纳森·卡勒．文学理论入门［M］．李平译，南京：译林出版社，2008.

[8] 王杰．审美幻象与审美人类学［M］．桂林：广西师范大学出版社，2002.

[9] 乔治·E. 马尔库斯. 作为文化批评的人类学 [M]. 王铭铭、蓝达居译，北京：三联书店，1998.
[10] 托尼·本尼特. 文化与社会 [M]. 王杰、强东红等译，桂林：广西师范大学出版社，2007.
[11] 李春青. 在文本与历史之间 [M]. 北京：北京大学出版社，2005.
[12] 周玉波. 明代民歌研究 [M]. 南京：凤凰出版社，2005.

内容摘要：

布尔迪厄的“习性”概念作为社会研究和文化研究的理论工具，无论是其丰厚的理论内涵还是不足和欠缺之处，都足以为我们将这一概念中国化提供有益的启发。美学和人类学交叉视野中的审美习俗概念，一方面吸取了布尔迪厄习性理论的合理性，同时借鉴文化人类学或解释人类学的思路，以地域、民族、历史、文化、现实等相互联系影响的因素为更广阔的阐释背景，可以帮助我们从“审美”的角度对人们日常生活中约定俗成、但并非一成不变的性情倾向和艺术行为的意义价值、结构模式、发展趋势等问题进行深入探究和学理分析。这一概念可以恰当地揭示中国文化和审美经验的多样性和复杂性。我们借助福柯的“治理术”理论，以民歌这一兴起于底层民间，却对社会政府、知识分子、底层大众等各阶层都产生了广泛影响的艺术形式为例，可以更好地理解中国语境中审美习俗的重要意义。

关键词：

习性；审美习俗；治理性；民歌

From Habitus to Aesthetic Custom: A Reconstructed Concept of Bourdieu in Chinese Context

■ Cao Chengzhu

(Department of Literature, Nanjing University, Nanjing210093, Jiangsu China)

Abstract:

Habitus as an important concept in Bourdieu's theory of social and cultural study, has very complicated and enlightening significance, and also some deficiencies. Recently, the discussion about habitus, habit and custom is becoming more and more popular in international culture study field. Actually, we can absorb some reasonable factors in this concept and also consider the theory of habit and custom and some theories in cultural anthropology as complementarity, to reconstruct a new concept, aesthetic custom, in order to focus on cultural and ethnic issues in Chinese context. Take the example of

Chinese folk-song and Foucault's dissertation about governmentality, we can understand the complexity and diversiform of Chinese culture, and find that how the aesthetic custom operates as an effective way of "government" in the development and modernization of China.

Key Words:

habitus; aesthetic custom; governmentality; folk song

文化产业：制度创新、审美衍生与文化战略

■ 顾江[*]　阮南燕[**]　周锦[***]

（南京大学　江苏南京　210093）

文化产业作为一种国家文化的基本形态，不仅是增强综合国力、扩大内需、促进社会再就业、改变经济增长方式和创建新型国家的有效途径和路径依赖，而且在消除城市贫困群体、稳定社会、提高公民文明素质等方面起到了巨大的推动作用。[1](p.1) 自20世纪90年代以来，文化产业以其创造的巨大的经济效益，成为各国经济发展的新引擎。愈来愈多的国家开始将文化产业视为一种战略产业，加以系统的规划和积极的推动。"十六大"以来，我国政府加大了发展文化产业的力度，先后出台了一系列促进文化产业发展的政策，力图使其成为未来中国经济发展新的增长点。在当前的社会经济背景下，我国大力发展文化产业不但可以缓解日益紧张的资源约束、降低能耗、增加就业，促进社会资本合理流动，而且能够推动产业结构升级，使经济增长方式从粗放型向集约型转化，从而实现社会经济文化的可持续与和谐发展。

随着经济全球化、文化多元化，中国文化产业的发展不仅面临全球化的市

* 顾江，男，1965年生，江苏南京人，文化部南京大学国家文化产业研究中心常务副主任，教授、博导。

** 阮南燕，女，1970年生，湖南邵阳人，文化部南京大学国家文化产业研究中心博士后，浙江传媒学院讲师。

*** 周锦，女，1979年生，江苏扬州人，文化部南京大学国家文化产业研究中心博士生，南京信息工程大学讲师。

场机遇，同时也面临着发达国家强势文化的有力竞争。较之发达国家，我国文化产业无论从产业规模、产业创新能力还是市场竞争力而言，均处于弱势。故而，如何借助发达国家的成功经验，寻求中国文化产业发展的独特路径，充分发挥我们的后发优势，实现中国文化产业的跨越式发展，是中国文化产业理论界与实业界理应承担的历史使命。本文立足于文化产业发达国家的政策研究，探究政府在文化产业发展中的核心功能，政府的产业政策对文化产业的健康发展所具有的重要作用——对文化产业结构调整的“引导”作用、对市场竞争秩序的“规范”作用、对产业国际竞争力的“提升”作用以及对文化产业发展的“加速”作用，并以美国的好莱坞电影、日本动漫、韩国影视剧等文化产业为参照，探讨政府管制下的文化产业制度创新与文化产品之间的审美张力，指出各国文化产品的主导审美诉求、审美价值观与各国文化战略的共谋关系导致了审美产品成为具有象征意义的流行文化资源，衍生为各国文化软实力的重要组成部分，在传播、确认、强化人们共同的规范、价值观、信仰、观念和生活方式中具有强大的诱惑力和说服力。通过分析和借鉴，由此提出中国文化产业的未来发展路径。

一、文化产业范畴界定与竞争环境分析

作为一种新的文化发展形态和文化现象，文化产业肇始于20世纪三四十年代，本雅明在其《机械复制时代的艺术作品》一文中最先表达了关于文化工业的思想。“文化产业”概念的提出，则源自法兰克福学派阿多诺和霍克海默在1947年的《启蒙的辩证法》一书中首次正式使用的“cultural industry”。这一概念在不同的国家和地区也被称为“文化工业（cultural industry)”、“大众文化”、“通俗文化”、“媒体文化”、“内容产业（content industries)”、“版权产业(copyright industries)”等，英国称为“创意产业（creative industries）”，在日本则统称为娱乐观光业。

时至今日，文化产业已经成为一些发达国家的支柱产业，成为提升产业竞争力和国家软实力的重要利器。

产业国际竞争力是指某国或某一地区的某个特定产业相对于他国或地区同一产业在资源配置、生产效率、市场占有率、持续赢利率等方面所体现的竞争能力。在关于产业国际竞争力的研究中，迈克尔·波特的“钻石模型”理论(Michael Porter diamond Model）最为经典。该理论认为，一国的特定产业是否具有国际竞争力取决于生产要素、市场需求、相关与辅助产业状况、企业策略等四个关键因素以及机会、政府行为两个辅助因素，这六个因素构成了产业国际竞争力的“钻石模型”（见下图）。

表1　不同国家和组织的文化产业分类与内容

国家或组织	文化产业的内容与分类
联合国教科文组织	文化遗产、出版印刷业和著作文献、音乐、表演艺术、视觉艺术、音频媒体、视听媒体、社会文化活动、体育和游戏、环境和自然等十类
国际标准产业分类（第三版）	(1) 文化内容发源（书籍、音乐、报刊和其他相关资料的出版、软件咨询和供应、广告业、摄影活动、广播电视、戏剧艺术、音乐和其他艺术活动）；(2) 文化产品的制造（电子元件制造、电视广播发射器和电话机装置的制造、电视广播接收器、磁带、录像机装备和附件的制造、光学仪器和摄影仪器的制造、乐器的制造）；(3) 文化内容的翻印和传播（印刷业、录制媒体的再生产、电影和录像的制造与发行、电影放映）；(4) 文化交流（其他娱乐业、图书馆和档案活动、博物馆活动、历史遗迹和建筑物的保护）
美　国	(1) 文化艺术业（含表演艺术、艺术博物馆）；(2) 影视业；(3) 图书业；(4) 音乐唱片业
英国（创意产业）	广告、建筑、艺术和文物交易、工艺品、设计、时装设计、电影、互动休闲软件、音乐、表演艺术、出版、软件、电视广播等十三个行业
欧盟（内容产业）	制造、开发、包装和销售信息产品及其服务的产业，包括各种媒介上所传播的印刷品内容（报纸、杂志、书籍等），音像电子出版物内容（联机数据库、音像制品服务、电子游戏等），音像传播内容（电视、录像、广播和影视），用做消费的各种数字化软件等
加拿大	(1) 信息和文化产业（出版业、电影和录音业、电视广播、因特网、电信业、信息服务业）；(2) 艺术、娱乐和消遣（演艺、体育、古迹遗产机构、游乐、赌博和娱乐业）
澳大利亚	(1) 文化遗产和古迹，如博物馆、自然遗产和保护、图书和档案馆等；(2) 艺术活动，如文学作品的创作、出版和印刷，表演艺术、音乐创作和出版，广播、电视和电影等；(3) 体育和健身娱乐活动；(4) 文化产品的制造和销售；(5) 其他文化娱乐类
日本（娱乐观光业）	主要包括电影、电视、影像、音响、书籍、音乐、艺术、信息传播、网络、旅游、体育与健身等行业
韩　国	与文化商品的生产、流通、消费有关的产业：影视、广播、音像、游戏、动画、卡通形象、演出、文物、美术、广告、出版印刷、创意性设计、传统工艺品、传统服装、传统食品、多媒体影像软件、网络及其相关的产业
中　国	文化产业核心层包括：新闻服务，出版发行和版权服务，广播、电视、电影服务，文化艺术服务；文化产业外围层包括：网络文化服务，文化休闲娱乐服务，其他文化服务；相关文化产业层包括：文化用品、设备及相关文化产品的生产；文化用品、设备及相关文化产品的销售

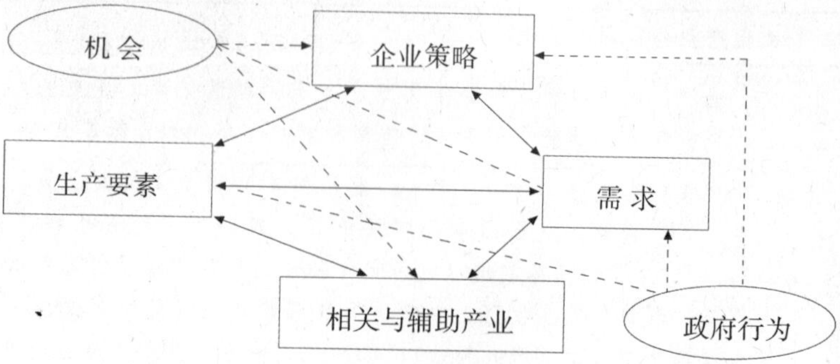

从模型中可以看到，政府在产业的发展、产业竞争力的培育中占据举足轻重的地位。波特指出，若政府政策是运用在已经具备其他关键因素的产业上，就可以强化、加速产业的优势，并提高厂商的信心，但政府本身并不能帮企业创造竞争优势。政府只有扮演好自己的角色，才能成为扩大钻石体系的力量，政府可以创造新的机会如发展基础设施、开放资本渠道、培养信息整合能力等来支撑产业发展。[2](p. 120) 较之其他产业，文化产业具有独特的属性和特征：1. 文化产业属于创新密集型产业，具有内生的收益递增发展机制；2. 文化产品开发固定成本高，边际成本低；3. 文化产业渗透性强，具有很强的外溢效应；4. 文化产品生产和消费不确定程度高；5. 文化产业外部性强，产业追求目标多元化；6. 文化消费网络效应强，具有需求规模经济性；7. 产业内部关联紧密，具有范围经济性。[3](pp. 27－33) 针对文化产业的产业属性，各国政府出于各自的政治、经济需要，以及社会、文化背景的考虑，对文化产业的政策扶持与管理模式也各不相同，随之而发展的内容产业，在审美诉求、审美衍生上也各有千秋。

二、制度创新下的审美衍生与文化战略选择

审美衍生是指文化产品在审美机制的作用下，审美价值的形成、传播、辐射和集聚的过程，在这一过程中，文化产品藉由文化市场的力量，成为大众流行文化的主导产品，并以其独特的审美张力，衍生为提升国家文化软实力的重要工具。审美衍生的核心，是审美主客体、审美载体、审美产品、审美市场等审美价值实现环节与制约审美实现过程的众多外在因素的文化博弈所形成的审美张力。这种审美张力，也是各国政府在发展文化产业时创新产业制度、确立文化战略的思考重心。

文化产业的审美衍生所带来的文化软实力，得到了各国政府的高度重视，世界各国纷纷更新各自的文化政策，积极发展文化产业，抢占文化产业的制高点。通常而言，政府总是选择已经具备较强实力、发展较为成熟的大众流行文

化作为文化战略的主导产业，尤其是易于传播、富有形象感、受众面广、潜藏意识形态的电影、电视、音乐以及游戏等文化产业，更是成为国家提升文化软实力的主导战略选择。政府管制下的文化产业制度与文化产业之间的审美张力，直接影响着大众文化产品的审美诉求和审美表现，使得文化产品在产品的形象设计、主旨建构以及市场营销等方面，均与政府的文化政策形成某种直接或间接的共谋关系，以对主流意识形态的有选择性的迎合，获取最大的审美自由。即便某些具有批判性的文化产品，其批判的对象、批判的力度、批判的指向等，通常而言均属政府管制内的有限度的批判，我们很难见到离经叛道且具有颠覆性的文化产品，原因即在此。可以说，国家终极形象的维护，也即政府制度的阈限，始终是审美无法逾越的界限。同时，各国政府也会以各种形式奖励和宣传那些弘扬国家正面形象、符合主流价值观、能够获得国际范围内最大文化认同和心理认同的文化产品，作为国家形象的代言人推向国际社会。这种直接的鼓励在某种程度上引导着主流的审美倾向和审美创作，从而使得文化产品的生产与国家文化产业战略趋于合谋，衍生为国家提升文化软实力的重要利器。

1. 分级管制与文化创新型经济的战略选择

英国是最早将文化产业定义为创意产业的国家，并提出个人的知识、智慧、灵感、技艺是创造价值的核心要素，是文化产业发展的不竭动力和源泉。创意产业之父约翰·霍金斯明确指出："创意就是催生某种新事物的能力，它表示一人或多人创意和发明的产生，这种创意和发明必须是个人的、原创性的，且具有深远意义。"[4](p. 3) 1998 年，英国政府正式成立"创意产业特别工作组"，布莱尔亲自担任主席。以就业和产出衡量，2003 年英国创意产业对经济发展的重要性已经超过金融业，成为英国经济成长的主要动力之一，创意经济占英国 GDP 的 8%。2005 年英国政府还推出了将英国打造成"世界创意中心"的宏伟计划，以保持英国创意产业的国际地位。2006 年 1 月，在牛津大学举行的媒体大会上，英国文化媒体体育部部长在报告中指出，从 1997 年至 2005 年，创意产业的年平均增长率比英国整体经济增长率速度高出一倍左右，成为英国雇用就业人口最多的产业。[5](p. 3) 英国政府主要采用"一臂之距"（Arm's length）的文化管理模式，即政府、非政府公共部门、各种行业性的文化联合组织所组成的分级管制，在中央政府与地方政府及其所属文化行政管理部门之间形成的是纵向的"垂直分权"，而在政府与非政府公共部门、各种行业性的文化联合组织之间形成的则是横向的"水平分权"。[6] 同时，鉴于英格兰、威尔士、苏格兰、北爱尔兰各有独特的民族文化的历史，英国政府和议会在统一管理中又实行有分有合的文化管理权，威尔士、苏格兰、北爱尔兰分别负责各自大部分的文化项目。英国政府注重文化产业的法律保护，鼓励私人投资文化产业，制定吸引文化创意产业投资的税收优惠条款，实施帮助创意产品和创意企业走向世界的国家整体营销和品牌战略，并且大力引进国际资本和创意企业共同发展英国文化创意产业。尤其值得一提的是在2001年英国著名绿皮书《文化与创新：未来10年的规划》中，英国政府第一次将“创新式文化合作政策”作为一项国家政策隆重推出，力图整合政治、经济、教育、文化等各方面的政策，建立起更为完善的文化体制和文化机制，为个体在文化和媒体方面发展创新思维铺平道路。英国政府未来文化的发展依然定位于：鼓励精英文化、促进“文化开放”、发展“文化教育”、推动“文化创新型经济”。这种注重个体创新思维的理念，真正抓住了文化产业的创意核心，指出了文化产业区别于其他产业的独特属性。随着英国文化政策的影响，欧洲各国开始出现制定文化发展政策的高潮，文化产业的热潮开始在欧洲乃至世界范围内涌现。从全球范围看，各国政府文化产业政策的不同，所带来的文化产业的发展态势也各不相同，美国、日本、韩国等国的文化产业发展尤具特色。

2. 放松管制与文商全球化的战略选择

美国是世界公认的文化产业大国，号称“世界文化产业帝国”。其文化产业占美国GDP的20%左右（仅此一项就相当于我国GDP的总和），400家最富有的美国企业有72家属于文化产业中的企业。然而，美国既无专门的文化产业管理部门，也无明确系统的文化政策，政府推行的是“无为而治”的市场主导型模式，即有所为、有所不为。美国政府严格区分了营利性文化产业与非营利性文化组织机构[①]，将前者交给市场，按照市场规则运行，政府不参与、不控制；对于后者，政府则通过直接资助或者税收优惠予以扶持，进行一定的约束与监督。不过，无论营利性文化产业还是非营利性文化组织机构，美国政府充当的始终是管理者的角色，在支持和推动文化产业发展上功不可没。一是通过立法和司法，以完善的法律体系对文化产业进行规范和约束，确保文化产业市场的公平竞争、优胜劣汰；确保文化企业在追求利益最大化时，不违背和损害公共利益。[②] 二是通过税收政策，实现对文化产业的有效调控。如对出版物免征商品销售税，对出口图书免征增值税和营业税，尤其是20世纪70年代著名的“501（c）（3）”条款，通过减免财产税和销售税的优惠政策，大批慈善机构和基金会应运而生，企业与个人积极资助文化艺术项目，为文化产业的发展汇聚了源源不断的资金。三是建立多元化的投资主体。政府的资助面向所有符合政策导向的团体，并吸收非文化部门的外来投资，如各大公司、基金会和个人捐助，其数额有时远远高于各级政府的资助；同时建立较为完善的融资体制，以大型的金融财团为文化产业的支撑。四是完善文化市场运作机制，加大资金和

① 非营利性文化领域主要指：博物馆、国家公园、高雅艺术的演出与创作团体、某些特殊部门（宗教组织、专业组织、政府部门、学术团体和大学等）的出版社、互联网域名地址分配公司、行业协会、展览场馆，以及美国发行量认证署和国际媒体认证公司等。

② 以知识产权保护为例，1976年《版权法》，1998年《版权保护期限延长法》，1998年《数字千年版权法》，2000年《防止数字化侵权及强化版权赔偿法》，2005年《家庭娱乐和版权法》。

科技的投入。通过对文化产品的生产、销售进行商业化运作，美国已建立起一整套包括文化产业组织、推销系统、技术支持系统、创作组织系统等在内的较为科学、完善的文化体系；在具体运作上，美国的影视业、图书出版业、音乐唱片业等已建成庞大的全球销售网络；在科技运用上，每一项可能对文化产业产生重大影响的高科技，几乎都能够迅速运用其中。五是通过行业协会实现行业自律。这些行业协会一方面以中立的身份出面协调该行业内部企业之间的公平竞争关系，另一方面代表该行业整体协调与社会各界的关系，塑造该行业的整体形象。[7](p.262)六是确立全球化的市场策略，全面提升文化软实力。面向全球市场的产业发展理念，美国政府通过政策倾斜，充分吸收世界文化资源和各国人才；充分发挥美国在资金、科技、信息等方面的优势，在文化产品的制作与输出中，立足于全球文化市场需求，牢牢把握全球输出的主导权，以文化产品的自由贸易，输出美国的文化价值观，通过影响人们的观念来进一步培育消费市场，从而最大限度地掌控海外销售市场。

美国文化产业政策的核心是以文商全球化战略打造世界文化产业帝国，寻求文化产业的利益最大化。而好莱坞帝国的建立，正是这一战略思想的形象注解。从20世纪30年代开始，好莱坞就不仅仅是“美国电影”的代名词，更是“文化帝国主义”的同义词，如今，好莱坞更成为美国文化软实力的重要表征之一。自20世纪90年代以来，好莱坞开始进入全球化时代，在全球范围内实施新的战略，使得整个世界电影工业的体系构成、运转模式以及扩张方式都发生了根本性的转变。其全球化进程遵循着一条清晰的产业演进路线，呈现出四个比较明显的结构性变化时期：整合美国国内市场（内合）、寻求新国际财政支持和商业合作伙伴（外联）、重新聚焦核心业务和基础竞争力（集聚）、实现整体平衡和深度合作（联盟）。[8]好莱坞的全球策略包括从制作、营销、发行、放映至衍生产品开发的一系列环节，涵盖电视网经营、节目制作、付费电视、演艺经纪、主题公园等所有相关领域。从审美范畴来看，好莱坞的全球策略立足于美国核心价值观的打造和普泛的审美共性的营造。核心价值观主要是美国梦的打造，其中英雄神话的营造是核心。好莱坞素称“梦工厂”，而所有的白日梦，其实都寄托在美国式英雄身上。这个英雄，可以是经典的救世英雄，如“超人”系列、“终结者”系列、007系列中以民族、国家大义为己任的孤胆英雄们；也可以是反面的英雄，如《教父》，是对人类品性的某一方面的赞颂；也可以是普通人，如《阿甘正传》中的阿甘，《肖申克的救赎》中的安迪和瑞德。以英雄形象为基础，好莱坞叙事也是关于英雄的完整叙事，《雨中曲》、《出水芙蓉》、《芝加哥》、《红磨坊》等歌舞片，以美轮美奂的盛大歌舞组合，打造乌托邦式的梦幻世界，幻化美国现实世界的瑰丽多姿；《星球大战》、《外星人》、《独立日》等科幻片，隐喻美国是拯救人类于危难的地球英雄；《克莱默夫妇》、《为黛西小姐开车》，以平民英雄美化美国的现实生活。其次则是对普遍人性、普遍价值的追求，这种价值追求，渗透在爱情、婚姻、家庭、伦理、道德、习俗等各个领域，具有全球人类共通的特性。仅以爱情片来看，《乱世佳人》中那场战乱纷飞年代里恨爱交织的爱情史诗，《卡萨布兰卡》里凄美迷离的往昔恋情，《罗马假日》中纯情而遗憾的短暂爱情，《魂断蓝桥》那无法释怀的悔恨与爱念，《人鬼情未了》中生离死别的人鬼之恋，《西雅图夜未眠》中"众里寻他千百度"的惊喜，《廊桥遗梦》中短暂却让人刻骨铭心的婚外恋，《泰坦尼克号》那永沉海底的青春恋曲……种种"人间至爱"的歌咏，无不成就了一番"惊天动地"、"刻骨铭心"、"千古流芳"的爱情神话，成为全球爱情故事的经典。至于好莱坞强烈的大片意识和大片制作理念，以及好莱坞对类型电影的细分，好莱坞对引进和培养国际影星的全球策略，已经成为业界的共识，无需赘言。

可以说，美国电影产业的历史，就是好莱坞征服世界的历史。[9](p.50)尤其值得一提的是好莱坞面对全球抵制文化入侵所采取的应对策略，即通过利用和改造各国的本土文化来实现其全球化，使好莱坞电影成为世界各国地域本土文化的代言人。从好莱坞电影的题材和内容上来看，从拉美文化、欧洲文化、非洲文化到东方文化，好莱坞无所不包。经过好莱坞加工之后重新进入全球市场的大片，已经成为各国本土电影最大的强劲对手，如《埃及艳后》、《木乃伊》、《阿拉丁》对阿拉伯文化的肆虐，《勇敢的心》、《莎翁情史》、《角斗士》对欧洲文化的掠夺，《花木兰》、《卧虎藏龙》、《功夫熊猫》、《木乃伊3》对中国文化的侵蚀，《贫民窟的百万富翁》对印度文化的美式植入。凡此种种，可见好莱坞全球战略的精髓：以跨国界、跨种族、跨阶级、跨文化、跨年龄甚至跨语言的基本价值观念为文艺基本元素，以大导演、大明星、大投入、大制作、大场面、高科技等手段制作全球雅俗共赏的大众文化消费品，寻求全球大众文化的心理认同，以绝佳的视听效果引发观众的视听盛宴，从而夺取最大份额的全球市场。实际上，时至今日，好莱坞已经不再定位为纯粹的电影生产商或商品输出地，而成为电影生产的组织者，合作拍片已经成为好莱坞电影的基本策略之一。如"007"系列，好莱坞制作时，融入的是全球元素：英国故事、好莱坞商业运作、日本的资金、澳大利亚的技术、泰国冲印、多国明星参与、全球同步发行等，原本集于好莱坞一身的职能被好莱坞分散到全球，然后再由好莱坞将分散在全球的资源整合起来，配置成一个整体。而作为这一整体的组织者，美国无疑是最大的受益者。文商全球化策略，不仅为美国带来了来自全球的经济利益，更为美国带来了称霸全球的软实力。

3. 弹性管制与动漫产业主导战略

1995年，"日本文化政策推进会议"发表《新文化立国：关于振兴文化的几个重要策略》，明确提出日本在21世纪的文化立国方略。2001年全力打造知识产权立国战略，提出10年内把日本建成世界第一知识产权国；2003年又制定了观光立国战略。如今，日本已经成为继美国之后的世界第二大文化产业大国。日本主要依靠市场机制发展文化产业，推行的是政府行政指导型的弹性管制模式。日本政府对文化产业的扶持，首先是立法施政，为文化产业的迅速发展提供法律依据和法律保障。其次调动了独特的“行政指导体制”来引导文化产业的发展，通过制定政府规划、扶持创新产业、促进文化产业的投融资渠道等手段，对文化产业的发展实行宏观调控。其三建立完善的知识产权保护体系，以各种评奖活动激励为文化产业发展做出贡献的企业与个人，完善相关配套服务，为文化产业的发展提供良好的发展环境。其四是文化与市场深度结合，走“产、官、学”的发展模式，各种文化产业项目均进入市场操作，同时充分利用文化行业协会予以市场调节。其五是积极开拓海外市场，通过大企业间在资金、技术、经营组织方式等方面的重组，进行产业结构上的调整，形成传媒业、娱乐业、电信业、电脑业、出版业等相互融合、相互渗透的新格局，加大文化产业发展的横向合作，以增强国际竞争力。2005年，日本的文化产业市场规模达到12兆8243亿日元①，其中在海外的市场规模达到2599亿日元[10]，世界市场份额仅次于美国，尤其是动漫、电子游戏等产业，举世瞩目。全世界的动画片中有65%为日本动画片。如今，日本文化产业已经在全球范围内居于领先地位。最近这几年，日本尤其将国际市场的拓展作为文化产业发展的重中之重，目标是在2010年，使文化产业的年出口额从现在的3300多亿日元增加到15900亿日元，从而占总生产的比重从现在的3%提高到10.9%。[11]

日本一直将自己视为在世界范围内的“文化资源大国”，这种强烈的民族自豪感使得日本在发展文化产业时特别强调民族性，同时又刻意寻求世界性的元素，将“本土化”与“国际化”相结合，从而建立独特的文化产业平台。动漫产业是日本文化立国的主要产业，从日本动漫的审美诉求，正可一窥日本动漫主导战略的绩效。在日本动漫中，有大量作品是取材于其他国家的。如《七龙珠》、《西游记》取材于中国四大名著之一《西游记》；《不思议游戏》中的东方青龙、西方白虎、南方朱雀、北方玄武取材于中国古代“四方神灵”，由此虚构出一个红南国，讲述一个异世界的不可思议的故事；《圣传》、《天空战记》中都引用了中国诸罗汉，如帝释天、迦楼罗、阿修罗、夜叉等；《天是红河岸》、《尼罗河的女儿》源自古老而神秘的埃及；齐藤千穗的《花冠安琪儿》取材于文艺复兴时期的意大利，水木杏子的《小甜甜》则来自20世纪初的苏格兰。不过，功利主义导向的思维模式使日本不会恪守任何绝对的原则，而是用多种价值标准来衡量事物，使所有文化只是为己所用，却丝毫不影响其自身的文化性质。日本动漫中的人物造型形象唯美，融东西方文化和审美情趣于一身，对人物、地域的“文化模糊”处理，能够消除文化隔阂，增强日本动漫的国际认同感。

① 同期美国的文化产业市场规模是34.1兆日元，中国的文化产业市场规模是2.1兆日元（按当时汇率折算成日元）。

较之欧美动漫，日本动漫虽也不乏科幻题材的大作，如田中芳树的《银河英雄传说》、宫崎骏的《风之谷》和《天空之城》等，但日本动漫关注更多的却是人们的情感生活，大量的热血少年漫画和浪漫少女漫画便是例证。浪漫的爱情、英俊的男主角、灰姑娘式的结局可谓少女漫画制胜的武器。而日本的体育漫画更是几乎涵盖了各个运动项目，描写篮球的有《灌篮高手》，棒球有《棒球英豪》，足球有《足球小将》，网球有《网球王子》，围棋有《棋魂》等，不仅塑造了各个体育明星，更对这些体育运动做了最翔实的介绍。就思想性而言，日本动漫强调对受众的持久影响力，注重对社会、人生、时代、人性的反思，如1995年的《新世纪福音战士》，至今由其引发的对人的价值、存在的意义、人际间的关系的思考依然没有结束。在《猎人》、《棋魂》、《犬夜叉》、《海贼王》、《名侦探柯南》、《EVA》、《百变小樱》等作品中，奋斗、梦想、背叛、忠诚、妥协、迷茫、反思、爱恨情仇……人间百味，尽纳其间。不过，对强权文化的崇拜（如《北斗神拳》中的希恩和拉奥等霸主，《不思议游戏》中的心宿，《花冠安琪儿》中的西泽尔等）、"菊与刀"①[12](p.2)的矛盾共存（如《浪客剑心》）以及"物哀之美"（悲情而唯美）的审美追求，始终是日本动漫的审美核心。日本动漫对本土文化的艺术性强调，从宫崎骏《千与千寻》的获奖可见一斑。就艺术形式而言，日本动漫在叙事上采用的是亚洲传统章回小说的表现手法，绘画上可谓是日本传统的素描填色技巧的延伸，有的还大胆吸收了日本传统"浮世绘"的绘画手法，同时又加入现代商业广告的一些表现手法，传统而又现代，深受广大观众的青睐。日本动漫的这些审美属性，完全颠覆了日本以往在国际中的形象，型塑了全新的日本国家形象，获得了来自世界的审美认同和文化认同。

长期以来，日本一直致力于打造"动漫帝国"，2007年4月，当时的日本外相麻生太郎在"文化外交的新构想"演讲中明确提出，日本应大力开展"动漫外交"，即通过推广日本的漫画书和动画片，来赢得包括中国在内的各国民众的心。[13]日本政府希望通过世界闻名的日本动漫艺术，树立日本的新形象——明快、温暖、漂亮、酷等，从而宣扬日本民族文化，提高日本的国际影响力。今天看来，此目的似乎已经藉动漫达成了。

4. 强力管制与国家战略

韩国于1998年正式提出"文化立国"战略。随后，韩国文化产业的发展突飞猛进，无论是音乐、电影、电视剧，还是网络游戏、手机游戏，韩国都实现了重大突破，在亚洲形成了一股强大的"韩流"。成为继日本之后，在文化产业

① 菊花，日本皇室家徽章，代表着美；刀，武士道的象征，代表者勇气、征伐、忠义和名誉。菊花与刀，是日本最具有象征意义的两种事物。"日本人生性极其好斗又非常温和，黩武而又爱美，倨傲自尊而又彬彬有礼，顽梗不化而又柔弱善变，驯服而又不愿意受人摆布，忠贞而又易于背叛，勇敢而又懦怯，保守而又十分喜欢新的生活方式。而且这一切相互矛盾的气质都是在最高程度上表现出来的。"

领域快速崛起的另一范例，为世人瞩目。① 探究韩国文化产业发展的内因，韩国政府的作用首当其冲。在文化产业的发展上，韩国采取的是政府推动型的强力管制模式。首先是韩国政府对文化产业的高度重视，明确了文化立国的战略，并制定和完善了相应的法律法规。② 其次，政府设立了专门主管文化产业的政府机构。1998 年在文化观光部内首次设立了文化产业局③，1999 年，文化观光部、产业资源部、信息通讯部通力合作，建立了各自下属的“游戏综合支援中心”（主管政策、规划等）、“游戏技术开发支援中心”（主管游戏产业园区建设和管理）、“游戏技术开发中心”（主管游戏产业技术开发）。2000 年成立了“韩国文化产业振兴委员会”④，设立了“韩国工艺文化振兴院”和“文化产业支援中心”，2001 年将“文化产业支援中心”扩建为“文化产业振兴院”⑤，之后又将文化产业振兴院、广播影像振兴院、电影振兴委员会、游戏产业开发院、国际广播交流财团等 5 个部门组建为“文化产业支援机构协议会”，旨在整合相关部门，提高效率。其三，以巨额资金推动文化产业的发展。注重财政扶持，加大财政预算，如 2000 年文化事业财政预算首次突破国家总预算的 1%，2002 年产业振兴院国家预算拨款、投资组合、专项基金共融资年上调 9·1%，进入“1 兆韩元时代”，2003 年达 1 兆 1673 亿韩元，随之文化产业预算由 1998 年的 168 亿韩元增加到 2003 年的 1878 亿韩元，占文化事业总预算的比例由 3.5%增长到约 17.9%。文化产业振兴院在 2000—2001 年两年期间，成功运作“投资组合”17 项，共融资 2073 亿韩元（政府 350 亿，民间 1723 亿），并计划以后每年至少融资 1000 亿韩元。同时，设立各种专项文化产业基金⑥，通过运作“文化产业专门投资组合”等，实行多种优惠政策，极大鼓励了民间资本、风险资本的跟进，有效解决了文化产业研发及海外推广的资金问题。[14] 其四，注重文

① 以 2002 年为例，其文化产业市场规模达到 188388 亿韩元（约合 157 亿美元），其中广播电视 73000 亿韩元，卡通 52771 亿韩元，游戏 34026 亿韩元，电影 6327 亿韩元，漫画 6033 亿韩元，动画 3650 亿韩元，唱片 2861 亿韩元。2002 年海外出口额 5 亿美元，占世界市场份额的 1.5%。

② 1998 年韩国正式提出“文化立国”发展战略，金大中总统上任之后就宣布：21 世纪韩国的立国之本，是高新技术和文化产业。随后韩国政府相继出台《国民政府的新文化政策》（1998 年）、《文化产业发展五年》（1999 年）、《21 世纪文化产业的设想》（2000 年）、《文化韩国 21 世纪设想》（2001 年）等。法规上，先后出台了《文化产业振兴法》、《设立文化地区特别法》等项法规，又陆续对《影像振兴基本法》、《著作权法》、《电影振兴法》、《演出法》、《广播法》、《唱片录像带暨游戏制品法》等作了修订，仅《文化产业振兴法》，在 2001 至 2005 年之间，就先后修订了 6 次之多。

③ 主导国家有关文化产业相关法律法规与宏观政策的制订、跨部门协调等。

④ 制定国家文化产业政策方向、发展计划及文化产业振兴基金运营方案，检查政策执行情况，开展有关调查研究及其他相关工作。

⑤ 明确其职责为负责文化产业的具体扶持工作，同时侧重音乐、动画、漫画和卡通形象产业的发展，并与原有的广播、电影、音像、游戏等主管单位分工协作。

⑥ 如文艺振兴基金、文化产业振兴基金、信息化促进基金、广播发展基金、电影振兴基金、出版基金等。

化产业专项人才的培养和储备。加大人才培养的资金投放，韩国政府自2000年至2005年共投入2000多亿韩元，抓紧培养复合型人才，完善人才管理系统；建立文化产业专门人才数据库；完善产、学、研人才培养体系，成立“CT产业人才培养委员会”；设立“教育机构认证委员会”，对优秀者给予奖励和提供资金支持；加强人才的职业培训与对外人才交流力度。其五，以对外文化交流带动文化产业。

韩国文化观光部文化产业局局长李普京认为：“韩国发展文化产业，主要是法律制度建设、国家及社会的认识、创造性的内容开发、专门人才的培养、搞活投资与流通体系、地区文化产业发展以及进入外国市场。我们的政策目标不单纯是维护文化独立性和保护本国产业发展，而是超越这一消极的层次，要培育在世界市场上具有竞争力的产业。”[15]比较日韩政府主导型经济模式可以看到，政府行为在很大程度上是规范、引导、监督与资源的整合，政府在文化产业的发展中始终扮演的是管理者与服务者的角色，其对文化产业的引导，主要依靠的是经济杠杆，即通过金融、税收、外汇、技术等政策予以市场调节，保障国家文化产业计划与政策的实施。

在韩国文化产业的发展中，影视产业的发展可谓惊人：1995年韩国影视出口额仅为21万美元，1997年为49万美元，到2003年已增长到3098万美元，[16]其中广播电视节目的出口以平均每年33%的速度增长。[17](p.40)据韩国统计，仅一部《冬季恋歌》2000年就为韩国经济贡献了10亿美元。[18]“如果一个国家不能创造出自己的文化内容而使本国的内容资源不足的话，将遭遇严重的文化独立性危机。这是比经济上或政治上的依附更为严重的问题。”[15]韩国文化产业发展的基础，或者说韩国文化资源的独立性，就在于儒教价值观与韩国地政学（地理政治环境）的结合所形成的韩国传统文化。[19](p.30)这也是韩国影视剧所表现出来的核心审美特质之一。这种深厚的儒家文化底蕴，首先表现在对传统伦理、道德的强调，对人的社会责任感、义务感的重视。如从《澡堂老板家的男人们》、《看了又看》，我们完全可以领略到韩国社会家庭生活中浓郁的伦理观和对传统家庭亲情的重视。其次是崇尚集权的国家观和严格的等级观念，如集中反映李氏朝鲜王朝中宗在位期间政治制度、礼制、经济、艺术、风俗等内容的《大长今》，在《女人天下》中，严格的等级制度更是故事的源头与发展核心。再次是浓郁的爱国主义精神。《人鱼小姐》《澡堂老板家的男人们》等剧中，爱国主义细节随处可见。第四，强调中庸和谐。在电影《八月照相馆》中，“怨而不怒”，“温良恭俭让”的儒家中庸思想得到了极大的体现。不过，韩剧中的儒家文化是经融合和改造的儒家文化，表现出许多与时俱进的特征。如吸收、融合了佛家的“缘分”观，在《蓝色生死恋》，尤其是电影《不可不信缘》中有充分的表现。再如传统儒家思想中西方“人本”意识的渗透，讲究“个体”和“个性”观念，崇尚实现个人价值。如《冬日恋歌》、《加油，金顺》中，对个体的认识可谓剧中亮点。还有就是女性意识的觉醒，这在《我的野蛮女友》、《爱情是什么》、《我叫金三顺》、《浪漫满屋》等众多影视剧中都各有体现。当然，儒家文化精神仅仅是韩国影视剧审美的特性之一，此外在编剧上，韩剧讲求剧情的生活化，没有大善大恶之徒，没有性和暴力情节，思想健康，画面干净，非常适合全家人共同观看。在思想主旨上，教人如何与他人相处、如何自我约束、如何奋发图强、积极向上，具有较强的潜移默化的教化之功。在演员的选取上，韩剧不仅仅依赖偶像派明星，更强调演技派演员，尤其在都市情感剧和合家欢剧中，在发型、服饰、化妆等方面讲究时尚和考究，力求给观众一种赏心悦目的感觉，最大限度突出演员的青春亮丽、温情和美；在演技上，追求不温不火、拿捏到位、不露痕迹的表演技巧，以适合不同观众的审美需求。在审美风格上，注重唯美，强调音乐与画面的完美融合。以上种种，造就了“韩流”的阵阵强劲。

综上所述，由于各自的经济体制背景、经济发展状况、政府机构、法律支持系统等因素的差异性，美国推行的是放松管制的市场主导型模式，实施文商全球化的战略。日本推行的是弹性管制的政府行政指导型模式，实施动漫产业主导战略。韩国推行的是强力管制的政府推动型模式，实施文化立国的国家战略。从各国制度创新和文化战略选择的不同可以看到，基于审美张力的文化博弈，使审美衍生为国家文化软实力的重要部分，文化的经济价值与社会价值高度统一，国家获得了高速发展的动力。

三、中国文化产业发展战略选择

从 1979 年中国东方宾馆开设国内第一家音乐茶座为标志，我国文化产业从初始的自发、无序和混杂阶段，向产业实践层面和产业管理层面的“自觉”、“有序”迈进。文化产业整体上呈现出蓬勃发展的态势，对国民经济和社会的贡献与日俱增。从其发展历程看，主要经历了起步阶段（1978—1985）、扩展阶段（1985—1992）、初步形成阶段（1992—2001）、整体推进阶段（2001— ）。

我国文化制度在经过 20 世纪 80 年代初期的创新以后，有不少新制度供给，从艺术生产领域经营方式的多元化、双轨运作、集团化改革到对现代企业制度的探索，文化发展初步摆脱了计划经济的束缚，文化生产主体具有了一定的生产经营权，因而制度变迁使其爆发出了极大的生产热情和积极性，文化制度的绩效相当明显。但是这些新供给制度的路径，受初始制度的影响，带有明显的旧制度痕迹，而且以后的制度供给都是在初始改革的框架内进行，制度变迁显示出强烈的路径依赖特征：一是党政企不分，意识形态和经济功能、文化事业和文化产业不分。二是“二元”结构特征明显。三是文化企业的管理机制未能及时转换，有效市场难以形成。造成这种路径依赖的主要成因是：1. 初始的制度选择提供了强化现存制度的刺激和惯性。2. 传统体制和机制的制约。3. 政府管理模式的滞后。4. 渐进式制度变迁造成改革的不彻底。

针对目前中国文化产业发展的现状，参照美国、日本、韩国的文化产业发展模式，我们认为，中国文化产业的发展可以选择如下的路径：1. 政府全面扶持，营造适宜文化产业发展的环境。2. 培育和完善文化市场，通过推行多元化的投资主体，实现“风险分担、利益共享”的市场机制，逐步形成政府引导、以企业为主体的文化产业发展框架。3. 因地制宜，发展传统特色文化产业。在对本地的文化资源与传统特色充分认识的基础上，从宏观上对文化产业的发展战略、区域竞争比较优势、综合效益和可持续发展做出总体规划。4. 利用高科技发展新兴文化产业。如积极发展以数字化生产、网络化传播为主要特征的数字内容产业；鼓励扶持民族原创的、健康向上的网络文化产品的创作，拓展网络文化发展空间；加快发展民族动漫产业，大幅度提高国产动漫产品的数量和质量。5. 建立健全人才培养和使用机制，打破地域界限，实现人才资源管理的社会化和人才供求的市场化。6. 发展文化中介机构，扩大文化信息传播渠道，加速文化产品流通，促进文化资源合理配置，推动文化产业的发展。7. 实施“走出去”文化战略，改革我国文化外贸体制，充分利用全球文化市场平台，积极参与国际文化贸易竞争。[3](pp. 253－257) 如此，才能实现产业转型，使文化产业成为中国未来经济发展的新引擎。

参考文献：

[1] 洪银兴．文化产业研究·序言［A］．顾江．文化产业研究第1辑［C］．南京：南京大学出版社，1985.

[2] 迈克尔·波特．国家竞争优势［M］．北京：华夏出版社，2002.

[3] 顾江．文化产业经济学［M］．南京：南京大学出版社，2007.

[4] 约翰·霍金斯．创意经济——如何点石成金［M］．上海：上海三联书店，2006.

[5] 毕佳、龙志超．英国文化产业［M］．北京：外语教学与研究出版社，2007.

[6] 刘悦笛．“英国文化创意十年”对文化产业的启示［J］．现代传播，2008（4）．

[7] 孙有中．美国文化产业［M］．北京：外语教学与研究出版社，2007.

[8] 邱章红．好莱坞电影工业的全球化策略与中国的选择［J］．学术月刊，2006（6）．

[9] 李怀亮、刘悦笛．文化巨无霸——当代美国文化产业研究［M］．广州：广东人民出版社，2005.

[10] 日本经济产业省商务情报政策局．日本文化产业的国际竞争力强化

[R]．2006 (6)．
[11] 日本经济产业省商务情报政策局．文化产业的现状与课题 [R]．2005 (2)．
[12] 本尼迪克特．菊与刀 [M]．北京：中国社会科学出版社，2005.
[13] 麻生太郎．文化外交的新构想 [N]．青年参考，2006—04—28.
[14] 许为名、曹峰旗．韩国政府在文化产业发展中的作用与启示 [J]．理论导刊，2008 (2)．
[15] 李普京．韩国：为什么必须发展文化产业 [J]．青年记者，2006 (5)．
[16] 本报记者．深圳文化产业可以向韩国学点什么 [N]．深圳特区报，2005—09—22.
[17] 姜锡一．韩国文化产业 [M]．北京：外语教学与研究出版社，2009.
[18] 赚汇列第二：韩国文化产业堪比汽车业．[EB/OL]．(2001—11—18)．http：//www. xinhuanet. com
[19] 郑圭锡．韩国的传统文化对韩国企业竞争力的影响 [A]．程伟．经济社会发展与传统文化 [C]．沈阳：辽宁大学出版社，2006.

内容摘要：

文化产业作为一种国家文化的基本形态，不仅是提升国家参与世界竞争的"软实力"之一，而且越来越成为一种强大的产业实体。本文立足于文化产业的文化研究，从经济学、管理学、社会学、艺术学、美学的视角对文化产业进行深层解析，探究文化产业发达国家的文化产业政策、政府在文化产业发展中的核心功能以及政府的产业政策对文化产业的健康发展所具有的重要作用，并以好莱坞电影、日本动漫、韩国影视剧等为参照，探讨政府管制下的文化产业制度创新与审美之间的张力，分析各国文化产品的审美衍生与各国文化战略的共谋所形成的文化软实力的增强，由此提出中国文化产业的未来发展路径。

关键词：

文化产业；制度创新；审美衍生；文化战略

Cultural Industries: Institutional Innovation、Aesthetic Derivatives and Cultural Strategies

■ Gu Jiang Ruan Nanyan Zhou Jin

(Nanjing University, Nanjing 210093)

Abstract:

Cultural industries as the basic form of the national culture not only are one of the soft powers to enhance the competitiveness of countries in the world but

also have increasingly become powerful industrial entities. As viewed from economics, managements, sociology, arts and aesthetics, this paper analyses the cultural industries deeply based on the cultural studies. It demonstrates policies of cultural industries in developed countries and the core functions as well as the important role of government in the healthy development of cultural industries. Compared with the Hollywood movies in United States, Japanese animation, films and televisions in South Korea it also presents the tension between the institutional innovation of cultural industries and films aesthetic under the government regulations aimed at strengthening cultural soft power by association of demands of film aesthetic and cultural strategies which puts forward the future development path of Chinese cultural industries.
Key Words:

cultural industries; institutional innovation; aesthetic derivative; cultural strategy

一种“自下而上”的位移

——论本尼特实现左派知识分子文化目标的现实途径

■ 郑从容*

（南京大学　文学院　外语部　江苏南京　210093）

托尼·本尼特是著名的文化研究者，英国开放大学社会学教授，“社会与文化变迁研究中心”（CRESC）主任，澳大利亚人文科学研究院研究员，墨尔本大学文化与交流学院兼职教授。作为一名后马克思主义代表，托尼·本尼特的文化观点与遗世独立、措词激烈的马克思主义文化批判理论不同，他更强调积极“入世”，主张在现有的文化制度框架内实现左派知识分子的理想。本尼特自称是“实践型知识分子”，他主要寻求如何在现实提供的条件下，按照文化发展规律来推动文化领导权的社会主义转型，以及如何利用新的技术手段和文化机制，通过积极参与对现有文化运作机制的改造和建设，进一步打破传统资本主义社会单一向度的社会文化模式对人，特别是对工人阶级等社会底层民众的束缚和奴役，逐步实现对资本主义现行制度不合理方面的改造。这一文化策略对已经高度市场化、体制化的发达资本主义社会无疑具有很强的现实意义，对正处于低潮的当代马克思主义学者和左派理论家也有一定的借鉴意义。

激进的左派文化批判理论自19世纪浪漫主义时期便已产生，在整个资本主义上升和发展时期，它对资本主义现实的各种不合理现象的揭露都是入木三分、发人深省。在“二战”前后，尤其是在1968年欧洲“五月风暴”前后，随着资

* 郑从容，女，1973年生，四川乐山人，南京大学外国语学院文学硕士，南京大学文学院文艺学专业博士生，现任教于南京大学大学外语部。

本主义内在矛盾的爆发和社会矛盾的凸显，这一批判话语在西方（尤其是欧美）社会产生了广泛而深刻的影响。不可否认，它至今仍然影响着西方的文化理论界。但与此同时，随着科技进步和资本主义的社会发展，社会历史文化条件在不断地发生着变化，人们的生活方式、物质和精神需要也在随之改变，加之又有西方20世纪以来出现的种种新的理论思潮和理论学说，社会理念在这些影响下几乎日新月异，这些都使得文化批判理论不得不开始反思和调整自己原有的内容和指向。

对于批判理论，本尼特在《文化与社会》第13章“批评的幻象”一文中阐述了自己的不同看法。他认为，马克思主义批判传统是一种“普遍性话语”，“至少在原则上，就它们想象地面对的读者群而言，如同在它们努力包纳的问题的领域之中一样，是总体化的”[1](p.287)。他以萨义德的《世界、文本与批评》和詹姆逊的《政治无意识》为例，指出这些批判理论往往从某个乌托邦式的普遍性假设（如社会理想状态或人的本质意义）出发，构建出一种批判话语模式，向“想象的敌人”开火，虽然它们表面上反抗现实，想通过转变“主体意识的解释程序”来改造社会，[1](pp.288—289)但其实它们的影响是极其有限的[1](p.290)，因为它们所针对的“现实”仍然限于文本之中，而不是文本之外的那个活生生的世界[1](p.292)，就连它们的读者也只是一种“抽象的读者”，即“世界之中的和（假定的）反对世界的个体意识的集合体”。[1](p.294)的确，大多数批判理论虽然对资本主义进行了猛烈抨击，但还只是一种价值悬设的批判，它们必须首先假定某种理想的社会制度和话语环境，建立某种基于“普遍性”之上的话语特权（通常是伦理的或美学的），才能论证和批判资本主义经济、社会和政治秩序的“不合理性”。这种建立在理想假设之上的批判话语往往具有很强的现实批判性和感染力，能产生很好的政治宣传和鼓动效果，但从其哲学方法论来看，它像早期马克思哲学①一样，仍然是一种规定性的本真性预设，是概念优先的，本质上还带有唯心历史观的痕迹。并且，它们主要局限在伦理的、美学的批判层面，以一种“精英”的姿态否定现实、启蒙民众，为现实社会中的不公现象抱不平，但实际上它们往往缺乏对历史社会现实条件细致入微的研究，给不出科学的实证依据和可行的实践方案，因此很难真正改变现实。事实上，正如赫伯特·马尔库塞在《单向度的人——发达工业社会意识形态研究》中指出，“面对发达工业社会成就的总体性，批判理论失去了超越这一社会的理论基础。这一空白使理论结构自身也变得空虚起来。”批判理论的范畴，如“社会”、“阶级”等曾经是“还没与已确立的生活条件一体化”，可以用来与资本主义“国家”相对抗的那些领域和力量，“随着工业社会日益发展的一体化，正在丧失它们的批判性涵义，而趋于变成描述性、欺骗性或操作性的术语”。[2](p.5)

① 有关马克思早期哲学思想的方法论批判，见[6](pp.12—20)。

正是在这样的大背景下，本尼特提出，鉴于过去“理论（这里主要是指批判理论）从未直接地站在现实的法庭面前”[1](p.296)，知识分子应当改变传统文化批判的范式，不要仅仅不加批判地在某种“特殊的知识分子道德技术（a particular moral technology）——它与文学的历史形成密切相关——的内部进行言说”[1](p.29)，而应该关心“具体文化知识在特定文化机制中如何运作”、“如何作用于社会的布局”[1](p.29)，如何“既参与文化和政府的现代关系又在其中保持不被控制的状态”[1](p.31)等问题。

本尼特的文化理论著作与上述“批判型”知识分子不同，主要致力于通过对文化现实和文化实践（主要是英国和澳大利亚的社会文化现实和文化实践）从微观到宏观的实际情况进行调查研究，对当代公共政府、文化机构和知识分子（主要是左派）在实践中遇到的问题提出可行性建议，促进社会文化与社会的良性互动。从他的大部分论文和著作来看，本尼特十分重视社会学、人类学和社会统计学等学科常用的经验的、实证的研究方法。在早期代表作《形式主义与马克思主义》（1979 年）中，他明确指出，马克思主义美学与俄国形式主义美学和各种后康德式美学的实质性不同在于，它以历史唯物主义为其方法论基础，要求从社会关系和社会发展的角度来研究各种文化现象。在实践中，本尼特也是这么做的。例如，他对文化批判精英们通常不屑于去研究的通俗文化、大众文化做了细致入微的调查和经验性的探讨，提出不该对这些文化现象进行简单的否定或拒绝，而可以从分析它们历史的复杂性和变化性入手，更好地认识工业社会从现代到当代的发展和变迁。他在研究中发现，资本主义社会的文学、文化发展到当代，已不仅仅是个人创作或独立的部门，也并不像庸俗马克思主义所主张的那样，只是一种对社会历史、社会现实的机械反映，事实上，任何文学、文化作品的产生、运作和发挥效用其实都与一定的社会、经济、政治和生活方式之间发生着千丝万缕的关系，而且在这两者之间还不断地进行着某种有机的互动作用。这种关系经常呈现出某种难分难解的复杂状态，不能简单地用经济基础决定上层建筑的传统马克思主义理论来加以解释。文化与社会关系的这种复杂性决定了文化研究不能再像过去那样自上而下，从“应该”的假设出发，对不符合理想预设的所有现实或避而不谈，或予以严厉批判和否定，而应自下而上，从“是”入手，通过了解文化与社会在现实中的真实关系，发现文化发展的规律，了解现有公共文化机构的社会功能和运作方式，建构和完善新的文化运作方式，主动参与现有的文化教育、文化传播和文化治理过程，利用现有的社会条件和技术手段来引导文化朝更有利于下层民众和社会公益的方向发展。

由此，本尼特提出了文化的治理性概念，并详细讨论了当代文化、社会、经济、政府、权力和知识分子之间的相互联系和相互作用机制，在文化策略、文化管理、政府职能、社会教育及知识分子的定位方面都提出了许多实践性很强的意见和建议。虽然他关于参与政府性管理的主张被其他一些左派知识分子（如伊格尔顿）视为对马克思主义的“背叛”，但从本尼特的许多近作可以看出，他最关心的似乎还是如何能真正帮助工人阶级及其他下层民众实现他们的利益（至少在文化方面）。只是他认为，要在发达资本主义国家日益“一体化”的现实状况下实现这一目标，首先应该改变左派知识分子中常见的从某种理论假设出发的思维方式和自上而下的精英立场。他似乎认为，在现阶段的发达资本主义国家，知识分子只有放下启蒙者的“领导”姿态，深入民众文化实践本身，以一种实事求是、自下而上的方式进行文化研究和实践引导，扩大民众对文化活动的参与途径和参与范围，帮助他们通过文化实践自觉地提高自身素质，更好地参与社会事务、主张自己的权利，才能真正实现对社会、民众的积极影响。从某种意义上讲，本尼特为理论高峰过后陷入低潮的当代左派知识分子指出了一条实现文化理想和社会理想的现实途径。而他的新作《分裂的惯习：皮埃尔·布尔迪厄著作中的审美与政治》（*Habitus Clivé*：*Aesthetics and Politics in the Work of Pierre Bourdieu*）[3](pp. 201－228)正是这一现实途径的一个重要方面。下面，我将以这篇文章为例对其研究思路和主要观点做一分析。

在这篇文章中，本尼特从发现布尔迪厄研究文化惯习（habitus）中的自有矛盾谈起，通过大量的社会统计和调查得出结论：不同社会阶级（层）由于具有不同的文化品味和生活方式，在惯习上也各不相同；基于一定文化品味和生活方式之上的文化惯习具有统一性，这是因为在同一阶级（层）的内部，其文化品味、生活方式和文化惯习之下隐藏着某种相同的机制，具有同构性。基于此，他把社会分为三个阶级：中产阶级（bourgeois）、小资产阶级（petit-bourgeois）和工人阶级（working-class），在《区隔：品味判断力的社会学批判》中，布尔迪厄详细区分了这三种不同阶级的不同文化品味：中产阶级通常喜欢欣赏“与众不同、别具一格”的文学、文化作品（sense of distinction），小资产阶级一般更重视作品的文化善意（“cultural goodwill”），而工人阶级则常以作品反映出的“生存必需性”（the necessary）作为衡量其好坏的标准。他同时还分析了这种文化惯习的阶级差异产生的原因：1. 社会地位和社会地位的变化；2. 对某种行为方式进行的特殊机构性培训，如艺术学院对学员的“静观”训练；3. 由一定社会地位决定的，参加某种机构培训或特殊话语培训的准入权。布尔迪厄的结论乍看很有道理，在资本主义社会中，不同职业、收入的人群由于经济地位不同常处于不同的文化条件之下，在文化活动的选择和喜好上的确会有所不同，但这种不同是否真的像布尔迪厄所说的那样泾渭分明、可以作为阶级划分的依据呢？本尼特经过对布尔迪厄自己提供的调查数据进行仔细审查，发现事实并非如此。

事实上，这些数据表明：在对书籍、影视、音乐和艺术作品的选择上，高级职业人士与工人阶级的品味既有所不同，又互有交叉。布尔迪厄假定为高级职业人士所钟爱的某些精英艺术作品，实际上并不都受到他们青睐（如爱佩德罗·阿尔莫多瓦［Pedro Almodovar］的电影，在高级职业人士中只有区区3%的受众）。相反，相当比例的高级职业人士却称他们很喜欢动作片、惊险片、探险片（33%）及摇滚乐（44%）等通俗文化作品。而与此同时，《傲慢与偏见》、古典音乐和毕加索绘画等原本被划定为高层人士享用的文化产品（legitimate culture），在工人阶级等社会底层中却有不小的受众群（所占比例分别为：22%，35%，39%）。而且布尔迪厄提供的数据还表明，同一阶级（层）的个体成员对几乎所有类别的文化艺术作品的喜好程度都体现出或多或少的不一致。而且对所有调查对象（无论该对象属于哪个社会阶级或阶层）在电影、电视和视觉艺术类型方面进行的正统性分类调查都表明，在不同领域品味恒定不变的人所占比例相对较小（执著于高品位的占3%，坚持低品味的占1.5%，而稳定在中等品味的也只占20%）。当本尼特把这些不同的品味取向与不同的职业阶层联系起来的时候，他发现，对于所有的阶层来说，失谐的品味取向都比和谐的品味取向更为普遍。应该说，这些数据表明：与布尔迪厄希望看到的统一性相反，无论在哪个阶层，其个体成员品味的不一致性其实都比一致性体现得更为明显。

因此本尼特戏谑道，布尔迪厄自己在生命的终点其实也已经“推翻”了他的“惯习”统一性理论。布尔迪厄临死前曾总结道，在他从出身寒微到成为著名学者的人生变迁中，他亲身经历了惯习的“裂变”，并称之为“分裂的惯习”（a habitus clivé）。看来，就连他本人最后也不得不承认：惯习并非如他总结的那样是一种恒定不变的统一体，而是一种个性化的、流动性的变体。

当然，本尼特对布尔迪厄的观点也并非一概否定，譬如，布尔迪厄认为处于不同阶级（阶层）的人在获得文化资本上的能力和范围是不相同的，不同阶级（阶层）的文化生活空间也因此而可能不同，经济、社会地位确实可以影响到该阶级（阶层）成员的文化品味和文化活动范式，对此本尼特不予否认，但他认为，即便如此，也不能就假定某个阶级（层）可能有的文化倾向一定是该群体所有个体成员在同一文化生活空间内的品味特征。在对不同阶级（阶层）人群的文化惯习做过细致考察之后，本尼特发现，无论是职业、职位还是年龄、受教育程度，其实都无法完全决定某一特定个体的审美品味。社会生活空间和社会生活方式既不能保证某阶级（阶层）所有成员都具有相同的品味，也不能保证他们的品味必定与其他阶级（阶层）或其成员的品味以相同的方式相区隔，因此同一社会阶级（阶层）的成员并不像布尔迪厄所说的，必然产生以相同品位模式和整体生活方式为特征的统一文化惯习（unified habitus）。

本尼特借用雅克·朗西埃（Jacques Rancière）的话指出，导致布尔迪厄得出错误结论的原因是，他的理论体现出一种两极分化的社会学逻辑，即把社会分为截然不同的两部分：从事重复劳动的群体（people of reproduction）和与众不同的精英分子（the elite of distinction），并否认两者间可以存在接触和交换，因而在讨论中对任何可能的中间地带都予以压制和摈除（*Philosopher*，第 189 页）。

从本尼特的转述可以看出，布尔迪厄的社会学理论遵循的正是左派批判精英们通常使用的话语模式。这种话语模式可以追溯到早期的马克思主义传统。传统马克思主义哲学认为：经济基础决定上层建筑，因此可以按照经济基础的不同，通过对社会结构做静态分析，把社会成员分成不同阶级（层），而每个阶级由于经济基础的不同，必然会具有与之相对应的意识形态以及反映该意识形态的阶级文化。这种阶级划分方法简单易行，比较适合 19 世纪末西方社会工业化时期极度分化的社会现实，但却忽略了一个世纪以来，随着不断加速的工业化、社会化进程，发达资本主义国家在社会、文化发展中呈现出的复杂联系和动态变化。从方法论上来讲，布尔迪厄所采用的其实并不是真正的马克思历史唯物主义方法论，而只是一种静态的“形而上”的研究法。这种方法往往会忽略或否定“例外”现象的存在（无论它们是多是少），所以不能真正说明现实情况。尽管布尔迪厄做了不少社会调查研究，获取了大量数据（正是这一点使其研究至今仍有重要的价值），但他批判的对象和上述那些左派批判理论家一样，仍然主要是某种他自己假想出来的“幻象”，而不是活生生的社会历史现实。

在本尼特看来，布尔迪厄关于阶级（阶层）惯习的理论其实和形式主义美学鼻祖康德非功利的美学观是一脉相承的，但在此问题上，布尔迪厄在他的前后期著作中，看法又似乎有所不同。康德强调审美的非功利性（disinterestedness），将审美纯化为不同于粗俗、野蛮的高雅的精神活动（见《判断力批判》）[4](pp. 457—468),[5](pp. 408—410)，这与布尔迪厄认为中产阶级通过在文化品位上区别于工人阶级而象征性地与后者区分开来不无共通之处。然而在布尔迪厄的后期著作《艺术法则》（*The Rules of Art*）中，康德的影响又从前台退至后台，布尔迪厄在该书中号召作家、艺术家和知识分子把艺术本身作为目的，追求艺术的“无目的的目的性”，这实际上又旨在倡导通过强化艺术的自治（autonomy）来对抗资本主义市场和资产阶级国家对艺术的侵蚀，实现政治的自治。从这种审美非功利性的双重性出发，本尼特指出文化审美不应该只是区分阶级（阶层）的标志，它还具有潜在的政治意味——可以帮助实现政治的自治。因此，工人阶级正好可以利用艺术的自我塑造功能，突破所谓“必需性”的限制，主动改善自己的生活方式，自觉地提高自身的政治、文化素质，为实现本阶级的政治前途做准备。他认为布尔迪厄关于统一“惯习”的理论缺陷不仅会妨碍人们正确地理解文化消费、文化实践和社会阶级（阶层）之间复杂、矛盾的关系，其实也贬低了工人阶级在政治、文化上所具有的潜能，把他们视作目光短浅、无法依靠自己获得自治能力的类群。如果工人阶级真的只能局限在生存“必需性”的狭小范围内，缺乏阶级能动性，也许就会真的像左派文化精英们认为的那样，只能被动地从知识分子那里接受启蒙或教育，接受他们的领导，这实际上等于取消了工人阶级主动参与政治文化实践的资格。另外，更重要的是，本尼特还认为，布尔迪厄在论述审美的非功利性时遮蔽了审美与国家之间的历史联系，实际上，在美学的现代发展过程中，通过“自由主义政府的文化技术”，审美“过去是、现在依旧是与国家联系在一起的”（《分裂的惯习》）。因此，在研究文化与社会、审美与“惯习”、审美与政治的关系时，国家的文化政策和文化机构在其中所起的作用不可小觑。

布尔迪厄把艺术的自治（autonomy）和他治（heteronomy）看做是针锋相对的两极，彼此互不相容，而他之后的美学理论家（如雅克·朗西埃）则发现，在这两极之间还存在着许多不同程度的混合体。另外，弗洛博特（Flaubert）还发现博物馆和图书馆等文化机构在公共文化教育上起到过重要的作用，它们为早期工人通过文学、文化审美探寻自由、自治创造了条件。而阿多诺提出的否定美学，以及艺术商业化所带来的审美艺术与生活艺术之间界限的消失，都证明在艺术的自治和他治之间有着其他的可能性。事实上，从上述布尔迪厄的调查结果也可以看出，他所研究的社会其实是一个具有高度流动性的复杂结构体，其中社会文化资源的调配、文化艺术的流通，以及它们对不同阶级、地位的民众所产生的实际影响，都是极其复杂和多变的，完全不能用自治的艺术和他治的艺术来简单地加以概括。这些都说明，西方资本主义社会发展到当代，尽管仍然不能避免它的基本矛盾，但在公共管理和社会构建上仍然给流动性留有了一定的自由空间，在文化、教育方面尤其如此。文学、艺术的市场化，去等级化的民主政治体制，公共文化教育机构所具有的双重功能，都使文化艺术不再仅仅是某种特权地位或阶级特性的象征，而在一定程度上变成了一种社会公共文化事业，这给自治个体的塑造和发展创造了一定的有利条件。在高度市场化的今天，文化产业为了拓宽市场、获得更多的商业利润，一直在谋求突破传统的阶级界限，将受众的范围扩大化，这间接地为工人阶级和其他下层民众创造了更多接触到优秀文艺作品的机会；同时，政府的公共性职能也要求它不断扩大教育范围，通过落实各种文化教育项目实现文化的普及；而工人阶级中也有不少人在积极地通过公共教育机构（如成人大学）寻求自我启蒙和自我教育，以严肃的文学探讨代替过去以酗酒、打架为特征的生活内容。在这样的现实历史条件下，如果他们还拘泥于布尔迪厄所说的以“必需性”为特点的阶级惯习，主动拒绝使用现有的文化教育设施提高自己的文化修养，改善自己的生活，那无疑会是极大的遗憾。当然，从布尔迪厄提供的数据来看，即使在他那个时代，工人阶级的文化活动和文化品味也并非像他所设想的一样只局限在“必需性”的范围之内。布尔迪厄理论与数据之间的不相符恰恰证明，工人阶级并非永远只能作接受“启蒙”的愚昧大众，他们长期以来一直在努力突破由资本主义原始积累阶段阶级差别和阶级矛盾极端化导致的在文化生活上体现出的极端不平等。可以看到，在当代工人中，布尔迪厄假设工人阶级应有的“惯习”似乎已不再具有普遍性。

在本尼特看来，正是这种由艺术的自治与他治、艺术与生活、审美与政治多层面动态结合形成的复杂混合体，才是当代文化研究真正应该研究的对象。而上述诸关系的日益复杂化，对于一直在谋求帮助工人阶级及下层人士获得政治、经济、文化自由和解放的左派知识分子来说，未尝不是一个好的契机。但现在最重要的，不是像过去一些以启蒙者自封的左派精英做的那样，把工人贬低为完全受“生存必需性”奴役的庸碌大众，既没有品味，又缺乏主动性，只能依靠精英启蒙、外界推动才能获得解放，而是应当实事求是，真正认识到工人及其他底层民众本身的自我启蒙能力和自我提高能力，利用现有的文化政策和教育设施，通过参与和影响文化机制和文化机构的建设和完善，为提高工人及其他下层民众素质、改善其生活条件和生活状况创造更好的社会、文化、教育条件，帮助他们更好地完成其主体塑造，实现他们向自由王国的飞跃。这一新的使命对左派知识分子来说，不是更容易，而是更加艰难了。这意味着他们要放弃“文化精英”的特权，放下知识分子的架子，以平等、尊重的姿态对待自己的帮助对象。并且，他们还要重新研究、审视自己以往的批判对象，重新确立自己的问题式，通过大量调查和实践活动（经常是极其琐碎的）来寻求解决问题的方法。甚至于他们也许还不得不向他们以往所排斥的东西学习，学会驾驭现代技术、文化产业和大众传媒，以便利用它们为民众造福。而对于他们来说，最难以做到的恐怕还是，如何能在参与现行文化机制的运作中保持“出淤泥而不染”，坚持自己的基本立场和态度不变，真正为底层民众和社会公益服务，通过现有渠道改变日益制度化的资本主义对社会文化的操控，以实现更加公平的理想社会，而不至于堕落到一己私利的泥潭中不能自拔，蒙蔽民众，粉饰太平，变成资本主义现有秩序的同谋或帮凶。

参考文献：

［1］托尼·本尼特．文化与社会［M］．王杰等译．桂林：广西师范大学出版社，2007.

［2］赫伯特·马尔库塞．单向度的人——发达工业社会意识形态研究［M］．刘继译．上海：上海译文出版社，2008.

［3］Tony Bennett. Habitus Clivé: Aesthetics and Politics in the Work of Pierre Bourdieu［A］. New Literary History［M］. Vol. 38, No. 1, Winter, 2007.

［4］康德．审美判断力的批判［A］．康德美学文集［M］．曹俊峰译．北京：北京师范大学出版社，2003.

［5］康德．判断力批判［A］．西方文论选［C］．（上），伍蠡甫主编．上海：

上海译文出版社，1979.
[6] 孙伯鍨、张一兵．两条逻辑思路的碰撞［A］．走进马克思［M］．江苏：江苏人民出版社，2005.
[7] Tony Bennett. Formalism and Marxism [M] . 1st ed. , 1979. Routledge, 3rd ed. , 2003.
[8] 托尼·本内特．大众文化与“转向葛兰西”［A］．大众文化研究［C］．陆扬、王毅选编．上海：三联书店，2001.

内容摘要：

托尼·本尼特与遗世独立、措词激烈的文化批判理论不同，他更强调积极“入世”，在发达资本主义国家现有的文化制度框架内实现左派知识分子的理想，即讨论如何在现实条件下，按照文化发展规律来推动文化领导权的转型，利用新的技术手段和文化机制，进一步打破传统资本主义社会单一向度的社会文化模式对人，特别是对社会底层民众的束缚和奴役。从《分裂的惯习：皮埃尔·布尔迪厄著作中的审美与政治》来看，本尼特认为知识分子在现阶段只有放下启蒙者的“领导”姿态，深入民众的文化实践本身，以一种自下而上的方式进行文化研究和实践引导，才能真正实现对社会、民众的积极影响。从某种意义上讲，他试图为当代陷入低潮的左派知识分子指出一条实现文化、社会理想的现实途径。

关键词：

本尼特；文化领导权；惯习

A Move from"Downside Up"

—A Realistic Approach by Tony Bennett to the Cultural Goal of the Leftist Intellectuals

■ Zheng Congrong
(School of Liberal Arts , Nanjing University, Nanjing 210093)
(Department of Applied Foreign Language Studies, Nanjing University, Nanjing 210093)

Abstract:

Different from the cultural theories that severely criticize the capitalist system from an elitist point of view, Tony Bennett focuses on how to realize the social ideal of the leftist intellectuals within the frame of the current cultural system in advanced Western countries. It seems that he seeks to break the social, cultural chains on individuals, especially on those from the lower class, by actively participating in the cultural practice according to the rules of cultural development with help of the existent cultural mechanism and sophisticated technology in the one-dimensional capitalist society. In his works including *Habitus Clivé: Aesthetics and Politics in the Work of Pierre Bourdieu,* Bennett argues that, due to the present situation of capitalism, if leftist intellectuals truly want to exert any positive effect on people and society, they should stop disqualifying the working class by being self-content with their "enlightening power" over them; only by understanding and helping in the real cultural practice of lower-class people, and by offering guidance from "downside up", can they possibly approach at the transfer of cultural hegemony.

Key Words:

Tony Bennett; cultural hegemony; habitus

理论与经验：托尼·本尼特与20世纪英国文化研究

■ 段吉方*

（南京大学　文学院　南京　210093）

在当代文化研究领域中，英国文化理论家托尼·本尼特的文化研究理论与实践具有重要的影响。相比英国文化研究理论的奠基者理查德·霍加特、斯图亚特·霍尔、E.P. 汤普森、雷蒙·威廉斯而言，托尼·本尼特是文化研究的"后来者"，处于理论传统的继承与深化的位置，但这不影响托尼·本尼特的文化研究理论与实践有独树一帜的风格与鲜明可见的特色，特别是从20世纪90年代以来，托尼·本尼特在当代文化研究理论与实践中的活跃表现与实践影响更是奠定了他的位置与身份，他注重文化的经验性、治理性以及实效性，其文化研究理论与经验已经成了当代文化研究领域中一种重要的理论范式。托尼·本尼特的文化研究对英国"文化研究"的理论传统既有呼应又有超越，对文学的意识形态、文学的历史性、文化研究的政府性与治理性等具有不俗的理论见识，从而与五六十年代的雷蒙·威廉斯、七八十年代的特里·伊格尔顿共同构成了20世纪英国文化研究与马克思主义美学的学术谱系。本文试图尽可能全面地探索托尼·本尼特文化研究理论与实践的成就与特色，特别是试图展现他的文化研究与20世纪英国文化研究以及马克思主义美学理论传统与经验的呼应/

* 段吉方，1975年生，男，辽宁建平人，南京大学文学院博士后流动站驻站研究人员，华南师范大学文学院副教授，主要从事文学理论与西方马克思主义美学研究。

本文为国家社科基金项目"意识形态与审美话语"（05CZW003）的阶段性成果。

挑战、批判/超越的关系，以丰富对20世纪英国文化研究与马克思主义美学理论的认识。

一、托尼·本尼特与英国文化研究的学术传统

在当下文化研究中，人们普遍会重点提到“英国文化研究”①，普遍认为这是当代文化研究理论与实践绕不开的理论传统。这种观念符合文化研究学术发展和理论发展的历史与现实。但是人们习惯认为“英国文化研究”是对“伯明翰学派”的理论继承与实践拓展，甚至认为“英国文化研究”仅仅是指英国伯明翰大学“当代文化研究中心”（CCCS）那一历史时段的研究。在关于文化研究理论上，我们当然不能忽略“英国文化研究”与“伯明翰学派”的理论继承关系，但是，将“英国文化研究”仅仅局限在伯明翰大学“当代文化研究中心”（CCCS）的理论视野上就会窄化“英国文化研究”的概念。首先，“英国文化研究”是一个整体性的概念，它不但包括“正牌”“伯明翰学派”的理论家，也就是直接在CCCS工作过的成员如理查德·霍加特（Richard Hogart）、斯图亚特·霍尔（Stuart Hall）、理查德·约翰生（Richard Johnson）和乔治·拉朗（Jorge Larrain）等，还包括没有直接在CCCS工作过但对“英国文化研究”同样有重要理论贡献的雷蒙·威廉斯、E.P.汤普森、特里·伊格尔顿、托尼·本尼特等人的理论研究与贡献；其次，“英国文化研究”是一个历史的概念，它不仅仅指“伯明翰学派”那一个既定历史时段的文化研究，“伯明翰学派”之前的马修·阿诺德、利维斯传统与“伯明翰学派”之后的雷蒙·威廉斯、特里·伊格尔顿、托尼·本尼特的研究仍然属于“英国文化研究”的学术传统之内，而且现在看来越来越成了一个重要的方面。从概念上看如此，从学术传统上看，“英国文化研究”也不仅仅是指“伯明翰学派”那一时期的研究，而是一个有着复杂的理论观念构成和学术经验整合的学术传统。

在学术传统上，作为一个整体的“英国文化研究”的学术谱系基本上是在四个维度上展开的：其一，它是随着英国文学学科的学术发展而发展的，与英国文学研究的学术迈进有极大的同一性。早期“英国文化研究”的理论家大多经过了严格的职业化的学术训练，如理查德·霍加特、雷蒙·威廉斯、斯图亚特·霍尔等，后来的特里·伊格尔顿也是如此，英国文学的学术训练和职业培养使这批文化理论家获得了深入社会文化文本所必备的文学经验；其二，它是在对文化与道德、文化与素养、文化与高尚生活方式的培育、文化与卓越精英

① “英国文化研究”的学术传统是指由英国早期文化理论家理查德·霍加特、雷蒙·威廉斯、斯图亚特·霍尔、E.P.汤普森所开创的在英国生长的文化与社会研究的学院派传统，是从“伯明翰学派”的理论内部发展而来的，与英国工人阶级文化经验有重要理论关联，本文这里所说的英国“文化研究”指的就是这个学术传统内的，与当下泛化文化研究理论有一定差别。

人才等观念的批判性超越中发展而来的传统，主要表现为对英国文化批评传统中的“利维斯主义”的审美道德意识和精英主义观念的批判性超越；其三，它是在对工人阶级与大众文化经验的研究与关注、在对英国成人教育的职业训练以及对战后大众文化、商业文化、消费文化经验的深入总结与理论提升中发展而来的传统；最后，它还是在一系列理论思想催生中形成的传统，如马克思主义、阿尔都塞思想、葛兰西的文化霸权观念、福柯的文化观念以及布尔迪厄的社会文化学研究都对“英国文化研究”总结和提升英国工人阶级与大众文化经验起到了重要的作用。由于“英国文化研究”有着“伯明翰学派”创造的辉煌的开端，所以人们往往更多地将“英国文化研究”与“伯明翰学派”联系在一起也不足为怪，但从上述学术谱系也可以看出，在“英国文化研究”的学术传统内部，“伯明翰学派”的文化研究告一段落之时也正是“英国文化研究”吸收多重理论资源与文化经验从而再度走向深入发展之日，特别是从20世纪八九十年代以来，随着世界性和全球化的“文化研究”思潮愈演愈烈，“英国文化研究”更加展现出了引人注目的成绩，这当然与新一代的英国文化研究理论家的学术贡献是分不开的，这其中就包括托尼·本尼特。

就作为一个整体的“英国文化研究”而言，托尼·本尼特的文化研究是20世纪英国文化研究与英国马克思主义美学学术发展中的一处“重镇”。“英国文化研究”发展到20世纪80年代之后，到托尼·本尼特这里，理论观念和实践方式都有不同的变化，这个变化既有对英国早期文化研究传统的呼应，也有从文化实践的当下语境和既定领域中开始的批判；既有理论建构和实践方式上的继承，更有在不同文化视野与文化语境中的超越。托尼·本尼特自己也曾认为他与英国早期文化研究的学术传统不同，[1](p. 13) 就学术传统而言，他从英国文学学科的学术训练获得的影响不是很鲜明，所以他的文化研究不像雷蒙·威廉斯和特里·伊格尔顿那样注重对英国文学史经验的剖析和对话，他也不像“伯明翰学派”那样强调对“青年亚文化”与“商业文化”进行直接正面的研究，特别是对“英国文化研究”中的“利维斯传统”，他表现出了宽容式的理解，更强调对之进行学理性的分析，注意到了雷蒙·威廉斯等人的批判的“二重性”立场以及对“英国文化研究”政治性选择的潜在影响。[1](p. 17) 就教育背景而言，托尼·本尼特大学和研究生阶段的专业是政治学、社会学、哲学和经济学，研究兴趣集中在艺术和文学社会学，所以他更多的是从社会学、人类学等学科角度关注文化问题和美学问题，更加注重实证性的统计分析和人类学、社会学方法的应用与实践。就学术经历而言，本尼特早年长期从事英国成人教育实践①，对英国社会底层文化经验与教育现状有深刻的体察，后来又长期受聘于澳大利

① 关于英国文化研究与英国成人教育的关系请参照付德根：《战后英国成人教育与文化研究》，载《马克思主义美学研究》第11卷第2期，中央编译出版社，2008年12月。

亚文化与媒介政策研究中心，在文化的治理性、文化研究与文化机构、文化研究与文化政策、文化研究与知识分子等问题上既有理论上的总结和提升，又有文化实践上的实际工作，所以相比“英国文化研究”的学院传统而言，托尼·本尼特的文化研究更加注重经验性、实效性与参照性。最后，就哲学观念与思想方式而言，托尼·本尼特的文化研究主要发生在20世纪70年代后期，在八九十年代更加活跃①，所以，他对“英国文化研究”中的“利维斯传统”、“阿尔都塞传统”以及文化研究中“文化分析”与“结构主义”的“两种范式”②没有明显的继承，他对雷蒙·威廉斯、特里·伊格尔顿、阿尔都塞等马克思主义美学传统的批判性也非常明显，而对福柯的“治理性”观念以及葛兰西的“文化霸权”观念则有明显的借鉴，在这个基础上更加注重文化研究的治理性与实践研究，因而体现了对“英国文化研究”早期传统的超越性。其文化研究观念不同于西方马克思主义的哲学美学传统，也不同于早期“英国文化研究”的“文化与社会”传统，而是注重经验性、治理性、实效性的文化实践。但是他的这种超越也是建立在及时必要的理论呼应的基础上的，他充分重视了英国文化批评的经验来源，对马克思主义理论中的基础/上层建筑观念以及“英国文化研究”的“文化唯物主义”传统都有明显的理论呼应，对文学的意识形态、文学的历史性、英国文化研究与马克思主义的关系、马克思主义与通俗小说的关系具有深刻的理论见识，同时文化理论建构的色彩也非常明显。正是在这个意义上，托尼·本尼特的文化研究既超越了文化研究中的文化主义和结构主义传统，又对20世纪“英国文化研究”的学术传统具有理论范式上的反思与深化，从而展现了“英国文化研究”的学术传统在20世纪八九十年代以来的新的发展。

二、将政策引入文化研究之中：“文化”的重释

斯图亚特·霍尔认为，“无论是‘文化主义’还是‘结构主义’都不足以将文化研究构造成一个有明确概念和充分理论根据的领域”。[2](p.61) 确实，文化研究的对象与范围太过复杂，文化研究的跨学科特性既使文化研究展现出生机勃

---

① 托尼·本尼特的成名作《形式主义与马克思主义》出版于1979年，他的《马克思主义与通俗小说》出版于1981年，《邦德及其超越》(与珍妮·沃考特合作) 出版于1987年，《文学之外》出版于1990年，《博物馆的诞生——历史、理论和政治》出版于1995年，他的《将政策引入文化研究之中》、《文化与治理性》、《知识分子、文化政策：技术的、实践的、批判的》也都是发表、出版于20世纪90年代以后，从中可以看到托尼·本尼特的文化研究过程与影响主要是在20世纪八九十年代之后。

② 据斯图亚特·霍尔的观点，“文化研究”大致可以划分为两种主要范式：文化主义范式与结构主义范式。文化主义范式是英国文化研究的理论奠基者理查德·霍加特和雷蒙·威廉斯创立的，结构主义的范式则是在阿尔都塞的结构主义马克思主义和拉康的结构主义及后结构主义精神分析的理论基础上形成的。见斯图亚特·霍尔：《文化研究：两种范式》，载罗钢、刘象愚主编：《文化研究读本》，中国社会科学出版社，2000年。

勃的特征，但又造成了它的研究范畴的分散性，但正是因为如此，文化研究需要实证性的精神、实践性的立场以及可操作性的方法，只有将文化研究的具体过程落实到具体的文化语境与文化实践上，将文化研究的最终结论与可应用性的实施手段结合起来，才能实现文化研究本身所蕴涵的实践精神。20世纪英国文化研究发展到托尼·本尼特那里，正是展现了这样一种实践主张。将文化政策、文化机构、文化治理等实践立场引入理论研究之中，从而引起了文化研究理论与实践上的策略转型与方向调整，这正是托尼·本尼特将“政策”引入文化研究的理论范式的主要特色。

在以往的文化研究中，或至少从“伯明翰学派”以来的文化研究传统中，无论是文化主义的理论范式还是结构主义的理论范式，都没有设想过将“文化政策”、“文化与政府的治理性”、“文化与现实政治机构的关系”作为文化研究的内容，更没有作为文化研究的方向与焦点，甚至有这样的认识：将“政策”、“政府”、“政治机构”引入文化研究会使“文化研究”被“文化政策研究”所取代，文化研究会成为政府所倡导的行为。由于既定的观念与方法几乎厘定了文化研究的理论范式，以至于使文化研究成了“一个方便的术语在运转”。[3](p. 158)从文化研究的传统与历史来看，文化主义和结构主义的理论范式承续了“文化研究”某些有针对性的方法特征，如文化研究的跨学科特性、文化研究深入社会文本的实证方法、文化研究重视工人阶级与大众文化的经验意识、文化研究的意识形态批判精神等，但也至少在以下两个方面损伤了文化研究的思想锋芒：一是使“文化研究”成为一种“文化文本研究”或“审美文化研究”，文化研究的跨学科特性日益消融在束之高阁的学院化工作的规范形式之中；二是导致了文化研究的制度化与商业化，使文化研究日益成了学术化和技术化的职业，文化研究成了通俗故事、电视媒体、文化公共休闲领域（如电影院、咖啡馆、麦当劳等）等大众文化消费经验的解读工具，而失去了它的批评精神与反省意识。对于文化研究是如何从一种对“传统”的反抗又走向了另外一种研究的“传统”的问题，当代文化研究虽然有所警觉，[4](p. 66)但在具体研究中仍然是在强化文化研究的规范化与制度化的一面，正是在这种错位中，文化研究其实正在悄悄发生学科的分裂。

托尼·本尼特的文化研究在这方面有深刻的警醒，他提出，当代文化研究在学科格局上存在着分散的理论立场和政治立场，文化研究在承担审视文化实践的职责的同时获得了“术语”上的灵活性，但“需要与它过去的许多方面决裂”[3](p. 159)。托尼·本尼特所说的“决裂”并非是要文化研究有一个彻底的学科断裂，他指的是文化研究学科发展的缺陷，期望通过与目前正处于“流通”中的文化研究方法也就是那种“为研究而研究”的“理论化”的研究方式的“决裂”而实现文化研究的当代责任。他提出的方案和研究方式是将“‘政策’理论地、实践地、制度地引入‘文化研究’之中”[3](p. 159)。托尼·本尼特这里所说的

"政策"并非指影响文化研究的具体政治政策和主张，而是将政策、制度与管理的背景与手段看做文化的重要领域和成分，进而将文化研究视为特殊的"文化治理区域"，以便在文化研究主要问题框架内重新审视"文化"，强调文化既是治理的"对象"同时又是治理的"工具"。就对象而言，文化研究关注下层社会阶级的道德、礼仪和生活方式；就工具而言，文化研究则成为对道德、礼仪和行为等领域的管理干预和调节的手段。

在文化主义理论范式中，文化研究的重点落在了调整文化与读者、亚文化成员以及大众文化等文化形式的关系上，目的是引导主体自我的政治实践转变。结构主义的理论范式则强调从意识形态的幻象中导向真实的意识，由此带来主体认识上的变化。但在托尼·本尼特看来，这两种理论范式都依赖于一种将文化视为主要符指实践领域的文化观，文化研究方式与手段在符指意义或话语意义上追求的是文化政治的任务。他认为这两种理论范式都对调节不同文化领域的政策与制度背景没有给予足够的重视，忽略了政策、制度背景与文化政治任务的实现之间的特殊关系。为此，他强调，把制度与更宽泛的政策与管理背景引入文化研究，其目的正是为了超越文化研究的困境，这样一种观念使托尼·本尼特的文化研究展现出了与以往文化研究不同的策略主张，他首先针对的就是雷蒙·威廉斯的"文化"概念。

在托尼·本尼特看来，雷蒙·威廉斯并没有对文化的"现代"用法进行批判性的审视，他引述澳大利亚文化理论家、批评家肯·鲁斯文（Ken Ruthven）的评述说，当威廉斯"坚信历史的潜在过程以某种方式沉淀在一小撮所谓的关键词中"时，"他这方面的大部分作品仍然停留在剑桥英语的视角上"。并且认为，"威廉斯就每个关键词有待定位的语义学领域而下的判断在某种程度上可以说是随意的；它凭借的是有利于'文化'的历史和意义因而根据它与'审美'、'艺术'、'文明'、'人性'和'科学'的关系而被想象为可书写的。尽管不怀疑这些选择的实质作用，它们的不完全性同样也是明显的"。[3](p. 162) 为此，托尼·本尼特强调"文化"的"多元决定"特性，强调把"文化"看做一系列特定的制度地形成的"治理关系"，强调文化研究通过审美智性文化的参与以及其他文化形式、技术和规则的配置应用实现更令人信服的文化构想。他认为，在威廉斯的文化定义中，文化的语义学方面被过多地突出了，威廉斯强调了文化定义的丰富的人类学意义，但忽略了文化研究领域的有机层面。为此，本尼特强调文化研究更应该关注艺术智性活动得以最后被刻写成文化治理手段的过程，强调文化研究以一种积极的建设性的方式成为改善大众精神行为品性的手段，这不是单凭文化自身的特性就能实现的，而是需要文化实践的参与以及实现文化实践所需要的场域如公共博物馆等的参与。在他看来，威廉斯忽视了这种场域是如何建立以及如何发挥作用的，所以，他提出将"政策"引入文化研究之中就是要恢复文化活动刻记于其中的有计划性的、制度的和管理的背景，也就是决定文化实施的关系网络，即“文化的多元决定”。这些“多元决定”构建了与特定文化实践相联系的区域，也构建了行为规范，只有考虑到这些“多元决定”的区域文化研究才能实现像马克思所说的那样，在思想中占有“现实凝聚物”。[3](p.165)

在“英国文化研究”中，雷蒙·威廉斯的“文化”概念有重要的奠基作用，雷蒙·威廉斯“文化作为一种生活方式”的概念以及理论阐发曾经影响了英国文化研究的理论走向和实践过程，托尼·本尼特承认自身也曾受威廉斯的影响，[1](p.17)在他的《形式主义与马克思主义》中这种影响是明显的，所以，尽管托尼·本尼特深入反思了“英国文化研究”传统中雷蒙·威廉斯的“文化”概念，但他其实也无法完全剔除“英国文化研究”的学术传统在他那里的影响。他努力地将文化研究导向文化实践批判，强调文化实践批判既是“文化政治的起点又是它的终点”，[3](p.165)也正是呼应“英国文化研究”学术传统的方式。只不过，在他那里，文化研究不仅仅是强调文化文本分析与主体认识形式的关系，不仅仅是阐释文化文本与它的时代的生产关系，而是如何处于它们之中：“它如何处于特别的文化技术之中”，“它将指向什么样的文化研究方向”，并且思考文化研究的政治可能性：“这种文化研究的目的是生产知识，从而能够帮助发展这样的规划，而不是无休止的花费力气去组织仅仅作为它们自己的修辞幻影效果才存在的主体。”[3](p.166)正是在这样的意义上，托尼·本尼特的文化研究同样具有理论范式的意义。

三、问题式：文化研究的“葛兰西转向”及其实践影响

在20世纪西方文化研究中，“葛兰西转向”是一个重要的理论转折标志。佩里·安德森认为，葛兰西的《狱中札记》“是整个西方马克思主义传统中最伟大的作品”[4](p.71)，“在葛兰西以后，西欧再也没有其他一位马克思主义者达到过同样的造诣”[4](p.61)。葛兰西的文化理论不但促使20世纪70年代以后西方马克思主义的研究重心转移，而且引发了整个西方马克思主义对马克思主义理论传统与观念的新的重写与反思。葛兰西提出的市民社会与文化霸权、文化霸权与有机知识分子、大众文化的意识形态性与社会实践等一系列有鲜明针对性的理论观念和思想导致了西方马克思主义美学对马克思的基础/上层建筑理论范式的一次集体性的理论重读，促使整体西方马克思主义美学在马克思的基础/上层建筑理论之外开始“用自己的密码式的语言来说话了”[4](p.44)。在西方马克思主义视野中，“葛兰西转向”引发的理论动荡是明显的，也是深刻的，阿尔都塞学派、法兰克福学派等西方马克思主义美学的重要理论流派和理论家都深深地受到了它的影响，西方马克思主义美学在主题上的创新——“不再从理论上正视重大的经济或政治问题了”，“几乎倾全力研究上层建筑”[4](pp.96—97)；在思想体系上的典型性转折——对马克思主义经典遗产的标新立异式的理解；在哲学观念

上的独特选择——从历史唯物主义的奠基观念即理论与实践的统一到纯理论化地理解历史的先验概念体系与经验现实，都是在“葛兰西转向”的理论转折中发生的，从这个角度而言，西方马克思主义美学视野中的“葛兰西转向”是一种整体理论范式的转折，导致西方马克思主义哲学观念和理论传统以及思想旨趣变化与转向。

在“葛兰西转向”中，20世纪英国文化研究的理论范式与理论观念受到的影响也是明显的。葛兰西的思想在20世纪70年代中期开始被介绍到英国，它在英国文化研究中的影响是在以下两方面因素的促发下发生的：一是整体性的西方马克思主义美学观念的转折对英国文化研究理论的促动；二是英国马克思主义理论家雷蒙·威廉斯和《新左派评论》杂志的积极推动。葛兰西影响“英国文化研究”的主要观念是他的“文化霸权”思想，其主要表现是葛兰西对文化的意识形态的解释与凸显、对大众文化研究的重视、对文化手段与现存政治社会秩序关系的观念整体地影响了“英国文化研究”的理论范式，特别是对“英国文化研究”如何走出文化主义与结构主义的理论困境有着重要的启发。特纳曾经认为，“葛兰西转向”在“英国文化研究”的内部为一个重要工程提供了思想基础，当葛兰西的著作明确地展示了大众文化的功能，他也深刻地提出了全部的大众文化研究的意识形态角色问题。[5](p.179)在英国文化研究的理论家中，雷蒙·威廉斯与葛兰西曾有密切的个人联系，他在《马克思主义文化理论中的基础和上层建筑》一文中和《马克思主义与文学》一书中曾专门讨论葛兰西的“文化霸权”观念，葛兰西的“文化霸权”观念对威廉斯的“文化”概念以及他的“感觉结构”的观念都有重要的影响，在霍尔的《编码，解码》中，也可以看出葛兰西的痕迹。“葛兰西转向”使“英国文化研究”开始将研究重心转向文化的意识形态属性以及文化与社会权力的组合方式上来，开始强调文化与社会意识形态的关系网络以及特定的实践方式，从而在文化、权力、政治、意识形态、历史等因素的复杂关系中打开了“英国文化研究”的政治空间，对“英国文化研究”的实践方式有重要的影响。

托尼·本尼特的文化研究理论和实践大部分是发生在“葛兰西转向”之后的，因此他对葛兰西的文化理论有重要的体会，受到的影响也是明显的。本尼特在他的《大众文化与“转向葛兰西”》、《把政策引入文化研究之中》、《博物馆的诞生》等一系列论著中多次阐发葛兰西的思想。在本尼特看来，“英国文化研究”中的文化主义和结构主义都凸显了文化研究中的“葛兰西转向”，文化研究的目的是从多种多样的权力形式中发现自我，并将主体组织成一种集体的政治力量来对抗权力集团，在这种研究中，“文化领域需要被看作本质上是统治的”[3](p.170)。像雷蒙·威廉斯和斯图亚特·霍尔一样，本尼特有效吸收了葛兰西的“文化霸权”与大众文化研究观念，认为“葛兰西著作的批判精神完全没有大众文化批评家叫人忍无可忍的傲慢态度，同时又丝毫无意去鼓吹一种大众主义，既避免也否定了结构主义和文化主义的二元对立”[6](p.62)。在托尼·本尼特看来，葛兰西的理论观念为文化研究带来了完全不同的方法观念，它开拓了大众文化领域，赋予大众文化巨大的政治可能性，它的理论价值在于“能够合理解释文化斗争的不同领域（阶级、种族、性别）的相对独立性，以及它们在不同历史背景中，可能互为交叠的那些错综复杂、变化无定的方式”[6](pp.66－67)。但是他并没有完全采纳葛兰西的理论谱系，而是在文化研究中引用葛兰西“文化霸权”观念的“问题式”主张，这主要表现在：在文化与治理的关系中融入了葛兰西的霸权观念，在文化技术、文化机构的形成与政府间的关系——如博物馆——的理解中，将葛兰西的霸权观念与文化的治理性结合起来，试图在超越葛兰西“文化霸权”观念的努力中落实文化研究的政治性。本尼特认为，在文化研究中，“葛兰西要素易于对制度不感兴趣，相应地，也没有充分注意到那些考虑，它们在把文化技术与另一种文化技术区分开来时，也带来了特定系列的规划的政治关系和政治形式”。[3](p.167)因此葛兰西的传统“也具有实实在在的局限性”[3](p.166)。托尼·本尼特认识到了葛兰西的局限，认为文化研究中完全局限于“文化霸权”的理论视角就不能与现实的文化关系相符合。为此，他引用福柯的“政治理性”的观念，更多地强调文化研究在政策、体制与意识形态的关系网络中所展现出来的政治规范特征，这主要体现在他对博物馆等文化机构与文化政策的研究中。

托尼·本尼特认为，博物馆在肇始之时就被刻记在制度形式之中。博物馆一方面作为文化财富，它有责任使它的资源平等地和免费地向公众和公民开放，但另一方面，博物馆也是区分大众的工具，它在理论上是民主的，但在现实中已经证明是一个发展了那些社会区分实践的非常显著的建设性的技术。博物馆特有的政治需求支配着它在表征实践上的政治需求，即不同族群文化应该在博物馆之中得到平等的表征，因此，博物馆为将群众转化成合乎秩序的、理想的、自我规范的公众提供了一种机制。从这些方面来看，“博物馆不仅建构了一个文化区分的空间，而且也建构了一套文化区分实践的场所，其目标是筛选出与公众集会地方相联系的公共行为方式”。[3](p.230)这是本尼特在吸收了福柯的“政治理性”观念后对葛兰西“文化霸权”观念的再解读。在福柯看来，现代管理形式的发展可以追溯到新技术的出现，监狱、慈善机构、收容所等，既是政治机构，同时又是应用新技术的管理方式，它们的功能是调节个体与大众的行为。表面看来，这些技术以它们自己特有理性为特征，但是它们也构成了有利于权力施行的特定方式，生成了它们自己的政治问题，而不仅仅代表一般权力形式施行的场合，比如监狱，监狱的政治理性与其说在于真诚地改革行为的能力，不如说它将可管理的犯罪亚阶级与其他人口隔离开来的能力。在托尼·本尼特看来，博物馆的发展轨迹与福柯所说的监狱的发展轨迹是相反的，“博物馆既是被看的地方，又是看的地方”[3](p.232)。博物馆一方面是民主修辞、大众教育工具，另一方面，也是改变大众行为方式的工具。前者要求博物馆无差别地对待公众，后者则成了区分大众的手段，“因此博物馆修辞性地将无区别的公民并入一套好似呈现为从自身生发出来的权力——知识关系之中”，这样，“民主公民修辞地进入了国家的程序之中”。[3](p.228) 从博物馆的诞生到博物馆的政治理性，托尼·本尼特提出了一种“政治博物馆”[3](p.219) 的概念，同时也积极阐发一种关于博物馆的“真理政治学”[3](p.233)，那就是：“拆除博物馆的空间，构建一套博物馆的展览品与公众之间的新关系，使它作为有利于民主多元的社会自我展览的工具，更充分地发挥作用。”[3](p.233) 为此，他用福柯的“政治理性”的观点去融合葛兰西的“文化霸权”观念，他的理论特性是淡化和稀释了“文化霸权观念”的理论属性和颠覆功能，在对文化体制与文化机构的社会学和人类学分析中，将文化与霸权、文化与统治的观念与文化的政治理性问题结合起来，既凸现了具体文化研究的政治性与意识形态性，同时又与具体文化机构和文化体制研究结合起来，因此，他的文化研究的政治性落实到了具体的文化关系网络之中。在20世纪英国文化研究理论中，本尼特的这种观念具有标志性的理论意义，它体现了“英国文化研究”在“葛兰西转向”的理论视域中的新的眼光与实践，在将葛兰西的“文化霸权”观念的“问题式”落实于具体文化政治语境之中的过程中，充分展现了“英国文化研究”的经验意义和实践特征，因此代表了“英国文化研究”的一种新的理论走向。

四、理论与经验：托尼·本尼特文化研究的意义与启发

在20世纪英国文化研究中，无论是英国本土文化研究中的文化主义，还是来自欧洲大陆的结构主义，当它们发展到今天，当它们面临着一些无法突破的理论困境之时，托尼·本尼特“将政策引入文化研究之中”的“文化治理性研究”的理论范式会有不小的理论启发，这主要表现在：

首先，“英国文化研究”的经验性特征与优势在托尼·本尼特那里得到了进一步的发扬光大。什么是托尼·本尼特所说的“文化的治理性”？具体说，那就是具体文化研究和实践要为文化的多元性与特定人类社群的不同标准而负责，文化研究应该通过密切关注政府、政策与惯习等因素，实现文化功用的倍增，以有效地增强人们的自我控制能力。如果说，英国文化研究曾经从工人阶级、大众文化、青年亚文化、新兴媒体的研究中最早地凝聚了文化研究的经验特性与优势的话，那么托尼·本尼特对政府、政策、惯习、文化机构与文化体制的社会学、统计学与人类学研究，则进一步在新的文化语境中强化和凸现了“英国文化研究”的经验特征与优势，这一强化也将“英国文化研究”的学术传统与人文影响提升到了一个新的理论境界之中。

其次，托尼·本尼特的文化研究充分体现了文化研究的应用性与实效性，

从而发扬了“英国文化研究”的实践传统与文化政治功能。本尼特曾经强调：“只有把政策引入文化研究，才能使文化研究从那些陈词滥调的形式扭转方向。”[3](p.171) 而他的文化研究不仅仅是理论化地展现了他实现“英国文化研究”目标的雄心，而且通过对葛兰西、福柯、布尔迪厄和哈贝马斯等人的理论观念和思想方法的融合贯通，将文化研究的理论化与实践性、政治性明显结合起来，从而走出了“理论化”的文化研究和“理论化”的文化政治实践的困囿，在微观文化系统研究上强化了文化研究的政治性与实践性。在托尼·本尼特身上所展现的这一特征与他一直以来的实际的文化研究工作有密切的关系。托尼·本尼特在澳大利亚从事文化研究的过程中，曾经在澳大利亚成立了“文化政策研究所”，因此他的文化研究中的“澳大利亚内容”也比较明显，他的任务与目的是从组织研究、出版计划、发展与地方和政府或半政府的各种合作关系等方面进行文化政策研究，并在博物馆、艺术、电影、语言以及教育政策领域的研究中提出新的问题，并且寻求有效的实际的解决方案，因此，他的文化研究的指向相对明确，政治性也比较集中，这也正是“英国文化研究”的学术传统极力强调的目标。

最后，托尼·本尼特的文化研究理论与实践对整体的“文化研究”学科有所反思与促进。本尼特在谈到文化研究时表示，人文学科的很多区域的作用已经成了再生产精英知识特权的场所，这并没有特别的实际用处，人文学科需要重新定位，它们应该对现有的社会、学术、政治争论和手段做出切实可行的有益贡献。文化研究在研究方式上也不应该成为一种与一般人文学科的相并列的形式，而更应该成为文化改革的科学与文化治理的手段。因此，托尼·本尼特不将文化研究看做是纯粹的话语事件，他对雷蒙·威廉斯的“文化作为一种生活方式”的概念的批评反思也正是从这个意义上而言的。本尼特认为这种文化概念无力承担文化研究中的常识通常加之于它之上的根本重负，他在比较研究英国文化人类学家泰勒的文化概念之后认为，应该将“文化作为一种生活方式”的概念在文化研究中所起的作用与它在文化政策的修辞和实践中所起的作用联系起来，这不仅仅展现了托尼·本尼特对“文化”概念本身的思考，也体现了他对文化研究整体学术发展和实践应用的思考。同时，对英国19世纪的马修·阿诺德和利维斯传统，托尼·本尼特也有不同的意见，他并非一味地批判马修·阿诺德的道德主义与利维斯主义的精英主义，而主张威廉斯的“作为一种生活方式的文化”与文化研究的道德精英传统以及泰勒的“文化”概念的进化论因素结合起来，特别是在马克思主义的历史语境中结合起来，其中体现的是对文化研究的学科发展与学术发展的重视。

目前，20世纪英国文化研究的学术传统和理论影响越来越多地受到了重视，托尼·本尼特的文化研究也不断获得积极的评价，这是20世纪英国文化研究在当代思想文化格局中具有重要影响的表现。但就目前而言，文化研究也展现出了众多的缺憾，格罗斯伯格认为文化研究“越来越以新的方式被商品化和制度化”，而且，文化研究“我们对它谈得越多，越不清楚自己在谈什么”。[7](p. 66)在他看来，造成这种局面的原因主要有两方面。一方面，是文化研究受到了稳定性、规范性和界定性的模式影响，另一方面，是文化研究融入更广阔的文化阐释世界时，文化研究代替了批评理论这一更为含混的概念，结果是文化研究一盘散沙，丝毫不再说明它的学术和实践如何为解决文化和权力文化提供不同的方式。为此，格罗斯伯格再次重申文化研究的力量和魅力的根源：1. 文化研究拒绝把自身建构为可以自由穿行于历史和政治语境的一种完成了的和唯一的理论主张。2. 文化研究拒绝以学院的或狭隘认识论的术语来说明自身的理论精确性。3. 文化研究的跨学科依据是理论文化实践和关系所需要的东西非常明显的正是文化，决不能在任何特定历史和制度的语境之外预先限定。[7](pp. 66—69)这种“文化研究不是什么”的理论说明正是理解进而释放文化研究的理论重负的形式。对于文化研究，或许我们已经习惯了那些既定的理论化的说明，如跨学科、反理论、批判性等，但我们似乎忽略了长期以来这种既定的理论说明仍然是一种抽象化的方式，仍然会走向对文化研究的“唯理论范式”的倾向，这正是文化研究所拒绝的。尽管我们可以给出若干种文化研究的定义方式，但归根结底，我们不要忘记：“我们的任务是在具体的研究中抽象、描述和重建人们借以‘生活’、意识并主观地维护自身的社会形式。”[8](p. 12)这也正是托尼·本尼特以及20世纪英国文化研究给我们的启示。

从历史的视野来看，当代社会文化与政治语境更加复杂，文化研究涉及的领域也更加广泛，历史的发展已经将文化研究推进到了一个复杂的时代，但托尼·本尼特以及20世纪英国文化研究的“经验”仍然值得我们认真地对待，因为只要文化研究在继续，就不能放弃对文化知识的反思与政治思考，就不能放弃文化批判与政治实践，更无法忽略考虑和协商文化原动力和文化关系以提出新的问题，这些也正是托尼·本尼特正在进行的工作。

参考文献：

[1] 托尼·本尼特．本尼特：文化与社会·绪论［M］．桂林：广西师范大学出版社，2007.

[2] 斯图亚特·霍尔．文化研究：两种范式［A］．罗钢、刘象愚．文化研究读本（C）．北京：中国社会科学出版社，2000.

[3] 托尼·本尼特．本尼特：文化与社会［M］．桂林：广西师范大学出版社，2007.

[4] 佩里·安德森．西方马克思主义探讨［M］．北京：人民出版社，1981.

[5] Graeme Turner. British Cultural Studies：An Introduction［M］. London：Routledge，2003.

[6] 托尼·本尼特．大众文化与“转向葛兰西”[A]．陆杨、王毅．大众文化研究[C]．上海：三联书店，2001.
[7] 劳伦斯·格罗斯伯格．文化研究的流通[A]．罗钢、刘象愚．文化研究读本[C]．北京：中国社会科学出版社，2000.
[8] 理查德·约翰生．究竟什么是文化研究[A]．罗钢、刘象愚．文化研究读本[C]．北京：中国社会科学出版社，2000.

内容摘要：

托尼·本尼特的文化研究对英国“文化研究”的理论传统既有呼应又有超越，他的文化研究更加注重工人阶级的经验性、文化的治理性以及实效性，其文化研究的理论范式超越了文化主义和结构主义传统，体现了一种特殊的政治性。托尼·本尼特的文化研究对文学的意识形态、文学的历史性、文化研究的政府性与治理性等具有不俗的理论见识，对威廉斯、伊格尔顿、阿尔都塞等马克思主义美学传统的批判与超越的尝试也非常明显，他的文化理论与实践在丰富了马克思主义美学的当代观念的同时，对中国当代文化研究具有重要的启发。

关键词：

托尼·本尼特；文化研究；文化治理；文化霸权

Tony Bennett and 20th British Cultural Studies

■ Duan Jifang

(Department of Literature, Nanjing University, Nanjing210093)

Abstract:

Tony Bennett's cultural studies both responded the theory tradition of British Cultural Studies and transcended it, and his cultural studies paid more attention to the working class experience, cultural government and cultural practice, and his theory pattern not only transcended the theory tradition of culturalism and structuralism, but embodied a special kind of political. Tony Bennett's cultural studies had made an important theoretical insights on the ideology of literature, the historical of literature and the government of cultural studies, and it is apparent that Tony Bennett tried to transcend the tradition of Marxist aesthetic including Raymond williams, Louis althusser and Terry Eagleton. His cultural studies both enriched the contemporary concepts of Marxist aesthetic and had an important inspiration on Chinese contemporary culture studies.

Key Words:

Tony Bennett; cultural studies; cultural government; cultural hegemony

习性与文化研究的关键问题

——“文化研究的关键问题”国际学术研讨会综述

■ 张良丛* 周海玲**

（南京大学 文学院 南京 210093）

文化研究作为一种理论研究范式进入中国学界已有近20年，西方理论的旅行因历史和文化的巨大差异而在中国本土化的过程中引起了不少纷争；此外，英国文化研究自20世纪90年代因后现代思潮的冲击自身也面临着理论的困境：文化研究作为“书斋里的革命”越来越失却了其早期激进的批判锋芒；文化研究的泛化引起了学者对理论解释力的适用性的质疑；铺天盖地而来的媒介、电影、身份、性别、后殖民等文化研究模式冲击了传统的文学研究范式。中西学者都在积极探索作为一种研究思潮的文化研究的未来走向，理清文化研究的关键问题是解决其理论未来走向的基础。鉴于此，南京大学文学院、南京大学人文社科高级研究院、山东理工大学文学院、英国开放大学“社会与文化变迁研究中心”于2009年5月10日至11日在南京大学联合举办了“文化研究的关键问题”国际学术研讨会。会议专门邀请了英国当代文化研究的领军人物——曼彻斯特大学托尼·本尼特（Tony Bennett）教授对该问题做了主题发言。来自国内外二十多位著名学者围绕这个问题进行了深入的探讨。

---

* 张良丛，男，1975年生，山东即墨人，哈尔滨师范大学文学院讲师，南京大学文学院2007级博士研究生，主要从事西方文学理论与审美人类学研究。

** 周海玲，女，1974年生，湖北阳新人，汕头职业技术学院教师，南京大学文学院2008级博士研究生，主要从事国外马克思主义美学研究。

习性是文化研究中的关键语汇

托尼教授·本尼特教授以“文化、历史与习性”（“Culture，History，Habit”）为题做了主旨发言。他指出，近10年来，习性在西方现代社会理论、政治理论、美学理论和文化理论之中扮演了一个重要角色。它横跨了这些不同的理论体系，在介于自然与文化之间的敏感区运转，成为一个重要的连接性术语，将个体的习性纳入政府的自由治理的轨道之中，并将习性置于自我构形过程的中心。所以，习性在自由治理的理论与实践中占有重要地位。通过对社会中个体习性的发现、培养、改造和运用这些细致入微的自由治理手段，可以很好地实现对个体的自治型治理的目标。正是因为习性作为新自由主义政府的治理性选择的操控对象，托尼指出，对历史形态的习性的研究就可以成为文化研究的关键因素。

托尼阐述了关于习性的两种不同的观点。达尔文主义的习性观认为习性是与本能联系在一起，这是一种生物学概念，习性是文化需要去克服的落后的动物本能，它与理性和自由相对立（康德的观点和达尔文的进化观点）；后达尔文主义认为习性是一种文化行为，是一个动态的结构，参与到人类的历史发展和进化过程中，新的习性和旧的习性之间有一个地带，可以通过遗传继承下来，所以，习性既是习得的后天的，也是人类历史过程中通过先天的形式继承下来的。托尼并不认为区分习性的这些对立性观点是重要的，重要的是这两种观点都显示了资本主义在不同的历史阶段对习性的不同认识，都体现出了习性在政府自由治理中的功能。托尼说，“要特别重视研究把不同的人格结构中的习性操作成治理行为的目标的多种手段。如果说，在穆勒的分析中，对亚细亚社会的静止状态的论说是依据习俗的丰厚度来进行的，那么皮特·里弗斯引用来说明‘原始’社会的惰性的就是本能的浅薄度。因为依赖于习性如何依据习俗或本能来定位，依赖于习性即习俗或习性即本能如何依据文化来定位，所以，不同类型的人格就被以不同方式向治理干预敞开。”作为文化学意义的习性不是要改造和克服生物学意义的习性，关键是思考，在现在的社会生活中，生物学意义的习性和文化学意义的习性如何作为联结个体和社会的关键因素去发挥自由治理的功能。

托尼·本尼特教授的主旨发言激起了参会学者的极大兴趣。就习性的概念以及与其他相似概念的关系，习性与审美治理的关系，审美与改造国民性的关系，审美与政治、文化权力的关系，以及文化研究体制化之后如何发挥文化研究的作用等一些问题，与会学者进行了深入的交流与研讨。

习性作为一个关键词因其复杂性、含混性和歧义性激起了与会学者讨论的极大热情。很多学者对习性这个词本身的含义以及与之相关词汇进行了辨析。

托尼教授指出习性（habit）这个词，指的是行为的重复，而不是指好的和坏的具有价值判断的行为。在西方，habitus 和 habit 是相近但又不同的两个概念，habit 偏重于个人行为的表现，habitus 是由于经历不同而带来的一种细微的变化，这种变化不是完全自由的，它受制于不同的社会条件。南京大学文学院博士后王大桥辨析了习性（habit）、习俗（custom）与惯习（habitus）的复杂关系。他指出，习性（habit）表现为某种特定行为的倾向，习俗（custom）作为习惯性的社会实践属于社会群体的行为倾向，惯习（habitus）更多侧重于主体层次，比如个人或阶级的习性（habitus），布尔迪厄在《区隔》一书中就分析了阶级审美惯习（habitus）的形成。对习性（habit）、习俗（custom）与惯习（habitus）的辨析有助于我们思考：一个民族的习性表明的是他们已经以个体或群体的形式如何做了，而不是他们应该怎样做，因为一个民族的习俗不能由另一个民族来评判，某个特定的习俗仅对它流行的那个群体才有效。在思考审美人类学的地方性审美经验时离不开这几个概念的引导。

中国社科院高建平研究员指出习性具有复杂性，习性（habit）与本能（instinct）和文化（culture）有着密切的联系，对习性的理解不能忽视与这两个概念的联系。对此，托尼教授指出，习性与很多概念都有着复杂的联系。本能、习性和文化的关系在西方哲学中也不是固定的，对此的理解西方有两种传统：其一是以康德为代表的传统。instinct 是限指动物的、自然的本能，而文化属于自由的范畴，人类只有通过文化的作用才能摆脱动物性的自然的本能从而达到自由的境界。康德将本能（instinct）与习性（habit）等同，它们是对立于人类的文化和自由的。另外一种传统认为，本能并不完全是自然的，它是可以通过文化机制和生物机制代代相传的，是通过习性在文化机制中一代一代发展起来的东西。这种观点将本能和习性联系起来，变成了人发展中的一个因素。与之相对应，后达尔文主义的观点认为习得的东西也是可以遗传的，本能可以作为文化密码来理解，后人可以从前人的文化密码中获得文化的传承。在后达尔文主义看来，文化和习性两个概念的含义是接近的，有时候是可以互通使用的，但是它们在不同的时代语境中又是有区别的。所以，这种传统认为本能、习性和文化并不是对立的关系而是相互联系的，它们都是人类发展中的重要因素。另外，文化和文明这两个概念也略有区别，它们首先是在德国哲学家中被区分的。文化是被用在程度较高的艺术、文学、音乐的著作中，以区别文化工业。这种文化变成了批评性的，是对工业文化的批判，这是文化的审美定义，就是所谓的美学文化的概念。如果直接按照人类学的概念去考察文化，文化是人类的一种生活方式，在这个意义上，文化和文明含义相同。托尼教授认为，无法证明一种文化（西方文化）优越于另一种文化（东方文化），但西方的文化和社会学理论曾经一直试图建立文化的等级概念是一个历史的事实，而且现在仍然存在着这样的思维模式，我们的文化研究就是要批评这种文化的等级化区分。

对于习性的不同理解，托尼教授作了进一步的阐发。他指出文化和习性的关系理论界目前并没有形成一个统一的界定。习性是本能、习性是文化、习性是本能和文化之间过渡的一种形态，这三种观点之间并不存在着冲突，它们是不同的理论流派的观点。他的目的不是要提出某种正确的理论，而是把各种理论介绍出来，使大家了解到在这个问题上有很多理论工具。他论述的目的是西方的主要理论对习性这个词的解释引起的政治上的效果。

由此，不同的学者对习性的政治立场进行了研讨。首都师范大学陶东风教授指出习性虽然没有对错之分，但习性在政治立场上是有区别的，习性的政治立场问题，值得进一步探讨。托尼教授认为，习性通常是在政治上使用，用来区分统治者和被统治者，区分哪些人能够自由地治理自己，哪些人又是被别人治理的。问题不在于哪种理论是关于习性的正确的理论，而在于分析习性在人的治理中的作用，习性对于治理起到改变的作用。在里弗斯给予习性的解释中，习性成为建立一个澳洲土著人的自治政府或者是白人统治的政府的依据。在福柯看来，对行为的治理的过程也是主体要求自我型塑的过程，它寻求习性直接地或间接地对人的行为的影响。所以，习性构成了自我治理的问题，对这个问题我们的重点不在于寻求某种正确的解释，而是把习性作为西方哲学背景下的一个特殊问题，和一种特殊历史背景下的问题。有关习性的不同理论模式一直努力探索治理自己的问题，不同的民族对自己行为的治理的理解是不同的。

对于习性的理解，国内外学者有着不同的观点。咸阳师范学院强东红讲师指出，习性作为西方的概念是就个体行为来说的，而在中国，国民性是指社会群体的习性，并且国民性是具有殖民地色彩的中国人的群体习性特征。对于这种习性，应该以审美来重建中国的国民性。对此，托尼教授立足于西方语境谈论了这个问题。他指出习性在西方更强调的是个人的行为，主宰种族的某些习性并不适应于某些个人，比如说在讨论澳洲早期的殖民的习性时，西方人将澳洲土著人不是作为种族而是作为个人去对待。考察一下法国19世纪的哲学，Bang把个人和群体进行了区分。所以，西方人在讨论政治和文学理论的时候，经常会将个人和群体区分开来，西方人的讨论往往是从个体性的角度来讨论的。在这个意义上，习性与国民性是有区别的两个概念。为什么要从个体性和群体性来区别习性和国民性？首先，哪些人算是国民？从古代到20世纪初的西方政治理论，西方社会当中许多人并没有严格意义上的国民权，不算是国民，因为公民是完全自主化的。妇女就没有公民权，工人阶级中的文盲和儿童都不能算是公民。讨论当代的公民权的问题，在中国是不是每个人都有平等的公民权？政府对农民和中产阶级的态度是否是一样的呢？实际情况是政府在制定政策时会对不同的群体制定不同的政策，采取不同的态度。即使每个人都享有平等的公民权，每个人都受到平等的对待，但那并不等于说，每个人都享受政策的平等对待。补充一点，改变公民个人或某一群体的习性和阶级的习性是一个具有很长时间性很强实践性的课题。举个例子说，我们在讨论全球变暖问题的时候，就会想到要如何去改变不同国家和民族用水习性、饮食习性、用车习性等等，就会意识到改变某一个体或群体的习性是一件很复杂的事情。

华南师范大学段吉方副教授探讨了习性与文化权力和治理性的关系问题。他指出福柯和葛兰西的理论资源，在这个问题上具有特殊的意义和价值。托尼教授也谈了自己对福柯的理解，他侧重于对福柯的治理性和自由政府的理解。福柯自己认为他研究的并不仅仅是目前大家熟悉的新自由主义，而是西方更长的一个自由主义的传统。福柯对自由政府进行历史方法的研究后认为自由与自律治理不是一回事，但也反对把自由和治理对立起来。在福柯看来，自由是一种治理的机制，自由政府有两个特点：一方面，治理是一个顺其自然的过程，政府让个人按照内在特性去发展（但政府必须知道这个内在特性是什么）；另一方面，政府增加知识的积累，特别是人口的知识。随着西方现代社会从强权型到自治型的治理方式的转变，为了自由的治理，人口（也就是公众、大众）的知识成为治理的目标，社会科学、大众行为的知识以及一些公共领域的知识得到了发展。关于人口的知识也包括对人群的区分，政府可以与不同类型的人形成不同的关系。自由政府依赖于被治理人自由地对自己的行为负责，但是，自由不是完全绝对的自由，人们必须学会如何去自由，必须被教导如何自由。教导人们自由的一种方法就是文化的治理，就这点而言，一个重要观点就是福柯的关于权力运作需要来自于对立面的存在的观点，当某个个体受到治理性的权力作用时，这种权力并不是压制性的，而是指一连串组织、机制、体制寻求对这个个体的行为实施影响，使这个个体以独特的方式来行动。举个当代社会中的例子来讲，比如电视对大众的治理，就是通过人们以观看电视剧、肥皂剧的方式反观自己的生活并调整自己的生活，政府实施了对公众的治理。在这个意义上，自由是一种技术、一种治理的方式，与过去我们理解的美学的自由和治理的概念是不一样的，这才是福柯心目中的自由的概念。

葛兰西的文化领导权理论在英国文化研究中占有重要地位，尤其经过科林对他的发挥。在葛兰西的著作中，文化领导权与阶级概念相联系。葛兰西认为，处于基本地位的阶级，就是那些在经济生产活动中或其他方面具有重要地位的阶级，只有这样的阶级才具有领导地位。所以在葛兰西看来，只有资产阶级才是领导阶级。政治领域被分割成两个阶级的政治斗争，文化领导权成为农民和小资产阶级与资产阶级争夺领导权的问题。以阶级为中心的分析方法，在 20 世纪 70 年代英国文化研究中占有重要地位，因为当时英国的阶级矛盾比较深刻。但同时，英国文化研究学者也意识到社会平等问题，比如性别、种族，这些问题不能简单地以阶级来解释。现在文化领导权的讨论离开葛兰西的以阶级为中心的研究方法而在英国文化研究中被重新认识，对于阶级在文化领导权中的地位的争夺已经不再热烈，人们更关心平等的问题。撒切尔夫人执政和新工党上台，改变了产业的模式，严重地削弱了工人阶级在政治领域中的地位。领导权的理论现在在英国文化中的影响，不如福柯的权力理论更大一些，因为葛兰西的文化领导权主要是指文化作为一种权力还是强权型主导型的权力，而现在更强调权力的多中心化。

习性、审美与自由治理问题

习性作为文化研究的核心问题，涉及其他很多相关的问题，其中习性、审美与自由治理的关系尤其值得关注，围绕这个问题，国内外学者也进行了热烈的讨论。中国人民大学金元浦教授指出，审美现代性作为对抗工具理性一种批评性的话语，美学被认为是纯美学、纯艺术的，是批判性的源泉，这是目前我国学界对审美的基本认识。审美和自由政府之间有一种平衡和融合的关系的观点，和审美的批判性话语是很不同的，与知识分子的批判性立场也是不同的。这个问题值得关注和阐发。托尼教授也意识到了审美和治理之间的关系十分复杂，他指出，英国在20世纪70年代关于马克思主义的讨论当中，认为西方传统的马克思主义当中有很多康德的因素在其中，这是因为左翼力量起了导向作用，比如阿多诺的审美救赎就是将审美和政府治理分裂开来看。但托尼并不认为这样，原因有二：第一，审美和政府治理是分裂的在现实的社会现象中是不存在的，我们找不到这样的证据，它们之间是分裂的只是在批判性的知识分子的小圈子里流行的观点。第二，布尔迪厄对审美有一种诠释，在他的代表作《区隔》当中指出，法国的资产阶级是利用康德的无功利的高尚的审美趣味来区隔出工人阶级的低俗的审美趣味的，审美无功利不过是资产阶级用以区分出阶级习性的一种工具，可以看出，审美和政治是联系在一起的。托尼并不认为审美可以作为知识分子的一种权力来帮助政府治理，知识分子的确需要批判，但知识分子要认识到审美和治理之间事实上是融合在一起的，而不是主观去想象审美和治理是分裂开来的，就像福柯所说的"它是这样一种生活方式，它宣布的要求并不是我们不应该被统治，而是我们不应该像那样被统治——无论'那样'碰巧是什么"。知识分子不应该以纯粹的外在的立场（这样的立场是知识分子是孤绝的、自我放弃的，实际上纯粹外在的立场是不可能的），关于纯艺术的美学观念，是由于某些左翼团体，某些文化研究者生出的一种幻觉。审美外在于政府，实质上这种情况并不存在。我们应该认识到，一方面审美和权力关系是密切相关的，另一方面有时候审美又和解放的斗争联系在一起，这是一种复杂性的和矛盾性的关系。美学实际上和社会的、政治的过程联系在一起。

针对习性和审美、自由治理的关系问题，四川大学傅其林副教授指出，用习性的概念重新梳理西方文化很有启发意义，尤其是英国文化研究中以"习性与自由政府"之间的关系为核心线索，习性在此可以理解为自由政府治理性中的情感结构。值得关注的是，伊格尔顿在《审美意识形态》中也指出18世纪的美学家也很重视习性，认为习俗与美学的联姻构成了主体政治意识形态中的身份，审美作为身体感性是可以对抗政府的，习性对自由政府和自由治理性能起到一种颠覆作用。对此，托尼并不同意伊格尔顿的看法，审美作为一种身体感性可以抵抗政府的治理，这是精英文化受具体历史话语的影响而对权力的批评，他们幻想着审美话语是不同于政治权力的另一种话语。伊格尔顿的著作中关于审美的分析方法在根本上是错误的，因为伊格尔顿将审美作为一种意识形态的活动，总是将审美和意识形态联结为一体，过分地强调了审美的意识形态性质。伊格尔顿绝对地将历史上的审美分裂为互不相干的两极：一极是审美是主体形成机制，这种主体形成机制与阶级形成相似；另一极是审美作为未来解放的先遣，它与进步理论联系在一起，如果联系起这个观点与青年马克思主义审美的思考，在这一点上伊格尔顿的作品有许多启示。但这种分析审美的本质的方法是错误的，伊格尔顿过分地强调了审美两极之间的分裂性质，并不具有足够的历史性，他如果能够从社会的基础机制来看审美的问题，在具体的治理机制下来分析这个问题，从福柯的观点来分析，就不会将审美与自由放在一边，而把意识和知识放在另一边。审美作为某些权力产生的特定知识，成为治理性的某一种具体机制，例如在大学、博物馆、展览馆等机构中，可以去观察审美是如何发生作用的，从社会对具体的行为的社会规范这个角度来看待审美问题。

南京大学文学院博士生周海玲探讨了审美历史化与自由治理的关系，指出英国自19世纪审美道德传统到20世纪以利维斯为代表的精英主义和以威廉斯为代表的大众主义文化批评传统之间并不存在着完全的决裂。这个现象的重要启示是：一方面，文化研究首先在研究对象上回归到传统的审美研究；另一方面，审美研究不是继续超验美学的研究，而是将审美进行彻底的马克思主义历史论证，将审美作为一种塑造主体性的独特技术进行分析。英国文化研究现在面临的理论上的困境，一个主要原因是从阿诺德到威廉斯，他们都将文化视为人的审美实践活动，审美可以承担起实现主体性自由的政治功能。这实际上是重复了康德文化批判中的深层结构，高估了文化的作用，而相应地低估了现代国家有组织地运用审美对塑造自我主体性进行治理的技术的重要地位。

审美、习性与治理，是西方语境中提出的一个问题，因此中国语境的阐释和思考就具有特殊的价值。对此，中国学者立足于中国的语境，针对中国的审美习性与自由治理的关系阐发了各自的看法。南京大学王杰教授以中国审美经验的理论阐释为基本问题，就文化习性、审美习俗和自由治理在中国审美经验中的关系作了一个基本的分析，回应托尼·本尼特教授《文化、历史与习性》所提出来的理论问题。他谈到了以下几个方面的问题：第一，中国文化的特性问题。与西方文化不同，中国文化是以声像为机制的“外舒型文化”。意识形态是一种关键性的治理机制，而艺术和审美活动是其中一种有效的意识形态机制，展现审美意识形态的作用。第二，审美与习性改造相联系，在中国是和现代化过程相联系的。首先是蔡元培的以美育代宗教，使得审美自由和自由治理形成内在联系。其次是新民主主义革命之后，审美教育的自由治理功能被其他社会功能所取代。文学艺术和审美在社会现代化过程中的作用得到了充分的发挥，成为形成新的文化领导权的主要力量。审美启蒙和审美教育的问题转变成情感结构的调整和改造问题，其中民歌民乐发挥着重要的作用。他并且以南宁民歌节为个案，分析阐发了这个问题。虽然，当前在中国亚细亚的生产方式和西方后现代文化的结合的文化现状下，中国人的审美习性消极的方面仍然存在，但中国人的审美习性的改造和提高的可能性是乐观的。哈尔滨师范大学张良丛讲师从文化记忆的角度，探讨了中国人的习性和审美心理结构变化问题，指出习性并不是固定不变的，而是随着社会文化语境的变迁不断发生变化。目前，考察中国人的习性涉及三个方面的问题：第一，如何理解传统文化的治理性与审美问题。第二，中国近代苦难史的历史记忆对中国人习性结构和审美心理的影响。第三，全球化是中国人的习性变化的新的语境，值得进一步关注。南京大学文学院博士生任旭彬探讨了中国多样性文化不均衡交流中的审美习俗问题，指出中国传统文化是以中原汉族审美文化为中心的，在与各少数民族审美文化交流中，自秦汉至民国基本上是“以夏变夷”的模式而发展，中原文化周边地区的各少数民族审美文化则处于被改造被汉化的边缘位置；现当代的中国审美文化在民族平等的政治话语下，中国各民族的传统审美习俗深受政治话语的影响。中国审美文化从属于伦理教化或政治治理，社会功用十分突出，中国各民族审美习俗的演变因而总是呈现出不均衡的复杂性与多样性。南京大学文学院博士生曹成竹指出作为亚细亚生产方式和社会结构的典型代表的古代中国，其宗法和伦理观念多存在于各种习俗、习性中，借助美的形式和艺术手段表现出来，并强化自身、压制异已。同时人们对伦理道德、社会秩序的反抗同样会以各种艺术手段中审美习俗的改变为媒介。因此可以说中国语境中的审美习俗是丰富的和复杂的，它既因其内在的理性因素而扮演着专制主义社会“稳压器”的角色，同时又因其审美和自由的向度，而一直没有放弃对不合理秩序和强制权力的抵抗。

文化研究关键问题的多重理解与问题反思

对于文化研究的核心问题，不同学者的理解可能会差异很大，与会的学者也从不同的角度对这个问题提出了不同的关注。如民间艺术的政府引导问题、文化产业问题、性别问题、艺术赝品与自律的问题、文化间性的问题、文化研究的体制化问题，以及文化研究自身的问题。与会的学者都从不同的角度进行了解析，发表了各自的看法。

对于本土民间文化的研究纳入到文化研究的领域，很多学者达成了共识。复旦大学陆扬教授对金山农民画进行了系统的介绍，指出它扎根于中国本土的民俗和乡村生活体验，具有特殊的艺术价值和人文价值，但是在传统社会裂变和现代社会的复杂化的语境中，却面临着诸多问题，陷入困境。对此地方政府应能有所作为，扶助优秀艺术作品的同时，引导农民画走文化产业的道路，做到人文关怀和市场潜能的发掘相结合。咸阳师范学院强东红讲师探讨了民歌的保护与发展的问题，指出民歌的内容可以随着现实生活的变化而变化，民歌的形式可以脱离原来的社会历史语境，负载容纳新的内容。保护与发展民歌的重要途径可能并非固守其原来所负载的内容，而是继承、吸收和转化其古老稳定的形式元素，并以这种具有广泛群众基础的经验形式表征老百姓的当下的日常生活，表征他们的真实的情感世界。与之相对应，中国人民大学金元浦教授从北京奥运会开幕式的个案分析了全球化的内涵，指出其包含着全球本土化和本土全球化的双重内涵，二者的交互作用构成了当代世界沟通、交流、协商、合作的对话主义的主潮。西方文化中发端的后殖民理论今天应当反思世界文化全球变异、转型的当下现实，它的核心应当是全球文化间性（inter－culturality）。文化间性的思路不同于西方主流的强势文化的单向传输，“后殖民”这个词本身就带着西方殖民大国的思维定式与问题视野。对于中国和世界不发达国家来说，它应该是“后被殖民”的时代的全球视野和问题意识。以平等交流、沟通为基础的，以中国和合文化为参照的执两用中的中国思维，应当成为新世纪世界文化交流的重要参照。

目前，文化产业的问题也成为文化研究关注的核心问题。对此，很多学者也发表了看法。澳大利亚学者贾斯汀教授对后工业城市的文化和经济之间的关系进行了重新思考，提出创意产业的两重性：一方面，创意产业要求文化不再是经济的批判性力量，而是文化服务于经济转型发展的需要。另一方面，我们也应该看到创意产业在某种意义上深化了文化与经济之间的矛盾。南京大学顾江教授从制度创新、审美衍生和文化战略的角度，对文化产业的问题进行了探讨。他从多个角度对文化产业进行深层解析，以文化产业发达国家作为参照系，探讨政府管制下的文化产业制度创新与审美之间的张力，分析各国文化产品的审美衍生与各国文化战略的共谋所形成的文化软实力的增强，由此提出中国文化产业的未来发展路径。

还有很多学者从不同的中西理论资源研究的角度，介入了问题的讨论。北京语言大学李庆本教授从朱迪斯·巴特勒后女性主义理论入手，提出性别问题应该成为文化研究的关键问题。他指出巴特勒从质疑和重写以波伏瓦为代表的女性主义理论入手，消解了生理性别与社会性别的差异性。巴特勒通过她的性别述行理论揭示了生理性别与社会性别的一致性和建构性，彻底打破了性与性别的稳定性，从而为女性主义理论的发展开启了新的路径。徐州师范大学朱存明教授认为文化研究是美学发展的一个新的增长点，他从汉画像研究的角度，探讨了中国美学研究的方法问题，对于文化研究与中国美学建构问题提出了很好的意见。华南师范大学文学院段吉方副教授探讨了托尼·本尼特教授的文化研究的特点，指出托尼·本尼特教授对英国“文化研究”的理论传统既有呼应又有超越，更加注重工人阶级的经验性、文化的治理性以及实效性，其文化研究的理论范式超越了文化主义和结构主义传统，体现了一种特殊的政治性，丰富了马克思主义美学的当代观念的同时，对中国当代文化研究具有重要的启发。北京师范大学姚建彬副教授探讨了英国乌托邦小说的政治叙事模式在英国的政治生活中的作用，指出乌托邦小说在研究“美学、自由、治理”三者之间的关系的启示意义，英国乌托邦小说作为英国文化研究的一个富有生产性的领域，尚有进一步研究的空间。四川大学傅其林副教授探讨了拉德洛蒂关于艺术赝品与艺术自律的建构的问题。造假一直是艺术的伴侣，但是它从来没有能够分享艺术的自律。只要自律与他律、高雅艺术与低级艺术、自由艺术与应用艺术的区别没有相对化，就必然会出现造假。所以在现代，艺术造假是对艺术自律观念的颠覆，但是又来自于艺术自律观念。

对于文化研究的体制化的问题，也有学者也提出了自己的看法。南京大学周宪教授从文化研究的发展的角度，提出文化研究最开始是作为一个反学科的超越学科的策略，与社会思潮、社会思想密切相关，而我们今天的大学却把它看做一个学科的、体制化东西。在这种情况下，应该对文化研究的现实作用重新加以审视。对此观点，托尼也深表赞同。他指出，文化研究在六七十年代登上历史舞台，是作为激进派的运动而不是一种学术方法或者某种理论的，现在进入了大学的体制化教学之后，虽然逐渐消退了激进的锋芒，但是它作为一种研究方法，对文学理论等研究仍然是有分析作用的；文化研究不仅仅是一种极端的、走向街头的社会运动，它也关注教学课程，改变教学课程，使当下的教育产生改变。据托尼的认识，目前中国的文化研究的特点是关注大众（popular）文化的研究，这种研究也是体制化的，说到底是在政府的控制下分析政策对大众文化的引导作用。此外，文化研究和知识分子之间的关系也值得重新认识。首先，知识分子是面对人民发言，关心社会问题，他们属于专业的、技术的知识分子而不是一般意义上的官僚知识分子；其次，知识分子不是整个文化的 agenda（发动者），他们的工作是通过对文化工作的介入来参与社会和改变社会，例如他们把社会运动、种族问题以及大众文化研究带入大学课程教育，他们研究画廊、博物馆等文化机构在文化研究中的作用，这些都是知识分子在文化研究中介入型的研究，这就是他们从专业技术的角度参与社会、关心社会的方式。

众多学者还对中国文化研究存在的问题提出批评，贡献了很有建设性的思路。中国社科院高建平研究员就俗文化所表现出来的价值俗化的问题，探讨了文化研究中的价值问题，提出用审美教育取代世俗狂欢，用审美教育抗争和平衡世俗狂欢，以此推动美学复兴。中南民族大学彭修银教授回顾了文化研究的发展情况，指出文化研究需要的是一种批判精神，一种对话性的反思，一种能解决当下问题的实践行动。中国学者应该放弃精英意识，主动介入到当今的现实生活和文化中。我们需要加快创建自身的文化研究理论，最重要的是思维方式的转变，也就是看问题的方法、角度、模式的转变。要想搞好中国的文化研究，就应该看到我们自身的某些优势，而不只是对西方的论述亦步亦趋，同时也要向西方学习，不断拓宽自己的研究视野。只有这样，我们的文化研究才能真正走向大众，与西方对话。中国社科院文学所吴子林研究员对文化研究的限度进行了探讨：其一，文化研究以知识分子特有的期许和方式，对日趋纷繁的大千世界予以关注，这与其一开始就强调其草根性特点，是否已经有所偏离？其二，文化研究作为“书斋里的革命”，如何对待目前向体制内运动的倾向？其三，文化研究的主要任务在于认识世界，而不是改造世界？其四，文化研究走出了学术象牙塔的同时，是否重新构筑了一个象牙塔呢？其五，与以往的文学研究相比较，文化研究对现实的介入，及其强烈的政治批判性，其差异仅仅在于研究对象的差异吗？在中国知识分子转化为知道分子，成为“文化说书人”的格局下，中国文化研究的前景值得我们深思。

总之，这个学术会议本着研讨问题的精神，认真地研讨了文化研究的关键问题，关注了东西方文化研究的核心问题，同时又注意到东西方文化研究的差异性，并从多个视角透视了该问题。这次会议同时也对中国文化研究的问题作了回应和批判性分析，为文化研究中国化提出了一些有益的思路。这次会议也指明一个学术发展的方向：即文化研究、美学应该关注不同审美文化的特征，不再是以批判性为主导，而应该转向建设性的向度。我们相信，这次“文化研究的关键问题”研讨会会对中国以后的文化研究的深入走向、问题的聚焦起到一定的推动作用。

内容摘要：

“文化研究的关键问题”国际学术研讨会聚焦讨论了“习性作为文化研究中的关键语汇”、“习性、审美与自由治理之间的关系”两个中心主题，反思了文化研究中出现的体制化和研究对象过于泛化的问题，为文化研究中国化提出了一些建设性的思路。这些问题的探讨无疑有助于深化和确立国内文化研究的未来走向。

关键词：

文化研究的关键问题；习性；审美；自由治理

Habit and The Key Problems of Cultural Studies: an Overview of the "International Symposium on the Key Problems of Cultural Studies"

■ Zhang Liangcong, Zhou Hailing
(Department of Chinese Language and Literature, Nanjing University, Nanjing 210093)

Abstract:

The "International Symposium on the Key Problems of Cultural Studies" focuses on these discussions which have two central themes that "habit as keyword of Cultural studies" and "the relations among habit, aesthetics and governmentality". And this symposium reflects the problems of institutionalization and broad object consist in Cultural Studies. Furthermore, panelists contribute some constructive train of thought for Sanitization of cultural studies. All above mentioned will help to deep cultural studies and show the way to future Chinese cultural studies.

Key Words:

the key problems of cultural studies; habit; aesthetics; governmentality

文化差异中的美学与伦理经验

——许倬云与南京大学美学所的一次座谈

时间：2006年6月6日

地点：南京大学人文社会科学高级研究院会客厅

■ 林晓妍*整理

王杰（南京大学美学研究所所长）：今天很高兴请到许倬云院士与美学所同仁举行座谈。许先生的著作近年来在大陆出版了若干部，受到学界热烈的欢迎，但谈美学的论文和著作还没有见到，今天能够请到许先生给我们谈他对美学和艺术的看法，的确十分难得。下面我们请许先生先讲，然后大家讨论。

许倬云（南京大学人文社会科学高级研究院余纪中讲座教授）：我的本行是历史和社会，跨到哲学里头，是很不适当的事情。我对中国的欣赏，中国的美，也有一些外行的看法；我并没有理论，也不讨教哪家的理论，我只讲讲，向大家报告一下我的想法，给大家讨论，就算抛砖引玉吧。

一般人常从西洋理论和中国理论两边着手研究美学问题，我觉得中西之间有根本的差异，不是可以靠理论接轨的。为什么这样说呢？我觉得“美”这个观念是文化的一部分，每个民族都有它自己的宇宙观，自己的人生观，在它自己的宇宙观和人生观之中，才能提出什么叫美，什么叫真，什么叫善；脱开自己的文化经验，脱开一个文化长期孕育的一种观点，简单谈理论，不一定合辙，或者说很不容易合辙。我对理论的看法，就像我拄拐棍儿或坐轮椅一样，帮助我一段时间，到能走时，就扔掉它。当然，我很不幸，在现实生活中我不能扔

---

* 林晓妍，南京大学建筑研究所。

掉我真正的拐棍儿。

从古希腊、罗马一直到英国这一条线上，西方的宇宙观有很深的基督教影响。追根究底，还得追根到两河流域的传统。人与自然是处于对立面而不是融合。因为在两河流域居住，或是在希腊，自然都是相当无情的。在树林居住的日耳曼人，人与自然有很深的关系，日耳曼的传统演化成德国的传统。两河、希腊到英国的传统，是基督教本身的传统，大自然是上帝统辖的区域，上帝既统辖人，也统辖自然，人与自然的关系必须经过上帝，人与自然之间没有关系。人从外面看自然，这是观察型的，不是参与型的；假如人要参与，要经过上帝，不能经过自己，人自己没有办法进入自然。举个例子，我们进入博物馆，看西洋的绘画，不管哪个时代的绘画，甚至是希腊的壁画，更早的迈锡尼的壁画，你是站在一定的角度看那个壁画。西欧的透视发展得相当相当早，远的东西小，近的东西大，景物的透视一层一层地存在，这是站在一个定点上看事物的结果。

相对这个观点，中国文化的观察点就不同了。我先从绘画说起，我们同自然的关系，一直是参与的。从新石器时代，人与自然是结合的。有一件商代铜器，人的头在老虎嘴巴里，人与老虎是结合的，不是喂老虎，他和老虎是一个整体。神话里的动物也罢，铜器上的动物也罢，人跟兽是融合的。所以，我们看《山海经》神道都是兽面人身，或者人头兽身。楚国的帛书上画的，都是人与动物融合在一起；红山文化上的人和龙、人和猪——野猪、人和鹿都可以叠在一起，到了后来分不清哪里开始人，哪里开始动物；动物之间也一样，红山玉刻的猪跟鹿，这个半边看是鹿，那个半边看是猪。在红山，我看过一个老太太的像，石头雕刻的像，那个老太太的耳轮，正面看是一条龙，侧看是人的脸的侧像。一件玉的匕首，站直起来看是人，横着看是龙；人跟自然的关系不是对立的，是融合的。不管是树林里住的红山人，或是水边上住的良渚人，或者黄土平原上的居民，他的生活资源与他的生活是密切相关的，分不开的，中国文化的宇宙观，在我们和宇宙之间没有上帝，是密切相连的，人与宇宙互相融合，所以中国的生命观念是互动的，生命不是在我外面的，生命是在我里面的，我看的宇宙也是生命，从古代典籍一直到张载的《西铭》，宇宙是活的，宇宙与我合一，天地与人是一体，不管道家也罢，儒家也罢，甚至于中国化了的佛教也罢，这个观念一贯如此。

中国的山水画发达应当是佛教文化进来以后，早期山水作为背景，人物在前面，山水将故事隔离成一节一节的故事。后来山水画成为长卷，举一个例子：张择端的《清明上河图》，观画的人无法一眼看到底，你得走进画里面，跟着他走进汴河，一路进入街道，一路进入城市，一路走宫殿，从金明池出去。你必须在里面走，不能从外面看。因此，中国画没有什么透视，远的人，近的人都一样大，画中看房子，都从墙上往里看，观察的角度也不是很高，恰好比墙头高出半个头，这在西洋画是不允许的。西洋画法：室内往外，就要一个洞一个洞，愈远愈小，这里一个门，一个小方块，外面窗口一个小方块，窗口外面一个小方块，再外面才有树林。这与我们一眼临空往下看，看过了墙，看过了厅堂，看过了后院，完全不一样，中西方两种美学的基本假设是不一样的。再以郭熙的《早春》为例，画面上有一根线的，有道路的线，有溪流的线，溪流走上道路，然后走上夹缝，然后走上树端，然后走上山崖的裂缝，然后回环曲折往外走，中间还有岔道，往后山走。后山以后他不画了，由你自己去想象，观画者必须参与画家的作品。中国文化的透视是参与式的，不是对立式的。

我拿绘画这两个例子来讲，最容易切入本题。西方绘画艺术，雕刻也罢，绘画也罢，最初是神圣的，东欧东正教画的到现在还是以神像为主，神像没有人气，神像就是一片，也没背景，背景就是旁边的光圈，人跟神像之间保持一定的距离，不能接近。那么，西欧经过了文艺复兴，想要将天神拉到人间，小耶稣画成了小Baby，圣母画成个妈妈，神像人格化了，但是人仍然不能进入画中，观画人不能进入到那十三个人的最后的晚餐桌上，晚餐桌是弧形的排列，在你面前固定的，前面没有空间让你进去，桌子跟画框之间的空间，这个是许可观察者的距离，最近最近的距离，但是不许进入。文艺复兴时代的教堂把上帝画成老头子，可他在教堂顶上。神圣的地区是不允许进入的，假如我们拿神话来比喻，两河文化的生域与死域，截然分开，生死之间的鸿沟不许逾越，这个界线跟我们刚刚讲的中国的想法是非常非常不一样的。但中国这个想法是不是只有中国有呢？不是。不但中国有，印第安文化，东南亚的岛屿文化，基本上与我们的想法非常接近。我们平常说画图腾，图腾不是外来的，图腾是神圣生命与人的结合。

这样一种宇宙观，我以神话和绘画表达为例，是参与式的。以诗为例的话，一个五言四句的绝句，一共二十个字，基本上只是一连串的形象，由读者自己贯穿，好比一大堆珠子，你自己串珠子。词亦复如此，我们举个最简单的例子，马致远的《天净沙·秋思》，“古道西风瘦马”，从头到尾没一个动词，到最后一句“断肠人在天涯”，只有这个“在”字，这就是昨天张世英在他的演讲中讲的presence，它点活了前面讲的一个个孤立的形象，“古道”是一个形象，“西风”是一个形象，“瘦马”是一个形象，一连串十来个形象，都是单独的，要靠这个“在”字粘贴在一起。也有不给你“在”字的，《忆秦娥》：“西风残照，汉家陵阙”，八个字，你参与进去，才能解读它，你不参与进去，你没法解读。“西风”是个季节，“残照”是个时段，“汉家”是个朝代，长时段，“陵阙”是生死，这四个时段，除了站在那儿体会以外，你非要进去不可。中文是一串串形象的连缀，不像印欧语系，印欧语系像挂火车，挂列车，每一个词跟另外的词之间一定要像挂火车车钩一样连缀起来，非要挂列车那样挂起来不可，它不能靠你读者自己串。中文则是一串珠子，由你自己串联起来，串成什么形象看你自己当时当地的心情，当时当地的感受，所以我们的语文是参与式的、主动参与的方式。在日常生活里，我想我们都能体会同样的现象。抽象的水墨画也是一例，比如陈洪绶的画，人跟里头的怪石头之间，差别不大，一个老头子，他的脸，凸凸凹凹，都是瘦骨头，衣服有的直，有的硬，就等于一块假山石嘛。

上个礼拜天我去扬州，看了何园。何园里面有一个片石山房，据说是石涛建的，是一片小弧形的假山，后面是墙，前面是假山，每一个石头本来没意义，它的意义是由你给它的。你从它五六个窗，不同的窗口看，它会给你看不同的形，侧着看，横着看，那半片墙是千变万化，我看那片墙，看了半个小时，陪我去的人说，你发什么愣啊，我说我在欣赏啊。我说，你们会走路，你们往里头走，我走不进去，我在外面走它的路，你到里头走。内人走进假山，出来后，我问怎么样，她说每一个小路都有小洞往外看，每个小洞往外看很不一样，从里从外都是无穷的变化。观察的线索是动线，不是孤立的线，不是定线，也将你时时刻刻转换，这种转换的观念，在我们的造园艺术中是到了极点，我们的泼墨山水也是，到了一个很高的境界。

欧洲艺术，要到印象画派才会让观察者参与。凡·高画的同一个教堂，四个季节，四个时候，早上一个，晚上一个，夏天一个，春天一个，他要邀请你去，同一片教堂，同一片墙，这一片墙，你站在它面前，一点儿也没有什么了不起，他就是让你去看变化，它是给你示范。所以会看画的人，到那前面小咖啡馆里一泡，坐上一整天，就看光影的变化，云彩的变化，它邀请你参加创造。莫奈印象派，你近处一看，不成路数，颜色乱七八糟，白的点，红的点，小黑点，小光点，很远处看是荷塘。莫奈一辈子画了无数的荷塘，你换一个角度就看到不同的现象，它在邀你参与。

我到西班牙去看毕加索的那幅最著名的画《格尔尼卡》，西班牙战争时被轰炸后，毕加索画的画。画中的那个人，像骷髅头也不像骷髅头，像假山石又不像假山石，像五片四方块，你看它旁边的素描，单单那个脸，就有几十张素描图。从真实的人脸，真实的人体解剖看来，那个素描的图案，不是只有正面，正面、侧面、上面、下面都有。他拿一个面解剖以后，在不同的角度，成四五块，不成样子的方块，好大的嘴巴，嘴巴也不是圆的，是两个三角形；你才感觉到，那是一个人快要死亡前的，痛苦的叫喊，他是全身的每一个力量，他身体的每一面，左右、前后、上下、内外，都在哪儿。那个小的人，是多少个素描的综合，他不是叫你正面看的，他希望你，暗示给你线索，从后面看，从侧面看。

在芝加哥大学写博士论文的时候，我的研究室在一个博物馆内，博物馆的大门口的第一个房间是看大门的警卫，第二间就是我的。大厅内有一头大牛浅浮雕，有五条腿。从侧面看，前面看，后面看，都是四条腿，这一设计和毕加索是一样的，叫你转着看，叫你参与的。但是在西方文化中这个传统没有传下来，传下来的是埃及那一套的传统，是迈锡尼的传统。我觉得西欧的绘画传统走到最后是走入中国的意向。在很长一个历史阶段要拿具象的理论去解释，一直到印象派以前，印象派以后，不行了。印象派以后，用中国的经验去理解反而更容易得多。

其实，我们中国的一些实用的美学体系，美在何处？我们大家都知道，王国维先生讲隔与不隔，对不对。王国维先生的《人间词话》，真是非常简短，非常精致，那么薄薄的一本，蕴藏着无数的东西。王国维得到尼采的暗示，但他决没跟尼采走，“隔”与“不隔”的说法，是从中国诗画传统中传来的，“隔”与“不隔”，是有没有参与，有没有允许参与的空间，有没有允许参与的门道。如果作家不让你有参与的门道，你不能参与，那个句子就不动人，就叫“隔”。所以美没有所谓丑与美，没有所谓漂亮跟不漂亮。美的东西感人，叫你惊慌，叫你惧怕，叫你狂欢，叫你忧愁，叫你失望；像钩子一样勾出你的魂来，这就是美。有些好的诗词，它开了门，画好了一条暗示线，让你往里钻。李白的诗很动人，对不对？他根本不管句法，他开了无数的门让你往里钻。李清照的词也是开了门，邀你往里钻。

文章亦复如此，你读李陵的《答苏武书》，他开门开了无数，每个句四个字，每隔两个字三个字，他来一个入声字，入声字是短促的，四个字本来就短促，读这篇文章逼迫你哭，哭不出来那个感觉。李陵《答苏武书》节拍上面，先给你创造了条件，叫你读他的那个苦战不能成功，五千人白死，他白投降，他那一团凄苦、悲哀，拖着你进去，参与其中。

我最近写了一本书，叫《万古江河》，出版社替我找了一个故宫的《黄河图》作封面，从上源到入海，你非跟它走不可。它既像地图，又像画，一条黄河像大龙，你跟着它走，走向茫茫大海，使你看这篇图时，就很能理解到《庄子》里的河伯的意思，所以用这个图做我的书封面，我很喜欢。我很想告诉大家，我写那个书的目的是世界的走向，河流走向海洋，这是第一层意义。第二层意思呢？我们的知识只是一条小河，即便是黄河，黄河一流入海，漫无边际。我前面讲的一本书，实在只是黄河的一部分而已，到了下面汪洋大海。所以，那个封面我参与进去，我的序文，希望读者参与进去，不仅参与那个图，参与我的书，我留了许多让读者想的问题。好啦，我差不多说了四十多分钟，我讲到这儿为止，大家讨论。

王杰：刚才许先生讲得很好，讲出了中国美学的特点。不论许先生讲到哪里，都是在中西比较这个大背景下，用生动的例子来说明他的观点，许多观点是十分重要的，对我很有启发。下面，大家谈一谈自己的看法或作一点自己的发挥，如果有不明白的地方，也可以向许先生请教。

戴晖（哲学系教授，美学研究所副所长）：我想问一个也许抽象的问题，就是说中国艺术或者中国文化的神圣性是怎样表现自己的？西方文化的神圣性非常直接地告诉人们，它是和人分开的，就像您所说，它会在绘画中直接呈现出来。中国的艺术，我的感觉也是神圣的，对于我来说比西方绘画更加动人，而它和人又是那么密切，也就是说西方人会误解，中国人没有在绝对神圣这个意义上的神圣。

许倬云：可以这么说，西方人的神圣太具象，我们看高高的教堂，看看教堂的屋顶，给你拉远距离。我们中国的神圣是叫你起一种宇宙苍茫的感觉。举例讲，为什么我刚才用范宽的画来做例子呢？你看，中峰突起一座高山，你爬老半天才爬到山顶，那个心情就等于朝天进香，等于爬到泰山的南天门。爬南天门是一步一步往上走，你愈到上面你愈谦卑，这就是神圣感，这神圣感是心里起来的。我讲自己的一个经验啊，那时应该是十二三岁吧，抗战期间，我父亲的工作一直靠近前线，所以我们几乎年年逃难。有一次，走到了一个其实不是顶高的山，是湖北兴山附近的一座山，应当算是大巴山的一条支脉。我不能走路，是跟行李和给养一起被抬着上山的。快到山顶，远望像一个大洞穴，其实是个大悬崖，从那个大悬岩爬了半天，爬到山顶，到了山顶四顾，万山低头。山顶每棵树都矮矮的，长不高，风特别大，已经是春末了，还有积雪没化。到那儿，天地苍茫，给你神圣感，我在那儿，并没一点儿登临绝顶的愉快，我们人这么小，一个感觉要跪下来了，万峰低头，但你在那里不会感觉君临万物，却令人更觉微小。这个神圣感不需要画个上帝站在圆圈里，也不需要有荆棘与火焰！中国的神圣感要你自己参与。自然力量对中国人是提示，所以中国的绘画，最大的部分就是山水，透过自然来引申神圣感。另外，建筑，我们没有很高的房子，从大门口进去，一进比一进高，地皮并没有高，房子似乎逐渐变高，从照壁那儿的小广场走进去，一步步深，深到后来，最后的一个藏经阁，两层楼三层楼，上面还有很高的屋顶，一旦走进去，一路提升，境界就像朝山一样。皇宫也如此，你到天安门去，走到神武门，亦复如此，神武门比天安门高啊。甚至就是我老家的房子，经过大门三间，下去是天井，头厅，走进去是二厅，天井，再五间大堂，大堂的屋顶已经比头厅屋顶高出一截了。后边我们住的地方是两层楼，两层楼最后是封火墙，人从外边看，边墙是一直往上升的，边墙给你感觉是一直往上走，走到最后正屋的朝南房间大厅的楼上，那是放祖宗的神祇的地方，平常不用，给你神圣感，让你步步向上走，经过参与而获得的神圣感。前面说过登泰山，爬南天门，你看那朝山的老太太，拿了小木板，三步磕一个头，真是硬爬上去了，四个腿爬上去的。武当山的金殿高踞山顶，那个金殿——实际上是铜殿——它四个铜柱子，是避雷针呐，建在峰顶上，天雷打过来，叭叭叭叭叭，准是电光闪耀，号为雷火洗殿，全殿成为天地相通之处。甲骨文的“神”这个字就是打电，神道的“神”字，去掉那个“衣”字边，今天“申”那个字，就是拆开了两个闪电棒，拼起来就是今天“申”字这个样子，斜着写的就是一道闪光，是人跟天的关相交处，中国人的神圣感是靠天地之间的联系，而不是天地之间的断绝。

戴晖：天地之间的联系其实就是生活在大地上的人的人性？也就是说，在中国文化中神圣性和人性是不分的？

许倬云：对，就是心。“为天地立心，为生民立命，为往圣继绝学，为万世开太平”，绝学是人自己的事。外面的生命，身心都开出来了。我对阳明之学相当佩服，阳明之学是糅和了儒家、佛家和道家，糅和为一家。中国艺术，一定要有生命，要有力量，要有心灵，要有生气，一定要生气勃勃，一定要灵动，动的，不能静的。我们看画，画得不好是死画一片，它没有灵性，它不会动，齐白石画的虾，每条都是活的。

戴晖：是不是可以说，中国的艺术，也是以绘画为代表，无论怎么表现神圣性，它仍然是在世的，它是接近人生的，它根本就是人性的，神圣性就在人性中，所以不必拿神圣性作为隔离的东西。

许倬云：神学的境界，“圣”跟“俗”之间，神跟俗之间是对立的面，所以基督教讲“Thou”（上帝），大写的Thou，“我”是小写的，Thou跟me之间没有联系，对立的两端要靠基督来联系，神是主体。而中国的神灵与凡俗却不是对立的。

孙蓉蓉（文学院教授）：能不能这样讲，儒家是经过人的不断教养，具体的实践让自己的道德品质更加纯粹，在这样基础上，人才可以更加神圣。

许倬云：对，升华是不断的提升，我们最高的道德不是循规蹈矩，不是画方块走，而是到了七十岁之后，可以不逾矩，随心所欲不逾矩，相信自己的分寸，自由通达。人能将心交给你，所谓己所不欲，勿施于人，其实即是将心比心。这个时候不用画格子，不用写教条，自己知道，自己该怎么做人。中国文化中神圣性在于体会别人，体会自然，不在画格子，所以朱子他要用“理”来规范人，王阳明不是，王阳明是人和理内外一致的，孟子也是内外一致的。

孙蓉蓉：如果在今天这种人欲横流的时代，不画格子，那么我们很难规范一个人，如果我们直接地说“道德”两个字，可能很难规范一个人的基本教养，当然是在普通教育这个意义上。

许倬云：也不能完全这么说。我走了十来年，在中国做考古，去的都是穷乡僻壤，除非你们哪些个是从农村来的，大概我去的一些地方你们很难去过。

我有个感觉，就是愈是穷乡僻壤，没读过书的地方，普通的小老百姓，举手投足愈是符合人的原则：体谅你，帮你解决问题，诚实，做事勤快，没有任何教条，一片纯朴的心，没有人在管着他，是他自个儿心在管自个儿。几千年的文化含蕴就是四面八方围绕你的中国式的格言、中国式的绘画、中国式的雕刻、中国式的山川。我在中国看山川，我感觉到和在异国看山川不一样。在美国，除非到很荒凉的地方去，才会感到天人的相接，因为野味足。

殷曼楟（哲学系副教授）：许老师刚才您谈中西文化“艺术”的一面，给我很大启发，尤其是如果站在中国传统文化的视点上来审视现代社会的文化，可能更多的是对现代社会的反思、批判……

许倬云：比如刚才讲的绘画，西方的艺术传统也在转变，近代的艺术也走向现代的抽象的艺术，他们今天的社会，他们需要的艺术，不是远远的东西，他们希望艺术是参与的，就像政治是可以参与，权力可以参与一样。

殷曼楟：但是我们所面临的在中国文化里面，有了一个批判现实的视角，我们现在社会，尤其是文化艺术方面的现实情况是，我们所欣赏的电影都是好莱坞模式的电影，它都是一个震惊，一个奇观，这种震惊、奇观完全是一种距离感。这在视觉上如何反映到我们的……

许倬云：OK，你不要讲好莱坞，好莱坞在西方艺术里相当庸俗。好莱坞电影不能代表西方艺术。如果去林肯中心看小剧场，许多无名而认真的作家，他们将自己的所见所闻整理给你看，却能带动你反思很多问题。我举个例子，像李安《断背山》，听说国内不许演，看了没有？

殷曼楟：可以看，光碟、电影都可以看。

许倬云：你注意这部电影，一开始的时候好大一个大黑山，漆黑一片在山底下忽隐忽现两个小灯光，两个小光点，甚至一个小光点，但这个光点慢慢慢慢变大了，等镜头拉近，是黑夜里两个车在行驶。这两个小光点的时间，至少2分钟到3分钟，美国人从来没有这种拍法的，李安的手法是东方的手法。西方观众会说：Wander why totally darkness？他们没有注意那下面那两个小光点，小光点给你启示：所有的故事从两个小光点聚在一起又分道扬镳开始的。我能看懂，他们忽略了，所以说李安的手法不是好莱坞的。

很多人以为后现代是虚幻、破灭，其实不是，后现代在被多种文化冲击以后，使用心的人都提出疑问：为什么非是你这种文化表现的手法是真实的，是最好的？为什么不从另外一个角度看？经此一问你原来用的语言似乎也不对，所以后现代是个革命，后现代不是消极，它是反思。它提醒，主流文化是霸权和暴力，其实这“暴力”原来的意思是，别用你的东西来支配我们，我们翻译成“暴力”，其实是用强势的位置支配别人。后现代是个革命，我们中国的传统是在“五四”时代。我们过去是拿西方的立场来否定中国，就像胡适之先生说：中国人没有好的小说，因为小说里，他认为《红楼梦》是好的，他认为中国小说没有情节。其实情节是19世纪文学里面比较庸俗的一面。胡适之先生如此聪明之人，他以西方角度来测量中国东西，他在革中国文化之命。今天后现代是革西方文化之命，对照面参考的另一方却是中国的、印度的、印第安人的、非洲的。

殷曼楟：你的话是不是说，后现代倾向于是一种批判的思想？

许倬云：对。结果呢，我们的前辈们革中国的命的时候呢，太天真太马虎，以为天下只有西方的文化最好。比如我看昆曲，可以看出许多意义，而我的老师们多半是不屑看。我的前辈们大多以为莎士比亚是最好的，却不愿欣赏昆曲。

南京的朝天宫里头有个昆剧院，各位不去看其实挺可惜的。

一本昆曲的剧本本身常有多少种重新安排的可能性。《牡丹亭》，可以重新安排成多少种不同的方式，包含不同的信息，阐释多少种不同的意义？《桃花扇》也可以安排成多少种不一样的东西。《牡丹亭》、《长生殿》，都是大本子了。最近在国内以及在国外演出的至少有五六个不同的《牡丹亭》，信息完全不一样。白先勇复活《牡丹亭》颇有功劳，十分可佩。

解玉峰（文学院副教授）：许先生，我们所受的教育可能以为西方的戏剧才是戏剧，这样我们不喜欢我们的传统戏剧是因为我们所受的戏剧的教育改变了我们对我们传统戏剧的感知方面。可能“五四”以来教育的影响，使我们忽视了中国的戏曲。

许倬云：对，后来弄出曹禺、田汉都是非常写实的写实派，写实派在舞台上是玩不出来的，哪能真的牵个真牛上台！

解玉峰：许先生，您刚才讲《桃花扇》，是否说明您一直关注中国传统哪些元素可以在当代中国发挥作用？

许倬云：对。

解玉峰：实际上传统艺术和传统思想都面临这样一个问题，就是我们传统的戏剧，现在中国的晚辈都不喜欢看了。像《桃花扇》这个东西，糅入了现代元素，好像就是可以了，那么如果是像原先那样的，原汁原味的，你觉得怎么样？

许倬云：原汁原味的？因为《桃花扇》演出的次数太少了，所以真正传下来的乐谱不过是有限的几套，现在的复活的乐谱，都是昆剧人员努力从别的戏的曲牌里借过来的。这个一重编就有了新的解释了，有了自己的体会了。像石小梅，她能体会，她能懂，所以他们借的谱，拿过来以后填进去符合那个唱腔，这就是人自己参与进去的体会。《桃花扇》犯了清室皇朝对遗民的忌讳，演出的次数极少，丢掉的段远比《牡丹亭》和《长生殿》丢掉的要多。

解玉峰：三百年前，它可以演三天时间，每天演七八个小时，这样相对来说，可以走向单纯，而今天只能人上来下去。

许倬云：对！所以就要改编嘛。改编的过程我们就要抓住原来的精髓，就是说，人的阐释。演员有阐释，演员也在邀请观众参与阐释。培养情绪不能靠具象的布景，要靠音乐，要靠唱，要靠舞台上布置的情绪与环境。那个背景不是具体的。

解玉峰：现在大陆好多地方把戏曲里面，糅入了很多时尚元素，我认为这是一种炒作，糅入了很多商业性的东西。

许倬云：没错，从当年上海搞那个海派戏就开始炒作，海派戏的七夕可以牵个真牛上台。

解玉峰：实际上，是恶搞古代戏剧。

许倬云：说实话，白先勇勇气可嘉，毅力可嘉，真是花了大力气了。我并不完全同意他的做法，他是以青春为号召，不是拿《牡丹亭》的内在的东西来阐释。

解玉峰：白先勇有没有商业动机呢？

许倬云：他没有，他贴本贴得一塌糊涂。

解玉峰：他加入许多现代元素给国人看，是为了扩大《牡丹亭》的影响力吗？

许倬云：造成风气，造成风气之功甚大！白先勇他累死了，他处处募捐钱，自己又累又苦。

解玉峰：这是否证明了我们的古典戏文化剧就像我们的世界文化遗产一样，真成了遗产了，而不是鲜活的、有生命力的、和大家生活在一起的东西了。

许倬云：不错，我感到非常不舒服的就是造假古董。凡有遗迹的地方，他一定给你造个假古董。我到成都去看杜甫草堂，那杜甫，那胖乎乎的，比我还胖。还搞个假茅屋，说是杜甫草堂，杜甫草堂不是茅屋为秋风所破，老早就破了嘛！

解玉峰：我们的任务就是要把这个遗产再变成鲜活的东西，重新塑造我们中国人的生活，现代生活。

许倬云：具体讲起来呀，我一直在走这条路，一直没有走完，一直在走。我占一个特殊的方便之处，我是个残疾人，所以从小的时候，兄弟姐妹们跳跳蹦蹦玩儿，我不能玩，要抓我想抓的东西无法自己去抓，这种长期的状况等于是监禁一样的，慢慢我晓得，没有哪种欲望是你丢不下的。那个饼干，一个小孩会因为吃不到，哭得昏天黑地，弄得一个下午的别扭，终于拿到了饼干，却摔了一跤，饼干碎了！我呢，根本就没想吃那个饼干，也没有摔的痛苦，是不是呀？所有可欲之物，到了面前反正得不到，我慢慢就看淡了。坦白地讲，我的婚姻，真是天上掉下来的。我内人淡泊得很，你看我们饮食起居非常清淡，家里也没有任何花哨的布置。你要说到少年的时候，哪个人不希望有异性朋友，我自己知道不能交嘛，我何必自己去找烦恼呢？这就使得我的许多欲望，就放到旁边了，所以，“无欲则刚”这句话真对！我没有做官之欲，又哪有去找个瘸子做总理呀，对不对？我没有发财之欲，因为够用了嘛。前天吃中饭，徐雁教授问我什么时候感到经济上宽松了，我说多了五块钱就感到很宽松了。那时常穷得要命的时候，我多要了五块钱可以分点给别人去用，我就觉得很宽松了。所以，这种种欲望都不在我身上时，我过日子很舒畅，看文章也罢，看字画也罢，看什么也罢，心里没有疙瘩，空空荡荡，空空荡荡就很容易进入进去。

包兆会（文学院副教授）：许先生，您说中国古代里面是指苏东坡吧，以出世的精神，过入世的生活。今天这社会就是很多人太浮躁，许多人都想过加法生活，但古代道家和儒家给我们提供的减法生活其实对我们今天有很好的指引，就是让社会更人性。当然也有很多问题，我自己，也有很多困惑，第一个就是我们把我们的生命跟宇宙万物对比，人的生命的独特性在哪里？比如说一个玉，它无法去回应它生命中死亡的东西。我们经常说，人生是常如草木一秋，那么这样的人的独特性在哪里？现在我们能够去审美的世界可以解决我们生命中的一些痛苦，但生命的一些问题还没有解决，这是一个问题，这是我自己感觉的道家的问题。还有一个就是我们经常强调从内心向深处求，但是有一个可操作性的问题，而且向内心寻求往往看不到自我的边界在哪里。

许倬云：不能完全玩禅宗说禅语，也不能玩王学后期的那种玄虚的做法，玩些空字眼。道家其实也很认真，儒家对于生命本身尊敬是很了不起的事情，儒、道配合才配合成了中国文化，单单只有道家就空掉了，单单只有儒家，又太执著了。两者配合在一起，才是对于生命之尊重。我生于世，来之不易，别人到人间走一场也是不易，我不要销毁他，我也不要销毁自己，到了要走的时候，泰泰然走，没什么难过，没什么忧惧。这个对生命本身的态度，既要尊敬它，也不要太过分把它当做非要抓住的东西不可。

基督教一直解不开的困难就是生命的权在上帝，不在人，你要完全降服，交出去。能交出去也很好，因为你自己不再霸占东西，如果只是纯粹说交出去，交给牧师，或交给圣经，或交给教皇。交给教皇是最靠不住的，他远远地在那里。交给牧师吗？他跟你一样是个人啊。交给圣经？圣经里面，搞神学史的人知道，圣经里面不比我们十三经干净啊，中国的十三经，早的晚的，前前后后经和注，搞成一团，圣经亦复如此。那么就不如交给良知。

包兆会：我们这个文化里面很容易有一个绝对的绝对者，很容易对象化，很容易偶像化，所以捆绑我们的心理，比如说良知，一是不具备可操作性，另一方面无法成为我们的绝对的绝对者。

许倬云：良知作为道的体现，道是个绝对的存在，它就是存在，道就是being，那么良知就是being在我身上的体现，每个人这个良知，这个道，大写的being，在你身上体现，就是你的良知。

包兆会：那么这个道有没有谓格？

许倬云：不能有，因为它笼罩全部，所以就连上帝God这个字，只是表现了上帝一个面貌而已。

包兆会：也可能是启示出来的，不是理性能理解的。

许倬云：没错，启示是要参与才能得启示，启示不参与，启示是一句白话，圣经启示录里面的所有的信息都像《易经》和《推背图》一样，看不懂的，要你参与其中，你才能引申出来。

包兆会：我非常赞同许先生的说法，圣经里面三位一体表现在圣子身上，道生成肉身，人才有参与。基督旧约跟新约不一样，没有三位一体，那么这个旧约就可以做任意的解释，无规定性的解释。所以神学主要建立在新约的基础上面。

许倬云：基督主义者说圣经从头到尾一个字不能改，这是瞎话。圣经是一个经过筛选的后果，有一个发展的过程，不是每个词都是神圣的，里头分等级，分高下，就像我们的十三经，哪个是本经，哪个是注，哪个是传，往往也有弄不清楚的。

包兆会：如果这个是启示性的，在知识信息过分爆炸，知识思想过分碎片的这样一个社会里面，我们如何去寻找这种启示性？

许倬云：所谓启示性，中国历史上也出现过，从董仲舒一直到东汉初年，那一段搞的就是谶纬之学，那就是启示啊，中国的儒家几乎变成启示性的宗教。东汉儒家丢掉谶纬，回归本经。所以今天的启示你要在《易经》里面，在《论语》里面，在孟子里面，在荀子里面，在老子里面，在庄子里面找去。自己要找，别人不会告诉你，凡是有另外一个人告诉你，你就上了那个人的当。

包兆会：有一个绝对的对象化的区别。

许倬云：我们不能靠别人，要靠自己，当然，每个人各自领会。庐山是“横看成岭侧成峰”，一个庐山是一个大的 being，每个人体会的角度、方向、深浅都不一样，但你不能靠人家带路走庐山，人家带你走庐山，你是上了旅行社导游的当，但是我自己走庐山，走到后来有境界不同。世间形形色色的骗术，我对他们并不责备，我对他们怜悯，做假人，他自己良心知道，他在做假，从外面说得冠冕堂皇，到里面污污浊浊。我怜悯他，他自己受自己的责备，如果他聪明呢，他就会自己责备自己，如果他笨呢，不会自己责备自己，其愚不可及也，也就不必去管他了。

包兆会：感恩或者说怜悯，这种情怀在我们本土里面难以在这种情况下延续，或者说容易丢失，容易没有底线地做事。但有一种说法，就是世界三大宗教或多种宗教都有自己的问题，这些宗教都可以起到这样的作用，现在有这个说法。

许倬云：每一个宗教都有多种的层次。天主教有最高明的像德日进这种高人，这位近代的神学家，天主教开除了他，后来又收回来，给教士们讲课。也有最低的，你捐五块钱，我替你念二十遍玫瑰经，恕你的罪。道教有最高的高人，也有最低的，例如巫师乩童。佛教有最高的道理，也有最低的酒肉和尚，有骗钱的和尚。儒家有最认真的，也有骗人的。所以任何宗教里都有各种不同的层次，还有宗教本身的定义。从人类学来讲，假如说是一个已经建构好的宗教，它里头一定有仪式，这仪式是给一般人用的。用一个仪式，不断地提醒你自己，仪式是一个规矩。但中国的儒家，为什么不成宗教呢，它有宗教的情绪，宗教性，但它没有仪式。它的仪式表现在敬天法祖上面去了，在今天，祖宗不足法，天命不足畏，宗教性就没有了。

包兆会：我补充一下，刘小枫在中国大陆，对传播基督教起了很大的作用，但他在香港基督教界混不下去，因为他不受洗礼，不做礼拜，他说我是文化基督徒，我为什么要去计较这些繁文缛节呢？但是基督教不允许这样，你自己在家里面修行，读圣经，这个不行。您怎么看呢？

许倬云：在基督教里面派别甚多，有许多地方，别人不接受它的规矩，它一定要死板地定规矩，这就落了套不好了。有许多教派，它本身走斜了，比如美国许多旁门左道，你们可能听说有一个叫人民圣殿教，几百人一起自杀，这就走过头了。宗教本身其所以有宗派现象，就因为没有一家宗派能满足所有人的需要，所以我们就说，从高到低，从各种宗派来说，一个直着切，一个横着切，从高到低是水平，从左到右是宗派，只能说，各取所需，各凭其良心。但一定也会有人假借宗教来骗财骗名，儒家何尝不是如此。

金程宇（文学院讲师）：我是南大域外汉籍研究所的，我比较关心我们这一领域，我觉得您谈的东西方文化差异很有意思，对我来说，我更关心东方文化本身的差异。近些年去日本的机会比较多，我觉得中国的传统文化，有一些在生活上落实在日本，在日本或韩国倒保持得非常好。

许倬云：你提得很好，因为一般讲起，研究东亚其他各个地区的时候，我们往往陷入学理的研究，没有从生活层面下手去看。前一阵子，《大长今》热播。《大长今》里面讲的烹饪道理不就是我们的烹饪道理吗？今天我们的烹饪道理不讲那一套了。韩剧里有医道、商道，其实都是我们传统的东西啊。这些生活方面的层次，我们没去管它，我们研究他们的佛教与我们的佛教的差异，他们的儒教与我们的儒教的差异。许多做比较研究的人是太多从学理上入手，不从生活上下手，比如韩国有一个姓李的学者，他就研究他们的四端，孟子四端；韩国的四端是他们的重要的课题，而中国的一些儒家，四端几乎碰都不碰的。从四端下手是非常好的开始，韩国走的路，我们中国的儒家却不去处理。他山之石，可以攻错，这就是人家可以给我们以启示的地方。

王杰：谢谢许先生。今天许先生从历史学家和思想家的角度谈了中国美学的特点，这些特点是基于中国文化之上的，由此给我们很多的启发。我们的美学研究不仅要研究美和艺术的规律，也要分析以不同文化为基础的不同的美和艺术的规律。我个人认为许先生的这种思考是很重要的，有许多东西值得更深入地研究。因为时间的关系今天我们就到这儿。

内容摘要：

本文为许倬云先生与南京大学美学研究所的一次座谈。许先生从历史学家和社会学家的角度谈了他对中西文化差异背景下中国美学的独特理解和体验。他指出中国美学和伦理有许多特殊性，强调必须在注重文化差异的基础上，对不同地域、民族的美学和艺术规律进行对比研究和深入分析。许倬云先生的研究思路及观点例证无疑对于当代中国的美学研究转向具有重要的启示意义。

关键词：

美学；艺术；伦理；文化差异

Aesthetic and Ethical Experience in Cultural Diversity

—Discussions Between Xu Zhuoyun and Staff from Aesthetics Institution of Nanjing University

Abstract:

The discussions between Xu Zhuoyun, a historian and sociologist, and staff from Aesthetics Institution of Nanjing University, are very meaningful and enlightening. Prof. Xu mainly spoke on his understanding and experience about Chinese aesthetics in the context of cultural diversity between the West and the East. He showed us the characteristics of Chinese culture and ethic, and stressed on comparisons and analysis of rules of aesthetics and art based in different cultures.

Key Words:

aesthetics; art; ethic; cultural diversity

"Aesthetics, Society, Politics"

—An Interview with Tony Bennett

■ By Wang Jie and Xu Fangfu

Tony Bennett is Research Professor in Social and Cultural Theory in the Centre for Cultural Research at the University of Western Sydney, and a Professorial Fellow in the Faculty of Arts at the University of Melbourne. He has held previous positions as the Professor of Sociology at the Open University in the UK, where he was also a Director of the ESRC Centre for Research on Socio-cultural Change, and as Professor of Cultural Studies in the Faculty of Humanities at Griffith University, Brisbane, where he was also Director of the Australian Key Centre for Cultural and Media Policy. He is a Fellow of the Australian Academy of the Humanities. Tony Bennett has published extensively in the areas of literary and aesthetic theory, cultural studies, critical museology and cultural sociology. This is an interview with Professor Bennett by Professor Wang Jie, from the Nanjing University, now working at the Shanghai Jiaotong University, and Professor Xu Fangfu, from the China University of Petroleum (Beijing), at the Nanjing University on May 12, 2009.

Wang Jie (Hereafter referred to as Wang): I'm so glad that you came to the seminar we planned in Manchester. The Chinese version of your *Culture and Society* in China has aroused much attention from Chinese academics. There are already quite a few papers, master degree theses and doctorial dissertations that study this book, which means that more and more scholars in China have become interested in your studies and works. One point of such interest is in your early studies on Lukács' account of Marxist aesthetics. So could you talk in more detail about your early studies and about the relationship between your early studies and Marxist aesthetics?

Tony Bennett (Hereafter referred to as Bennett): My interest in Marxist aesthetics developed via a somewhat circuitous route. My background, my initial training, was not in literature or art or aesthetics, but in the social sciences which have always provided the vantage point from which I have engaged with aesthetic issues. My first degree was in politics, philosophy and economics from the University of Oxford, and then I went on to study for an MA at the University of Sussex, where I enrolled in a programme in the sociology of literature. It was in this context that I first became interested in Lukács' work, an interest that carried over into my doctoral thesis on the relations between Lukács' concept of literary realism and his concept of class consciousness. This was in the late 1960s at a time when there was a huge growth of interest, in both Britain and America, in the continental European traditions of Western Marxism. The work of Adorno, the work of Benjamin, the work of Gramsci, and the work of Lukács: all of these, among others, were made available in English in a spate of new translations, and were avidly read and hotly debated. This was at the same time that the work of the early Marx — Marx's *Economic and Philosophical Manuscripts*, in which Marx sowed the seeds of a historical and humanist aesthetics — was first made available in English translation. There was, then, a significant revival of interest in Marxist thought as these largely heterodox traditions played into the debates and politics of the New Left.

It was in this context that there was widespread interest in Lukács' work among the left intelligentsia, particularly in view of the role he played in opening up new areas of critical debate in the Soviet bloc in the wake of the 20th Party Congress: his role in the Hungarian uprising and as member of the short-lived Imre Nagy government, for example, and the challenge to the literary-critical orthodoxy posed by his 1956 book *The Meaning of Contemporary Realism*. As I only later became acquainted with Lukàcs' more formally developed Marxist aesthetic, my original interest in his work was not prompted by questions of Marxist aesthetics as such. Rather, as I have already indicated, my interest was in the parallels between his account of literary realism, developed mainly in the

1930s through to the 1950s, and his discussion of class consciousness in his earlier 1923 book *History and Class Consciousness*. I found the Hegelian acrobatics of the latter — his re-reading of Marxism as the philosophical self-consciousness of history, and his attributing to the proletariat the role of realizing the historical unfolding of the dialectic — quite intoxicating at the time. His argument that only the world view of the proletariat could offer a historical-philosophical position from which the totality of the historical process of human self-development could at last be made comprehensible; his construction of the proletariat, as the identical subject-object of the historical process (that is, as the product of history which recognizes itself as the instrument through which history will realize its immanent tendency to fulfillment in communist society): these were enormously stimulating if, as I would now see them, profoundly mistaken ideas whose appeal to a generation of student idealists was, however, understandable. My more specific interest, though, was to trace how a similar structure of argument informed Lukács' account of different moments in the development of literary realism, particularly from critical to socialist realism, and to clarify how, in spite of the considerable political difficulties he experienced during his period in the Soviet Union, he was able to imbue his conception of socialist realism with a critical philosophical content that was often quite at odds with the official Stalinist interpretations of this doctrine.

Well, this has been a long answer to your question, but these are the aspects of Lukács' work that attracted my interests in the context of the British New Left engagement with continental Marxism.

Xu Fangfu (Hereafter referred to as Xu): Thank you. Then besides Lukács, what other people are your studies influenced by?

Bennett: I was just about to say that. Although Lukács' work was very influential in Britain in the 1960s, that influence soon began to wane as many of its founding premises were called into question by the alternative traditions of Marxist thought — and of intellectual traditions critical of Marxism — that were made available by the translation of contemporary French, German, and Italian critical social theory. The most influential body of Marxist work here was that of Louis Althusser and, indeed, of the Althusserian school more generally. Although I had been deeply interested in Lukács' work, it soon became evident that both it and the Hegelian and humanist traditions it represented had become a theoretical and political dead end. Althusser's critical engagements with these traditions pulled the ground from beneath Lukács' formulations in a number of ways. His critique of what he called the expressive totality that informed the interpretations of Marxism proposed by Lukács and others proved devastating and lasting. The conception of the social whole as governed by some form of holistic unity such that all of its parts express, and are expressed by, the social totality to which they belong simply fell apart in face of the more supple analytical possibilities opened by Althusser's sense of the disjunctive relations between the different levels or parts of a social formation. This isn't to say that Lukács was the primary target of Althusser's criticisms; he wasn't. But it was easy to see how they applied to his work. The political limitations of Lukács' position also became increasingly evident. While, as I have indicated, his interpretation of the proletariat as the identical subject-object of history was seductive, it also rapidly became clear that, at bottom, little more than an invocation of the idea of the proletariat to fill a space in his Marxist-Hegelian system of concepts that was needed to give it a logical coherence. As part of a broader intellectual tendency whose logic Jacques Rancière has identified, but which was also evident to many of Lukács' contemporaries in the debates unleashed by the Bolshevik Revolution, the burden that Lukács placed on the proletariat of resolving the contradictions of history by bringing them to fulfillment was really just an exercise in philosophy and nothing more than that. His conception of the proletariat was more concerned with the idea of the proletariat than with the historical reality and particularity of working-class struggles; indeed, his famous notion of *klassenbewusstsein* — of imputed class consciousness — explicitly declared that, at the level of philosophy, Marxist thought should deal with the consciousness of the working classes as, historically, it ought ideally to be rather than as it actually was.

Xu: Does that mean that Lukács' version of Marxism is not practical enough?

Bennett: It's not a question of degree so much as of the kind of practicality it lent itself to. The issues are quite complicated, but when translated into the then current debates about the relationship between the Communist Party and the masses, Lukács' formulations did—albeit it with some qualifications—offer a sophisticated philosophical justification for the Leninist view that, since it embodied the idea of the proletariat and understood its historical interests correctly, the Communist Party might legitimately act against the actual views and wishes of the working class in any given historical moment.

But, to bring our discussion back to the questions of literary and aesthetic theory you first asked about, there was, within the Althusserian tradition, a different approach to these questions that I found more interesting and productive than Lukács' humanist and historicist aesthetics. This approach was partly elaborated by Althusser himself, albeit only briefly in two or three essays, but was more fully developed by his student and, later, collaborator Pierre Macherey. So far as Althusser was concerned, his formulations of the relationship between art and literature on the one hand and ideology on the other opened up a new approach to these questions. Lukács, of course, offered an account of the ways in which what he characterized as truly great literature differs from its minor forms, arguing this was true of works expressing the world views of progressive social classes since this, their role of representing humanity in the making, enabled them to give expression to the highest levels of historical self-consciousness available in a given epoch as distinct from the partial and limiting—and in this sense ideological—artistic perspectives associated with the world views of dominant classes.

Althusser's approach to the relations between art and literature on the one hand and ideology on the other was quite different. His contention, briefly summarized, was that art and literature offer a way of seeing ideology at work, opening up its operations to inspection, making them visible, and thereby generating the possibility that the subject might free heror himself from its hold on their consciousness. He was, though, concerned to differentiate art and literature from science as well as from ideology. He did so, in essence, by arguing that whereas science—by which, of course, he meant Marxism—might give us a knowledge of how ideology works through a system of concepts, what art and literature do is allowing us to see, to glimpse, to foreground the operations of ideologies so that we might disentangle ourselves from their effects. Ideology, for Althusser, is, of course, defined as a mechanism for producing subjects; for calling people into certain positions, interpellating them, so that they then recognize themselves as subjects of particular kinds: of a class, a nation, or, indeed, of humanity. It was immediately clear that, from this perspective, Lukács' man-centered account of the aesthetic as the realm in which there are achieved the forms of self-recognition that are appropriate to different stages in the progressive development of mankind, is itself an ideology according to Althusser's definition. It is a mechanism for producing subjects that enchains them within a certain identification of themselves in a subject-centred account of the historical process that revolves around the category of man.

This, then, was one more reason for thinking that, whatever its historical interest, Lukács' aesthetics had little contemporary relevance. This is not, though, to suggest that the Althusserian approach to the questions of art, literature and the aesthetic is without its problems. At the same time that I was first reading Althusser's work, I also became interested in the work of the Russian Formalists—a group of early twentieth century literary theorists whose work attracted a lot of interest, in the 1970s, on the part of structuralist and post-structuralist literary and film theorists. I was greatly struck, reading them at the same time, by the similarities between Althusser's account of relationship between literature and ideology and the Russian Formalists' account of literature as a practice of defamiliarization. For the Russian Formalists, the effect of what they called "literariness" — that is, the defining and distinguishing aspect of literary texts — was produced by works that manage to defamiliarize, to make strange earlier, conventionalized literary forms of representation. They spoke of literature as a method for dishabituating earlier literary forms, and opening up the world so that it might be seen anew, in a fresh light. There are evident parallels — differences too, of course — but strong parallels between this conception literariness and Althusser's conception of literature as a mechanism, so to speak, for cleansing our eyes of the distorting effects of ideology, and I explored these in my first book, *Formalism and Marxism*.

While both positions are very productive, the strength of the similarities between them suggested that the Althusserian position is best understood as a variant of the modernist literary aesthetic which the Russian Formalists were the first to articulate in rigorous theoretical terms. This, though, suggested that the very attempt to establish a Marxist aesthetic might be mistaken, indeed incompatible with its claims to be a revolutionary system of thought. For this meant—and Althusser put this point very forcibly—that its historical vocation was not to provide new answers to old questions, but to revolutionise the problems that thought should concern itself with; to produce new problems in place of the earlier bourgeois traditions it claimed to displace. Without this, indeed, Marxists could not legitimately claim that Marxism had opened up a new scientific terrain—the terrain, for Althusser, of history—and Marxism would need to be seen, instead, as offering only alternative solutions to a set of questions still posed in terms inherited from bourgeois philosophy. And that, it seemed to me then and now, is exactly what the various attempts to establish a

Marxist aesthetics that had been developed in the history of Western Marxism amounted to. What do we find when we look to Kant's *Critique of Judgment*, which remains the key text of Western aesthetics? We find an attempt to differentiate aesthetics as a particular faculty of judgment from the faculty of moral reasoning and the faculty of intellectual judgment, with each of these being interpreted as invariant modes of human cognition. How can such a concern to establish, not empirically but through the methods of the transcendental critique, such historically invariant modes of the subject's mental appropriations of reality be squared with a method whose aspirations to be a revolutionary science rested on its claims to be radically historical?

Well, I think it is now clear that Marxism is in general a much less revolutionary system of thought than its proponents have claimed. Be this as it may, it is I think clear that its engagements with the aesthetic have been largely philosophically and theoretically conservative. Virtually all Marxist attempts to establish an aesthetic have been concerned to differentiate the aesthetic from both science and from ideology as three different universal modes of intellectual cognition. So the structure of the argument that informs such Marxist aesthetics is thus the same as the structure informing Kantian aesthetics. Indeed, to generalize the point, the different schools of Marxist aesthetics are distinguished from each other mainly in terms of the different pre-Marxist philosophers they refer to in seeking a warrant and ground for their procedures and distinctiveness. So we have Hegelian versions of Marxist aesthetics (Lukács), we have Kantian versions of Marxist aesthetics (Lucio Colletti), and we have versions which look back more to Spinoza or Leibniz (Althusser). In all of these, moreover, the aesthetic is treated as a historically constant form of perception or judgment.

In taking issue with intellectual enterprises cast in this mould, the arguments that I developed in *Formalism and Marxism*, and also in a later book *Outside Literature*, tried to do two things. First, they questioned the validity of any project that aimed to establish the distinguishing properties of the aesthetic as an invariant form of perception or cognition, urging the need to locate the analysis of the aesthetic, as a particular kind of judgment, as the locus for a set of historically mutable capacities. Second, I argued that if the aesthetic were to be theorized and distinguished from science and ideology in these terms, the proper task for Marxist analysis was to concern itself with the social and historical conditions which made the production of such a distinctive aesthetic effect possible. There were, of course, a number of other theorists whose work tended in similar, if not identical, directions: most notably, perhaps, Pierre Macherey. It is, indeed, a tendency which I think developed out of the critical trajectory of Althusserianism, mainly, I think, because Althusser's formulations identified with exceptional clarity the dependency of the categories and procedures of Marxist aesthetics on the earlier systems of thought it was supposed to have surpassed.

Wang: Foucault once said there are some aesthetic elements in Marxism, but there is not such a thing as a Marxist aesthetic. What do you think of his idea?

Bennett: I'm not familiar with the text in which Foucault made that particular comment, but I certainly think it's true on both counts. As I have just indicated, I think the whole history of the attempt to establish a Marxist aesthetic as been fraught with difficulties because it is based on a mistaken endeavor. It is undeniably true, though, that the Marxist political imaginary—the very vision of communist society as a realm of freedom based on the historical surpassing of the constraints of necessity produced by the development of society's productive forces—rests on a particular historical reinterpretation of the Kant-Schiller concept of the aesthetic as the realm of free play. But I find Foucault's own relations to the question of the aesthetic something of a conundrum. He wrote quite extensively on aesthetic topics in his early work: his essays on Raymond Roussel and René Magritte, for example. I think that, for the most part, his engagement with such topics is pretty much indistinguishable from the terms in which other left French intellectuals at the time wrote about literary and aesthetic matters. Unfortunately, these are not questions he ever returned to in a significant or sustained way after the changes of direction announced in his later intellectual projects. His conception of an archaeology of knowledge, for example, the concern with the relations between technologies of power and technologies of the self developed in his work on the history of sexuality, his work on governmentality and, more particularly, on liberal government and its relationship to practices of freedom: these are clearly projects which point in a different direction from his earlier aesthetic writings, although exactly how he saw these differences and their implications for aesthetic matters—or, indeed, if he gave such questions much consideration at all—is not clear.

The major exception to this is his conception of the aesthetics of existence which he developed in his various engagements with the legacy of Kant and of the Enlightenment more generally, and his elaboration of the relations between critique and the practice of freedom. However, this is not an argument about the aesthetic as something associated uniquely with art and literature; it's more about the production of a critical relationship to the ways in which everyday life is lived, whether by the means of art or by other means, such that everyday life can be developed as a creative locus for self-transforming acts of freedom. So the conception of the aesthetics of existence is not connected with the notion that the aesthetic is embodied only in great works of art produced by geniuses. That said, Foucault's formulations remain caught within the orbit of Kant's conception of the role of the aesthetic in bringing about the free coordination of the faculties, and it's far from clear to me that his approach to the aesthetics in connection with questions of freedom is consistent with the terms in which he approaches the role of other knowledges in making up the kinds of freedom through which the forms of power associated with liberal forms of government is exercised.

Xu: So according to Foucault, the aesthetic is not high culture.

Bennett: No, his"take"on the aesthetic operates in a different register from high/popular culture distinctions.

Wang: Some think Foucault and Bourdieu are post-Marxists. Do you think this is true?

Bennett: Well, in Foucault's case it's very clear: he's definitely a post-Marxist. I don't know that he ever troubled to define himself explicitly as such. But he indicated in many of his works what he saw as the major conceptual shortcomings of Marxist thought, while also making it clear his concern was to identify the historical limits of Marxism rather than to take up a position against it as a whole. He was not anti-Marxist. That said, he was certainly critical of the 'workerist' strand within Marxist thought because many of the political issues that he was concerned with—questions of sexuality, for example, or the issues of prisoners' rights—could not be adequately theorized or addressed through the prism of class politics. More generally, in *The Order of Things*, Foucault was expressly critical of those aspects of Marx's thought he viewed as outdated, his view of labour for example, seeing this as but one species among many of nineteenth-century political economy, still resting, for example, on Ricardo's view of labour. He also made it clear in later interviews and articles that he regarded the Marxist analysis of ideology as fundamentally flawed in virtually every respect. In a thinly-veiled criticism of Althusser he made it clear that he thought the attempt to distinguish science and ideology by interpreting the latter as essentially subject-centred was invalid. More fundamentally, he objected that the binary distinction between truth and falsehood informing the Marxist account of ideology could offer no account of what he called the politics of truth: that is, of the forms of power that are bound up with and exercised through particular systems of knowledge. Whereas, in Althusser's formulations, ideology operates through an invariant subject mechanism in the context of ideological state apparatuses, and is always distinct from the subjectless forms of understanding he attributes to science, Foucault operates with no such binary distinction between truth and falsehood, science and ideology, focusing instead on the ways in which socially validated knowledges operate as machineries of truth with specific and very real power effects.

So he has an entirely different cut into the domain of thought than Althusser or Marxist thought more generally. Equally important, and this goes back to some of my earlier remarks on Lukács, Foucault was strongly critical of the man-centered structure of humanist interpretations of Marxism proposed by Lukács and others. Here he shared a good deal of ground with Althusser's theoretical anti-humanism. The man-centeredness of Marxist accounts of history as a process of Man's becoming, the man-centeredness of Hegelian or Lukácsian aesthetics: Foucault took issue with these, arguing the need for a displacement of humanist thought by examining the historical formation and relativity of the discursive mechanisms that had produced Man as an object of knowledge.

Xu: Since Foucault criticizes the man-centeredness of such discourses, then does he have his own idea about the center of aesthetics?

Bennett: No, he doesn't. That is the point really, I think. What Foucault's work stands for, among that of many of his contemporaries, is the clear conviction that we cannot read history as a kind of subject-centered process. History can only be read in terms of its discontinuities, not a continuous process. Marxist accounts remain wedded to a conception of history as a continuous process. Of course, it is one marked by revolutionary ruptures, moments of profound crisis, and even periods of setback, but, underneath it all, the steady growth of the forces of production and of human productive capacity constitutes an engine pushing the overall historical process inexorably on from one stage to the next. And if he saw history as discontinuous, he also disputed the view that societies are structured in such a way that all of their constituent parts are subordinated to a single, organising centre of power. This has become a significant aspect of post-Foucauldian thought more generally. It is, for example, a key feature of the work of Gilles Deleuze who was, of course, strongly influenced by Foucault.

Perhaps Foucault's pithiest summary of the need for new de-centred approaches to the analysis of power was the slogan that we have yet to need to cut off the king's head in political theory. By this, he meant that we need to develop ways of thinking about power that do not suppose that power in contemporary societies is still organized as it was in the absolute monarchies in western Europe, where power was concentrated in the figure of sovereign. So his account of sovereign power is, as a specific historical form of power, one linked to Western forms of absolutism in which power was concentrated at one point—that of the sovereign. This is not to suggest that sovereign power has since been entirely superseded. But to cut off the king's head in political thought means no longer thinking of power exclusively in such terms; it means thinking of power as emerging at multiple points and being exercised through multiple routes. This, again, is a point of significant disagreement with Marxism. It means that for Foucault power is not concentrated either in capital or in the state as the political expression of the power of capital. This doesn't mean that the state or capital are unimportant loci for the organization and exercise of distinctive forms of power. But they are not exclusive centres of power.

Foucault's work on governmentality has been particularly important here in opening up to analysis the many differentiated forms of power that operate through different systems of knowledge, particularly those bearing on the management of population. Equally, though, it's something that was evident in his earlier work. Take his *Madness and Civilisation*. If you want to understand the new ways in which those classified as the mad and insane were treated in nineteenth and early-twentieth century Europe, Foucault argues, you have to look at the specific ways in which the knowledge systems of psychology and psychiatry worked in their own specific institutional complexes—the asylum and so forth—with their own ways of marking out insanities as a set of problems to be referred to by a particular group of experts. Of course, Foucault admits that there are connections between such developments and parallel changes in the organization of economic relationships. But these are interpreted as parallel series with independent histories whose intersections have to be unraveled rather than relying on any a-priori or general theoretical formulation of the relations between them. The new forms of medical authority and expertise tied up with the development of new ways of partitioning and managing the insane have to be looked at on their own terms as an independent sphere of knowledge and power. My own concerns have been similar in trying to disconnect the analysis of culture from the problematic of ideology, and look at the realm of culture as made up of different forms of knowledge and expertise which are brought to bear on the regulation of conduct in specific ways that are not reducible to some unified conception of the state or to the requirements of the economy.

Xu: Then what about Bourdieu? Is he another post-Marxist?

Bennett: Like Foucault, I don't think that Bourdieu ever explicitly defined himself as a post-Marxist. And his work remained in many ways more closely related to Marxist thought in the sense that, for Bourdieu, questions of social class remained at the centre of his work. Foucault rarely wrote about questions of social class, and had little to say about the role of class in accounting for contemporary forms of social inequality. He did write about class in *Society Must Be Defended*, but this was from a long historical perspective concerned with how divisions of class, race and nation have often been superimposed on one another in the course of West European history, and he also offers some interesting asides on class in his discussion, in The *Birth of Biopolitics*, of the relations between the development of neoliberalism, the policy agendas of social exclusion, and the moralization of the causes of social inequalities that these agendas entailed. By contrast, class was always at the centre of Bourdieu's interest throughout his work, from his early studies in the sociology of education, through his work on the relations between class and culture in his most famous book *Distinction: A Social Critique of the Judgment of Taste*, through to his later work on housing. It also informed his engagements with the development of the literary and artistic fields. However, the framework in which he approaches class isn't particularly Marxist. His orientations — which see classes as cultural constructs rather than purely economically determined occupational groups — are more strongly informed by the work of Max Weber. Rather than seeing class conflict as the motor of history, he is much more concerned to look at class in terms of the unequal life chances associated with different class positions. This is clear in his concern with the respective roles of economic capital, social capital and cultural capital in determining life chances. His key innovation — the concept of cultural capital — is thus concerned with how unequal life chances get reproduced as a consequence of the ways in which people from middle-class background are able to transmit privileges and assets (educational assets and advantages, for example) to their children because of their familiarity with the kinds of cultural knowledges and competencies that are recognized and rewarded by the education system. So middle-class children are likely to do better than working-class children in school, they are more likely to go to university and to do well there, and so more likely also to be recruited into high-status and well-paid middle-class professional and management positions — so as to be able to pass on cultural capital to their children in an another cycle of inheritance.

Xu: May I understand it this way: Cultural capital is something like this, privileged parents have privileged children while poor parents can only have poor children.

Bennett: Yes. That's a rough summary of it and, as you can see, class was crucially important for Bourdieu. However, this did not incline him to place too much trust in class politics. He too, like Foucault, was critical of tendencies that sought to coordinate all social struggles around the interests of the working class, and was often sharply critical of the working class' political limitations. He was opposed to "workerism". That is to say, he often supported working-class parties, and the trade union movement, in France around specific industrial issues, but he did not support anything like the Lukácian view which sees the working class as (in its ideal form) a source of truth. On many issues, for example, those concerning the politics of colonialism and immigration, he was strongly opposed to the anti-immigration stances and positions adopted by sections of the French working classes. So, while by no means idealizing the working class, by far the greater part of his empirical work was dedicated to showing how the mechanisms that produce inequalities continue to trap the working classes into severely impoverished ways of life and conditions of existence. He was equally concerned to expose the mechanisms that produce and reproduce privilege.

Xu: Thank you for the very enlightening analysis. Now could you talk about the development of your interest and studies, that is, what are your recent studies mainly concerned with?

Bennett: Over the last three to four years, I've been working on two main projects, one of which derives its main impetus from the work of Bourdieu while the second takes its guiding orientations from the work of Foucault. The first project has been very much a team project. Together with a number of colleagues at both the Open University and the University of Manchester, I have worked on a long-term and large empirical inquiry into the relationships between practices of consumption and the organization of class relationships in contemporary Britain. The final results of this inquiry have just been published by Routledge in a book-called *Culture, Class, Distinction*, which examines in detail the relationships between class, cultural capital, and the reproduction of privilege in contemporary Britain — the kinds of things we were just talking about a moment ago — as well as the ways in which such relationships are complicated by considerations of age, gender and ethnicity. Of course, in engaging with these questions empirically, we have also been concerned to probe Bourdieu's main theoretical concepts—his concepts of habitus, cultural capital, and field, for example—to identify the respects in which they might need to be revised in the light of contemporary theoretical debates in the social sciences. One of the aspects of Bourdieu's work that has been of particular concern to me in this context is his account of the relations between what he calls the Kantian aesthetic of disinterestedness and the working-class culture of the necessary, and its adequacy as a historical account of the relations between aesthetic and social practices. For while this aspect of Bourdieu's work has been enormously productive, there are also many limitations to Bourdieu's discussion of these matters, mainly, I think, because he considers the social inscription of aesthetic discourse and practices from the singular perspective of their role in relation to class-based forms of inequality. A quite different perspective on the social and political history of aesthetic discourses and practices is opened up if one considers, instead, their role in relation to practices of governance.

Of course, there are different ways of approaching the relations between aesthetics and governance: Jacques Rancière's work suggests one such perspective, and I find this helpful in some ways, but I have been more interested in the perspective on the relations between the history of aesthetics and practices of governance suggested by Foucault's work on liberal government. This has formed an aspect of the second project I referred to earlier. The working title for this project is *Making Culture, Changing Society*. Its central concern is with the implications of Foucauldian governmentality theory for the tasks of cultural analysis: the manner in which these should be defined and then approached. How are different forms of cultural expertise and knowledge involved in the organization of what Foucault called "the conduct of conduct"? What roles are played by different forms of expertise in producing culture in various forms which are then brought to bear on the task of managing the conduct of different sections of the population? Through what mechanisms are different forms of culture connected to the social, understood, in its Foucauldian sense, as the realm of conducts that need to be managed to promote the wellbeing and security of the population? What kinds of transformative or regulative effects do they have there? These are questions which point to the ways in which different cultural knowledges—like aesthetics, of course, but also history, anthropology, heritage studies, and, indeed, cultural studies—fabricate distinctive forms of culture in specific institutional contexts like museums, art galleries, broadcasting, and cinemas which also provide their points of connection with the social.

To be concerned with questions of this kind in relation to Foucault's account of liberal government means paying particular attention to the role that culture plays in making up and organizing the particular kinds of freedom through which liberal forms of government work. There has also been a strong collective context for this aspect of my work which has been developed in collaboration with other researchers I have been working alongside in developing a research theme in CRESC—the UK's Economic and Social Research Council (ESRC) funded Centre for Research on Socio-cultural Change—before my departure, in 2009, to take up a position in the Centre for Cultural Research at the University of Western Sydney. It's also work that I have developed in collaboration with my Open University colleague, Francis Dodsworth, and the historian Patrick Joyce from the University of Manchester, and the sociologist Nikolas Rose from the London School of Economics through a seminar series—*Government and Freedom: History and Prospects*—we organized for the UK's ESRC. My particular concerns in this broader context have focused on how the social deployment of specific forms of cultural knowledge and expertise have come to form parts of what might perhaps best be called liberal cultural technologies which operate, essentially, as a means of getting people to become actively and freely involved in the process of monitoring, regulating and changing their own behaviour in ways that accord with the requirements of particular governmental rationalities. If, in Foucault's conception of liberal government, freedom comes to be a key axis of government—a mechanism of governing—what role does culture play in producing the distinctive cogs and machineries through which freedom is organized as a particular set of techniques? This is not, of course, the freedom that liberal philosophers talk about; it is freedom as a set of social and material techniques and conditions.

It is from this perspective that I and others drawing on Foucault's work now approach aesthetics. There is, of course, nothing new in equating aesthetics and freedom with one another: Kant did it. My concern, however, is to understand how such equations operate as parts of a distinct historical formation of material, institutional and discursive techniques which so equip works of art, their producers and their users as to make up certain kinds of freedom which function as distinctive kinds of governmentality. This, though, needs to be situated as part of a broader concern with how, as a distinctive form of expertise, aesthetics operates alongside, but differently from, the ways in which other forms of cultural expertise—the discipline of history, for example, or that of anthropology—also produce and distribute distinctive forms of self rule that operate through mechanisms of freedom. These are all forms of cultural knowledge that generate distinctive ways of training conduct, and that are put to work in and on the social to change social behaviour in various ways through what are quite complicated institutional mechanisms: museums, heritage organizations, community arts practices, etc. In suggesting that the analysis of the aesthetic should be placed in this context, I am, of course, talking about aesthetics as a way of thinking about and equipping the relations between works of art, art producers and art consumers associated with Western aesthetic theory, especially in its post-Kantian forms.

Wang: Yes. But your analysis is based on the western context. As I mentioned yesterday at the seminar, the Chinese context is very different. Take museums for example. Both China and Britain have large numbers of war museums. But the ideas reflected through these museums are quite different in that in China, the dominant idea contained in war museums is mainly heroism, but British war museums, it seems to us, mostly reflect the idea that war is destructive in all aspects.

Bennett: This is a very interesting issue. Your suggestion that British war museum, unlike their Chinese counterparts, are perhaps more objective in representing the mercilessness and destructiveness of war is true of their contemporary practices. But this is a relatively recent development. If you were to take, for example, the Imperial War Museum, you would have found that, when this was first established, it was strongly committed to jingoistic and imperialist celebrations of British heroism and military power. And a good deal of this remains in the midst of more recent and less celebratory depictions of war. It's only really since the 1960s that museums in Britain, and in many other

Western countries, have become less stridently nationalistic and more open to looking critically at the relations between war, nationalism and colonialism. This has been part of a much more general opening up of museums to criticism from a range of perspectives — the politics of race, for example. If you had gone to a British or an American or an Australian anthropology museum in the 1950s or even the 1960s, the likelihood is that you would have found their exhibitions conveying, quite unselfconsciously, the view that white Western people are inherently superior to other ethnic groups. If this is not so now it is partly because of the subsequent development of what is called the 'new museology' which questioned the assumptions underlying earlier museum practices in the light of the critical developments, evident across a range of intellectual disciplines, in which earlier hierarchical conceptions of the relations between races, between genders, and so on were called into question.

The "new museology" was, in these respects, very much a response to the widened political repertoire of the New Left — broadened out from a primary focus on class to attach equal importance to the politics of race, gender, and ethnicity. It was in this context that museums became targets of political activists. Feminists staged campaigns in front of and inside museums criticizing their depictions of women as subordinate to men, as only mothers and homemakers, and so on. In both America and in Britain museums were explicitly targeted for political criticism on the part of Afro-Americans, on the grounds of their neglect of Afro-American culture, their continuing depiction of Afro-Americans as an inferior race, and so on. This has generated an ongoing politics of museums which, quite apart from its influence on the "new museology", has had an impact on the concerns of a much wider range of disciplines: on cultural studies, for example, and on sociology, both of which have contributed a good deal of new and really important work to our understanding of the relations between museums and broader social and political processes. And, of course, this work now plays a part in the university courses through which museum curator and other kinds of museum workers are trained so that pretty much the whole museum profession in Western countries is now familiar with and sensitive to these issues.

All this is to say that museums are now places in which new forms of cultural knowledge and expertise are put to work with a view to acting upon society to change it in various ways. Of course, there are remnants of earlier histories. The arguments marshaled by institutions like the British Museum and the Louvre that their role as universal survey museums justifies their resisting, as a matter of principle, demands for the repatriation of cultural materials that are of an evidently greater symbolic value to other countries — the Elgin Marbles, for example — are clearly opportunistic. However, to come back to your question, it will be interesting to see how far China's openness to the critical perspectives of disciplines like cultural studies and to the perspectives of the"new museology"will give rise to similar political debates around the role of museums in China. These are the kinds of processes through which knowledge-power relationships can be changed through the efforts of intellectuals side-by-side with the role of social movement activists.

Wang: In the past three or four decades in China, the aesthetic has played a very important role in the process of modernization. Because no religion in China has become as central to people's life as Christianity has been to western people, some maintain that aesthetics in actuality has taken the place of religion in China. The year of 2009 is of vital importance to China in that it is, first of all, the 30th anniversary of the beginning of economic reforms in this country, and secondly, it is the 60th anniversary of the founding of the People's Republic of China. A large number of academic meetings and seminars are held to recall and reflect on the changes that have taken place in the past 30 and 60 years. In these discussions of the development of the aesthetic, there is one thing noticed different from the western tradition in doing aesthetic studies. That is to say, we are doing the aesthetic studies more often from idea to idea and from book to book. In other words, we are lacking empirical studies in this field.

Bennett: I am very interested in your remark that the aesthetic might be taking the place of religion in contemporary China. I am interested because the origins of contemporary Western aesthetic discourse in the late seventeenth — and early eighteenth — century Britain were partly connected to a sense of its potential to provide an alternative to religion as a means of social ordering. This was in the context of the radically curtailed and weakened power of the monarchy in the aftermath of the English Civil War and, perhaps more important, this was also the period of the first rapid development of a market society in Britain. This led to aesthetics also being invoked as new way of ordering the relations between the governing and the governed classes in the wake of the dissolution of many earlier forms of social ordering and distinction under the impact of market forces. At this time, aesthetic discourses and practices formed a part, as an alternative to the authority of both priests and kings, of a new way of organizing the social authority of the landed gentry, linking their claim to the exclusive exercise of political power to their capacity for refined aesthetic judgment and discrimination. This connection to unequal power relations has been an important aspect of the continuing history of the social inscription of aesthetic discourses and practices in the West. Yet there has also been another, and a contrary, aspect to this history, one in which the aesthetic is claimed as a source of resistance to power, as a form of and resource for emancipation. I have already indicated why I think such claims need to be handled carefully in suggesting that the kinds of freedom that aesthetics helps to make up have to be understood as distinctive forms of self rule, as parts of a historically specific form of governing through freedom.

Nonetheless, these remarks might suggest some interesting ways in which the function of aesthetics in contemporary China might usefully be examined. I don't know nearly enough about the histories of Confucianism, Taoism, or Buddhism in China; about the differences between their roles in processes of social ordering compared to that of Christianity in the West; or about their connections with the imperial system and its legacies through into the nationalist and communist periods. But two key questions to put concerning the social role of aesthetics in contemporary China might be, first: what are its relations to what Foucault called the party form of governmentality exercised by the Communist Party in China?, and second: what role does it play in relation to the increasingly rapid development of market relations in China following on its opening up to globalization? These are questions that really do need empirical work for scholars to be able to answer them and engage with them effectively.

Foucault's work provides one route into these questions. I am thinking of his remarks on the aesthetics of existence which, although he doesn't limit it to art, does include questions concerning the role that artistic practices might play in organizing everyday life as a space of freedom in the sense of providing a set of practices of self shaping that are not subject to the guidance of moral or epistemological authorities. In what ways, then, are new spaces for creative practices being opened up by the commercialization of culture in China, and in what ways do these provide alternatives to the governmentality of the Party?

But Bourdieu's work provides another route into the social and cultural significance of the growth of the Chinese economy and the ways in which, within China, this is linked to the development of new forms of inequality, particularly ones connected to the massive increase in both the size and spending power of the Chinese middle classes whose consumption patterns now play a key role in China's and, indeed, the prospects of global economic growth. Many of these middle-class forms of consumption parallel Western ones: the demand for cars, media, domestic appliances, etc. And there is increased demand for cultural goods of all kinds. What role do new forms of cultural consumption play in relation to the emergence and development of the middle classes? Is their social position dependent on mechanisms for acquiring and transmitting cultural capital across generations along the lines suggested by Bourdieu's analyses? You asked what kinds of empirical work Chinese scholars might do to take aesthetics beyond the study of ideas. Well, I'd say that Bourdieu's work provides a means of engaging with what looks likely to be an enduring social and political issue in China: how a growing middle class seeks to secure the conditions that are necessary for the consolidation and growth of its privileges. How are privileges and inequalities now being produced, and reproduced, in the complex relationship between the Chinese middle classes, the Party, the market, and the school system? That would be really tremendously important empirical work to do.

Xu: I think this is an important suggestion and Professor Wang may take it and do something about it. I hope you're not overburdened with so many questions. But the next questions may again be very interesting. Professor Wang once led a team of his students to make some anthropological investigations into the life of the Black-dressed Zhuang ethnic group, which is a branch of the Zhuang minority in southwest China. From the photos we can see their primitive houses, their mode of production (traditional weaving machine), their cultural life (the superstitious ritual to scare away the ghosts and devils and so on). That is to say the people there still live a primitive life. To be specific, they are living in the Bronze and Stone age. But on the other hand, not far away from this primitive village, is the modern city of Guilin, where an annual international folk-song festival is held to attract attention to the development of this area. Professor Wang has been obsessed with the question of how ethnic groups of this kind can be modernized and their habit be improved. For example, he met a young girl singer at the festival who received very little education. As a talented singer, she got quite a few offers from big companies to finance her education until she finishes her university studies. But to his surprise, she turned down all those offers and went to Guangzhou as a migrant worker. He really cannot understand the girl's choice and is worried about how the habit of such ethnic groups can be improved and updated. Another example is that the government, in order to improve the life of these local people, gave them or invested a lot of money every year. But most of the money they received goes to eating and drinking instead of production. This again makes Professor Wang think what may be the driving force of habit improvement of the local people such as the Black-dressed Zhuang ethnic.

Bennett: Well, these are very difficult questions. Some of the difficulties here may lie in translation.

Xu: Sorry for this.

Bennett: No, I didn't mean your translation but the general difficulty of speaking across cultures, and it has to do with the associations of the concept of "primitive". A fair amount of my recent work on museums has focused on the history of western anthropology and its relationship to the projects of colonialism, and it's very clear that calling the members of colonized cultures "primitive" and exhibiting them as such in museums formed a key aspect of colonial power. Starting with the early twentieth-century criticisms of Franz Boas, and developing momentum through the twentieth and into the twenty-first century, these earlier tendencies in Western anthropology have been very much criticized from within. It is thus only rarely — if, indeed, ever — that term "primitive" is now applied to other peoples.

Xu: You mean this is an awkward word?

Bennett: Yes. But it's not only awkward. The very the idea of speaking of other peoples as primitive, as if there were a single level of development running from the primitive to the civilized, has been hotly contested. It's now widely accepted that the relationships between different cultures cannot be calibrated along a single temporality of development. Different cultures develop in their own way according to their own dynamics and standards, and this, the recognition of a plurality of cultures with different values rather than ranking them hierarchically, is now the main signature of Western anthropology. I can perhaps best illustrate the point with a specific example. As you know, I lived and worked in Australia in the 1980s and 1990s, and I will be returning to live and work in Australia in a few months time. There is, of course, a long and sorry history of regarding the Aboriginal people in Australia as not only primitive but as the most primitive of all peoples. Yet if anyone now were to refer to Australian Aborigines as primitive people, they would be offended and shocked beyond belief. They have fought a long, long, long struggle to dispute the notion that they are primitive, which they rightly interpret as the discourse of the coloniser. By and large, Western anthropologists have accepted this because a people may have a low level of technological development doesn't mean that their belief systems, their thought systems, or their knowledge systems are primitive.

So, if the question is one of translation, it is so in a deep sense, and one that I needed to clarify so that the question might be posed in a different way, which I'm sure was Professor Wang's intention anyway. The way I'd put it is: how should questions of development be posed when they concern the relationships between minority peoples and majority peoples in contexts of domination? I don't have a good general answer to this question except to suggest that it's important to differentiate between different kinds of development. To go back to the position of Aboriginal peoples in Australia, when we talk about development programs in this context we need to be very clear what's being referred to. The material conditions of life for Aborigines, particularly for those who live in the remote parts of Australia—the outback, as it is often called—are often quite shocking. Aborigines in such areas die up to twenty years younger than white people. Their material conditions of life, their housing, their sanitation, their education and so on are all at much lower levels than those for other Australians. So there are many very real problems here of material development, but they are problems which cannot be detached from the history and, indeed, the continuing history of the domination of Aborigines by the Australian state. I don't know what the history of he Zhuang people is or the nature of their relations to the Chinese state. But it's important to remember that there are internal processes of colonization as well as those associated with the histories of imperialism.

Xu: But Black-dressed Zhuang people as we mentioned just now are not colonized in the same sense as you talk about the Australian Aborigines. They are just isolated from the outside world.

Bennett: Well, as I say, I don't know the history so I can't comment on the particular case. My more general point, though, is that one needs to be wary of suggesting that the habits of particular group are backward and that, as such, they need to be changed. Undoubtedly, and this is true for all social groups, particular habits do need to be changed if particular government objectives are to be achieved: like managing waste or reducing global warming, for example. But this is different from suggesting the need to change the entire set of habits of particular groups. And, as I know is true of Professor Wang's own relationships with the Zhuang people, productive relationships cannot be developed without a deep knowledge of and respect for the beliefs of marginalized peoples, and their right to hold onto many aspects of their ways of life, their habits and customs if you like. Again, because I know it better, the cosmology and practices of what is often referred to as the dreamtime have proved to be of tremendous importance to Aborigines in maintaining a distinctive identity and culture in the midst of a long and bitter history of colonization. The dreamtime was initially dismissed by Western anthropologists as a primitive belief system that was not sophisticated enough to count as a religion. Since then, very much as a result of Aboriginal political and cultural activism, the dreamtime has come to be accepted as a knowledge system that has its own sophistication and integrity, as a cosmology that is as well developed as that of any Western religion. The Aboriginal response has been to say, "You come here and you tell us that our belief in the dreamtime and in our ancestors is a primitive belief system. Yet you also come here and you tell us that Jesus Christ was born through an Immaculate conception. Who's being silly here? Why are our beliefs any more primitive or less credible than your own, to us, incredible Christian beliefs? How is your story telling different to ours?"

So I don't think there is much to be gained by arguing that the habits of any ethnic groups or generally are primitive or backward, and that they need to be changed en bloc if they are to be developed. Yet, at the same time, I accept, as Professor Wang's examples tell us, that the very real social and political task of improving material living conditions can sometimes come frustratingly to grief not because of habits as such but because of the defensive forms of resistance that marginalized peoples often develop as means of keeping external forces at bay. This often proves to be a source of frustration for many governments and the forms of aid they provide—monetary aid and material assistance—as these often fail to bring about real improvements precisely because they are still dogged by the very histories they are trying to overcome.

Wang: Now shall we come to the last question? In your lecture the day before yesterday and at the seminar yesterday you mentioned your different understanding of the ideology of aesthetics from Terry Eagleton. Could you elaborate your idea in more detail?

Bennett: Yes. I think it's a difference perhaps between a Marxist approach and a Foucauldian approach, or at least the way I interpret a Foucauldian approach which, as I have already indicated, sometimes means being Foucault-contra-Foucault. I read, before travelling to Nanjing, the very interesting interview you did with Terry Eagleton in a recent issue of *Marxist Aesthetics*, and noticed that toward the end of that interview Terry Eagleton said that he still sees himself as a Marxist scholar.

Xu: By the way, what about you? Do you think you are also a Marxist scholar?

Bennett: No, no, I don't. It would be silly for me to say that I do as my work has been critical of too many aspects of Marxist thought for that to be credible. At the same time, though, I have been very influenced both by the work of Marx and the Marxist tradition more generally. But it no longer seems to me to hang together as a credible system of thought as a whole. Too many forms of contemporary social and cultural conflicts — questions of gender, questions of sexuality, questions of religion, and so on and so forth — are ones that Marxist concepts have proved too inelastic, too bound to nineteenth-century assumptions, to grapple with adequately. Marxism has been subjected to too many powerful intellectual critiques, by feminist scholars, by people or students of race and ethnicity, by various intellectual currents like those associated with the names of Foucault, Deleuze and so on. It remains an important critical resource for the analysis of questions of class and the dynamics of capitalism. So it's not a question of saying that Marxism gives us no intellectual purchase in the present; it just doesn't give us enough. It doesn't give us enough intellectual purchase on a whole series of questions that you cannot answer from a class-centered theoretical problematic.

Terry Eagleton, as you rightly say, locates his works within the framework of Marxism. This is clear in his approach to aesthetics as a form of ideology. His discussion of some of the key moments in the development of Western aesthetics is, in places, insightful and provocative. There is a good deal to learn from his work on the subject. My reservations concern his angle of theoretical approach. There are two main aspects to his conception of the "ideology of the aesthetic". First of all, he wants to say that the aesthetic is an ideology. That means he wants to say that it's a form of intellectual practice which, in one way or another, dissimulates or disguises by seeking to universalize a particular set of bourgeois values and practices of self formation. Like all ideology, it produces a particular kind of subject, one which misrecognises its relationship to the real history — ultimately rooted in the relations of production — which produces in it a falsely universalizing set of values. That's on the debit side. However, on the other hand, he also wants to say that the aesthetic is a contradictory ideology which contains within itself the promise of liberation. From this point of view, he sets out to write the history of the aesthetic as something that is, on the one hand, a mechanism for transmitting and at the same time disguising particular forms of class and gendered power, while on the other hand, he sees the values it embodies—the values of humanity in the making—as ones that can be taken up by oppositional social movements in their critiques of existing forms of domination. There is a good deal of truth in this. Post-Kantian formulations of the aesthetic undoubtedly informed Marx's conception of the historical process as one of the progressive fulfillment of human potential, and similar ideas informed the cultural practices of significant sections of the British working classes in the late nineteenth and early twentieth centuries. However, this was less because of the influence of Marx's work than because of the more general influence of post-Kantian conceptions of the relations between art and freedom on the aesthetics of William Morris and the Arts and Crafts Movement, for example. An interest in art and literature was connected to struggles for freedom in everyday life as a counterpoint to the servitude of the factory system. Jonathan Rose has written very movingly about this aspect of the intellectual life of the British working classes. But I don't think you can use the same set of oppositions—aesthetics as bourgeois values, aesthetics as the promise of emancipation—to discuss the role of aesthetic discourses in modulating the effects of cultural and artistic practices in all circumstances.

This, I think, is the central weakness of Eagleton's argument. For it means that he has to repeat virtually the same kind of argument revolving around this central contradiction no matter which particular moment in the history of aesthetics he is concerned with. An analysis which says that the aesthetic is governed by a central, constitutive contradiction means that everywhere you look you have to find the same contradiction at work, and this becomes, ultimately, a non-historical form of analysis. The result is that Eagleton's "historical materialism" is not particularly historical and only rhetorically materialist. This, for me, is the major shortcoming of Eagleton's *The Ideology of The Aesthetic*. In tracing how the contours of a general ideological contradiction work out in a succession of different historical contexts, his eye is too much on the general aspects of this contradiction at the expense of looking closely at the different ways in which the discourses of aesthetics connect with particular social and material apparatuses in particular historical contexts.

In short, I think that Eagleton's approach lends itself too much to a history of the aesthetic governed by a general formula. And it operates too much at the level of ideas. Eagleton rarely stoops beneath the general level of what is perhaps best called a philosophical history of ideas to look closely at the economic, social, cultural or political relationships with which aesthetics has become materially enmeshed in different circumstances. If you look at the work of literary historians who approach the early history of aesthetics from a Foucauldian perspective—the work of Mary Poovey, for example—you will find a much sharper, more historically nuanced and concrete account of the relations between aesthetics, the development of market society, and the development of early forms of liberal government than Eagleton offers. The attraction of Foucault's work is that of allowing, indeed enjoining, one to ask new questions of history. His concern to redefine historical practice as a genealogical project—so to produce and mobilize the past as a resource for cutting into the present, opening up its problems and options in new ways—rather than seeing history as a process unfolding from an origin is relevant here. For Eagleton's account of the aesthetic as an ideology is precisely one governed by the logic of tracing the unfolding of a contradiction arising from the moment of its origins.

Wang: Thank you very much for your very profound and informative analysis.

Bennett: It's also my pleasure to discuss with you so many interesting questions.

"My Cultural Sociological Studies"

—An interview with John B. Thompson

■ by Wang Jie and Xu Fangfu

John B. Thompson is Professor of Sociology at the University of Cambridge and Fellow of Jesus College, Cambridge. He research interests range from contemporary social and political theory, sociology of the media and modern culture, the social organization of the media industries, the changing structure of the book publishing industry, the social and political impact of information and communication technologies, to the changing forms of political communication. This is an interview with Professor Thompson by Professor Wang Jie, from the Nanjing University, now working at the Shanghai Jiaotong University, and Professor Xu Fangfu, from the China University of Petroleum (Beijing), in his office in the Jesus College, Cambridge on July 4, 2008.

Professor Wang Jie (Wang): Good afternoon, Prof. Thompson. Very glad that you can take our interview. I have asked my colleague to send you the recent two issues of my journal *Research on Marxist Aesthetics*. I plan to publish a special issue on British Marxist criticism after going back to China, and hope you can contribute one or two of your papers.

John B. Thompson (Thompson): Yes, there are one or two things that I could suggest, but I should say that they are not specifically to do with Marxist aesthetics because I don't work on Marxist aesthetics. So you will have to make that judgment. In the last 20 years, my work has fallen into two different trajectories. On the one hand, there is a theoretical project, which I began in *Ideology and Modern Culture* and continued through *The Media and Modernity* and the book on *Political Scandal*, and that trajectory represents my distinctive theoretical work. There are one or two articles that follow that trajectory, which might be suitable for translation. I have an essay called "The New Visibility" which has been translated into a dozen different languages, but I don't think into Chinese. That might be a good piece to translate; it's about 30 pages and it condenses my theoretical approach. I could email that to you. I control the rights for all languages, so if you want to do it and we agree on that, then I can assign the Chinese rights to you. They don't have to be cleared through the publisher because I retain the rights.

The second trajectory of my work is more empirical in character. During the last 10 years or so I've been engaged in a large-scale comparative research project on the changing structure of a particular sector of the media and cultural industries, namely, the book publishing industry. I've published one book on this subject, called *Books in the Digital Age*, which is on the transformation of academic publishing in the English-speaking world, and I'm now writing the second volume, tentatively called *Merchants of Culture*, which analyses the transformation of general-interest trade publishing in Britain and the United States.

Wang: I am participating in the Marxism Festival 2008 in London. As a sociologist and Marxist theorist, could you give some comments on this annual 'Marxism Festival'?

Thompson: I don't know anything about this event. I don't know who's participating in the conference, and I myself never participate in it. I should make it clear that I am not a Marxist theorist. Of course, I know Marx's work very well, but I don't think of myself as a Marxist theorist. I'm a social theorist. I'm a sociologist and social theorist. Yes, there are some ideas from Marx that loosely inform my thinking about power and inequality and so forth. But I'm not a Marxist thinker, so I wouldn't normally go to conferences of that kind. If I go to a conference, it would in all likelihood be a sociology conference or a media conference. I often get invited to speak at media conferences in Latin America, for example, or I get invited to speak at publishers' conferences because I work on the publishing industry. So lots of conferences of that kind, but not specifically Marxist.

Wang: Since Mrs Thatcher, great changes have taken place with the British working class. Could you describe some of these changes?

Thompson: Well, that's a broad question. There have been many changes in class structure in Britain over the last 30, 40, 50 years. The traditional polarization of classes has certainly softened, and this has happened not just in Britain but in all Western societies. There has been a growth of strata which we might think of as middle class, and a growing dilution of class boundaries over time. And specifically in the context of the working class, what has happened most profoundly is that a whole range of traditional industries has declined. The traditional industries for the working class tended to be heavy industry, steel, coal, as well as manufacturing industry, like automobiles, the clothing industry and the textile industry. All of those traditional industries have gone through long-term decline over the last four to five decades. So those jobs have disappeared or declined dramatically, largely because many of them have shifted to your part of the world. They've gone to China or other parts of Asia, and there's been a structural relocation of certain sectors of manufacturing industry to other parts of the world. And so in the UK, those forms of employment have declined dramatically, leading to a structural shift in the kind of work that the people traditionally associated with working class tended to do. So, on the one hand, manufacturing industry declined dramatically, and on the other hand you had the growth of what we call service industries as well as IT industries. And the kind of work that the people we think of as the working class tended to do has therefore changed over time. So those are the two most profound structural changes in class structure. And the result of those changes is very complex. One aspect of the result is that the traditional way in which class was expressed at the level of politics has changed. There used to be very clear links between the traditional working class and the Labour Party, ever since the founding of the Labour Party around 1900. But that link has weakened over the last couple of decades, and the Labour Party could no longer count on the working class, partly because the loyalty of the working class to the Labour Party may have weakened, but more importantly because the size of the traditional working class has declined. So they could never win elections simply by relying on working class votes. Hence, you have the emergence of New Labour in the 1990s, realizing, in the aftermath of Thatcher, that the Labour Party will never be able to win power again if it tries to rely on the traditional working class which is declining with time. So New Labour built its electoral strategy on the attempt to appeal not just to the traditional working class, which is getting smaller and smaller, but to other social classes and groups as well, especially to the middle class. So, in very crude terms, those are the big structural changes in class structure of the last 30 or 40 years.

Professor Xu Fangfu (Xu): Does that mean the middle class is increasing?

Thompson: Yes, at least in my way of thinking, because I use the concept of middle class. In my view, the middle class is a legitimate conceptual category. I use a model of three basic classes: upper, middle and working class.

Xu: Does that mean that the working class people are still at the bottom of society?

Thompson: Yes, in a manner of speaking. They have fewer opportunities than individuals who are born into middle class or upper class families.

Wang: In this case, do you think the working class can still represent the new productive forces under the circumstances of knowledge economy and globalization? How can we look at the relationship between intellectuals and the working class people in this new era?

Thompson: That depends on what you mean by "new productive force". If what you're thinking about now is technological change, that's coming from different sources now. Technological change is coming from information technology, from a whole range of different sectors now. It's not just from traditional factory-based industries, but from a wide range of different domains. It is knowledge-based change.

To the extent that innovation and change comes from technology, it is not going to be traditional factory-based technology. It's knowledge-based technology, like new communications technologies among other things.

Wang: Some people think that people at the bottom of society are not able to have their voices heard without intellectuals. But in today's society, intellectuals themselves have also changed a lot. How do you look at this idea? And how do you look at the changes in intellectuals?

Thompson: I don't think there was ever a very clear-cut relationship—in this country, but probably in other countries too — between class interests and intellectuals' articulating those interests. I wouldn't really view the issues in that framework. I don't think traditionally, historically, there was a clear relation between working class interests and the articulation of those interests by intellectuals, and today it's less clear cut than ever. I think it is much more complex than this. That model of intellectuals' articulating working class interests seems to me too simple and too crude.

If you try to understand this in the context of Britain, you would see that historically, working class interests were probably articulated politically within and through labour movements, the trade unions' movements, and their political arm or expression, which was the Labour Party. That was the framework within which working class interests were articulated in Britain, and quite forcefully in earlier decades because the unions were very strong in the 1960s and 70s. They weakened from the 1980s on, and part of the Thatcher Revolution was, basically, to crush the power of the unions. But there was always a mechanism for articulating working class interest in the form of trade unions—that existed throughout much of the 20th century. But intellectuals were only marginally involved in this process; undoubtedly a few intellectuals were involved, but they never formed the primary mechanism for articulating working class interests. So the suggestion that intellectuals are doing it today seems to me to be quite wide of the mark. And I think there is a legitimate question to be asked today about how working class interests are being articulated in the public domain, with the decline of the power of trade unions and with the shifting of the Labour Party away from seeking to represent working class interests to seeking simply to become an electable party by appealing to the middle ground and a wider range of voters. Then there is a perfectly legitimate question about whether the traditional mechanisms for expressing working class interests continue to exist. And that's not a very easy question to answer because I think the decline of the trade union movement and the shift of the Labour Party to the centre of the political field means that the traditional working class interests have fewer means of being articulated in the public domain than they probably had 30 or 40 years ago. But I don't see any sign that intellectuals can fill that gap. So I think it's probably fair to say that those voices are simply less audible today, less visible than they were.

Wang: Could you predict the future trend or development in this field? How can the voices of these poor people be articulated in the future? Will things become better or worse?

Thompson: Well, I wouldn't be very optimistic because it seems to me that, for the reasons I've just explained, the political avenues for articulating those particular interests are weakening, getting narrower and smaller and less effective than they were. And I don't think that's going to change because I don't see the trade union movement coming back. I just don't see it happening. And while it is true that there have been many criticisms of New Labour and its middle ground approach, I can't see it has any choice in the future because the logic of the electoral struggle is such that they simply cannot rely on that traditional link with a declining working class movement. It's not going to generate sufficient support in the ballot box for them to win power. So they have to shift to the centre, and so the political struggle is always going to be over the centre of ground. And therefore I think that the voices of the poor and the less well-off and the most disadvantaged will have less articulation in the public space. That seems to me to be the outcome.

Xu: That doesn't seem to be a very optimistic future.

Thompson: No, I don't think there is a very optimistic scenario. You know, if there are grounds for optimism, they are that, with social change and technological change, the standard of living of many people is raised. But we shouldn't be naïve about this because the numbers of people who could be thought of as living in poverty are not decreasing, they're increasing. And there is a polarization in social life. You know, it's true that many people are a lot better off, many have benefited from social and technological change. We live in a more affluent society overall. But significant inequalities remain and there are many who live in poverty, even in comparatively rich countries like Britain and the United States.

Xu: In China, we say that the rich are getting richer and the poor are getting poorer.

Thompson: Well, there is some truth in that.

Xu: This refers to polarization.

Thompson: Yes.

Xu: That's a universal problem.

Thompson: Perhaps. As I said, I wouldn't be optimistic that there are clear avenues through which the voices of the poor and the dispossessed can be articulated and heard. And the idea that intellectuals are either doing it or going to do it seems to me to be wishful thinking. In any case, in Britain, intellectuals have never had the kind of public stature and status that they have in some other countries, like in France or Italy, where intellectuals are highly regarded and have a relatively high status in social and political life. In Britain it's never been like that.

Xu: I happened to have read an article on this topic when I was in China. It seems that intellectuals do not enjoy a high social status in Britain.

Thompson: Not really. It's not like anyone is listening to what they have to say.

Xu: They are not that important.

Thompson: Not that important except in certain areas. Certain kinds of intellectuals are listened to, certain categories—maybe some economists, and maybe some historians. But for the most part, intellectuals are not listened to very much.

Xu: They're just discussing some academic questions and no one listens to them.

Thompson: No one listens very much. So it would be, I think, very naïve to suppose that intellectuals will have a lot of power in the future.

Xu: We do not dare hope so, right?

Thompson: I don't think it's very likely.

Xu: Thank you very much for the enlightening analysis. This is the first group of questions. The next group will be about cultural studies.

Wang: In the work of Raymond Williams and Richard Hoggart, cultural studies largely involved the significance of working class culture. But in the UK today, cultural studies have shifted to explaining how necessary and reasonable consumer culture is, which, it seems to me, has moved away from traditional Marxist ideas. How would you like to comment on such shifts?

Thompson: Again a very big and complex question. I mean there's a whole history to be written about this very large topic.

Xu: This can be a book.

Thompson: It can be many books. This is a very complicated question about the trajectory of what we might call "cultural studies". It's a very loose label. It involves many different currents of thinking and many different ideas from lots of different sources. It's true that Raymond Williams, Richard Hoggart and E. P. Thompson are very often thought of as being the three fathers of British cultural studies, and their main offspring being Stuart Hall. This is the way it's very typically portrayed, and the Birmingham Centre being a kind of vehicle through which this new discipline or perspective emerged and developed. But if you go back and look at what was written at the time of the Birmingham Centre and around the work of Hoggart, Stuart Hall and so on, you will find that it is enormously eclectic. It's drawing ideas from all sorts of different places and different debates, from Gramsci and Althusser to literary studies and semiotics. It is very, very eclectic. So the idea that there was a clear trajectory from a kind of concern with working class culture evolving to a preoccupation with a consumer culture would, I think, just be far too simplistic. The whole story is more complicated. many of the people involved were doing lots of different things and so. So I would resist a simple account of that kind.

Xu: You mean it is not proper to describe the trajectory as from a working class culture to a consumer culture?

Thompson: Exactly. You can't say that actually. I mean that it's true that there were many people in the Birmingham Group in the 1960s and 1970s who were genuinely interested in working class culture, like Richard Hoggart, Stuart Hall and others. But there were lots of other people doing different things too. So you can't just say there was a preoccupation with working class culture. For example, Paul Willis, Dick Hebdige, Angela McRobbie and others were working on different kinds of questions about youth culture. That was a very big topic for the early people working in this orientation. They were very interested in what youth culture was all about, about popular music. And they were very interested in skin-heads and punk music and all sorts of different things. Often their work focused on working class youth culture, but it wasn't always to do with working class youth culture. For example, Paul Willis wrote a wonderful book on middle class youth culture. So it was a varied and mixed bag. And then when you follow it through to what's happening in the 1990s and 2000s, the work under this label of cultural studies will become even more diverse and more varied. They become interested in lots of different things. So it wouldn't be right to say that they are just interested in consumer culture.

Xu: So the idea of regarding today's culture as consumer culture is just too simplistic.

Thompson: The suggestion that cultural studies is preoccupied with consumer culture, I think, would probably be too simplistic. It is a much more complicated story than that.

Xu: According to Williams, culture can be divided into three categories: the mainstream culture, the new culture and the remaining culture, that is, what is left over from history. In today's situation, what kind of cultural phenomena can be regarded as the new culture?

Thompson: Well, I'm not going to use this terminology myself. I don't think it as quite helpful. I have a different way of thinking of those issues. I have a way of conceptualizing culture in terms of symbolic forms. I don't know how familiar you are with my work, but I have a theory and framework about culture and cultural forms which is not the same as what you've just described, and in my thinking I give a very central role to the media in the shaping and transformation of cultural forms. So that's the way that I would think about culture. I wouldn't use Raymond Williams's language. I would think about culture as a very dynamic arena where symbolic forms are produced, transmitted and received. So I think of what we're doing now as a form of culture because we are producing, transmitting and exchanging symbolic forms. For me, this is culture. And what I think of as a particularly important aspect of modern societies is the way that technical media become involved in the creation and transmission of cultural forms. So if I were interested in thinking about dynamism in culture, what is "new" in culture, I would think about the way which technology is used in creating and shaping new forms of culture. So the terminology that you just gave me doesn't strike me as very helpful.

Wang: We notice that you wrote a book on ideology. Could you analyze the relationship between ideology and cultural studies? This is again a very big question.

Thompson: Well, again, I have a very specific way of thinking about this. In my work on ideology and modern culture, I try to limit the concept of ideology because "ideology" is a very loose term. It's used very loosely to refer to everything. I try to narrow it down, to make it more precise. I think of ideology in relation to power and domination. For me, ideological symbolic forms are those which serve to establish and sustain relations of domination, or asymmetrical relations of power. That's how I think of ideology. So I narrow the term down. This is one of the ways in which my thinking is indebted to Marx. I try to recover and reconstruct what I call a critical conception of ideology. Culture, for me, is a much broader phenomenon. Ideology is a narrower phenomenon. It's a specific way of using symbolic forms to sustain relations of domination.

Wang: Can ideology play a positive or constructive role besides its distortion and disguise of reality?

Thompson: I reject a positive conception of ideology. There are some people who say that ideologies are just political belief systems. So everyone has an ideology because everyone has some political beliefs. This is one way of thinking. So, OK, maybe you're a Marxist, so your ideology is Marxism. Maybe somebody else over there is a proponent of New Labour, so their ideology is New Labour. Someone over there is a feminist, so their ideology is feminism. That's not the way that I use the concept of ideology. To me it's too empty, it's too loose, it's too vague. You might just as well say belief because it doesn't mean anything different. So I reject that way of thinking. I think of ideology in a very specific way — as a critical, negative conception of ideology. So, for me, ideology has to do with the ways in which symbolic forms are used to establish and sustain relations of domination, that is, asymmetrical relations of power.

Xu: So, in your idea, we cannot say that different ideologies exist side by side.

Thompson: Yes. You are right.

Xu: Do you mean there's just one ideology?

Thompson: No, no. You can have different ideologies because you can have different ways of sustaining relations of power. But for me, if you challenge those relations of power, if you disrupt them, if symbolic forms are disrupting relations of power, that's not ideology. That's critique of ideology. That's the opposite of ideology, the critique of ideology.

Wang: Tony Bennett places a high emphasis on the importance of government and governmentality in cultural development. And I think such emphasis illustrates the positive role or constructive function of ideology in cultural development. What do you think of this idea?

Thompson: I'm not sure what question you're driving at here. Is it a kind of Foucauldian type question?

Wang: Yes.

Thompson: Let me think of it in terms of Foucauldian-inspired question about governmentality. Foucault doesn't really use the concept of ideology. It's not a concept that he wishes to use. He uses the concept of discourse. I think Foucault is excellent and very good, but conceptually he is pretty imprecise. What I've tried to do and what I would wish to do is to be much more precise and discriminating with these concepts. That doesn't necessarily mean everyone is going to share my definitions. And some may disagree. But I would wish to try to be as precise and rigorous with the concept as possible. I'm just not going to go down the path of thinking of ideology as a positive force. This is my debt to Marx, insofar as I have a debt to Marx. He said ideology is a negative concept. Ideology is something negative, it is not positively embraced. No one will say "Ah, I'm going to advocate this ideology." Ideology is something that does a kind of harm in social life. And the harm that it does is to support relations of power that are asymmetrical. So that's the way I use this concept. I'm not going to bend the concept and start to talk about a challenge to ideology itself being ideological. That's my way of thinking about it. You don't have to share that, but that's the view that I put forward and defend.

Xu: Do you think your idea is in the majority or minority in academic circles?

Thompson: Well, I don't know. I think the debate on ideology has considerably less currency today, at least in the English-speaking world. It's still very current in Latin America because I get asked these questions all the time when I go to Latin America. But in the English-language debates, it's less central now. You know, I wrote that book, *Ideology and Modern Culture*, over twenty years ago, in the 1980s. The debates were very lively at that time. But today in English-language debates, we don't talk about it so much any more. The debates have moved on. Indeed I have moved on my thinking too. I don't engage in these debates very much now. In terms of whether people agree with that way of thinking, well, I have my critics, Terry Eagleton being one of them. If I remember correctly, he wrote a book on ideology too. I think he was inclined to take the view that challenges to ideology should themselves be thought of as ideological. But I take the view that ideology is a negative concept.

Xu: To you ideology is a negative concept.

Thompson: Yes.

Xu: But to Eagleton it is not, it might be positive. Is that right?

Thompson: You'd better ask him that question. But that was my impression. You know I was trying to restrict the use of the concept. For me the concept was over-used, at least at that time. Now it's not used very much. But at that time, in the 1980s, it was over-used. Everyone was talking about ideology. So what I tried to do was to say, "wait a minute", because the concept is too vague. People use it to describe everything. So it's useless. If we want to make this concept useful for us, we have to narrow it down. We have to give it some precision. And don't describe everything as ideological. Because if we describe everything as ideological, then it becomes meaningless. So I wanted to narrow it down. And you know, some people accept my arguments, other people were not persuaded.

Xu: That's normal. Different people have different ideas.

Thompson: Absolutely.

Wang: From modernity to postmodernity, the aesthetic as a cultural dimension has changed from a kind of enlightening force of social critique to a kind of affirmative force of social assimilation. What do you think of such changes?

Thompson: Well, again, I'm questioning your questions.

Xu: Sorry, maybe I'm not making it clear.

Thompson: No, no, you are. But it's just your way of framing issues, which I don't entirely share. I don't accept the idea that we have moved from modernity to postmodernity. It is not a framework that for me is in any way compelling. So I reject it. I think the talk of postmodernity is misguided.

Xu: That's striking to me because everybody is talking about postmodernism.

Thompson: Well, I think they were in the 1990s and early 2000s. I don't think they're talking about it so much anymore. I think it was an intellectual enthusiasm that was short-lived. I never embraced this. I always thought of it as misguided. It was a puffed-up idea that came out of two or three French thinkers, like Lyotard and was picked up by some writers in the English-speaking world and blown out of proportion, in my view. So I don't really accept it. We live in an age which I would feel comfortable about calling modernity. And the idea that we have somehow moved beyond modernity to some kind of new postmodern age seems to me to be a load of hot air. So I don't accept it.

Xu: And what do you think of the change from a kind of enlightening force of social critique to a kind of affirmative force of social assimilation?

Thompson: Well, that's again a very old argument that you will find in the Frankfurt School. That sounds to me like Adorno and Horkheimer. The transformation from a notion of culture as enlightenment to a notion of culture as affirmation, that's straight Ardorno and straight Horkheimer. But it's wrong actually. It was wrong when they put it forward and it's wrong today. The idea that you could think of cultural change in such linear terms just seems to me to be misguided. The world is so such more complicated than that. If there were such a simple story to tell, maybe we all would have packed up and gone home a long time ago! This was a nice provocative argument that Adorno and Horkheimer made. A few people might have believed it. But now it's long gone. No one believes it anymore. I just don't find it persuasive anyway.

Wang: Could you give your comments on the relationship between Paul Ricoeur and Pierre Bourdieu and Marxism?

Thompson: In the case of Ricoeur, nothing. He's a philosopher who writes in the tradition of phenomenology and hermeneutics. He knew Marx's work, of course; he read it, wrote very insightfully at times about Marx, but he was not a Marxist and he had no sympathy for Marxism. He was a very brilliant thinker, a very creative and interesting thinker, but there was no connection with Marxism. Bourdieu is more complicated. Bourdieu was a sociologist who clearly knew Marxism very well and used the language of class, and who was a leftish intellectual. So there was obviously a bit of intellectual debt to Marx, but by no means only to Marx. Bourdieu was deeply indebted to Max Weber and to Durkheim and others too, as well as to structuralist thinking. I don't think I would describe Bourdieu as a Marxist. He was a critical sociologist who used the language of class. He actually never used many of Marx's terms, but he was a critical thinker, and he was on the left. And he was seriously interested in the circumstances of the working class and he wrote a lot about that. So, in the case of Bourdieu, there clearly was a connection to Marx.

Wang: It seems to me that British literary and aesthetic theories are influenced by French academics to a large degree. Could you say something about the similarities and differences between French and British Marxist criticism?

Thompson: Again this is a very big and complicated question because there is a long history here. There was a time when I was a student, back in the 1970s, when French Marxist thought was very influential in Britain. Althusser and Poulantzas and people like that were very influential then in British debates. But that really passed. With the demise of Marxism in France from the 1980s on, and the collapse of the Althusserian project in the 1970s and 80s, the influence of French Marxist thinking in Britain also passed away. And in the British context, Marxist thought in the academy, whether it's in the social sciences or in literature, has been varied. As you probably know, there actually are not many academics and intellectuals in Britain who would specifically describe themselves as Marxist. Terry Eagleton is probably one of the few in a prominent position who describe themselves that way. The impact of French Marxism in the British context has been historically very specific, and, I would say, related to the 1970s largely. After that, I don't think there is much influence from French Marxist thinkers. But there is a big influence from French social thinkers, like Foucault. But Foucault was not a Marxist, and never adhered to Marxism; in practice, his work was a kind of anti-Marxism in many ways. So you know, Foucault and Lacan and other French writers certainly had a big impact in Britain. But it wasn't particularly Marxist.

Xu: So you mean British studies are influenced by French academics, but not necessarily Marxist.

Thompson: Yes, exactly. And the influence has been extremely varied and complex. There are some who have clearly been very directly influenced by French thinking, whether it was Foucault or whether it was Barthes and semiotics and so on. But there are many people in Britain, many academics in Britain, who really hate that stuff and keep it at arm's length—they don't want to know anything about it, and think it was all crap. So you know, it's a very complicated story which is very diverse.

Xu: So not all people are influenced by French thinking.

Thompson: No, not by any means, just a handful, just some. I was, but I wasn't influenced by Althusser—I thought Althusser was pretty awful. I was influenced by Ricoeur, I was influenced by Bourdieu—especially by those two writers who I think are both excellent. And I was influenced by some German theorists like Habermas. Those were the biggest influences on me. And I still think they are excellent. I think Bourdieu is probably the best sociologist of the last half century, or certainly one of the best.

Xu: Even in translation studies people often talk about his theory, his influence.

Thompson: About Bourdieu?

Xu: Yeah. They say Bourdieu's sociological theory has some meaning to translation studies.

Thompson: Maybe, I'm not sure. But he is very, very good.

Xu: What I mean is that Bourdieu is also very influential in translation studies.

Wang: You put forward some important ideas in your book *The Media and Modernity*. Could you please discuss the relationship between the media and ideology? With the development of technology, the media can be controlled and manipulated more and more easily. This means that it has become more and more difficult for the oppressed to obtain or change the power of cultural leadership. In your view, has there been any real change in the power of cultural leadership in the past two decades?

Thompson: *The Media and Modernity* is not fundamentally a book about ideology. It is an attempt to rethink the development of modern societies by putting the rise of mediated communication at its heart. What I try to show in this book is that everyone who has thought about the development of modern societies has attempted to think primarily in terms of a changing economy and a changing state. And if they thought about culture at all, they thought about culture only in terms of religion. That's the way they thought about the rise of modern societies. That's the traditional, accepted wisdom. And what I try to argue in this book is that this is not good enough, and that if you want to understand the rise of modern societies, you have to see that something else that is fundamental happened roughly in the 15th and 16th centuries. That was the emergence of what I call mediated forms of communication. And they were carried by the institutional forms of the media, from the printing presses and the early forms of print through to the rise of the electronic media in the 19th and 20th centuries. And this gave rise to a multiplicity of what I call forms of mediated interaction. I try to analyze what those forms of mediated interaction are and try to show how profoundly significant they are for the world in which we live today. So that's the central argument of the book, and it's not to do with ideology at all. Ideology wasn't the focus. It was about the rise of mediated communication and mediated interaction and, to pick a term I'll use later, "the new visibility", that is, the ways in which what is visible in the world today is made visible not through face-to-face interaction, but through mediated interaction. And so that creates a whole new scenario. It was within that context that I went on to analyze one very specific consequence of the rise of media visibility, and that's what I called political scandal, because that is a very good example of how the world has been restructured in the modern age thanks to the development of mediated interaction and mediated communication. So that's the trajectory of thought that I followed through from the early 1990s, after I finished *Ideology and Modern Culture*, through to about the year 2000. Over that ten-year period, I wrote that sequence of books which were about the media and modernity, political scandal, the new visibility and so on. That's the argument, and that has become very influential. I know that the rights for the Chinese translation of *The Media and Modernity* have been sold but I don't think it's appeared in Chinese yet. So probably in China people don't know that argument, they don't know that line of thinking. But that's the line of thinking that I'm associated with now, and when people think of my work, they will probably think first and foremost of that argument.

And there is a second line of my work, which is quite different. It is the line that I have been working on since 2000, over the last eight years. What I've done in this work is to look much more concretely at a range of media organizations and to try to understand how specific media and cultural organizations change over time. What I focused on is the world of the book. So for last eight years I have been working on the structural transformation of the book publishing industry.

So books are a cultural form. This is a form of culture, a form of media. We all depend on it. You read them, we read them, we write them. This is our world. So let's be reflective, sociologically reflective, about this sector of the media industries in which we ourselves are players and ask, how has this world changed over the last fifty years? That's my current work. I've written a book about books, which is this, *Books in the Digital Age*.

Xu: Is this your latest book?

Thompson: Yes. That's the last book. And I'm writing a new book now, which I'm calling *Merchants of Culture*, which is similar to *Books in the Digital Age* but deals with a different sector of the industry, a different world. *Books in the Digital Age* is a book about academic books, it's a book about the kind of books that you write and I write and we read in the academy. The book I'm writing now is about what we call trade publishing, which means the world of fiction, the world of bestsellers, the world of books that you see when you walk into a bookstore like Waterstone's — books aimed at a wide readership, for everyone, not just for academics. So books of general fiction, books of general nonfiction, political books, biographies, books aimed at a wider readership. So I'm writing a book about that world. What this is, in essence, is a sociology of the world of the book, a sociology of culture focused on a particular cultural form, the oldest cultural form, the book. The great irony is that there has been a lot of work in cultural studies, in media studies, for the last 40, 50 years. Many people have worked on television, they have worked on film, they have worked on new media and the internet. But the one form of culture that no one has paid any attention to is the oldest of them all, the book. It's the oldest, it's been with us since the 15th century. It is like the oxygen we breathe. It is everywhere, so people don't see it.

Xu: It is so common and familiar to people that they don't realize it.

Thompson: They don't think about it. And yet, for us, as academics, it is the most important. It is that most important because we all use books. We translate them, we read them. Our world, the world of academy, depends on the culture of the book. The book is the material infrastructure of academic thought. So what I try to do is to turn a reflective sociological eye on our own world. I was very successful with *Books in the Digital Age*. And now I'm doing the same thing by focusing on the world of general trade publishing, the world of novels, of fiction, and of general interest nonfiction.

Xu: When will your next book come out?

Thompson: In 2009 or 2010. I've done the research. This is very intensive sociological work. I did more than 250 interviews for *Books in the Digital Age*.

Xu: Oh, that's quite intensive.

Thompson: It's very intensive.

Xu: Did you do all the interviews yourself?

Thompson: Yes, I did them myself, in Britain and in the United States. So it's about Britain-and the United States-English-language publishing. And for the new book on trade publishing I did the same, 250 interviews mainly and in London and New York. So I spent a lot of time in the field, working with the people whose job it is to make books.

Xu: To study how they understand books?

Thompson: Yes. But I have a very specific sociological way of thinking about it. So I conceptualize this as a field in Bourdieu's terms. This is a field that has a structure and logic to it. And my task is to uncover the logic of the field. So that's what I'm trying to do.

Xu: I'm not a sociologist, but I attended some seminars on sociology at the University of Manchester. Some speakers from China focus their studies on social problems in China and gave me the impression that sociology is just about social problems. What do you think of this?

Thompson: No, in my mind, no. That's not the way I think about sociology. Maybe there are very practically-oriented sociologists in China and maybe that's the way sociology is developed there. But that's certainly not true here. It's very conceptual, very theoretical.

Xu: Your way of study is also an aspect of sociology.

Thompson: Sure, yes.

Xu: But you don't focus on social problems.

Thompson: No.

Xu: You focus on your own understanding of society, just as you said, symbolic forms of society.

Thompson: Yes. The approach I use is not problem-focused. I'm not trying to solve social problems like drug addiction or something like that. There are people who do that, who work on things like that. That's fine. I don't want to be critical of that. But that's not what I do. I'm working with these much larger conceptual problems and issues. I'm not trying to solve social problems.

Wang: Cultural studies have developed very fast these years in China. Could you make some comments on it?

Thompson: I don't know anything about the development of cultural studies in China. I have a very specific way of thinking about cultural issues, which is very sociological. I'm not part of cultural studies. It's a kind of discipline here. There are departments of cultural studies, as you know. I'm not part of that. I'm very much outside of that because I don't share some of the intellectual affinities of "cultural studies", which are partly literary in character. In terms of the genesis of the field, there was a link with Richard Hoggart and Raymond Williams. The field emerged to some extent out of literature and literary studies. So there has always been a strand of cultural studies which has been concerned with looking at texts, reading texts. I don't do that kind of thing. I'm a sociologist and I'm not really concerned with reading texts in that way. I'm much more concerned with social institutions and social processes. So when I write a book about books, I'm not talking about the content of books, I'm not describing the plot of a novel or commenting on the stylistic features of texts. It's not what I'm interested in. What I'm talking about is the industry that produces this and how the industry works. What is the logic of the field within which books exist. I'm interested in social processes and social institutions, the actors and how they do what they do. I'm not talking about the content. And part of my argument is that what gets produced as a book depends on those institutions. So we need to understand those institutions. So I'm interested in institutions and social processes, the forms of power that characterize those institutions and so on. I'm not interested in analyzing texts. So I don't have much connection to cultural studies in that sense. I'm a sociologist of culture. I'm interested in the social conditions of cultural forms. How those institutions evolve and develop over time, and how the forms of power and resources that characterize those institutions make it possible for them to do what they do.

Xu: So you don't think you're in the circle of cultural studies.

Thompson: I'm not, definitely not. I'm definitely outside of it. I don't go to their conferences. But that's fine. I'm happy where I am.

Xu: But Professor Wang wants to invite you to a conference on cultural studies.

Thompson: My point is this. I would be delighted to come to his conference, but it's very important that he knows what my approach is. I'm quite critical of cultural studies because my work is about social processes. I'm very close intellectually to Bourdieu—it's the same with Bourdieu, exactly the same with Bourdieu. He's interested in social processes and I do exactly the same as he does. But I do it with regard to worlds that he didn't work on. And I take his concepts much further. I'm rather critical of some aspects of his work, which seem to me to be too rigid. So I go well beyond what he does in terms of my own thinking. But it's the same emphasis as you find in his work.

Wang and Xu: OK. We've finished our questions. Thank you very much for your time.

Thompson: A pleasure to talk to you. And I'll be happy to send you this piece on "The New Visibility". But it may not be right for you—it's not about aesthetics.

Xu: No problem. We will take it. It is anyway important and useful.

Thompson: Then I can send the article by email. If you want to translate it, I'm happy to give you permission to do so. I'll say that in my email because I control the copyright.

Wang: I hope that you can go to China sometime to share your way of thinking with Chinese academics, who are very interested in your studies.

Thompson: Well, I'd be delighted in principle. I just wanted, in the course of this conversation, to help to explain what I'm doing so that you don't have misapprehensions about what my work is. As I said, it has two trajectories of thinking. They are not to do specifically with aesthetics or with what in Britain we would think of as cultural studies. It's my own way of thinking, my own theoretical trajectory and my empirical work on the book industry.

Wang and Xu: Thank you very much.

真正的问题乃是如何解释这些现象

——关于“思想进步，艺术退步”之争识小

■ 孙子威*

（华中师范大学　文学院　武汉　430079）

2002年《今日文坛》夏之卷，刊载了陈开鸣先生的大作《略论‘偏至’的‘XX现象’及‘郭沫若现象’》，对刘再复先生在1989年提出的“思想进步，艺术退步”说提出了异议①。我想就此谈谈自己的粗浅识见。

我认为，关于“思想进步，艺术退步”之说，无论是主张者或反对者，尽管各执一端，但都是可以举出一些事实作论据的。因此，真正的问题并不是有无“思想进步，艺术退步”这种现象，而是如何解释这些现象。只有对各种复杂的文艺现象做出确切的解释，才能够提高人们对文艺与政治的关系的认识，找到解决问题的方法和途径，以促进我国文艺事业的发展与繁荣。

为了便于讨论，须先说明两点：

1. 所谓“进步”和“退步”云云，总是与此前相较而言的，因而是相对的，而不是绝对的。

2. 所谓“思想进步”，一般而言，是指一个人的思想能顺应历史的发展和时代的潮流；而在这里，则是有其特定内涵的，即拥护中国共产党的领导，赞

* 孙子威（1932—2007），男，湖北孝感人，华中师范大学文学院教授。全国马列文论研究会副会长，著名文艺理论家。此文系作者未发表的遗作。

① 陈开鸣先生的文章《略论“偏至”的“XX现象”及“郭沫若现象”》，载贵州省文联主办的文艺理论季刊《今日文坛》2002年夏之卷。刘再复先生的文章《从“五四”文化精神谈到强化现代文学研究的学术个性》，见作家出版社1989年5月出版的《中国现代文学研究丛刊》第2期。

成马列主义的世界观和社会革命论，主要是一个政治概念，是就一个人的政治思想与政治态度而言的。就一个作家来说，这就是要在文艺创作实践中体现党的方针、路线和政策，为党在一定历史时期的政治任务服务。在过去一个相当长的时间里就是这样要求作家的。

至于所谓“艺术退步”，自然是就作品的艺术水平而言的，不必多说。由是可知，所谓“思想进步，艺术退步”之争，其实质仍是文艺与政治的关系问题。下面试从三个方面进行探讨。

一、作家的思想与作品的思想的关系

无可争辩，作品是作家写的。作家的思想总会这样或那样地表现在作品里，作品的思想总是作家的思想或明或晦的反映。但是，这并不意味着作家的思想就等于作品的思想。这是因为作家的思想是多方面的、丰富而复杂的，其政治思想也并非单一的，很可能有的思想表现在这一作品里，又有的思想表现在另一作品里，还有的思想却没有表现在作品里，而只有那已被表现在作品里的，才是该作品的思想。对于一个作家来说，政治固然重要，但也只是他生活中的一部分，而不是全部。即使是一个“思想进步”的作家，也不见得他的每个作品都有政治性。即使作品有政治性，也不见得就表现了党的方针政策，符合主流意识形态的要求，为当时党的政治任务服务。因此，“思想进步，艺术退步”这个论断能否成立有个前提，首先要看作家的“思想进步”，是否相应表现为作品的“思想进步”，然后才能判定这种“思想进步”是否导致其“艺术退步”。如果一个作家在主观上是“思想进步”了，却没有体现在创作上，那又怎么能够说他的作品在艺术上的“退步”或“进步”，就是由其“思想进步”所导致的呢？

其次还要看到，作家的思想并不是可以直接地、随意地进入作品的，而必须按照文学所要求的方式；“思想进步”是否导致“艺术退步”，与其进入文学的方式是否恰当密切相关。恩格斯在致敏·考茨基的信中说：“我决不是反对倾向诗本身。……可是我认为，倾向应当从场面和情节中自然而然地流露出来，而无需特别把它指点出来；同时我认为，作家不必要把他所描写的社会冲突的历史的未来的解决办法硬塞给读者。”[1](pp. 130—131) 他在致玛·哈克奈斯的信中又说：“作者的见解越隐蔽，对艺术作品来说就越好。”[1](pp. 135—136) 马克思在致斐·拉萨尔的信中也说：“你就得更加莎士比亚化，而我认为，你的最大缺点就是席勒式地把个人变成时代精神的单纯的传声筒。”[1](pp. 90—91) 马克思和恩格斯所论述的正是思想进入文学的恰当方式。作家要把主观上的“思想进步”，转化为客观的、读者乐于接受的“思想进步”的作品，这要受自己的创作个性、艺术才能以及文艺特点、题材性质、体裁范式与艺术规律诸因素的制约；谁要是违反这些制约，那就必将在艺术上遭到损害。

依据如上理解，我们再来考察一下争论中涉及的某些有代表性的作家作品，看看有什么经验教训值得吸取。

关于"思想进步，艺术退步"的争论中，人们往往把注意力集中在郭沫若身上，我们就先从他谈起。郭沫若这位文坛巨人，一向走在时代潮流的前面。1927年八一南昌起义失败后加入中国共产党，以"做党的喇叭"自许。他的"思想进步"是众所公认的。不特此也，他在文学上的伟大成就也是举世瞩目的。郭沫若在全国解放以前的文学业绩大体已有定评，现在的问题主要是如何看待他在新中国成立以后在文学上的得失。我们认为，郭沫若在新中国成立以后的文学成就是不应低估的，尽管在艺术上没有达到以前的高度。这里只谈代表作《蔡文姬》和《武则天》。这两个历史剧虽说有争议，但仍属不可多得的优秀之作。其主要缺点是在戏剧艺术的真实性上：曹操与武则天这两个人物形象都过于理想化了，现代化了。诚如有人所指出的：剧中的曹操与武则天，"不同于传统的奸雄、淫妇形象，而是以雄图大略、'忧以天下，乐以天下'、扶危济困、爱民如命的面目出现，其私德方面亦无可挑剔。"[2](p. 110)作者为什么要如此美化古人呢？显然出于政治上的考虑。

茅盾曾经深刻指出：总观郭沫若的"历史题材的剧本，都是针对当时政治形势，有的放矢，不拘泥于历史事实，而随意发挥，虽云自我作古，却非英雄欺人"[3]。这自然包括了《蔡文姬》与《武则天》在内。因此，要真正懂得这两个戏，不可不了解当时的政治背景。据陈立旭撰《毛泽东为何评曹操》所述，1957年反右派斗争之后，国内外的敌对势力借此攻击毛泽东为殷纣王、秦始皇、曹操，攻击共产党专制、独裁、镇压知识分子，为此，毛泽东多次发表讲话予以回击。如1958年11月，在第一次郑州会议上，毛泽东就说道："殷纣王(通常称之为'暴君')精通文学和军事，秦始皇和曹操全都被看做坏人，这是不正确的。"[4]毛泽东以古喻今，提出要翻这历史的旧案。于是，史学界、文艺界当时刮起了一阵翻案风。郭沫若就是在这样的政治背景下写翻案戏的。

郭沫若的第一个翻案戏是《蔡文姬》。此剧酝酿于1958年12月，初稿完成于1959年2月3日至9日，连载于1959年4月8日至20日的《羊城晚报》，后经修改定稿后刊载于《收获》1959年第3期，同年4月还由文物出版社出了单行本。据作者自己说，他写《蔡文姬》的"主要目的就是要替曹操翻案"。(《〈蔡文姬〉序》)[5](p. 1)在此期间，郭沫若在《人民日报》发表了《替曹操翻案》一文，该文末尾强调提出："我们今天要从新的观点来追求历史的真实性，替曹操翻案；而且还须得替一切受了委曲的历史人物，如殷纣王、如秦始皇翻案。"[6]可见郭沫若显然是为了响应毛泽东的号召而写《蔡文姬》与《武则天》的。

为了适应政治对文艺的要求，郭沫若特地将《蔡文姬》标明为五幕历史喜剧。由过去写以暴露黑暗为主的历史悲剧，转到以歌颂光明为主的历史喜剧，这是作者创作上的一大转折。但其基本手法，则仍沿袭“借古鉴今”、“失事求似”的路子。这样固然可以加强历史剧的现实性与战斗性，但也容易产生流弊。我们认为，古与今是对立的统一，二者相通而不能相混。“借古鉴今”是可能的，因为历史本来就是一条流贯而下的河，往往有惊人相似之处；但在创作中一定要把握住古与今相通之处，着力开掘历史题材本身内在的而又有启示于当今的思想意义。“失事求似”也不是完全不可，因为历史剧既然是艺术，就不能没有想象与虚构；但“失事”所“求”之“似”，不应是以“今”倒“古”，或以“古”充“今”，而应是历史真实与艺术真实的统一。郭沫若写历史剧，有时主观随意性太强，为了当下的政治宣传效应，往往让人物穿着古代的衣裳，说着作者所想说的话语，做着作者要他做的事情，以致褒贬不当，形象失真。这点郭沫若自己也承认，说他在《高渐离》中“存心用秦始皇来暗射蒋介石。因而对于秦始皇的处理很不公正。”[7](p.443)可见即使是借古讽今，简单的比附影射也并不是一种很好的艺术方法，何况借古颂今呢？

郭沫若写《蔡文姬》为曹操翻案，其真正目的既然是为了回击国内外敌对势力的进攻，达到“一种间接的对新政权及其领导者的歌颂”[2](p.110)，他就必然要偏离事物的本真，突破历史的、阶级的界限，而给古人涂抹过于厚重的油彩，以期引发读者的类似联想，从中依稀辨识今人的面容。可见作者所主张的“失事求似”，实乃以“古”真之“失”，而求“今”世之“用”，并不以还原历史、复制古人为目的。“翻案何妨傅粉多”，当从文艺服务政治寻找原因。这一点，从《蔡文姬》的当年《羊城晚报》本看得最为清楚。彭放《“翻案”背后有文章》[8]对此有详细的分析。如在初本中把曹操写成一个人民的领袖，说他是“太阳”，是“天下人的再生父母”，还在《屯田歌》、《贺圣朝》中，把当时说成是“四海安康”、“天下为公”的太平盛世。这些显然是借古颂今。后来的定本虽说有所删改，但仍不难看到比附的痕迹。如说曹操一床棉被用了十年，每岁解浣缝补，心里想的是“天下人好多都还没有被盖，有被盖已经是天大的幸福了”。又说“在曹丞相的治理之下，‘千里无鸡鸣’的荒凉世界，又逐渐熙熙攘攘起来了，百姓逐渐地在过着安居乐业的生活”，经长安到邺下，“一路之上，我所看到的都是太平景象”。这些粉饰之辞无不在借古道今。以上例子只是一些枝叶，还应当将其与作品的主要情节联系起来作整体的观照，才能更好地理解此剧的基本思想倾向。大家知道，郭沫若早期曾想把蔡文姬作为“夫死不必从子”的叛逆典型，写成一个古代的“诺拉”，现在却把她放在曹操统治下的“太平盛世”加以表现，写她以“国事为重”，响应曹丞相“广罗人才，力修文治”的号召，毅然别夫离子回国参与《续汉书》的撰述，从而给了文姬归汉这一传统故事以全新的诠释。其所以这样写，目的有二：一是借歌颂曹操的“文治”，以歌颂党的知识分子政策，并回击敌对势力的进攻；二是“企图寄托自己‘去国十年'的身世之感和希望统治者爱惜人材的心曲"[2](p. 110)。类似的意图还可见之于《武则天》对骆宾王的处理。限于篇幅《武则天》就不再说了。

以上分析表明，如果只是为了政治的需要，而不顾及思想进入文学的恰当方式，不注意体裁、题材以及人物性格的性质与要求，即使像郭沫若这样的文学大师，也是会给自己的作品带来艺术上的损害的。类似的情况其他作家也有，这里只简略说说曹禺。

曹禺也是个"现象"人物。年轻时就写了《雷雨》、《日出》，当时还没有取得工人阶级立场，对马列主义和共产党都不甚了了，从政治上看还不够"进步"，但在艺术上已有很高的成就。随着时代的向前发展，曹禺的思想也日趋"进步"。1949年初，他经香港、烟台，来到刚刚获得解放的北平，开始了生活与创作的新阶段。1956年加入中国共产党，这说明曹禺也是个"思想进步"的作家。中华人民共和国成立以后，曹禺先后创作了《明朗的天》、《胆剑篇》（执笔）和《王昭君》三个话剧，尽管各有优胜，但其艺术成就都没有达到以前的高度。以此之故，持"思想进步，艺术退步"论者也往往以曹禺为例。下面说说《王昭君》。

曹禺的新编历史剧《王昭君》也是一个翻案戏，是一支新明妃曲。作者说，写话剧《王昭君》是周总理生前交给的任务。他又说："我现在想写的王昭君，是力图按照毛主席'六条标准'中提出的'有利于民族团结'的指示精神去考虑的。"[9](p. 194)是要用昭君的故事"歌颂我国各民族的团结和民族间的文化交流"。[10](p. 78)可见曹禺写《王昭君》是把它当做一个政治任务来完成的，通过王昭君的形象塑造来表达一种政策观念。所以，他笔下的"王昭君是个笑嘻嘻的而不是哭哭啼啼的王昭君，一个促进民族团结的王昭君，一个可能为周总理赞成的王昭君"。[9](pp. 194－195)从政治的角度看，应当说作者是完成任务了的。和过去不少的昭君戏相比，曹禺笔下的王昭君可以说是一个全新的创造；但就人物形象塑造是否符合历史的真实，是否成功来说，也是一个有争议的王昭君。

我们认为，王昭君的形象就其自愿请行而言，基本上还是真实可信的，描写得也很有光彩；但总的说来，并不怎么成功。其一是过于理想化、现代化了。诚然昭君出塞和亲这件事本身就是一个政治行动，但她毕竟是以一个美貌公主的角色，而不是以政治家的姿态去完成任务的。为了把王昭君写成民族团结的象征，作者突出了她的胆识和平民性，写她入胡随俗，谦和大度，善解人意，关爱民众，应对得体，处变不惊，得到龙庭上下以至匈奴百姓的爱戴；但总觉得她脸上的政治油彩浓了些，有点儿像共产党派去的政工干部，她的一些表现与她的年纪、经历和所处的具体历史环境不太相称，缺乏历史的真实感。其二，人物性格比较单一，有些类型化。为了把昭君写成民族团结的象征，作者突出了人物"笑嘻嘻"的方面，而不敢触及人物"哭哭啼啼"的一面，人物性格被净化了，观念化了。尤其在入胡以后，面对各种矛盾和考验，作者没有让其积极行动于斗争激流中心，以充分展示人物丰富的心灵世界和复杂的内心冲突，而是让人物多少游离于斗争之外，显得比较被动，这样也就不能真实地表现出人物性格的发展与复杂性，人物的个性被消融到原则里去了。曹禺写作《王昭君》的经验教训再次提示人们：如果不按照文学所要求的恰当方式，而把某种政治观念径直演绎为形象，那是注定会受到艺术规律惩罚的。

曹禺另一新编历史剧《胆剑篇》，也是“为时而作”。不言而喻，此剧的主要人物是越王勾践，理应以他的卧薪尝胆终于复国作为贯串作品始终的主线，可是作者由于受“新的迷信”的束缚，害怕突出了帝王将相，而削弱了人民群众的历史作用，于是不敢放手描写勾践，而去大写庶民百姓，虚构了苦成献胆，越国人民“不吃吴国的大米，没有牛用人拉，没有犁用手刨”等情节，以致在总体构思上缺乏一个统一的目的和统一的热情，笔力分散，注意力不集中，破坏了艺术形象体系的有机完整性，当然也就没有那种震撼人心的力量。这是由于未能正确理解文艺与政治的关系而给艺术造成损害的又一例。

以上说的都是“思想进步，艺术退步”的例子。有没有“思想进步”艺术也“进步”的呢？有的。田汉的《关汉卿》就是一例。

田汉是国歌《义勇军进行曲》的词作者，左联发起人之一，1932 年加入中国共产党。作为“一代杰出的戏剧大师和时代的歌手”（周扬语），其“思想进步”也是众所公认的。田汉剧作很多，写得最好的是历史剧《关汉卿》，被誉为他的压卷之作。该剧不去叙述关汉卿的一生，仅取其一段创作生活。它以关汉卿代表作《窦娥冤》的写作、演出为中心事件统领全篇，展开戏剧冲突，在广阔的、五光十色的社会背景上，和尖锐集中的社会阶级矛盾与民族矛盾中，突出地表现了关汉卿以杂剧为武器，为民请命的战斗精神，成功地刻画了关汉卿富贵不能淫、威武不能屈的“铜豌豆”性格，为我们树立了一个中国古代伟大戏剧家的生动形象。歌妓朱帘秀、赛帘秀和义士王著等人物形象也都写得生动感人。此剧虽说是为纪念世界文化名人关汉卿创作活动七百周年而作，但田汉并不主张“让历史直接为当前政治服务”，因为那“必然会走到反历史主义的歧路上去”。[11](p. 504)作者认为，要把故事剧写成有历史事件和历史人物的历史剧，首先就得从历史真实出发，主要人物主要事件都要有史实根据，要以历史记载为基础，当然也不能没有想象和虚构。但不管真人真事也好，虚构也好，都要从典型环境出发，都要合乎人物性格，符合历史的真实性，要把戏剧的人物情节和真实的历史编织在一起，把历史真实和艺术真实合理地结合起来，这才能叫历史戏。[12](pp. 77－83)他的《关汉卿》就是这样写的。

毫无疑问，《关汉卿》也表现了作者的政治思想，但他并没有把人物变成自己的传声筒，变成一种政治观念符号，而是还它一个历史的真实生命存在。由于有关关汉卿的传记史料太少，作者只能从他的剧作与散曲中寻找他的性格，挖掘他的精神和形象，设想他的生平和为人，在这个认识、发现、复活关汉卿的过程中，作者在旧社会从事戏剧活动的生活斗争经历帮助了他，使他得以走进人物的心灵深处。他被深深地感动了，吸引了，为之倾倒，为之激动不已，他感觉到自己与人物有许多共同点，他似乎从人物看到了自身。原来关汉卿并不是什么“风流精神”，也不是什么“烟花粉黛大师”，而是一个沉毅不屈，敢于为人民而“犯上恶言”的伟大戏剧战士。穿过七百年的历史烟尘，这头“湖南牛”与那粒“铜豌豆”在精神上相遇了，田汉终于找到了关汉卿这位隔世知己，于是诗情喷涌，浮想联翩，人物须眉皆动，呼之欲出，一个血肉丰满、栩栩如生的艺术形象诞生了。可见田汉是按照自己的认识、理解与情感态度来塑造关汉卿的，在关汉卿身上倾注了自己的思想、感情与美学理想，在某种意义上也可以说他是按照自己的面貌来写关汉卿的，关汉卿就是他自己；但是读者和观众都一致认可那就是关汉卿，写《窦娥冤》的关汉卿就是那个样子，就因为田汉把握住了人物的历史具体性。

话剧《关汉卿》，颇富传奇色彩与浪漫情调，淋漓酣畅，情采飞扬，田汉卓越的戏剧才华与独特的艺术风格在此剧得到了尽情的展现。

关汉卿被作为世界文化名人来纪念，这是中国人民的光荣。能让关汉卿这样一位富有人民性和战斗精神的伟大戏剧家矗立在舞台上，这件事本身就反映了田汉的进步思想，但那是在更为广泛、更为深刻意义上的政治理念，是一种刻骨铭心的政治信念，是一种生命的体验，而不是当时党的某一政策，也不是某高层领导的意见，并不直接服务于现实的具体政治任务。如此说来，《关汉卿》是否就不能发生很好的政治作用呢？不见得。田汉说：他写“这部悲剧，是让人民了解我们的祖先过的是什么苦难的日子，又做过哪些悲壮的斗争，使大家都知道今天幸福日子来之不易，更珍惜我们用铁和血换来的新中国”。[12](p. 93) 《关汉卿》发表、演出之后，好评如潮，当时甚至在日本也引起轰动效应。这说明，只要不是庸俗地、狭隘地、简单化地理解文艺与政治的关系，作者的“思想进步”并不会导致“艺术退步”，甚至有助于攀登艺术的高峰。可举一个成功的例子：老舍的《茶馆》。

抗日战争爆发以后，老舍的政治态度明显地激进起来，成了抗日和争取民主的战士。中华人民共和国成立后，他应召从美国回到北京定居，更表明了他对中国共产党的拥护。1951 年写《龙须沟》，这是他献给新北京、新中国的一曲热情颂歌。可见老舍也是个“思想进步”的作家。老舍一生共写了 23 个话剧，最好的当推《茶馆》，被誉为“东方舞台上的奇迹”。此剧构思颇见匠心，它以北京一座茶馆作为舞台，利用“一个大茶馆就是一个小社会”的特点，展开了“戊戌变法”后、民国军阀混战时期和抗战后国民党政府崩溃前夕三个不同时代的生活场景，塑造了王利发、常四爷、秦仲义等数十个性格鲜明的人物形象，充分发挥了老舍作为北京风俗世态画家的特点。它在正面描写旧社会的黑暗和人民苦难的同时，又从侧面写了人民的觉醒、反抗与力量，虽然“有浓厚的悲剧意味”，却“跳跃着时代的脉搏”，“显示出历史前进的趋势”，“具有一种内在的历史乐观主义精神”[13](p.336)。作品体现了作者进步的政治思想和鲜明的爱憎情感，以及高超的艺术功力与艺术才能。

老舍在答复有关《茶馆》的问题时说道：“这出戏虽只有三幕，可是写了五十来年的变迁。在这些变迁里，没法子躲开政治问题。可是，我不熟悉政治舞台上的高官大人，没法子正面描写他们的促进与促退。我也不十分懂政治。我只认识一些小人物。这些人物是经常下茶馆的。那么，我要是把他们集合到一个茶馆里，用他们生活上的变迁反映社会的变迁，不就侧面地透露出一些政治消息么?”[14](p.158)什么消息呢？用老舍自己的话说，那就是：“什么都完了，只盼着八路军来解放。”[14](p.156)老舍的夫人胡絜青谈得更加明白透彻：“看过这个戏，人们自然地能明白这样的一个真理：只有共产党能够救中国，只有社会主义能够救中国。别的道路统统不行，资产阶级改良主义不行，实业救国不行，乞求洋人不行，委曲求全不行，个人奋斗不行，唯有共产党和社会主义行！这就是《茶馆》的主题，这就是《茶馆》的现实意义。”[14](p.411)这番话把《茶馆》的政治思想倾向说得再清楚不过了；但它不是耳提面命地硬性灌输的，而是读者根据作品所展现的生活本身的逻辑发展，自然而然地得出来的结论。这个例子表明，作家反映真实的生活，也就会反映他的政治观点，就有可能把进步的思想倾向性与艺术的真实性很好地结合起来，达到政治与艺术的统一。

综上所述，作家的“思想进步”是否导致“艺术退步”，这不可一概而论。同是“思想进步”的作品，其艺术性却有高低好坏之别。凡艺术性高的作品，其政治倾向性与艺术真实性都得到了较好的统一；凡政治倾向性与艺术真实性不一致甚至有矛盾的，其艺术性都受到损害，甚至较低。这是何故呢?

前面说过，本文所谓的“思想进步”主要是一个政治概念，是指一个人的政治思想、政治态度。作家的政治思想，如作具体考察，大致可区分为两种类型：一种是指作家从自己长期切身的人生经验中逐渐确立的政治信仰、政治理念。这种政治思想因其有个人丰富的生活感受、生活体验为底蕴，为根基，渗透着对社会人生的理性的审视、悟察与追求，已经内化为自己的血肉和灵魂，成为一种极其牢固的、深层的东西，成为一种政治无意识，一种政治本能，一种自然而然的生活方式与生活习惯，所以较易于与相应的题材相感应，相契合，而转化为生动感人的艺术形象。这种政治思想，对于一个作家来说，是很重要的、长期起作用的因素。人们常说根本问题是作一个革命人，如是，则无论写什么都是革命文学，说的就是这种政治思想的重要。田汉之写《关汉卿》，老舍之写《茶馆》，都是与他们这种进步的政治思想分不开的，而且也在其作品中表现了这种政治思想。然而也要看到，一个人的政治信念、政治理念既经确立，这就形成一种视角，一种视域，一种思维定式，将会带来某种限制；他若不与变动中的现实生活保持密切的联系，与时俱进，使自己的思想不断地丰富、更新与发展，那就难免走向僵化，失去敏感与活力，而导致文艺创作中的雷同化，模式化。

另一种政治思想是来自中国共产党的政策，或党的高层领导的“指示”、“意见”，或某某本本。这种政治思想如果不为作家的人生经历所亲证，并化为作家的生活、血肉与灵魂，成为自己内在的愿望和激情，即使是正确的，那也不过是一种空泛而抽象的公意，它对于作家来说，总是一种外在的东西，甚至是一种框框，一种束缚，而与文艺创作的自由本性是相违反的；若以之作为创作的范式与目的，那是很难塑造出血肉丰满、生动感人的艺术形象的。《蔡文姬》、《王昭君》在艺术上的缺陷，就反映了这方面的问题。

还须着重指出的是，作家的政治思想即使再进步、再正确、再重要，也不能直接等同于文艺作品的主题思想。一个作品的主题思想只能来自于作家的社会生活实践，来自于作家对社会生活的切身感受、体验与沉思、默识，来自于作家对题材的独特体会、感悟、洞察与提炼，而不能直接来自于某种先在的、既定的思想。作家的政治思想可以作为一个契机、一个要素融入他的生活实践与艺术实践之中，尔后化入作品的主题思想，但是不能径直取代作品的主题思想。《蔡文姬》、《王昭君》等作品为什么会出现思想倾向性与艺术真实性的矛盾呢？就因为它们的主题思想是先验的，径直把党的政策或高层领导的意见当做作品的主题思想，走的是一条违反艺术规律的“主题先行”的歧路。政治所加于作品的先验的主题思想，是一种脱离作家的生活经验与事物的感性具体性，而给预设的抽象观念；而文艺所要求于创作的，都是塑造真实生动的艺术形象，这是具有个体生命的独立自足的完整有机体：二者显然有矛盾。作家于是被置身于两难之境：是服从政治，以形象图解思想，把作品变成政治观念的传声筒呢，还是尊重艺术，而置政治需要于不顾，只专注于艺术形象自身完满自足的创造呢？有些作家就在这种矛盾的夹缝中徘徊，寻求某种妥协。《蔡文姬》、《王昭君》等作品在艺术上的缺陷，就是这种矛盾的反映。由此可见，要真正解决政治与艺术的矛盾，就必须克服政治思想与艺术形象的二元对立，清除政治思想对于艺术形象的外在性与异在性。

为此，一要有个好的社会氛围，给作家提供一个健康、宽松的自由写作环境，写什么，怎样写，由作家自己决定，而不要横加干涉。二要正确理解文艺与政治的关系，不要把这种关系简单化，庸俗化。三要作家有高度的社会责任感，把人民群众的利益与需要放在首位，为读者提供最好的精神食粮。……这些都是很重要的。但是从根本上来说，还是作家要从反映社会生活出发表现政治，才能使政治与艺术得到高度的统一。

大家知道，政治本来就是有关广大民众切身利益与需要的事，政治本来就存在于民众的生活与斗争之中，革命的政治不仅是从群众中来，到群众中去，而且还须接受人民群众的检验。因此，一个有才能的、进步的作家，如能以饱满的政治热情关注社会，从人民群众的生活斗争中汲取诗情，将那些深深地激动了自己的人和事予以典型化，创造成文学艺术作品，那么，它就必然具有某种政治倾向性。在这样的作品里，政治生活化了，就像空气一样弥漫在作品的人物与事件之中，作者的思想倾向就会从所展现的生活中自然地流露出来。政治与艺术，思想与形象，二者不再彼此分隔、对立，而是互生互融，浑然一体，达到了高度的统一。

二、政治的思想和艺术的思想与艺术形式的关系

如前所述，凡在艺术上取得较高成就的进步文艺作品，都是政治和艺术的较好统一。那么，怎样才能达到这种统一呢？是不是只要有“正确的政治观点”，再用“完美的艺术形式”加以表现，就可以产生好的文学艺术品呢？不，这只能产生艺术赝品。

文学是贵有思想的。与其他艺术比较而言，文学的思想性是最强的。世界上有各种不同思想内容与思想倾向的文学，而作为革命的文学自应具有进步的政治思想，这是毋庸置疑的。但是，是不是所有的思想都宜于直接进入文学呢？作为文学的思想与非文学的思想有无区别呢？这一点，却非人人都很明确的。

根据内容与形式相统一的美学原则，只有艺术的内容才能和艺术的形式相统一，我们认为只有文学的思想才宜于进入文学，而非文学的思想则不宜于进入文学。别林斯基曾经指出：“文学作品里的思想有两种。在有些作品，思想进入形式，由此渗透到形式的一切枝节，温暖和照明了形式。这种思想是活跃的、创造性的，它不是通过理性，而是直接地，不是独立自在，而是和形式一起出现。这样的作品是美的、艺术的。另一种思想在作者的头脑中脱离形式而产生，——形式是另外编造出来，以后安装到思想上面的。结果是，这种作品尽管在思想上（也就是在作者的意图上）很明智，但却不能从形式上赢得人的注意。”[15](p.9) 显然，只有前一种思想才宜于进入文学，这才是文学的思想，因其具有艺术的美学特性，可谓之为艺术的思想；而后一种思想，则不宜于进入文学，这是非文学的思想，因其不具有艺术的美学特性，所以为非艺术的思想。划分的标志，就是看这种思想是否与形式（即感性形象）一起出现，一起产生。曹禺的《明朗的天》，田汉的《十三陵水库畅想曲》，以及老舍的《春华秋实》、《青年突击队》一类作品，之所以艺术性低，从根本上说，就因其抹杀了文学的思想与非文学的思想的区别，以一般的政治思想取代了艺术的思想。由此可见，把文学作品里的思想区分为上述两种，这是别林斯基一个深刻的洞察，它对于我们鉴别艺术上的真伪，区分作为艺术的文学作品，与作为政治宣传工具的文学赝品，具有重要的指导意义。

那么，究竟什么样的思想才是艺术的思想呢？

别林斯基后来在论述普希金的长文中有进一步的阐发，并且提出了一个值得注意的重要概念："诗情意念"（идеи поэтические，又译"诗情观念"、"诗意观念"、"诗的思想"、"诗情思想"、"诗的理念"）。别林斯基说："艺术不能忍受抽象哲学概念，尤其是理性概念，它只能容受诗情意念，——这不是三段论法，不是教条，不是规则，这是一种活生生的热情，这是激情（пафос）。"[16](pp. 333－334) 他又说：在由诗情意念而创造的作品里，"意念不是抽象的思想，不是僵死的形式，而是活生生的创造；其中形式的生动的美正是证明美里面包含着神奇的意念，同时丝毫也看不出有缝合或者焊接的痕迹，意念和形式之间不存在鸿沟，两者正是构成着一个完整而又统一的有机的创造物。"[16](p. 334) 由此可见，艺术的思想就是一种"诗情意念"，亦即"激情"，只有这种诗情意念，才能消除思想与形象、内容与形式的分隔、对立，而使政治与艺术得到高度的统一。别林斯基由原先强调"思想是一切诗的真正内容"转到重视"激情说"，这是他的艺术观中的一大亮点，值得我们高度重视。

关于文艺的本质和目的，学术界一直争论不休。要而言之，不外思想论与情感论。思想论主张，文艺是思想的表现，是一种社会意识形态。为广大学人所熟知的黑格尔，就是一个思想论者。他在《美学》中说："美本身应该理解为理念，而且应该理解为一种确定形式的理念，即理想。"[17](p. 130) "美就是理念的感性显现。"[17](p. 138) 他所谓的美也就是艺术，"艺术即绝对理念的表现"[17](p. 83)。剥去其神秘的外衣，黑格尔的理念或绝对精神，其实也就是思想。由于他把艺术的本质和目的确定为理念的表现，以致在具体阐发艺术的特性与规律时往往自相矛盾，破绽毕露。后来别林斯基提出诗歌是"寓于形象的思维"[18](p. 55)，"艺术是对于真理的直感的观察，或者说是用形象来思维"[19](p. 93)，"艺术现在变成了形象的思维"[19](p. 600)，即从黑格尔的"理念的感性显现"说而来。别林斯基的如上观点一直被苏联视为经典，在20世纪二三十年代，"拉普"更是把"文学是形象思维"说提升为马克思主义的概念。无论是"理念的感性显现"说，或"寓于形象的思维"说，以至"形象思维"说，都是把艺术的内容归结为思想，它与哲学、科学并没有什么不同，都是向读者提供认识，提供真理，所不同的只是其表现形式，不是用概念与逻辑论证，而是用具体感性的形象而已。这种似是而非的观点，曾经长期影响我国的学术界和文艺界。革命的政治内容＋完美的艺术形式＝理想的文艺作品，就是这种观点的翻版。由于思想论无视艺术内容的特殊性，这就注定了它不可能解决文艺创作中的政治与艺术、内容与形式相统一的问题，而只会造成二者之间的矛盾与对立，其结果也就产生不了真正的艺术品。可以这样说，思想论（包括"形象思维"论在内）是我国现当代文学中的公式化、概念化与标语口号式倾向的一个重要的理论来源。一些颇有影响的作家作品的毛病与问题都可以由此得到说明。

应当指出，黑格尔与别林斯基的美学思想是驳杂的，瑕瑜互见。他们并不是完全没有注意到艺术内容的特殊性，如一再提到艺术的理念是“具体的理念”、“具体的思想”、“具体的观念”和“肉身化了的观念”，而不是“不确定”的观念，“还只是有普遍性”的理念；但是，说来说去说的都只是艺术思想表现的具体性，亦即思想的具体化、形象化，而未能就艺术思想本身的具体性给予明晰的界定，把作为艺术思想的“具体概念”与同是“纯粹概念”的“具体概念”真正区别开来，这显然是受其僵死的客观唯心主义体系束缚的缘故。如黑格尔就曾这样说道：“就艺术美来说的理念并不是专就理念本身来说的理念，即不是在哲学逻辑里作为绝对来了解的那种理念，而是化为符合现实的具体形象，而且与现实结合成为直接的妥帖的统一体的那种理念。”[17](p.88) 这里就只是提出了问题，并没有解决问题。这也不奇怪。因为思想就其作为思维的结果而言，在其本然的意义上，就是抽象的、普泛的、一般的，而不是具体的，是以剥离具体事物的个别的感性的特征为特点的。黑格尔是个理性主义者，他认为艺术是绝对理念的一种自我演化，当然也就不可能真正解决艺术内容的特殊性问题。因此，按“理念的感性显现”一类观点去创作，必然是以形象图解思想观念，而这样是写不出好的文艺作品来的。

与思想论不同，情感论则认为，文艺是情感的表现。列夫·托尔斯泰就持这种主张。他在《艺术论》中说：“艺术是这样的一项人类活动：一个人用某种外在的标志有意识地把自己体验过的感情传达给别人，而别人为这些感情所感染，也体验到这些感情。”[20](p.48) 罗丹说得更直截了当：“艺术就是感情。”[21](p.3) 普列汉诺夫认为情感论不全面，予以修正说：“艺术既表现人们的感情，也表现人们的思想，但并非抽象地表现，而是用生动的形象来表现。”[22](p.308) 他不了解艺术家所要表现的感情就已渗透着思想，而思想也必须溶解在感情里，游离于感情之外的思想那就不是文学的思想，只会有损于艺术形象的有机整体性。别林斯基把“诗情意念”界定为一种“活生生的热情”，“激情”，正是把文学的美学特性定位在情感上，是一种情感本体论。“激情”一词原本是个希腊文 παθos (Pathos)，在亚里士多德《诗学》中有“情感”、“苦难”等意，黑格尔在《美学》中用以表示人物动作的内在根据，别林斯基进一步把它提升到“艺术的真正中心和适当领域”，这无疑是对黑格尔思想的继承和发展，是对“理念的感性显现”说与“形象思维”说的一个突破，所以应当受到重视。

又是思想论，又是情感论，究竟哪种观点才正确地反映了文艺的美学特性与创作规律呢？

一般说来，作家创作总有个意图，亦即意念，而意念之生则是因为他在社会实践中心有所感，生活中的某人、某事、某物打动了他，引起了他的注意，使他难以忘怀，而要把它表达出来。这个意念就是诗情意念。诗情不同于一般的情感，首先在于它的深刻性。这是一种刻骨铭心、魂牵梦绕、寝食难安、挥之不去的情感。它与作家的审美心理结构有关，也与对象的美学特性有关，是主、客体交互感应，彼此契合，发生共鸣的结果。这种情感既然如此深刻，它就必然是最真实的，直抵人性的深层，而且发自人性的深层。所以，诗情既有个人的独特性，又有社会的普遍性。诗情由于其深刻性，所以作家为之激动不安，而不得不写。也由于其深刻性，所以能有力地激活作家的直觉印象、情绪记忆与艺术想象，写起来得心应手，如有神助。正由于其深刻性，真正的艺术必然是发自内心的由衷之言，所以是自由之音，真诚之声，因而能给读者的心灵以深深的感动。

其次，在于它的具体性。诗情之所以深刻，是与它的特别具体分不开的，越具体就越深刻，越深刻也就越具体。诗情的具体性可从这几个层面理解：1. 诗情是关涉具体对象之情。凡情感都是感到某物、为某事物所感动而动情，“是对某些事物具有情感”。作为文艺表现对象的情感是一种审美情感，是一种诗情，总是由生动难忘、印象深刻的对象引起的，所以更是一种“关涉的情感”。“它是和某些对象，和对象的一切细节都联带着的”，不妨说“这是一种特殊的情感，或具体的情感”。“比如听见晚饭的钟声，我可以有种种理由感到愉快，但是除非我的快感关涉到，也就是联带到实际的声音，我感到的就不是一种审美经验。我对声音的特殊质地所具有的情感，是由那个东西的特殊质地引起的；我的情感就是感到这个东西，而且事实上和它是一而二，二而一的。”[23](pp. 2－3)这也就是克罗齐所谓的“抒情的直觉”，是诗之所以为诗的东西。因此，只有写出激发作者诗情的具体“关涉”物或对应物，才能表现出这种情感的具体性，也才能诱发读者相应的情感。2. 诗情是有具体意义之情。艺术世界不是物理的世界，而是意义的世界。作家不论是写什么，都是为了揭示其对人生的意义，而意义须从事物与我的关系中见出，关系即意义。诗情既然和具体对象有关，那对象必对我具有一种特别的人生意义。这意义可分为主观的意义和客观的意义。比如说，“意识到保罗是令人憎恨的、使人生气的、让人同情的、使人不安的、迷人的、讨厌的等等，这便是赋予他了一种新的性质，这便是在一个新领域里来构造他。这些性质在某种意义上并不是对象的属性；因而，‘性质’这个术语本身就基本上是不恰当的。更恰当地说，这些性质构成了对象的意义”[24](p. 118)；这便是一种主观的情感意义，它表现了主体的希望和态度。一事物之所以打动人，令人喜、令人悲、令人爱、令人恨，必有其原因或根据，它表现了事物自身的性质和特点；这便是一种客观的情感意义。比如说“我喜爱这个女人修长、白皙、纤细的手”，“这种指向在这双手的喜爱便可以被认为是这双手表现在我的意识中的一种方式。情感便是指向在这双手的纤细、白皙和动作的生动上的。假如喜爱所意味的不是对这些性质的话，那么，还会是什么呢？所以，这便是纤细、白皙和活泼在我面前表现出来的某种方式。但这并不是理智的认识。我们可以说，喜爱一双纤细的手也就是以某种方式纤细地喜爱这双手。不过，喜爱并不把意向放在表现性的手指的纤细上，而赋予对象以某种韵律，这便可以称做是那种纤细、那种白皙的情感意义。”[25](p. 89) 诗情就是主观情感意义与客观情感意义的统一。这种情感意义不同于一般的思想或认识，其意义就在情感之中，情感本身就有意义，无须在情感之外再添加什么意义。这意义是对物我关系的一种评价反映，是从我对具体事物的情感态度中自然流露出来的，是一种形象评价，诗情便是这种有具体含义之情。美学界一直对什么是美争论纷纭，在我们看来美就是具体形象对人生的肯定情感意义。艺术根本上是一种情感活动。文艺的美学意义就是艺术形象所表现的情感意义。这种情感意义不是先在的主观观念或先验理念的图解，而是事物自身对人生意义的形象显现，所以具有真实的客观性；但它毕竟是作者所意识到的（不等于完全理解了），表现了作者对生活的真正理解与态度，所以又具有真实的主观性，是主观真实与客观真实的统一。这种情感意义不是耳提面命地硬塞给读者的某种主流观念，而是以生活本身的感性形式呈现出生活现象本有于人的意义，是对人生意义的形象直观或形象直觉，所以具有开放性、不确定性与未可穷尽性。如果说文艺要表现什么政治观念、伦理观念的话，那也应当是一种政治的或伦理的情感意义，而不是捏造出个形象来把某个现成观念予以具体化。对于文艺创作来说，重要的并不是作者有什么思想观念，而是他在实际社会生活中真实地看到了什么，感受到了什么，直觉到了什么，被什么所感动，这才是艺术之基，诗情之源。文艺学上常说的“形象大于思想”，这是与诗情的具体性分不开的。3. 诗情是反映社会生活有机整体性之情。马克思说：“人的本质并不是单个人所固有的抽象物，在其现实性上，它是一切社会关系的总和。”他又说：“具体之所以具体，因为它是许多规定的综合，因而是多样性的统一。”[26](p. 103) 这些论述为我们进一步理解诗情的具体性提供了一把钥匙。大家知道，社会生活是极其丰富而复杂的，涉及人生的方方面面，如政治的、经济的、宗教的、伦理的和文化的，这些无不触动着作家的情感，所以艺术形象所具有的审美意义也是多方面的。值得注意的是，这些社会生活的方方面面并不是彼此隔绝的，而是相互影响，交叉渗透，共同构成一个有机的统一体，换句话说，社会生活本身就是多样性的统一，所以生活对人生的意义也是多样性的统一。因此，诗情无论涉及人生的哪个方面，即使是对现实生活有重大影响的政治，我们都不应将它孤立化、纯净化，而应从社会生活诸方面的相互影响与综合规定中，亦即与生活的整体关系中去把握其真实的含义，这样的情感意义才是真正具体的，内涵丰富的；否则，那就是抽象的，空泛而不真实的。我们不应当要求一部作品面面俱到，作家可以专注于生活的某一方面，但诗情既然来自生活，它就应当受诸现实社会关系之规定，反映出社会生活的有机整体性。

诗情具体性的如上三个方面，虽各有侧重，却是密不可分地统一在一起的。文艺为什么要用具体感性的形象，而不用抽象的概念，就因为诗情本身要是具体的，难以言传的，它本来就与形象俱生，而且依存于形象，所以只能用形象来表现，只能用与其共存的个体形象来表现，而无需另外捏造什么形象再安装上去。正如列夫·托尔斯泰所说："如果艺术家所要表达的东西可以用言词来说明，那末他就会用言词加以说明。他采用他的艺术来表述，是因为用其他的方法不可能传达出他所体验过的感情。"[20](p.118)就内涵而言，形式是有情感意义的；就形式而言，情感是具有生动形象的。形象与情感互生共存，形式与内容浑一不分，这就是诗情意念区别于非艺术的思想的根本特点。由此可知，文艺的内容与形式的完美统一，是天生地造的和谐，而不是拉郎配。诗情之所以能够清除思想与形象、内容与形式的分隔与对立，而使政治与艺术得到高度的统一，就在于它的具体性。

诗情的第三个特点是整一性。如前所述，诗情具有深刻性，作家能真正写好的，总是自己感动最深、久久难忘而不得不写的东西。曹禺说："要写从自己的精神世界中真正深思熟虑过的，真正感动过的，真正是感情充沛的东西。"[10](p.148)这就有个对情感的选择与提炼的问题。所以，诗情比一般的自然情感更集中，更精粹，更完整，因而具有整一性。大家知道，"诗的艺术作品必须表现成为一个完满自足的有机的整体。"[27](p.29)为此，李渔强调"立主脑"，亚里士多德强调动作的整一，其实更为重要的是情感的整一。克罗齐说："是情感给了直觉以连贯性和完整性：直觉之所以真是连贯的和完整的，就因为它表达了情感，而且直觉只能来自情感，基于情感。"[28](p.227)康德说得更透彻：在美的艺术的创作中，"除了注重表现统一的情感外没有别的准则"[29](p.165)。歌德更注重理论结合实际，他在论述斯特拉斯堡教堂时指出："虽则这些意象都只有任意的形式，形状仍旧缺乏比例，但是它的各个部分将是调和的，原因是，一个单一的情感将这些部分创造成为一个独特的整体。"[23](p.60)由此可见，正是这种具有整一性的诗情，给了艺术形象也就是艺术作品以完整的活泼的生命。需要指出的是，诗情的整一并不是指抽象的、贫乏的、僵直的单一，而是一个丰富的、复杂的、流变的"具体的整体"，它表现为一个自生发、自展开的过程，并且融贯于整个艺术形象之中，因而是供人观赏的，可以完整地看和听的情感。曹禺在谈到列夫·托尔斯泰的名著《战争与和平》等作品时说道：作者"在颂扬一个东西"，"他颂扬人应当互相爱"。"在这整个大的布局当中，里头有无数的故事，无数的穿插，各种各样的真实人物，然而，最后他给你一个完整的感情，一套他对这个世界的想法。"[10](p.399)这里讲的，就是诗情的整一性。

最后，诗情之不同于一般情感，还在于它的反观性。诗情无疑源于生活中的实情，但现实的当下自然情感又是不宜直接入诗的。狄德罗说过："你是否在你的朋友或情人刚死的时候就作诗哀悼呢？不会的。谁在这个当儿去发挥诗才，谁就会倒霉！只有当剧烈的痛苦已经过去，感受的极端灵敏程度有所下降，灾祸已经远离，只有到这个时候当事人才能够回想他失去的幸福，才能够估量他蒙受的损失，记忆才和想象结合起来，去回味和放大过去的甜蜜时光。也只有到这个时候他才能控制自己，才能作出好文章。”[30](p.305) 渥兹渥斯也说：“诗是强烈情感的自然流露。它起源于在平静中回忆起来的情感。诗人沉思这种情感直到一种反应使平静逐渐消逝，就有一种与诗人所沉思的情感相似的情感逐渐发生，确实存在于诗人的心中。一篇成功的诗作一般都从这种情形开始，而且在相似的情形下向前展开。”[31](p.22) 这些话表明，“痛定思痛”才能为诗，所论述的就是诗情的反观性。具体说来可概括为两点：1. 诗情是为诗人的回忆所唤起的情感，这种从记忆深处浮上来的情感，经过岁月的滤化，虽已失去了它在初始状态中的那种强烈性，当更能显示出其不可磨灭的价值。既是回忆就有距离，而有距离才能超越于利害得失之上，将这种情感作为审美观照的对象，予以咀嚼、回味，“再度体验”，使之成为可以驾驭与表现的“第二度情感”。2. 诗情是为诗人的沉思所升华的情感。世上没有无端的情感，情感本来就是渗透着理性的。当诗人将重新唤起的情感当做审美对象予以观照时，便将意识的水平从感受上升到反思，对之进行再认识、再评价，更离不了理性的光辉，这时情感便会从某种尚不确定的状态逐渐明晰起来，从一种非理性的冲动变成一种审美的理解；正是在这个意义上，我们可以同意将这种升格的“感情”称之为“情感概念”。诗情的反观性使情感突破了自然状态的局限，“它使我们具有一种完全体现在某个对象里面的情感，因而经得起人去看它，而且原则上经得起任何人去看它”[23](p.3)。

诗情的如上四个主要特点，是决定诗之所以为诗的东西，也是从根本上决定作品艺术质量的东西。诗情意念一旦萌生，作家便调动自己的全部生活经验，激活自己的想象与幻想，用自己的整个心灵去哺育它，使之成长、壮大、开花、结果。诗情意念既是文艺创作的种子，又是作家创作的动因、推力和艺术目的。诗情意念的自生发，自展开，便是具有独立生命的完整艺术形象的诞生，这也就是艺术目的的实现，文艺创作活动的完成。一个作家艺术上的独特性、创造性、不可取代性，及其对读者的感染力、吸引力、震撼力，无不植根于这种诗情意念的美学特性。所以，我们在探讨作家艺术上的成败得失时，首先不能不注意这点。下面试举例以言之。

在曹禺剧作中公认为写得最好，影响也最大的，是《雷雨》，而《雷雨》写得最成功的人物，是蘩漪。且看作者的写作经验。曹禺在《〈雷雨〉序》中写道：“累次有人问我《雷雨》是怎样写的，或者《雷雨》是为什么写的这一类的问题。老实说，关于第一个，连我自己也莫名其妙，第二个呢，有些人已经替我下了注释，这些注释有的我可以追认——譬如‘暴露大家庭的罪恶’——但是很奇怪，现在回忆起三年前提笔的光景，我以为我不应该用欺骗来炫耀自己的见地，我并没有明显地意识着我是要匡正，讽刺或攻击些什么。也许写到末了，隐隐仿佛有一种情感的汹涌的流来推动我，我在发泄着被仰压的愤懑，毁谤着中国的家庭和社会。然而在起首，我初次有了《雷雨》一个模糊的影象的时候，逗起我的兴趣的，只是一两段情节，几个人物，一种复杂而又原始的情绪。”[10](p.8)这段话很重要，概括了《雷雨》的主要成功经验。

1. 写《雷雨》时，作者“没有想到一定要达到一个什么社会效果，甚至连主题也没有预先想到它”[10](p.135)。说《雷雨》是“暴露大家庭的罪恶”，这并非写作的初衷。一个真正的艺术品，内涵是很丰富的，不应只把它归结为一两句抽象的话。曹禺说：“我写戏不是从主题出发，而是从生活和人物出发的。我写《雷雨》时，并没有明确要通过这个戏去反封建。评论家后来说这里有反封建的深刻主题，我承认他们说得很对，但我写作时不是从反封建主题出发的。”[10](p.431)

2. 写逗起自己兴趣的。曹禺说：“感到有兴趣的东西才能写好。”[10](p.112)这点很重要。作者对什么感兴趣呢？“一两段情节，几个人物”；“一种原始而复杂的情绪”。这两点看似不那么起眼，却是生成《雷雨》最初影象的种子。这表明：a. 写《雷雨》时，处于作者视觉前景位置的是人物、情节的具体形象，并受情感的驱动，他是凭“抒情的直觉”创作，而不是抽象的思想观念。b. 创作伊始，形象与情感就是俱生共存，密不可分的。形象与情感的不断相互转化，也就是文艺创作的展开和完成。

3. 是哪些情节和人物特别吸引作者呢？曹禺说：“在《雷雨》里的八个人物，我最早想出的，并且也较觉真切的是周蘩漪”，她能“抓住我的想象”。[10](p.11)他又说，他不是按大纲的顺序写的，而是先写最吸引自己的一些片段，其中就有“第一幕吃药的那一段”，而且“琢磨得时间比较长”。[10](pp.93－94)由此可见蘩漪在作者艺术构思中的重要地位。

毋庸赘言，周蘩漪是《雷雨》中一个最主要的人物，和剧作的氛围“最显得调和”。“她是一个最‘雷雨的’性格，她的生命交织着最残酷的爱和最不忍的恨”，“她的可爱不在她的‘可爱’处，而在她的‘不可爱’处”[10](pp.10－12)，她本人简直就是“雷雨”的化身。作者所要表达的思想情感，最主要的，就是同这个人物的要求和愿望联系在一起的。这个人物形象性格最复杂，内涵最丰富，血肉最丰满，最有个性特点，最富于魅惑力，最有思想的光芒，是作者给中国文学的一个最独特的贡献。

为什么会写得这么成功呢？听听作者怎么说：“我喜欢看蘩漪这样的女人”，“对于蘩漪我仿佛是个很熟的朋友”，“我算不清我亲眼看见多少蘩漪”，有的“就像在我的心里放了一把火”。“我想她应该能动我的怜悯和尊敬，我会流着泪水哀悼这可怜的女人的。”“在遭遇这样的不幸的女人里，蘩漪自然是值得赞美的。”[10](p.11)对人物的熟悉、理解、喜爱与同情，就是写作得以成功的最重要的原因。

4.“一种复杂而又原始的情绪”。作者就此着重谈了两点：a.《雷雨》对“我”是个“诱惑”，“憧憬”，“莫名的爱好”，“神秘的吸引”，“蛮性的遗留”，

"抓牢我心灵的魔"，"我""睁大了惊奇的眼"，这一连串形容表明所写的人与事是多么强烈地打动了他。尽管他认为问题"太大，太复杂"，感到"不可言喻"，"不可理解"，"不能断定"，"不能给它以适当的命名"，"也没有能力来形容"，这固然表明了曹禺并不是一个以"冷静分析"见长，"惯于在思想上做功夫"的人，但是对于一个作家来说，最重要的，是他亲眼看见了，真切地"觉得了"这个世界上的"残忍"和"冷酷"，并且直觉到"这个斗争的背后也许存在着某种东西"，有一种"不可知的力量"，这些使他的灵魂躁动不安的，正是作者所要追问的情感意义，也是《雷雨》的魅力所在。b. "一种急迫的情感的积郁，使我执笔写了《雷雨》"，"《雷雨》的降生是一种心情在作祟，一种情感的发酵"，"写《雷雨》是一种情感的迫切的需要"，"我用一种悲悯的心情来写剧中人物的争执"，"写到末了，隐隐仿佛有一种情感的汹涌的流来推动我，我在发泄着被抑压的愤懑，毁谤着中国的家庭和社会"，"我的情感强要我表现的，只是对宇宙这一方面的憧憬"，"《雷雨》是一种情感的憧憬，一种无名的恐惧的表征"：由情感的"积郁"，"作祟"，"发酵"，而成为"迫切的需要"，以至怀着"悲悯的心情"加以表现，并受到"情感的汹涌的流"的"推动"，使《雷雨》成为"情感的憧憬"与"表征"，这些表述可说是对情感论的一种注释。

在作了以上表述之后，作者这样说道："与这样原始或野蛮的情绪俱来的还有其他的方面，那便是我性情中郁热的氛围"，《雷雨》"代表个人一时性情的趋止"。[10](p.151)可谓画龙点睛之笔。文艺写人也就是抒写性情。曹禺特别偏爱蘩漪这个人物，须从作者的性情去求解。左拉曾把艺术定义为"通过某种气质所看到的自然的一角"，《雷雨》所表现的那种郁闷、激愤之情，正是作者当时性情的写照，而作品中最能反映这种情绪的，无疑是蘩漪。在某种意义上说，蘩漪就是曹禺，是一种苦闷的象征。每个作家都有自己的心灵敏感区，都有自己深挖的一口井，坚持情感论就是尊重作家的艺术个性，坚持从实际生活出发，寻找适合自己性情的表现对象与表现形式，这正是《雷雨》之所以成功的根本原因。

《关汉卿》、《茶馆》等作品的成功，同样证明了这一点。

如前所述，《关汉卿》是田汉最成功的剧作。其经验可概括为这几点：1. 关汉卿感动了他。田汉在准备纪念关汉卿的报告的过程中，阅读了大量有关资料，认真研究了关汉卿的剧作，尤其是《窦娥冤》。田汉感到，关汉卿在那样黑暗的年代，却敢于写窦娥这样反抗性十分强烈的女子，实在难能可贵。无论读他的悲剧或喜剧，都能听到他对元代统治者和黑暗势力撞击的铁石声。有一天田汉继续阅读关汉卿的散曲，当他读到《不伏老》这首曲子时，无限兴奋地说："好呀，你看关汉卿这样写他自己：'我是个蒸不烂煮不熟锤不扁炒不爆响当当一粒铜豌豆。'关汉卿真是个铁汉子！我除了写纪念报告，还要给他写个戏。"[12](p.72)这就是田汉创作《关汉卿》最初的动机。2. 隔世知己，心心相印。

田汉为何对关汉卿如此感兴趣呢？就因为他与关汉卿在情感上发生了强烈的共鸣，从关汉卿身上看到了自己。正如有人所指出的："在关汉卿与田汉之间，从不伏老的'铜豌豆'人格出发，可以找到许多共同点。……同为才情天纵的戏剧家、同驱梨园领袖、同有不平则鸣之心、同有嫉恶如仇之愤、同有为民请命之志、同有爱家爱国、反抗民族压迫之情……田汉是将关汉卿引为隔世知己的。"[32](p. 345) 可以这样说，田汉从关汉卿这个历史人物身上，找到了自己情感的喷发口。3.《关汉卿》的成功，集中体现在关汉卿与朱帘秀的形象塑造上，一个写深了，一个写活了。"这两个人，是田汉想象中的诗情创造。尤其是两人相知相随的美好爱情，是田汉早年就开始苦苦追求的'灵、肉和谐统一'的理想爱情的表述。"[32](p. 345) 4. 新中国成立以后，田汉一直是有许多苦闷的，其一便是创作中最为重要的情感内容与情感方式的和谐统一问题。田汉在长期的社会实践与艺术实践中形成了自己感受生活、表现生活的特定情感方式，"那就是诗意的、浪漫的、理想的人生追求与现实的、冷酷的、黑暗的社会生活之间不可调和的矛盾与冲突。……田汉擅长于在冲突与矛盾、压抑与反抗、失意与希望、人性与兽性中来塑造形象，刻划人物与抒发情感"[32](p. 342)；而这种情感方式与他面对新时代新生活时所产生的情感内容已不再协调，却在《关汉卿》的创作中找到了他醉心的情感内容，并得到了尽情的施展，从而为中国当代戏剧留下了一部难得的珍宝。5. 革命知识分子的自我表现。从批判电影《武训传》到思想改造、批判胡适与胡风以至反右派、拔白旗、插红旗等一系列政治运动，知识分子一直被置于被批判、被改造的境地，政治上、思想上、艺术上的苦闷、压抑、不知所措，是许多知识分子的共同感受，他们这种内心的积郁不可能在文艺作品中完全无所表现。而"在表达知识分子心声的作品中，田汉的《关汉卿》具有理想色彩"。该剧"着力塑造了一个理想化的知识分子英雄形象"，"主要突出了关汉卿的接近民众、表达人民心声与坚持知识分子的独立人格与精神操守的特点"[2](p. 111)。因而在一定的意义上，可以说关汉卿是以田汉为代表的革命左翼文化人的自我写照，是广大革命知识分子的一种情感象征，难怪郭沫若一口气读完该剧后大加激赏。以上五点，从不同的方面或角度，再次印证了情感论是符合文艺创作的特点与规律的。

我们再看看老舍的经验。老舍最擅长写市井小民和劳苦百姓，《骆驼祥子》、《茶馆》、《正红旗下》可证。他说："我自己是寒苦出身，所以对苦人有很深的同情。"[33](p. 139) "我只借着自己一点点社会经验，和心中自幼儿积累下的委屈，反抗那压迫人的个人或国家。"[33](p. 141) 可见老舍写作也是为了抒发自己的积郁和情感。他又说："假如我有点长处的话，必定不在思想上。我的情感老走在理智前面，……在一方面，这使我的笔下常常带些感情；在另一方面，我的见解总是平凡。"[33](p. 5) 这番话正说着了他创作上的特点与短长。凡是深深动情的，刻在他心里的，他总是写得成功；反之，就写得差一些。老舍在《小人物自述》

中写了一段很有意义的话，这里摘引一点点。文中说我怎么也忘不了我家的那所破房和两棵大槐树，“并不是我有意记下来的，现在这么述说也并不费什么心力；它们是自自然然的生活在我的心里，永远那么新鲜清楚——一张旧画可以显着模糊，我这张画的颜色可是仿佛渗在我的血里，永不褪色。”“当我旅行去的时候，我看见高山大川奇花异草，但是这些只是一些景物，伟丽吧，幽秀吧，一过眼便各不相干了，它们的伟丽或幽秀到不了我的心里来，不能和我混成一个。反之，我若是看见过绿槐虫儿，我便马上看见那两株老槐，听见小姐姐的笑声，我不能把这些搁在一旁而还找到一个完整的自己；那是我的家，我生在那里，长在那里，那里的一草一砖都是我的生活标记。”[34](p.149)这些话可说是夫子自道。写作就是表现一种情感生活，只有那些与自己的生命息息相关，渗透在自己的血泪里，浸泡在自己的情感里的事物，才能写好；情感论所昭示于人的，难道不就是这么？

下面再来说说坚持思想论又将如何。

首先就文艺创作自身而言，思想论必将导致文艺作品中的公式化、概念化。大家知道，艺术创作总是先有个目的作为它的起因（和它的因果性），这目的必须在它自身而且通过它自身生发成为一个有生气的、完满的、具体的整体，所以，作为艺术的目的必须是具体的，而不是抽象的。可是思想论者所要表现的思想，无论是政治的，或宗教的、伦理的、哲学的，就其作为思想而言，则总是抽象的、空泛的、一般的；如果以这种思想的表现作为艺术目的，这就会把艺术纳入一个有限的目的性观念里，并随同带来一个有害的、限制性的自觉意识，这对文艺创作是非常不利的。具体说来有这几点：1. 主题先行，割裂了目的与手段、内容与形式的有机统一，把思想变成了先于形象而自在的他在，形象成了附加的，随意贴到思想上面的东西，二者彼此外在，只有一种偶然性的联系，而无内在的必然关系，当然也就谈不到互相融贯、高度统一了。2. 消解了形象的表现功能。思想所需求于形式的，是阐释的正确性、确定性、明白性；这实际上是把形象的展示与表现变成一种观念的说明与宣讲，是以牺牲形象自身感性的具体性与个性的丰富性为代价的，思想的阐释愈到位，形象自身的美学特性也就愈稀薄。看似在搞文艺创作，其实是在给思想作注脚，写一篇蹩脚的论说文。正如普列汉诺夫所说：一个作家“如果他虚构出形象来论证某一论题，那么他已经不是艺术家而是政治家了，即使他所写的不是著述和论文，而是长篇小说、中篇小说或剧本”。[35](p.836) 3. 形象成了思想的符号。创作既然是以图解某种先在的思想为目的，使人“一看到形象就可以直接找到它的意义”，那形象就必须完全符合思想的要求，按照思想的框框剪裁自己，而不顾形象自身内在的逻辑，这就势必有损艺术形象的真实性、独立性与完整性，把生动的个性完全消融到观念里去了，而成为一种没有艺术生命的宣传工具。歌德所说的“寓意诗”，马克思所批评的“把个人变成时代精神的单纯的传声筒”，指的就是这种情况。我国当代许多作家的作品，毛病也出在这里。

其次，就作家而言，无论什么思想，总是一种抽象的公意、公理、公则，即使是正确的，如果未能通过本人的社会生活实践，化为自己的血肉和灵魂，它就还是一种外在的，甚至异己的东西，那对作家就是一种压力，一种限制，一种束缚，而这是违反文艺创作的自由本性的。文艺创作从来就是一种探索，一种发现，一种突破，一种灵魂的冒险，因而只能是一种“自由的游戏”，写什么、怎样写由作家自己决定，而不是发布指令，设下禁区，立定边界。唯上是从，说违心之语，作矫情之什，只能出赝品；而由衷之言、自由之声，才能产生真正感天地、泣鬼神的艺术品。前面就此已有所论及，不多赘言。

再次，对读者来说，强行灌输某种思想，也是不可取的。毋庸争辩，作家总在有意或无意中影响读者，使之接受某种人生态度或价值观，从这个意义上说，所有的文学艺术都在宣传；但是，决不能因此而把文艺与一般的宣传品混同起来。凡宣传往往是为了迎合时尚或一时需要，而把某种确定的思想观念予以过度的诠释或放大，要人们无条件地接受它，含有炒作、算计、图谋的意味。而文艺则不然，艺术作为一种情感形式，虽说也是有目的的，但它必须趋向自然，“作为自然去看待”，而不显人为痕迹，不让人感受到有目的意识，这也就是康德所说的“无目的的合目的性”。思想意义的模糊性、不确定性与开放性，是文艺的重要美学特性。古人云“诗无达诂”，表明了对读者审美自主的高度尊重。如果认为文艺就是宣传，像有人所说是“政治的留声机”，那就“会使表现丧失‘无限性’和独立性”，以致取消文艺本身，也失去了读者群众。

在对思想论作了如上分析之后，我们再结合文艺创作实际来说。姑以曹禺《明朗的天》为例。

前面说过写《雷雨》是一种情感的需要，而这次写《明朗的天》则是一种政治的需要。在写作之前，作者先听取了一位中央领导的意见，已经有了一个“知识分子必须在党的领导下进行思想改造”的政治概念，然后带着这样的框框到生活中去搜寻素材，再进行创作。所以，主题、题材都是事先规定好了的，作者便根据既定意图去安排人物，设计情节，编写台词，走的是“主题先行”、用形象图解思想的路子。如果说写《雷雨》时作者是凭着感觉走，让一股情感的汹涌的流推动着自己走的话，那这次写《明朗的天》就不同了，创作的指导思想是十分明确的。作者力图站在工人阶级的立场，用马克思主义的观点来观察、分析所描写的对象，以期用社会主义精神教育人民。依照主题的需要，作者着意描写了两个方面的人物：一方是被改造的高级知识分子，如凌士湘、江道宗、陈洪友、孙荣、尤晓峰，他们在政治思想与政治态度上分属不同类型的代表，而把重点放在细菌学专家凌士湘身上。另一方是由党领导的革命改造者群体，主要有董观山与何昌荃、宋洁方、凌木兰，他们分别代表党的领导和各种类型的进步知识分子。还有“在大问题上比知识分子更有知识”的工农兵代表人物，如赵树德、赵铁生、袁仁辉、庄政委等。在描写以上各种人物时，作者很注重根据阶级出身去把握其政治思想态度，并按照其政治表现而赋予不同的思想品质。故事放在美国人创办的北京燕仁医学院里，围绕科学研究与医疗中的一些事情（如凌士湘的田鼠试验，赵王氏之死，赵树德、庄政委治眼伤）展开矛盾冲突，以揭露美帝特务贾克逊在华搞文化侵略的罪恶活动，及其在知识分子中所造成的恶劣影响，从而证明思想改造运动的必要，最后以凌士湘的转变而告终。大家知道，1952 年正值抗美援朝时期，当时开展的知识分子思想改造运动要解决的主要问题是反帝爱国，更具体地说，就是要在高级知识分子中消除亲美、崇美、恐美的思想，在政治上、思想上与美帝国主义划清界限。由此可知，曹禺《明朗的天》的如上构思确是煞费苦心的，也是颇合时宜的。所以，该剧上演后一连三个月观众场场爆满，并在第一届全国话剧观摩演出中，获得了剧本创作一等奖。现在我们重新审视一下，《明朗的天》真的就那么优秀吗？

首先，我们看看该剧主题思想方面的问题。《明朗的天》是个问题剧，意在说明当年那场思想改造运动的正确性，因而不能直面运动在现实生活中的负面影响，真实地反映运动中的问题与知识分子普遍感受到的精神压抑状态。如何正确对待知识分子，曾经是中国革命中一直没能很好解决的一个问题。我们并不否认知识分子有这样或那样的问题，但把知识分子作为工农兵的一个对立面，并用群众性的政治活动的方式来解决他们的思想问题，这显然是不合适的。因此，对这场运动不应予以颂扬。出于当时政治的需要，该剧对外国人在华兴学校、办医院采取了全盘否定的态度，对其中的工作人员基本上也是否定的，连作者后来也认为这是不应有的偏颇。

其次，人物形象是类型化的单面人。在《明朗的天》中，作者是根据主题的需要来分派角色，从观念出发来描写人物。首先他把人物划分为改造者与被改造者，再依据其家庭阶级出身分有不同的政治思想与政治态度，复按照所担任的角色赋予他以相应的个人品质与行为。因此，人物形象黑白分明，一看面孔就知其为红为黑，这种描写实在太表面化了。剧中人物都是代表一定思想与政治倾向的单面人，没有一个是鲜活丰满、可以立起来的。就以中心人物凌士湘来说，也没有给人留下什么深刻印象。作者是把他作为一个埋头科学、不问政治的典型来写的，而忽视了人物的生活与内心世界的丰富性与复杂性。他和正在进行的那场运动多少是隔离的，并没有真正卷入到矛盾斗争的漩涡中去，似乎那场运动只是整别人，而与他没有多大关系，在剧中我们看不到他对运动的真实思想，也感受不到他承受的真正精神压力。作者把他的问题归结为只是个认识问题，等到一切真相大白时，问题也就解决了，这样写人物的思想转变当然谈不上深刻。又如新任院长董观山，在剧中代表党的领导，所有问题都是由于他而得到解决。尽管如此，读者并不感到他可敬、可爱、可亲。作者让人物把注意力过多地放在了赵王氏之死这条线索上，而忽视了思想改造运动的特殊性，并且不敢放手让人物与对手正面思想交锋，这样也就不能真正展示出主人公的才干与内心世界。由于害怕歪曲了党的领导，作者很注意表现人物如何正确，而忘了他也是一个普通的人，他也有自己的个人生活，工作中也会有苦恼与压力，甚至会犯错误，所以读者所看到的只是人物的某些表面，一个整天忙于工作而没有个人喜怒哀乐、七情六欲的职务人。

再次，结构松散，艺术上缺乏有机整体性。从作者的本意看，似乎是在着重写凌士湘的转变，但又须揭露美帝搞文化侵略的种种罪行，所以又让人觉得同江道宗的斗争才是主线；而这一切都离不了党的领导，所以又把董观山置于作品的中轴线上。一个剧竟有三个注意中心，是很难展开真正集中、尖锐的戏剧矛盾与冲突的，其情节结构也就不可能做到严谨完整。剧中写了好些事，它们互不连属，各不相涉，没有交织为一张缜密的网，以造成整个生活的波澜，显得零散而不吸引人。有些人物可有可无，可多可少，似乎可以随意增删、修改而无关大局。这都是由于在结构作品时，只注意从主题出发，力图在思想上面面俱到所致。

总之，由于曹禺写《明朗的天》时坚持思想论，所以我们在剧作中看不到鲜明的性格，感受不到作者的激情，也体验不到紧张的戏剧冲突与扣人心弦的灵魂撞击，有的只是一些人格化的政治符号与众所周知的流行大道理。在当时，就有“许多人认为它的艺术成就远没有达到作者以前已经达到的水平”[36](p. 381)。要是没有标明作者，人们很难想到它竟是出于创造了《雷雨》、《日出》与《北京人》的曹禺之手。

后来曹禺多次谈到个中的经验教训。他说：“当时我也是要思想改造的，我也是‘未改造好的知识分子’喽。那么，我写别的知识分子怎么改造好了，实在是琢磨不透彻。有人说凌士湘、尤晓峰的思想转变都没有写好，写得不深刻。你想，连我自己都没有体验过这样一个思想转变的过程，要想写得很深刻，那怎么行呢?”[37](p. 18)这番话反映了作者当时思想上的无奈。自己思想上有包袱，对象又“琢磨不透彻”，还要“硬着头皮去写”，可以想见“是怎样一种味道”!文艺从来是心灵自由抒发，戴着精神的镣铐，怎么能跳出轻盈美妙的舞蹈？曹禺把自己创作实践中的经验教训进一步提高到理论上加以论述：“作家反映真实的生活，也就反映了他的政治观点和艺术观点；不是先有某种预定的观念，也不管自己懂不懂，消化没消化，就按照这种观念去塑造形象，让那些形象同政治观念去‘合槽’。这样的作品写出来是不会真实的，甚至是假的。”[10](p. 390)可以说，这是曹禺对思想论所作的深刻美学反思。

文艺必须为政治服务，从美学思想上说，也就是坚持思想论，这给新中国成立以来的文艺事业造成了很大的负面影响。老舍曾经这样总结道：“从1950年到现在，我写了不少东西。光说剧本，就有十几部。其中，没有一本是出色的。"[38]这话可能绝对化了一点，但优秀的确实不多。如《春华秋实》、《青年突击队》、《西望长安》、《红大院》、《女店员》、《全家福》，都不怎么样。这些很形式化、写政策的戏，都是不成功的"遗憾的艺术"。在写这些社会一时政型的作品时，作家为两大问题所困扰：一是生活不熟悉，缺乏激情；二是有思想包袱，怕犯错误。这两点都是密切关系着艺术创作规律的问题。如在写《西望长安》时，作者把住"我们的干部基本上是好的，只在某些地方有缺点，犯些错误"这条底线，不去挖掘一些干部犯错误的深层心理原因，尽量不让这样一些人物形象也站到被讽刺的位置上，从而压抑了作品整体讽刺风格的展开，把一部讽刺剧搞成一个半生不熟的夹生苕。在写《春华秋实》时，为了能全面准确地反映"五反"运动的政策界限和斗争过程，作者十易其稿，反复折腾，到头来还是个人物形象干瘪、毫无生活气息的赝品。《青年突击队》更没有跳出青年先进、老年保守、敌人破坏的套路，人物的语言都是"临时在工地上借来的"，连作者自己也说是他写作中"最失败的戏"。凡此等等，无处不见思想论的幽灵。

类似情况田汉那里也有。新中国成立以后他写了三个话剧，除《关汉卿》外另两个都不成功。其一是《十三陵水库畅想曲》。这是一部歌颂大跃进、"跑步进入共产主义"的"大活报"，是一种小资产阶级狂热与花哨的形式的结合，它与老舍的《红大院》、李伯钊的《北京的明天》如出一辙。另一个是《文成公主》。诚如田本相等人所说，剧中人物"几乎都是'和亲仪式'中、'民族团结愿望'下的傀儡"，"人物的自身内容被创作的政治意图挤压出去了"，"变成了'民族团结'意图的'政治符号'。作品创作出来，除了满足一时一地政治宣传的需要外，既不能当历史看，也无法作为文学艺术作品欣赏，连民族、民俗意义都不大——因为，全得吻合'民族团结的主题'。与此相左、关涉不紧的东西，除之务尽，剩下的是经得起政治要求检验的东西。"[32](p. 356)这个分析可把思想论给文艺创作的戕害说透了。

应当看到，作为一种美学思想，思想论的影响是非常深广的，决非限于一时一地，而是一种历史性、世界性的文艺现象。我国素有文以载道的传统，现代以来又由于社会变革与现实斗争对文艺的需要，所以思想论的影响更为普遍。例如郭沫若，向培良早就批评他的《三个叛逆的女性》是"要把这当作一部妇女运动宣言"。"他的作剧，是预定了目标的——就是，他预定了在某一剧里给他的读者以某一定的教训，这些教训是借剧中人物的行为作为例子或简直由剧中人物的嘴宣讲出来。"[39]郭沫若这种对"教训"的偏爱后来在《百花齐放》诗集中得到了尽兴的展示。又如田汉，马彦祥是这样批评的："田汉写社会剧，往往是自己先有了一个成见，然后随便去寻几件人事予以证明，这样的作品自然是不能深刻了。"[40](p. 238)老舍也不例外。他解放以前的某些作品就是一种思想论的产物。例如《面子问题》，作者说道："此剧中表现的都是抽象的东西——文化呀，伦理呀，等等——所以人物就差不多是为代表此种观念而设的傀儡了。

简言之，这本戏不大高明。”[33](p.53) 甚至像茅盾的《子夜》，也可见思想论的明显影响。这些事实说明，就是坚持情感论的作家也可能时而坚持思想论，必须在美学意识上提高自觉性才能克服其影响。

通过以上对比论证，可见只有情感论才正确反映了文艺的美学特性和创作规律。因此，只有坚持情感论，从生活出发，重视激情与生活实感对于创作的意义，尊重作家的艺术个性，尊重文艺自身的特点与规律，才能创造出醇厚的诗情内容与完美的艺术形式高度统一的艺术珍品。

三、思想和艺术的关系

在“思想进步，艺术退步”之争中，双方都看到了思想对于艺术的作用，但是只从这一维度看问题，那是不能很好地解释复杂的文艺现象的。这是因为，作品艺术性的高低是由诸多条件、诸多因素综合决定的，并非仅仅取决于思想。文学史告诉我们，即使在思想相同的情况下，一个作家作品的艺术性也往往是参差不齐的。例如，郭沫若在抗战时期先后写了《棠棣之花》、《屈原》、《虎符》、《高渐离》、《孔雀胆》、《南冠草》，老舍在新中国成立以后先后写了《方珍珠》、《龙须沟》、《春华秋实》、《生日》、《青年突击队》、《西望长安》、《茶馆》、《红大院》、《女店员》、《全家福》、《神拳》……在写这些剧本时，应该说作者的思想或世界观基本上是相同的，并没有多大变化，可是这些作品的艺术性都有明显的高低之分。由此可见，单是思想或世界观是不足以决定创作的。过于看重思想观点对于文艺的重要性，这是个认识误区。

黑格尔曾经深刻指出：“艺术家创作所依靠的是生活的富裕，而不是抽象的普泛观念的富裕。在艺术里不像在哲学里，创造的材料不是思想而是现实的外在形象。所以艺术家必须置身于这种材料里，跟它建立亲切的关系；他应该看得多，听得多，而且记得多。”[17](p.348) 他又说：“哲学对于艺术家是不必要的，如果艺术家按照哲学方式去思考，就知识的形式来论，他就是干预到一种正与艺术相对立的事情。”[17](p.349) 文艺创作之所以要坚持情感论，而不坚持思想论，说到底，就是要直面人生，从生活出发，强调直接的人生亲历、生活实感对文艺的重要性。前面所述的一些著名作家在艺术上的缺陷，无一不是为了思想观念而背离生活真实所致。无数事例证明，只有生活，只有丰厚的社会人生亲历与独特的切身感受体验，才能造就杰出的艺术家和艺术品。一个艺术家能否永葆艺术青春，不断攀登艺术之巅，从根本上说，取决于他与生活的关系，他对生活持什么态度。

我们并不低估思想的重要性，即使要否定也是否定不了的。曹禺说：“我不想说我没有思想，但我所想的总是弥漫在剧中的人们万分复杂的活动中。也许这就是如何写作的道理。”[10](p.5) 思想观念对文艺的影响，不仅仅表现在理性的强制层面上，而且也常常渗透到无意识领域。诚如伊格尔顿所说：在某种意义上，“审美只不过是政治之无意识的代名词：它只不过是社会和谐在我们的感觉上记录自己、在我们的情感里留下印记的方式而已。美只是凭借肉体实施的政治秩序，只是政治秩序刺激眼睛，激荡心灵的方式”。[41](pp. 26—27) 但是，我们也不能过于抬高思想观念对于文艺的重要性。文艺的美学特性要求思想服从艺术形式的制约，因而思想并不是作品最受关注的对象；即使要关注的话，真正重要的并不是作者主观上所要表现的某种先在观念，更不是作者在作品中直接表露的思想，而是通过艺术形象显示出来的情感意义，亦即作品的客观思想。雷·韦勒克和奥·沃伦在其名著《文学理论》中写道：“哲学或者说思想意识的内容，在恰当的上下文里似乎可以提高作品的艺术价值，因为它进一步证实了几种重要的艺术价值：即作品的复杂性与联贯性。一种思想认识的见解可以增加艺术家理解认识的深度和范围，但未必一定是如此。假若艺术家采纳的思想太多，因而没有被吸收的话，那就会成为他的羁绊。”[42](pp. 129) 该书援引克罗齐的分析，指出“《神曲》包括了诗、押韵的神学和押韵的伪科学相互交替的段落”；《浮士德》第二部分明显“受了过分理智化的牵累，常常处在成为明确的寓言的边缘”；在陀思妥耶夫斯基的作品中，“我们经常会感到艺术上的成就与思想重负之间的不协调”，作者的代言人“佐西玛，比起伊万·卡拉玛佐夫来就不够生动”；托马斯·曼的《魔山》中充满了哲学假设的后一部分，艺术水平就不及前面关于疗养院世界的描述高。克罗齐不无尖刻地说：“当诗歌在这种意义上显得卓越时，也就是说比诗本身更卓越时，它就失掉了成为诗的资格，反倒应该把它看成低劣的东西，也就是缺少诗的东西。”[42](p. 130) 我们还可以举出更多的例子来证实思想重负给艺术之累。

在文学史上诚然有些大作家同时也是思想家，但这毕竟是极少数。而且，这些人之所以伟大，主要还是因为他们是艺术家。列宁在论述列夫·托尔斯泰时曾经这样说道：“作为一个发明救世新术的先知，托尔斯泰是可笑的，……作为俄国千万百农民在俄国资产阶级革命快到来的时候的思想和情绪的表现者，托尔斯泰是伟大的。”[1](p. 177) 列宁高度赞扬的，主要是社会性批判维度上的、作为艺术家的托尔斯泰，而不是那个给世界开处方的、作为思想家的托尔斯泰。由是可知，思想并不决定艺术的品质。一般而言，作家的优胜并不在他比政治家、思想家更有思想，更有远见卓识，而在他生活经验丰富，比一般人对生活的感受更敏锐，对人生的体验更深刻，更重视也更忠实于自己感性经验的真实。有些事物他不一定理解，或者不赞成，但他看见了，感觉到了，觉察到了这里有一种值得特别注意的东西，心灵受到了震撼，于是抓住不放，孕育成了艺术形象，哪怕它与自己的思想观点相左，像马克思所说的“跳出意识形态”观看世界。正是在形式与思想的对抗中，文艺产生了不平常的意义。所以，真正伟大的文学艺术品，其客观的情感意义总是比作者主观的思想倾向更宽广，它以无与伦比的生活真实引发读者无尽的思考，激起读者巨大的情感波澜，以至打破了既有意识形态提供的想象性图景，暴露出其某种虚假性和欺骗性。在这个意义上，文艺未尝不可以走在时代潮流的前面！

高尔基说过："一个经验丰富的作家总是自相矛盾的，因为经验充实，则需求广大的、有组织力的思想，而这些思想是同集团和阶级底狭隘的目的对立的。所以，在每个俄国作家的作品里，你都可以发现那些超出他的倾向范围而且本质上与之矛盾的过剩题材和多余思想。你甚至在西欧作家，如狄更斯、巴尔扎克、左拉等辈那里，也可以发现这些矛盾。"[43](p.6) 屠格涅夫更以自己为例说道："准确而有力地表现真实和生活实况才是作家的最高幸福，即使这真实同他个人的喜爱并不符合。"[44](p.90) 由此可见，独立自由的立场，超越自我的精神，诚实客观的态度，也许更有利于文艺家创造好作品，左拉之写《萌芽》，屠格涅夫之写《前夜》、《父与子》，巴尔扎克之写《人间喜剧》，不就表明了这一点吗？这些作品的客观情感意义都超出了作者的主观政治倾向。或许这才是恩格斯所说的"现实主义的最伟大胜利"的真正含义所在。

参考文献：

[1] 马克思等．马克思恩格斯列宁斯大林论文艺［C］．北京：人民文学出版社，1980.

[2] 陈思和．中国当代文学史教程［C］．上海：复旦大学出版社，2002.

[3] 茅盾．化悲痛为力量［J］．人民文学，1978（7）．

[4] 陈立旭．毛泽东为何评曹操［J］．党史纵横，2003（9）．

[5] 郭沫若．蔡文姬［M］．文物出版社，1959.

[6] 郭沫若．替曹操翻案［N］．人民日报，1959—3—23.

[7] 郭沫若．《高渐离》附录［A］．郭沫若论创作［M］．上海：上海文艺出版社，1983.

[8] 彭放．"翻案"背后有文章——《蔡文姬》主题新探［J］．郭沫若研究（二）．文化艺术出版社，1986.

[9] 曹禺．关于《王昭君》的创作［A］．王昭君［M］．四川人民出版社，1979.

[10] 曹禺．昭君自有千秋在［A］．曹禺论创作［C］．上海：上海文艺出版社，1986.

[11] 田汉．田汉文集（第十六卷）［M］．北京：中国戏剧出版社，1983.

[12] 黎之彦．田汉创作侧记［M］．四川文艺出版社，1994.

[13] 樊骏．老舍［A］．中国大百科全书·中国文学［C］．中国大百科全书出版社，1986.

[14] 老舍．答复有关《茶馆》的几个问题［A］．克莹、李颖．老舍的话剧

艺术［C］．文化艺术出版社，1982.
[15] 别林斯基．符·菲里莫诺夫的“不可解的”［A］．别列金娜．别林斯基论文学［C］．新文艺出版社，1958.
[16] 别林斯基．亚历山大·普希金作品集·第五篇［A］．别林斯基选集（第四卷）［M］．上海：上海译文出版社，1991.
[17] 黑格尔．美学（第一卷）［M］．北京：人民文学出版社，1958.
[18] 别林斯基．伊凡·瓦年科讲述的《俄罗斯童话》（1838）［A］．外国理论家作家论形象思维［C］．北京：中国社会科学出版社，1979.
[19] 别林斯基．艺术的概念［A］．别林斯基选集（第三卷）［M］．上海：上海译文出版社，1980.
[20] 列夫·托尔斯泰．艺术论［M］．北京：人民文学出版社，1958.
[21] 罗丹．罗丹艺术论［M］．北京：人民美术出版社，1978.
[22] 普列汉诺夫．没有地址的信［A］．普列汉诺夫美学论文集［C］．北京：人民出版社，1983.
[23] 鲍山葵．美学三讲［M］．北京：人民文学出版社，1965.
[24] 让一保罗·萨特．想象心理学［M］．北京：光明日报出版社，1988.
[25] 马克思．关于费尔巴哈的论纲［A］．马克思、恩格斯．费尔巴哈［C］．北京：人民出版社，1988.
[26] 马克思．政治经济学批判序言［A］．马克思恩格斯选集（第二卷）［C］．北京：人民出版社，1975.
[27] 黑格尔．美学（第三卷）［M］．北京：商务印书馆，1981.
[28] 克罗齐．美学原理、美学纲要［M］．北京：外国文学出版社，1983.
[29] 康德．判断力批判［M］．北京：商务印书馆，1964.
[30] 狄德罗．演员奇谈［A］．狄德罗美学论文选［C］．北京：人民文学出版社，1984.
[31] 渥兹渥斯．抒情歌谣集序言［A］．十九世纪英国诗人论诗［C］．北京：人民文学出版社，1984.
[32] 田本相、吴戈、宋宝珍．田汉评传［M］．重庆：重庆出版社，1998.
[33] 老舍．老舍论创作［M］．上海：上海文艺出版社，1980.
[34] 老舍．正红旗下、小人物自述［M］．北京：人民文学出版社，1987.
[35] 普列汉诺夫．艺术与社会生活［A］．普列汉诺夫美学论文集II［C］．北京：人民出版社，1983.
[36] 田本相．曹禺传［M］．北京：北京十月文艺出版社，1988.
[37] 梁秉堃．在曹禺身边［M］．北京：中国戏剧出版社，1999.
[38] 老舍．生活与读书［N］．戏剧报，1962—5—25.
[39] 向培良．所谓历史剧［A］．李霖．郭沫若评传［C］．上海时代书

局，1932.
[40] 马彦祥．戏剧讲座［M］．现代书局，1932.
[41] 特里·伊格尔顿．美学意识形态［M］．桂林：广西师范大学出版社，1997.
[42] 雷·韦勒克、奥·沃伦．文学理论［M］．生活·读书·新知三联书店，1984.
[43] 高尔基．俄国文学史［M］．上海：上海译文出版社，1979.
[44] 屠格涅夫．回忆录［M］．北京：人民文学出版社，1962.

内容摘要：

针对"思想进步，艺术退步"的观点，本文首先就具体语境，对这里提及的"思想"进行了界定。这里的"思想"，事实上就是政治倾向。本文指出，"思想进步"是否会导致"艺术退步"，核心其实是"文艺与政治关系"的问题，并且以郭沫若、曹禺及老舍等人的创作，从正反两个角度说明，政治倾向并非一定导致作品的艺术水准的退步，关键在于作家的思想能否化为艺术创作所需要的"诗情意念"。从"情感论"的角度来看，"诗情"内涵着思想的因子，具有深刻性、具体性、整一性、反观性的特点，能够自然而然地化为艺术形象的血肉，而单是思想或世界观是不足以决定创作的。过于看重思想观点对于文艺的重要性，是个认识误区。

关键词：

思想；政治；诗情；思想论；情感论

The True Issue is How to Interpret These Phenomena
—The Contend on the "Progressive Idea Leads to Regressive Art"

■ Sun Ziwei
(College of Chinese Language and Literature, Central China
Normal University, Wuhan 430079)

Abstract:

For the view "progressive idea leads to regressive art", the article first defines "idea" referred here in the specific context. In fact, the "idea" here means the political tendency. This article points out that whether the "progressive idea" would lead to "regressive art", the core is actually the relations between literature and art and politics. From both positive and negative point of view, this article takes Guo Moruo, Cao Yu and Lao She's works as examples, and points out that political tendency must not lead to regressive art, which depends on whether writer's idea can be transformed into "Poetry Feeling". From the Theory of Attaching Importance to Emotion, the feature of "Poetry Feeling" including factor of thought is profound, concrete, unity and retrospective, which can be naturally transformed into flesh and blood of art images. Idea or worldview alone is insufficient to decide on the creation. It is a misunderstanding to pay too much importance of idea to literary writings.

Key Words:

idea; politics; poetry feeling; theory of attaching importance to idea; theory of attaching importance to emotion

“中国审美学派”：理论与实践

——以钱中文、童庆炳、王元骧为研究中心

■ 吴子林*

（中国社会科学院 文学研究所 北京 100732）

新中国成立60年来，中国文艺学研究经历了一个颇具创造性的发展历程；不少研究成果有着极其开阔的视野和新颖深邃的立论，而给人们以思想的冲击和方法的启迪，已然成了中国现代文艺理论的风向标和高碑。“中国审美学派”便是其中颇引人注目的学术群落。① 具言之，“中国审美学派”是对新时期以来以钱中文、童庆炳、王元骧为代表的一批文艺理论家的集中概括，这一学植深厚的学者群对“杂语喧哗”的文学理论研究现状进行了立体的理性审视，并以宏阔的学术视野关注、参与前沿性的学术问题，审慎地批判各种新理论新问题中未必适合中国实情的论说；他们在以学术为本位的同时，保持学人本色，力图在学术研究中实现人文价值重建，在学术观点上彼此声息相通，建构起了一个以“审美意识形态论”为核心思想的马克思主义文艺理论新体系。“中国审美学派”冲破了传统文艺学的陈旧框架和清规戒律，不仅为我国文艺理论的发展

* 吴子林，男，1969年生，福建连城人，文学博士，中国社会科学院文学研究所副研究员，《文学评论》编辑部编辑，主要从事文艺理论研究。

① “中国审美学派”的命名源于它的质疑者或反对者，但这些质疑者或反对者由于带有个人的偏见，而对“中国审美学派”的理论阐释多有不实之词，故又有“审美中心主义”、“审美综合论”和“审美消解论”等诸多“别称”。参阅陆贵山：《文学·审美·意识形态》，载《马克思主义美学研究》第9辑，中央编译出版社2006年版，第18页；董学文、金永兵等：《中国当代文学理论》（1978—2008），北京大学出版社2008年版，第66—70页。

揭开了新的篇章，而且还引发了一系列历久弥新的学术命题，开辟了宏阔的学术空间。时至今日，“中国审美学派”仍活跃在中国文艺理论界的前沿，日益深入人心，影响巨大。值此新中国成立六十年之际，很有必要对它作一客观准确的总结和评说，以深化人们的认识和理解。

“中国审美学派”的崛起

一切思想，都是以问题为中心的。马克思和恩格斯曾经指出：“一切划时代的体系的真正的内容都是由于产生这些体系的那个时期的需要而形成起来的。”[1](p. 544)学术研究不只是为着一种历史知识的兴趣，作为生活在当代中国的学者，应着眼于解决中国现实的理论难题，始终处于对人类、社会、文学与自我的不断发现与探索状态之中，将现实的关怀与超越的、形而上关怀有机地统一起来；换言之，学术研究必须立足于中国本土的现实，而对问题的学术性解决，又必须是学理性的，有距离的，更带根本性的思考与研究；二者之间应保持一种必要的张力。任何一种学派或理论体系的兴起，都是有其特定的历史背景和思想根源的。“中国审美学派”的形成与其所处时代的问题阈紧密相关，它形成于对时代问题的回应与超越之中，这种回应与超越既是针对于时代的呼唤，也是针对于文艺理论的实际发展要求。

在谈到中国近现代文艺思想的发展时，李泽厚认为：“每个时代都有它自己中心的一环，都有这种为时代所规定的特色所在。……在近代中国，这一环就是关于社会政治问题的讨论，……把注意和力量大都集中投放在当前急迫的社会政治问题的研究和实践活动中”；“政治斗争始终是先进知识群兴奋的焦点”。[2](p. 825) 20世纪70年代末80年代初以降，政治体制、经济体制的改革旋风般席卷中国大陆之时，我国文坛也发生了剧烈震荡与重大转折。“中国审美学派”正是这一翻天覆地变革时期的产物。

长期以来，由于受极“左”思想影响，加上对苏联文学理论的盲目崇拜，我国的文学理论存在着背离文学现象、无视文学规律的不良倾向。“文革”时期，在极端僵硬的政治和文化状况下，“文学从属于政治”、“文学是阶级斗争的武器”、“文学是无产阶级斗争的工具”等文学观念盛行一时。20世纪80年代，在拨乱反正、思想解放的大背景下，清理旧的文学观念和文学研究方法，清陈错误文艺观念的影响，客观地评价传统文学理论的得失，是进行文学理论创新的重要前提，它直接影响到当代文艺理论的建设。那么，如何实事求是地寻求对于文学的新理解呢？这是当时文艺理论学者要解决的重要问题。在对文艺本质的热烈讨论的过程中，学者们一步一步地解决着自己的问题：首先，文学是不是刻板地从属于政治？文学有没有自己的独立性？文学是不是要永远听从政治的指挥？再进一步，文学不是阶级斗争的工具、不再从属于政治之后，那文学究竟是什么呢？简言之，文艺理论的研究宗旨是要使文学回归自身，符合自身特征以及发展多样化的文学创作。于是各种各样的理论应运而生。

文学的基本特征问题是文学理论中的一个根本问题，它直接影响着文学创作实践。长期以来，中国文论界一直坚持文学“形象特征”说，认为文学和科学的对象是同一的，不同在于，文学以形象来说话，科学则以逻辑来说话。出于对“文革”时期极度政治化的文学观念的反思，当时学界掀起了“形象思维”大讨论，其目的是要摆脱“文艺从属于政治”的命题的思想束缚。1981 年，童庆炳提出了文学“审美特征”论，指出“形象特征”说是文学创作之所以“公式化”的理论根源之一，它源于俄国 19 世纪文学批评家别林斯基，实际上是别林斯基的一个理论“失误”，而这一理论错误是由于受黑格尔“美是理念的感性显现”观念的影响所致；文学所反映的生活是整体的、美的、个性化的生活，这就是文学的内容的基本特征。[3] 1983 年，童庆炳在《文学与审美——关于文学本质问题的一点浅见》一文指出，文学的本质问题的完整探讨应包括两个层次的问题：一、文学和其他意识形态的共同本质的研究；二、文学本身的特殊本质的研究。他认为，文学之为文学当有其独特的对象和内容，从内容到形式乃至其功能，都有着独特的品质和特征。他提出：“文学作为一种意识形态包括了巨大的认识因素，但构成文学之所以为文学的充分而必要的条件，则不是认识而是审美。文学作品中的认识因素是重要的，但它只有溶入审美因素，化为审美因素，才有存在的权利。……文学区别于非文学的关键，就是它的审美特质。”[4](p.32) 童庆炳确认了文学的审美品质，把文学创作看做一种以审美活动为核心的精神活动后，还从社会现实、心理美学、社会学、文体学、语言学和文化学等诸视角，在与古今中西各种文学理论的对话和沟通中，进一步丰富和完善着自己以“审美特征”为中心的文学思想。童庆炳同时指出，文学不是“纯审美”的，作为一种广延性很强的事物，文学的版图十分辽阔，有着社会性、政治性、道德性、宗教性、民俗性等等种种属性；为此，他提出了“文学五十元”的构想。不过，文学的多元性质还只是文学的一般属性，它们往往为多种事物所共有，还不足以将艺术与非艺术、文学与非文学区别开来；这些属性只有“溶解”于审美活动之中，才可能是诗意的。如果说文学是社会生活的反映，那么它就是一种“审美反映”。1984 年，童庆炳编写了《文学概论》（上、下册，红旗出版社出版），该书第一章“文学的本质与特征”便以“审美特征”论取代“形象特征”说，第一次把“审美反映”作为文学的基本概念写进了教材。此后，童庆炳将“审美”的视角运用于文学真实性、文学典型、艺术欣赏、艺术结构等问题的研究中，大大深化了人们对于文学“审美特征”的认识。1988 年，童庆炳发表了《论文学的格式塔质和审美本质》一文，他从心理学的角度解释“审美”，认为审美是人们的一种体验，是自由在瞬间的实现，是苦难人生的节日；它以心理感官的无障碍为其标志，以情感上评价现实为其实质。一言以蔽之，审美即情感的评价。童庆炳还运用“整体大于部分之和”的格式塔的、结构主义的和系统论原理，从文学内部诸因素的整体联系中把握文学的本质，认为审美是文学的整体性结构关系生成的、一种形而上的新质；“它不属于具体的部分，却又统领各个部分，各个部分必须在它的制约下才显示出应有的意义”[4](p.34)。

1984年，王元骧认为，文学艺术是经过作家审美情感的评价和选择来反映生活的，“情感乃是艺术的生命，是艺术与非艺术之间最根本的分水岭，是艺术最根本的特性之所在”[5]；所谓艺术的审美特性，是“通过艺术家的审美感受和审美体验为中介来反映生活所赋予作品的一种属性”[6](p.51)。1988年，王元骧指出，就对象而言，文学反映的对象并不是客体自身，而是“客体对人所可能具有的价值”；就方式而言，文学的反映是“情感反映”，“与感性对象自始至终保持直接的依赖关系，它不仅产生生动的感性直观，而且只有依赖感性对象才能维持下去”；就结果而言，与一般认识论所要解决的“是什么”不同，文学作为一种审美活动所要解决的是“应如何”的问题。一言以蔽之，文学不同于科学之处在于，文学是作家以审美情感为中介对社会人生的评价性反映。[7](p.33)这里，“应如何”是一个理想的尺度，体现了作家对人生的理想、愿望、企盼和梦想，使人瞥见了一个经验生活之上的世界，而引导人不断地走向自我超越。因此，艺术美自觉地体现着作家的审美情感和审美理想，使人们的生活有了方向和目标。王元骧在1989年出版的《文学原理》里提出，在文学艺术与社会生活之间存在着三个层面的中介：社会心理、艺术家审美心理、艺术语言与艺术形式。这些大大深化了人们对文学反映论的理解。[7]

1986年，钱中文提出了以“中介”论为前提的“审美反映”论。在他看来，文学是审美主体的创造系统，文学创作不是一般反映论的运用，作为哲学原理的反映论进入文学创作，必须经过中介而形成审美反映；“文学的反映是一种特殊的反映，由于其自身的特殊性，较之反映论原理的内涵，丰富得不可比拟。反映论所说的反映，是一种曲折的二重的反映，是一种有关主体能动性原则的说明。审美反映则涉及具体的人的精神心理的各个方面，他的潜在的动力，潜伏意识的种种形态，能动的主体在这里复杂多样，而且充满种种创造活力，这是一个无所不在的精灵。”钱中文不但从根本上区别了一般的反映论与文学“审美反映”论，而且还从“心理层面”、“感性认识层面”和“语言、符号、形式的体现”等层面说明了文学“审美反映”论的特征。他理性地审视了“反映论”，在肯定了流行的反映论前提的基础上，强调了心理现实和审美心理现实，将再现与表现统一起来，而提出了“审美反映论”，标举审美反映的丰富性，反驳了强加于反映论上的不实之词，又赋予其更新的含义。[8]

童庆炳与王元骧、钱中文等人提出的文学“审美反映”论，主要是针对“文学主体论”完全否定文艺反映论提出来的。它震撼了所沿袭的苏联文学理论模式，是新时期伊始一个重要的理论创获；它突破了文学观念僵硬的政治化和粗疏的哲学化，突破了“反映”论和工具论的单一视角，有力推动了当时整个文学观念的变革，其意义是极其深远的。文学“审美反映”论的提出，表明“中国审美学派”已初具雏形。

“中国审美学派”的确立

事物的特征不同于事物的本质，但对事物本质的把握必须从其“特征”入手。文艺的本质问题从来是文艺学研究的核心问题，也是文艺学体系构架的首要问题。马克思在1859年的《〈政治经济学批判〉序言》中概括了历史唯物主义的基本原理，明确指出“意识形态的形式”（ideologischen Formen）包括“法律的、政治的、宗教的、艺术的或哲学的”（den juristischen，politischen，religiösen，künstlerischen oder philosophischen）等各种不同的“形式”。其中，“法律的、政治的、宗教的、艺术的或哲学的”在德文中都为复数，“意识形态的形式”中的“形式”在德文中也是复数——这意味着这里的“艺术的”是一种泛指，既指文学艺术的具象创造，也指文学艺术的观念理念。马克思把文艺列入意识形态，“这在人类思想史、文论史上是一个重大的历史性发现”[9](p. 1)。不过，以往的教条主义者片面地把意识形态的史学观点作为马克思主义文学本质观的唯一观点，抛弃和压抑了美学观点，用意识形态观点遮蔽和掩盖了文学的审美本质；其极端表现在“文革”时期文艺完全被等同于政治，文艺与文学理论走向了极端荒谬的境地。

马克思关于文艺是“意识形态的形式”之一的提法，暗含着它和其他形式的意识形态相区别的意思。由此，便与文艺的特殊性问题相衔接、相统一了。实际上，马克思和恩格斯在不同层次、不同方面已涉及文艺的审美特性或特殊本质。为此，钱中文等人集中研究了马克思《1844年经济学哲学手稿》中的美学思想，进一步理解了马克思关于“掌握世界的方式”、关于艺术的掌握世界的方式的论述，逐步认识到：马克思关于艺术本质的论述——艺术既是社会意识形态，又是审美活动——存在着两方面的理论资源，既有美学观点，又有史学观点，是美学观点和史学观点的结合与统一；从马克思主义哲学一般的意识形态理论过渡到对于文艺本质特征的研究，必须经过审美这个中介。1982年，钱中文提出，“文艺是一种具有审美特征的意识形态”。在他看来，文学是通过对语言的审美结构的把握，通过创作主体的感受、体验而灌注了感情思想的鲜活的艺术形式反映社会生活；我们“加强美学分析，并不是要否定与美学分析密切相关的历史、社会分析”[10]。1984年，钱中文正式提出了文学“审美意识形态”论：“文学艺术固然是一种意识形态；但我以为是一种审美的意识形态；文学艺术不仅是认识，而且也表现人的情感和思想；审美的本性才是文学的根本特性，缺乏这种审美的本性，也就不足以言文学艺术。看来文学艺术是双重性的。”[11]显然，这是运用马克思主义的社会结构学说，即社会基础与上层建筑理论对于文学艺术观念问题的一次解决。1987年，钱中文在系统分析认识论文学观、主体性文学观、象征论文学观、艺术生产论等文学观，指出它们各自优势及所面临的困境的基础上，正式确认“文学是审美意识形态”，并展开了具体深入的论证：从哲学的观点看，文学确是一种意识形式，与哲学、伦理等具有意识形态的共同特性，但是文学之所以是文学，是因为文学是一种具体的意识形式，即审美意识形态：它将审美的方法和哲学的方法融合一起；它以感情为中心，但又是感情与思想的结合；它是一种虚构，但又是特殊形态的真实性；它具有阶级性，但又是一种具有广泛社会性以及全人类性的审美意识形态。钱中文指出，从社会文化系统来观察文学，从审美的哲学的观点出发，把文艺视为一种审美文化，一种审美意识形态，把文学第一层次的本质特性界定为审美的意识形态性，是比较适宜的；“文学作为审美的意识形态，以情感为中心，但它是感情和思想认识的结合；它是一种自由想象的虚构，但又具有特殊形态的多样的真实性；它是有目的的，但又具有不以实利为目的的无目的性；它具有社会性，但又是一种具有广泛的全人类性的审美意识的形态。”[12]1988年，钱中文在《论文学形式的发生》一文讨论了文学本质特性的多层次性，以及作为文学最根本特性的审美与意识形态性的不可分离性；他将“审美意识”而不是“意识形态”确立为文学审美意识形态的逻辑起点，从审美意识及其历史生成予以探讨，提出文学的发展是从“前文学”到文学，并从中导出了“审美意识形态”的文学观念。出版于1989年的《文学原理—发展论》讨论文学观念的第一编共四章，整合了这些想法，其中用了两章的篇幅，专门阐释了“审美意识”的演变。钱中文提出审美与意识形态的融合，正在于使文学回归自身，回到文学自身的逻辑起点、它的与生俱来的复合性特性、它的历史生成形态——审美意识形态。审美意识形态不是单纯的审美，也不是单纯的意识形态，更不是“审美”与“意识形态”的“硬拼凑”，而是扎根于文学发展的事实，从人类审美意识的演变过程中抽绎出来的，是审美意识的自然的历史生成。为此，在2004年第三版的《文学发展论》一书中，在谈到审美意识形态时，钱中文特意加了一条注释：“本书提出‘文学审美意识形态’，并不是像极端的庸俗机械论者批评那样，是审美加意识形态，而是把审美意识形态作为人的本质的确证，从审美意识的发生、形成开始的。正是具有审美意识的人，在自己的长期实践活动中，产生了不断积淀着生存意蕴的语言、文字结构，进而使审美意识相融合并发生演变，物化为审美意识形式，创造了‘有意味的形式’，最后发展为现代意义上的审美意识形态——文学。”[13](p.86)

在“审美特征”论的基础上，童庆炳同样把文学的基本界定从理论上扩展为“审美意识形态”论，并称之为“文艺学的第一原理”[14]。对文学“审美反映”论和“审美意识形态”论的基本内涵和特征，童庆炳作了精要的概括：其一，文学“审美反映”论和“审美意识形态”论的整一性。“审美反映”和“审美意识形态”是一个完整的概念，不是“审美”加“反映”，不是“审美”加“意识形态”，它们是一个具有单独的词的性质的复合词组，不是审美与反映、审美与意识形态的简单相加；它们本身是一个有机的理论形态，是一个整体的命题，不应把它切割为“审美”与“反映”，“审美”与“意识形态”两部分；“审美”不是纯粹的形式，而是有诗意内容的；“反映”、“意识形态”也不是单纯的思想，它是具体的、有形式的。其二，文学“审美反映”论和“审美意识形态”论是一个复合结构：从性质上看，这两种理论是集团性与全人类共通性的统一；从功能上看，这两种理论既强调认识又强调情感，既强调无功利性又强调有功利性；从方式上看，这两种理论既肯定假定性又强调真实性。文学“审美反映”论和“审美意识形态”论表明，文学作为人类的一种审美活动，其中的审美与认识、审美与意识形态，作为复合结构达到了合而为一的境界，如同盐溶于水，体匿性存，无痕有味。[15]其中，“审美”沟通了文学中的各种构成因素，使艺术的各种功能发挥应有的作用。这里，与其说“审美”是文学的“中心”，还不如说是文学的“中介”。职是之故，文学“审美反映”论和“审美意识形态”论在文学自律与他律之间取得了某种平衡，在文学的内部与外部找到了一个结合点和平衡点，以包容文学的多样性、复杂性、辽阔性和微妙性；它们既超越政治工具论，又超越形式主义论，而在理论上有较大的合理性，对文艺现象有较普遍的可阐释性。中国学者在基于文学理论观念的批判性反思和现实文学问题的综合性考察基础上，在马克思主义文学理论与当代文化实践的对话之中，提出了“审美意识形态论”，而在文学理论研究的实践性和介入性的诗学政治学立场上取得了重大的突破。“审美意识形态论”是中国学者对马克思主义文艺理论的一种创造性阐释，是中国现代文论观念走向成熟的一个重要标志。[16](pp. 307－308)

卢卡奇在《审美特性》中曾经指出，个别性、特殊性和普遍性三个范畴是客观现实各种对象之间的关系和联系的本质标志；其中，特殊性范畴便是审美的结构本质。特殊性不仅是联结普遍性和个别性的中介，而且是一个独立的中项。普遍性和概念的形成有关，而个别性则与人的感性直观相联系。在审美中，既不能脱离现象的个别性，又必须包摄本质的普遍性；而普遍性与个别性、本质与现象的统一正是特殊性范畴的精髓，所以特殊性范畴最能体现审美反映的本质特点。用“审美意识形态论”概括马克思主义文艺本质观，正是对文艺特殊性范畴即审美的结构本质的准确把握。文学“审美意识形态论”的合理性是不言而喻的。

1989年，王元骧在《文学原理》里提出：“文学就其最根本的性质来说，它是社会意识形态，但是，又与哲学、社会科学等一般意识形态不同，它是通过作家的审美感受来反映社会生活的，是作家审美意识的物化形态，因而又有自己特殊的反映对象和反映方式。”[7](p.25) 他把“审美意识形态”吸收进这部教材，完成了对文学本质的界定。而由童庆炳主编的《文学理论教程》自1992年初版起，一直将文学的审美意识形态性质作为文学的本质界定。童庆炳对于“文学”的定义充分考虑到了历史的维度，他开宗明义提出将“人的活动”范畴引入文学理论，将文学放到一定的社会结构中去考察，由此出发来探讨文学的本质特征问题。童庆炳分别从“文化”、“审美”、“惯例”三个角度界定“文学”及其性质，表现出比较开放的文学观念。他重点研究文学作为活动的特点、构成及其发生发展，文学活动作为话语系统的审美意识形态的性质和价值，社会主义时期文学活动出现的新的特征及其发展的方向和道路等。他在马克思主义审美活动理论的基点上，从马克思的“一页书”里找到了坚实的理论依据，将意识形态分析、中西审美主义、形式主义和话语理论统合起来，形成了富有活力的“一元多视角”的理论构架，最后把文学的本质界定为“文学是显现在话语蕴藉中的审美意识形态”；这里的逻辑顺序是由事物的一般性质逐渐沉落到它的特殊性质：文学作为社会结构——文学作为一般意识形态——文学作为审美意识形态——文学作为话语含蕴中的审美意识形态。《文学理论教程》建构起了现代文艺学的新体系，前所未有地推进了对于文学性质与文学观念的多元理解，代表了新时期以来文艺学教材所达到的最新水平。

有学者指出，新时期以来，“文学是一种审美的意识形态”的观点，“一直是文学理论的一个核心共识亮点”，“一个不同于建国前期的新的学术体系已经具有初型”[17]。文学“审美反映”论和“审美意识形态”论是中国学者在认真研读马克思主义经典文本基础上的理论独创，它们“形成了一张遍布理论体系全副躯壳的神经网络”，贯穿了当代文艺学的整个逻辑体系与理论视域。[18](p.70) 随着《文学理论教程》的一再出版、再版、修订和大范围的使用，“审美意识形态论”已经成为中国当代文论的一种主流观念，这标志着“中国审美学派”正式确立。

“中国审美学派”的拓展

20世纪90年代以降，我国继续坚持解放思想、改革开放，随着市场经济的确立，全球化思潮的不断激荡，社会政治和文化都发生了激变；价值世界更多的是关注平面的、感官的快适，造就了“不思不想”的现代人。现代人一切以科学论证为尺度，一切以官能知觉为标准的价值取向，只认可感性的官能快适，不承认超越性的精神陶冶。于是，技术化、官能化的大众文化畅行无阻，文学艺术迅捷被纳入了市场化机制，原有文学艺术的价值与精神发生了裂变。在这种情形下，学界掀起了一场有关文学滑坡、重振“人文精神”的讨论，钱中文、童庆炳、王元骧等人洞察了文学和文学理论发展中出现的症结，并积极探索着解决这些问题的方案。

钱中文针对当时文学创作中出现的热衷于表现物欲、性欲、金钱欲、隐私和精神空虚，有意迎合读者低级趣味的倾向，以及由此导致的追求粗俗、平庸和平面化的审美意识，试图寻找到一个立足点；他深刻地指出要调整思路，抛弃那种游戏生活、调侃和消解历史、拒绝深度和理性的写作态度，重新呼唤作家的使命感和主体精神，并倡导以“新理性”来参与人文精神的重建。“新理性精神”，以现代性为指导，以新人文精神为内涵和核心，主张通过交往对话精神，协调人与社会、自然、科技、人与人的相互关系，确立一种新的思维方式、包容了感性的理性精神；它关注人的生存处境及其健全的、自由的全面发展，以克服不断出现的文化危机与人的异化。这是一种文化、文学艺术的价值观，一种以我为主导的、对人类一切有价值的东西予以兼容并包的、开放的实践理性。在世界文化现代性的背景下，钱中文立足于生成中的现代审美意识和走向自主的文学理论的现实，并从这种现实、文学观念与多元文化、对传统进行定位与选择、文学理论的人文精神等角度进行了梳理，全方位探讨了文学理论的现代性问题。他力倡的新思维“是一种排斥绝对对立、否定绝对斗争的非此即彼的思维，更应是一种走向宽容、对话、综合、创造同时又包含了必要的非此即彼、具有价值判断的亦此亦彼的思维”[19](p. 330)；由此出发，文学理论的现代性主要表现在文学理论自身的科学化，使文学理论走向自身，走向自律，获得自主性；表现在促进文学的人文精神化，使文学理论适度地走向文化理论批评，获得新的改造。新理性精神文论综合阐释了20世纪以来在哲学思潮、社会实践、唯科学主义、科技霸权、人文科学、文学艺术中反复出现、不断重复、具有导向性、互有联系的几种规律性现象，其核心是新人文精神，并以这种精神改造社会与人。钱中文主张，在文艺创作中，要使“最基础的与更高形态的人文精神”有机结合起来，“相辅相成”，“以在一定程度上调整现实生活的失衡”；人文精神最基础的部分是“人之为人的羞耻感，同情与怜悯，血性与良知，诚实与公正”等，更高的形态则是信仰与理想，等等。为了对抗文艺的“精神堕落与平庸”，钱中文提出的新理性精神文学理论突破了传统中国文学理论的概论模式的构造，突破了传统的理论构架，回复到了文论的实践本性上去，回归到了文论的学科意义。徐岱指出，钱中文的理论思考有三维突破：在理论形态上突破了“知识论”，理论品格上突破了“唯理论”，理论立场上突破了“一元论”——这三个突破事实上都能被概括在“新理性精神”这一范畴中。[20](pp. 35－61)

自提出“审美意识形态”论以来，童庆炳也一直关切着中国的社会现实，始终思考着当代文学艺术的精神价值取向问题，而探索着人文主义的历史维度和历史主义的人文维度相互补充、结合的问题。在童庆炳看来，人文主义呼唤重视人的价值与尊严，其基本旨意是“反恶”，其倡导者的失误是没有看到许多社会问题是在社会进步中出现的；历史主义的旨趣是反极左，拒斥精神至上主义，力主发展社会经济，其论者的失误在于没有认识到一个社会需要精神的治理和制约，以避免物质至上主义的畸形发展。[4](pp. 272—273) 面对“历史理性”与“人文关怀”这两极“错位”的事实，文学家在这种现实面前应采取什么样的思维路径、价值取向、判断角度呢？在他看来，政治家、社会学家更关心的是历史理性，是物质的、器物层面的东西，对待急剧的社会转型时，他们更注重的是转型的历史合理性，而把人文方面的问题纳入到历史理性的范畴中去把握，甚至认为这些问题是现实改革、历史进步不可避免要付出的代价；文学家不是政治家，不是社会学家，他们“关心社会转型的文化道德合理性，以及它在个体的情感生活完美性，甚至人性深处那些看不见的微妙角落。……历史理性和人文关怀这两者都是文学家照射现实的思想‘光束’，……文学家总是在人文关怀与历史理性中徘徊”，对现实采取不妥协的和批判的态度；如果遇到在两者之间非选择不可时，“真正的文学家宁愿‘牺牲’历史理性，而选择‘人文关怀’，……这就是为什么古今中外伟大的作家都毫无例外具有悲天悯人的品格的原因”[21](pp. 324—325)。考察中外那些处于社会转型时期伟大作家的创作，正是有了人文关怀与历史理性这两重“光束”，他们才能“对现实关系具有深刻理解”（马克思语），他们的作品也有着“了不起的革命辩证法”（恩格斯语）。童庆炳以青年马克思对资本主义异化的批判作为理论上的支持，令人信服地提出“历史理性、人文关怀和文体营造三者之间保持张力和平衡，应该是文学的精神价值的理想”；其中，“历史—人文”双重精神价值取向的本质是：“它既要历史的深度，肯定历史发展（包括科技进步）是不以人的意志为转移的，而且对人类的生存是有益的，物质的发展可以而且应该成为发扬人文精神的基础与依托；它同时又要人文深度，肯定人性、人情和人道以及人的感性、灵性、诗性对人的生存的极端重要性。不是在这‘两个深度’中进行非此即彼或非彼即此的选择。它假设‘历史’与‘人文’为对立的两极，并充分肯定这两极紧张关系对文学的诗意表达的重要性和精神价值追求的重要性。”[21](p. 360) 童庆炳的“历史—人文张力”说，成功地整合了原本互相对立、非此即彼的两种创作模式，在“对立统一”的相互抗争和彼此征服中达到了一个更高的质的规定，为作家创作提供了有力的理论指导。

新时期以来，经过无数学者的辛勤耕耘，中国的文学理论研究已然建立起了一个文学理念和学术传统，那就是对于文学审美特性的修复、开掘与呵护。童庆炳指出，文学理论的建设应该是累积性的，我们大可不必走西方那种以一种方法取代另一种方法的路子。因此，他不满意“文化研究”的“反诗意”，不满意中国的“文化研究”一味照搬西方文化研究的问题，缺乏中国自身的问题意识，不满意当下的文学研究只把文学作品当做例证以说明某个社会学问题，而置文学作品本身的精粗优劣于不顾，于是提出了“文化诗学”这一文学批评方法论，力图对于文学理论的“内部研究”和“外部研究”作出一种综合，实现超越。“文化诗学”的理论构想，是童庆炳对中国当代文学理论走向的清醒判断和理性选择。作为对现实生活的一种积极回应，童庆炳“文化诗学”的重要旨趣之一，在于它是一种“诗学”，是审美的文学理论，它主张诗情画意；它的对象必须是文学艺术作品，不是那种流行的带有消费主义倾向的大众文化产品，不是“日常生活的审美化”。审美不是小事情，它实际上是一个关系到人的建设的大问题。在诗情画意的背后，是对人性的完整性的渴望和对人的深层意义的追问。在童庆炳看来，审美是文学的家园，也是人类最后的家园。文学批评的任务首先是确定对象美学上的优点，如果对象经不住美学的检验的话，就不值得进行历史文化的批评。因此，让“文化诗学”具有一种“审美性品格”，是一次合情合理的选择；守住这条底线，“既意味着对人类家园的守望，也意味着从事‘文化诗学’研究的学人能够不断地获得一种激情与冲动，在清醒冷峻中拥有一种诗意的目光。这样，在文学理论获得了自身的立足点之后，文学理论的研究主体也能够获得自身的立足点”[22]。童庆炳的“文化诗学”有别于游离于大众审美文化与社会政治话语之间的新历史主义文化诗学（cultural poetics of New Historicism），这种差异不仅来自语言的表述和研究的对象，而且来自审美的观念与理论的追求。童庆炳的“文化诗学”是深深植根于中国自身的社会现实问题与文化历史语境中，由中国学人自己创构的一种文学批评范式，有学者将它命名为“新审美主义的文化诗学”（Cultural Poetics of New Aestheticism）[23](p. 144)，可谓一语中的。

童庆炳的“文化诗学”基本诉求之一，是对文学艺术的现实的反思，它关怀文学的现实的存在状况，紧紧扣住经济的市场化、产业化以及全球化折射在文学艺术中出现的问题，并加以深刻的揭示，“文化诗学”的现实性品格是它的生命力所在。[24]童庆炳指出，“文化诗学”应该、也必须“对现实社会文化问题进行正面研究”；为此，他提出了与现实密切相关的八大问题，它们分别是古今问题、中西问题、中西部问题、性别问题、精英文化与大众文化的问题、商业文化与主流文化的问题、自然环境的保护问题、法与权问题。[25]他认为，当代的文学艺术应有自己独特的价值追求，在历史理性和人文精神之间保持一种张力；我们要从优秀的作品里面发掘出深度的人文精神和历史理性，以此来回应这些现实问题，提升人们的精神。童庆炳说：“人文主义、历史理性都应该成为艺术的批评标准，不能再用过去的那种僵硬的政治律条作为批评标准。我们提倡人文主义和历史理性作为批评的尺度都要兼备，……这种批评作品的尺度就是深度的文化精神。”[26](p. 227)童庆炳的“文化诗学”的研究借用“文化研究”的思路与方法，极大地拓宽了文学研究的视野。作为一种文学理论的新形态，“文化诗学”与“新理性精神文论”都是文艺“审美意识形态论”的自然延伸与发展，它们必将推进我们时代的文学理论和批评，为文学的发展作出自己的贡献。

新世纪伊始，特别是2005年以来，陆续有些学者开始质疑乃至否定文学“审美意识形态论”。在这一理论的挑战过程中，钱中文、童庆炳、王元骧等人的文学“审美意识形态论”进一步发展和深化。如，钱中文对文学“审美意识形态论”一直持不断反思的态度，他在《论文学审美意识形态的逻辑起点及其历史生成》一文深化了自己对这一理论的认识。与20世纪80年代一样，钱中文将文学审美意识形态的逻辑起点归于“审美意识”，而非“意识形态”。他认为，审美意识与意识一样形成于人的长期劳动、生存实践活动中，它在长期发展中积淀了人的生存感受与感悟，先在口头语言的形式中获得表现，成为一种审美意识形式；其后融入了具有符号象征意义的文字，融入了具有独特的节奏、韵律的诗性语言的文字结构，使得审美意识获得了书写、物化的形式，特别在话语、文字多种结构的样式中，显示了与生俱来的诗意的审美与社会价值、意义、功能的复式构成的基本特性，和它们之间高度的张力与平衡，历史地生成而为现代意义上的审美意识形态。他说：“审美与意识形态的融合，强调的正是文学本质复合特性的有机融合与统一，并在融合与统一的关系中使得各自的特性和功能有所改变，形成文学本质的新的系统质”；“综合审美意识形态的系统质，实际也就是我们在上面论及的以审美意识为逻辑起点、历史地生成的审美意识形态所显示的最基本的复合特性：即在文字多种结构的样式中，文学的诗意审美与社会意义、价值、功能两者的融合，与这两个方面保持高度的张力与平衡。文学蕴涵着人的生存意义的积淀，显示了对被意识到的历史深度、意义的探求，具有多种多样的不同维度的价值与功能”；“意识形态理论讨论的是文学与其它意识形态在社会结构中的地位和作用，在实现方式上不同而又具有共同的意识形态性，而审美意识形态则是把文学作为相对的独立形态，讨论的是这种独立形态自身的本质特性”[27]。这一新的论说具有深厚的历史感，使文学“审美意识形态论”更趋完善。

“中国审美学派”的实践论视界

王元骧的文艺理论思想也是不断发展的。他从早期的倡导审美情感是文艺的基本特性，到后来重视审美反映的艺术形式的传达作用，再到将实践性作为一种艺术功能提高到艺术本质的高度，走向了实践论的思维视界。

以往人们一般将“实践”理解为物质生产，王元骧则认为，“实践”还应包括道德伦理活动、艺术和审美活动等在内的精神生产活动；“若要从哲学上、从最根本的意义上来立论，我认为它是指与认识相对的一种人的活动。如果说，认识是客体向主体的运动，是观念化的活动，那么，实践就是主体向客体的运动，是对象化的活动。……凡是确立目的，并通过意志努力，采取一定手段，使之在对象世界得以实现，从而达到主客体统一的活动，都应是实践所涵盖的领域”。因此，王元骧将“实践”定义为“是通过改造客观对象来满足主观需要，在对象世界实现主观目的的一种对象化的活动”；“实践不但是一种物质的活动，一个生产与制作的问题，同时是一个人的生存活动，一个按照自己的人生理想和人生目标去生活的问题”[28]。因此，要正确理解艺术的实践本性应该将它放在人生实践的坐标上，从实现人生价值的最高目标的意义方面来加以考察。艺术不仅限于对世界的反映，同时也包括对人生的评价和为行为立法，它不仅追求“是什么”同时也追求“应如何”；不只是服务于人的认识，同时也影响和支配人的行动。他说：“……在人的整个活动过程中，认识与实践毕竟是各自具有特定性质、目的和功能的相互独立的两个环节：前者属于客体向主体的运动，是观念化的活动；后者属于主体向客体的运动，是对象化的活动。这两者是以目的为中介而联结为一体的。”[29](pp. 202—203) 艺术实践的终极目的是践履“文学是人学”的原则和归宿。“唯有在艺术中，人才作为一个生命整体而获得真实生动的表现，而且才有可能向我们显示出它为科学所不能取代的对于人的一种特殊而巨大的精神价值：由于有了艺术，人才有可能在即时的、当下的实是人生中摆脱出来，而对应是人生有了自己的追求和梦想，人才开始有完整意义上人的生活。”[30]王元骧进一步提出：“文艺本体论，无非是指艺术作品之外还有一个本原的世界，一个决定文艺存在终极的根据，并要求我们联系这个本原的世界来说明文艺的性质”；“直到新时期‘文艺本体论’文艺观的提出，在理论上才开始发生根本性的转变。因为，‘人类本体论’文艺观，既然把文学看做人的一种生存方式，是人的存在在语言符号上的显现”，把文艺活动作为人的生命本体的活动，“要求文艺与人的生存问题联系起来，强调应从反映生存、回归生存、促进我们的生存的意义和作用上来理解文艺的性质，这种思维方式和致思方向无论如何是对于传统认识论文艺观的一个重大的超越，对于推进我国文艺理论的发展和建设是具有深远而积极的意义的。”[31]王元骧深刻认识到，实践是一种确立目的通过意志在对象世界实现自己目的的过程，若将这运用到文学理论上，可以将创作理解为作家通过创造美来实现对读者的召唤、对社会的介入；所以，文学创作就不只是一种反映活动，而应同时还是一种创造活动，由此而产生文学理论意义上的实践价值。这一看法突破了过去将文学仅仅理解为是对社会意识形态被动的、静止的、孤立的反映，是在认识功能和实践功能相统一的意义上来完整、具体、深入地阐明文学的意识形态性质。体现在艺术上的实践性应是“一种双重创造”，即它既创造了作品，又通过对人的改造实现了改造世界的目的。在这里，艺术的实践性是与人生实践紧密相连的，从实践的角度来理解艺术，艺术的价值就在于通过强化人的自我意识帮助人确立普遍而自由的行为原则；艺术的实践本性也就在于按照这种原则来改造人的意志，为人生实践确立高尚的目的和理想，最终体现“‘人是目的’这一目

标”。[29](pp.410－429)

我们知道，文学“审美意识形态论”是建立在对于马克思“一页书”的阐释基础之上的；马克思科学地确定了文学艺术作为社会的要素在社会结构中的位置，将它定位于一种意识形态而不是意识形式。“意识形态”作为“社会意识”的一种特殊的表现形式，它以表现一定社会中人们的利益、意志、愿望和要求为内容，其基本职能是直接参与社会生活，以巩固或改变一定的社会关系；它既是人们特定的经济关系和物质生产方式的观念表现，又直接构成了人们特定的思想关系和特定的精神生活本身。“意识形态”总是以“真理”或“科学”的面目出现，常常表现为社会全体成员的普遍共识，在实质上却只是统治阶级意识的体现。实践性是马克思意识形态理论的本质特征，也是我们理解马克思意识形态理论的关键。[32]2005年，王元骧对文艺“审美意识形态论”作了进一步的解说。在他看来，“意识形态不同于一般的社会意识，它作为反映处在一定社会关系中的人们的思想要求、利益、愿望的那一部分思想观念，是作为一定社会、一定阶级和社会集团的信念体系和行为规范而存在的，它的作用就是为了凝聚人的思想，把人的行为引导到同一的方向，共同参与到变革社会的实践中去。这是一个社会得以维持和发展的必不可少的精神力量，要是一个社会的社会成员对社会的共同信仰体系和行为规范失去了认同感和依存感，那么这个社会对社会成员也就必然失去了吸引力，它的凝聚力也就趋向瓦解。这才是意识形态的根本属性，表明它不仅有认识的属性，同时还有价值的属性，不仅有理论的功能，同时还有实践的功能。”[33]王元骧对“意识形态”的解释，颇得马克思原典之要领。他批评了对“意识形态”理解问题上的两种错误倾向：“一是纯科学的倾向，亦即只是从知识论、认识论的观点，从社会意识与社会存在之间的反映被反映关系的角度，来说明意识形态的性质，对于意识形态的价值属性和价值内涵没有予以足够的重视和阐明”；“二是纯理论的倾向，侧重强调意识形态是自觉反映一定社会存在的思想（理论）体现，而无视它与社会心理、个人心理和日常意识之间的内在联系，没有认识到意识形态作为一种自觉的思想观念，不但是从对社会心理加工、提升而来，如同普列汉诺夫所说的是以社会心理为‘共同根源’的，同时还表现为只有经由社会心理，意识形态才能反作用于社会存在。这样，就把意识形态混同于意识形态理论和意识形态科学，视意识形态为远离生活、高高在上，只是少数意识形态专家在研究的纯思辨的、理论形态的东西。”[33]他明确地指出：“我认为意识形态性是文学不可摆脱的一个基本属性。因为社会意识相对地可分为两种形式：一种是纯知识的，一种是具有价值导向性的，前者是通常所说的‘社会意识形式’，后者才被称为‘社会意识形态’，简称‘意识形态’。意识形态作为自觉地反映一定社会经济形态和政治制度的思想体系，不同于一般的社会意识形式就在于它不仅有知识成分，而且还有价值成分，其核心是一个价值观的问题。它的功能就在于凝聚社会成员的力量，动员社会成员为实现一定社会的共同目标去进行奋斗。”[34]作为一个国家、一个社会价值观的最高、最集中的体现，意识形态的功能是为了动员社会成员，凝聚社会成员的力量，为实现共同的目标去进行奋斗，因而它的性质就不仅是理论的（认识的），而更主要是实践的。王元骧说得好：“马克思主义把文艺的性质界定为一种社会意识形态，一种社会上层建筑，它的伟大贡献就在于要求我们把文艺放到整个社会结构以及人类解放的历史过程中去进行考察，以能否推动和促进人的自由解放和人类社会的全面进步为评判标准，从而赋予马克思主义文艺学以其他任何文艺学所不可具有的高远视界和恢弘目光。”[34]我们之所以探讨文学艺术的意识形态性，目的就是为了维护我国文学艺术的社会主义的性质和方向。王元骧对文学“审美意识形态论”有一个总的评说：“我们在特殊性的层面上以‘审美的’来规定文学艺术的‘意识形态’特性，也就是批判地吸取了康德的审美目的论，亦即以人为目的的思想，把美以及美的文学艺术从根本意义上看做是通过陶冶人的情操，开拓人的胸襟，提升人的境界，来达到人们培育社会主义的人生观、价值观、道德观和审美观这一根本目的的有效的途径，从而使我们的读者在接受这些观念时不仅不受理性的强制，可以直接凭直观的感觉和心灵的感动而获得，而且由此所树立的这种社会理想和人生理想，比之于任何理性说服都更能深入人心，更能转化为自己行为的内在动机和精神动力，更有助于内化为自己的思想人格。”[35]

显然，王元骧一直力图建构以“目的”为中介，“认识—实践”双向互动的文艺活动本质观，这是对以往审美反映论的批判性的超越，也是对当前各种文艺本质观的超越；其最富有理论创见之处在于：“将人学价值论引入实践论，并以人学价值论来连接认识论（反映论）和实践论，从而把文学活动看做是以目的（价值）为中介所构成的认识与实践的双向逆反的流程，力图将知识论（认识论）和人生论（人学价值论）在实践论的基础上和框架中整合成为一个有机的宏观系统。”[36]值得一提的是，文艺学不能等同于社会学，它不可能直接解决社会问题，只能解决文艺自身的问题；“审美超越论”主要是就文艺对人生存的意义而言的，那种认为“审美超越论”是“不切实际的空想”，“纯粹是一种主观幻想”的说法，显然是把艺术问题误解为一个解决社会问题的方案。

中国传统艺术精神之赓续

在我们看来，“审美超越论”与“新理性精神文论”、“文化诗学”都渗透着中国传统的实践哲学和艺术精神，“中国审美学派”的理论建构有着十分深厚的文化积淀，而秉有非常鲜明的实践品格。

“实践”一词在中国先秦典籍中未见有，但这并不表明先秦没有实践哲学。实际上，儒、道二家都是一种实践哲学，孟子的“践行”，庄子的“心斋”、“坐忘”都是一种实践的工夫。儒、道二家属于真正实体主义的实践哲学，它们认为，在人的生命中有一个完全可以自我做主的实体，“实践”就是通过除欲去执的工夫使这个实体完全呈现做主，以图改进生命的精神气质，提高生命的精神境界。这种实践完全斩断了外在的功利的牵连，认为道德实践完全是人的生命中的实践主体的自我做主、自然发用。孟子说：“由仁义行，非行仁义也。”（《孟子·离娄下》）朱子解曰：“由仁义行，非行仁义，则仁义已根于心，而所行皆从此出，非行仁义为美，而后勉强行之，所谓安而行之也。”（《四书集注》）韩愈则曰：“足乎已，无待于外之德。”（《道》）自我做主的实践实体在人人的生命中都有，只要肯作操养的孤独便可呈现。这样的实践既有普遍性又有可行性。中国先秦的儒道两家就是实体主义形态的实践哲学，它以实践主体在生命中的透显以改变生命自身的存在状态为务，其实践的结果是人格的光辉和生命的气象。这种人格的光辉和生命的气象是人人可学且可达到的，所谓人人都可以成圣人，这便是实体主义形态的实践哲学的全体大义。众生根器不一，并非人人有所觉悟而自觉地去做实践的工夫，故需要“学”，需要通过读书，超越言语文字上的限制与圣人的德慧生命相感通（《白虎通·辟雍》：“学之为言觉也”），与其生命作存在的呼应，而反照自家生命的沉沦与陷落，从而一念而转，使自己的生命从沉沦与陷落中跃起与超升（《孟子·万章上》：“先觉觉后觉也”）。①

要谈中国的诗学，必然从“诗言志”开始，因为它是“开山的纲领”（朱自清语）。汉郑玄在《诗谱序》中说：“《虞书》曰：‘诗言志，歌永言，声依永，律和声。’然则诗之道，放于此乎！”梁刘勰在《文心雕龙·明诗》中说：“大舜云‘诗言志，歌永言。’圣谟所析，义已明矣。”唐孔颖达在《毛诗正义》卷首说：“经典言诗，无先此者。”清代顾炎武在《日知录·作诗之旨》中说：“‘诗言志’，此诗之本也。”王士祯在《诗友诗传录》中说：“此千古言诗之妙谛真诠也。”袁枚在《随园诗话》中则说：“知是四者，于诗之道尽之矣。”在近三千年里，“诗言志”成了一个意义深刻、影响深远的诗（文学）的本质的概括，中国文人一直将它奉为圭臬。

围绕“诗言志”的解说众说纷纭，问题关键在于人们对“志”的理解。有的从内在的怀抱（指诗重在抒发情感等个人心绪）予以阐释，如《毛诗序》把“志之所之”解释为“情动于中”，“诗言志”即“诗言情”；有的从外在的功用（指诗重在阐发政教等社会功能）予以阐释，如朱自清认为：“言志，其实就是载道，与缘情大不相同。”[37](p. 6) 其实，如果结合《论语·先进》篇来理解，这里的“志”是指作者的实践主体在生命中动转后所呈现的道德修养和人格品行，它是一种境界、气氛、虚灵，或“无何有之乡”。朱熹注释《论语·为政》篇

① 关于中国传统艺术实践品格的论述参阅张晚林：《徐复观艺术本体诠释体系研究》，上海古籍出版社 2007 年版，第 358—399 页。

"吾十有五而志于学"时云："心之所之焉之志"，即把"志"作为一切精神活动的综合，并认为它发之于"心"。荀子云："心者，形之君也，而神明之主也。"（《荀子·解蔽》）孔颖达说："总包万虑谓之心"（《礼记·大学·注》），朱熹说："心者，身之主也。"（《大学章句集注》）精神活动，总包万类。用方东美的话说，人的精神活动可概括为"理"与"情"两个系统，"依理着想，心的历程带动生命；遂起思虑测度，发为系统知识。所谓'正心'、'尽性'、'诚意'、'致知'，乃属于理的一贯生活。就情着想，则心的作用斡旋生命，引发创造冲动，此为高雅的精神人格。所谓'存心'、'养性'、'达情'、'遂欲'，乃属于情的一贯生活"[38](p.149)。因此，"诗言志"之"志"是以"情"为基底和中心的精神活动，是诗的真正血脉。"志"往往与"气"（孟子的"浩然之气"）连用，正因为它们都是由人的精神所呈现出的一种精神境界。所谓"诗言志"即艺术地"托"出此般精神境界，在此境界中，政教伦理存焉，个人情感亦存焉，无半点虚欠做作，这便是"文如其人"的切义。

从读者方面看，文学艺术亦与实践相关。在孟子"以意逆志"一说中，"意"作何解呢？在《说文》里，"志"、"意"是互训的，"志，意也"；"意，志也"。司马迁《五帝本纪》便将"诗言志"写作"诗言意"，郑玄《尚书·尧典·注》也说："诗所以言人之志意也。"因此，"意"也应解为一种境界，即读者人格修养所呈现的境界。所谓"以意逆志"，即读者以自家人格修养去逆觉体证作者的人格修养境界；换言之，作者的人格修养境界并不是一种客观的存在，它需要读者的参与始可呈现出来，这种参与不是智识的捕捉，而是精神的证悟。实践主体是人人都有的，只要实践主体在读者的生命里有所动转，便可与作品呈现的人格修养境界有一存在的呼应与感通，并在创作者所营造的氛围中得到人格的陶养。元稹说："杜甫天才颇绝伦，每寻诗卷似情亲"（《酬李甫见赠》），读者与作者直接的无间与融通，乃是人格修养和精神境界上的契接。因此，要对诗中所呈现的境界作较高层次的把握，须得加强自身的人格修养。在读者对诗的多次诵讽涵泳中，由诗之感发，自家的人格修养境界亦会不断提升。如此反复不已，作者在诗中呈现的人格修养境界与读者自家的人格修养境界之间是一个相互发明、相得益彰的过程。因此，读诗亦是人们从事实践活动的一种方法。这便是朱子的"讽诵涵泳"的方法。在朱子看来，对于诗，只要读者"平心和气，从容讽咏"，自可求得"性情之中"（《答陈体仁》，《朱文公文集》卷三十七）。可见，读诗的过程不是一个求知的问题，而是实践的问题。

可见，在文学艺术的创造中，不论是创作，还是鉴赏，人格修养都有着重大的意义，是文学艺术的根基。所谓人格修养，就是"由现实生活的反省，迫进于主宰具体生命的心或性，由心性潜德的显发以转化生命中的夹杂，而将其提升、将其纯化，由此而落实于现实生活之上，以端正它的方向，奠定人生价值的基础"[39](p.364)。故叶燮《原诗》说："《虞书》称'诗言志'，志也者，训诂为心之所之，在释氏所谓种子也。”“志”既为一种境界、一个种子，一切皆可由此生发，故它完全可以包括政教观点和内在情感——只是它们并非有意安布在诗中，而是由诗所呈现的境界所自然流出者。由此，作文便与人的实践有了关连。此即夫子之所谓“有德者必有言”（《论语·宪问》）也。曾国藩则说：“能文者而不知道者有，乌有知道而不明文者乎？”（《曾文正公书札》卷一《致刘孟容书》）因此，“诗言志”之“志”颇类似于黑格尔所谓的“情致”(pathos)，“它自在自为地是人类生存中的强大的力量”[40](p.296)，是艺术作品的真正中心，即审美意识形态在文学文本中的具体显现。

我们知道，中国的艺术传统是以涵养人的道德实体为本的，这个道德实体乃一包融性的“道”，它不只是停留在主体之内，其必伸展出来而关涉到家、国、天下之事。孔子曰：“一日克己复礼，天下归仁。”（《论语·颜渊》）孔颖达曰：“一人者，作诗之人。其作诗者，道己一人之心耳，要所言一人之心，乃是一国之心。诗人览一国之意为己心，故一国之事系此一人使言之也。……言天下之事，亦谓一人言之。诗人总天下之心，四方风俗，以为己意，而咏歌王政，故作诗道说天下之事。”（《毛诗正义》卷一）王阳明云：“大人者，以天下万物为一体者也。其视天下犹一家，中国犹一人焉。”（《王阳明全集》卷二十六《大学问》）王夫之亦云：“诗以道性情，道性之情也。性中尽有天德、王道、事功、节义、礼乐、文章。”（《明诗评选》卷五）由道德实体所成就的内在的道德境界必伸展至外在的历史世界之中，以成就其应有的事功。这是真能体悟中国艺术传统的人皆可肯认的。宗白华先生指出，中国古典的审美理论以“移易说”为典型，审美活动被看做审美主体的人的情感移易、人格教化活动，具有实践的特性；这种实践性包括“移我情”及“移世界”[41](p.16)。“移我情”就是在审美活动中完成情感的改造与人格的教化，“移世界”就是强调在审美活动中，审美主体的改造绾带着客观世界的改造，使它能够成为审美的对象。“情感评价”对于生命体生存实践有着根本的意义：“审美化通过它的情感化效应，可以干预社会过程”[42](p.45)。换言之，文学艺术是经过个人的心灵和情感的发酵最后通往一个个独立的读者，培育出一个个独立自主的人格，再作用于社会和大众的。用徐复观的话说：“艺术的究竟义是要表现一个人的人格，并且是要通过艺术而使人格得到充实、升华。充实、升华到可以从一个人的人格中去看整个世界、时代。”[43](p.73)

徐复观指出，人类文化有两种类型，教化的也，系统的也。前者是非职业的，使人养性成真人；后者是职业的，使人多识成专家。中国文化显然属于前者，故《中庸》称“博学之，审问之，慎思之，明辨之，笃行之”。孟子则曰：“学问之道无他，求其放心而已矣。”（《孟子·告子上》）中国文化走的是教化之路，是基于生命而来的觉悟与感通；而西方文化则走的是系统之路，是基于理论而来的言说与构造。牟宗三根据中国文化的义理总结出了二者的区别：“但须知此学本不同于一般的专学。只当分解地说之时，始有系统，有轨道，有格套，亦因而好像是一专学。然而当付之于践履时，则那些系统相，轨道相，格套相，专学相，便一齐消化而不见，此时除那本有而现成的知体流行于日用直接外，便什么也没有，它能使你成一个真人，但不能使你成一个专家。以此学为专家，如今教授之类，就此学言，乃是下乘而又下乘者。"[43](p. 211) 中国传统美学依中国心性之学的理路，始终把涵养人人生命中所具有的道德实体——"心"、"性"——作为审美的客观目的，并以此建立了审美的实践维度。中国的实践哲学解决了审美的实践维度问题，它给人一个切实的下手处，那就是：人格修养工夫。朱子说得好："喜闻诗者之所之，在心为志，发言为诗。然则诗者岂复有工拙哉？亦视其志之所向者高下如何耳。是以古之君子德足以求其志，必出于高明纯一之地，其于诗固不学而能之，至于格律之精粗，用韵属对、比事遣辞之善否，今以魏晋以前诸贤之作考之，盖未有用意于其间者，而况于古诗之流乎？近世作者乃始留情于此，故诗有工拙之论，而葩藻之词胜，言志之功隐矣。"（《朱熹集》卷三十九《答杨宋卿》）如果艺术确实是人类实践活动的一部分，以至于我们无法纯审美地面对艺术，则中国美学的这一传统不可以不谨识之。唯有依此，审美的实践哲学价值才得以充分地实现。中国的文化传统特别是文学艺术，是真正着眼于修养教化实践的学问，我们如果离开了这个根本，一切形而上的理论言说都不过是"戏论"而已。

有学者指出，20 世纪，中国现代美学有两大传统：一是政治功利主义或道德功利主义，一是审美功利主义；前者的直接思想源头在梁启超，而后者的开创者是王国维。其中，梁启超推崇的文学艺术教育是直接的社会政治改良的一部分，有明显的政治功利主义的立场——这一"情结"在其后期著述中没有消退，只是隐藏在情感的背后。他重视情感教育、趣味教育，是为了把他所追求的政治理想内化为国人的内心情感。梁启超对情感的认识偏重在伦理学的意义上，他特别看重情感的善与恶的性质，情感教育也偏重于对人的情感的陶冶和激励，使之成为政治革命、社会变革的直接推动力。梁启超的美育思想是一种世俗化的美学上的政治功利主义，他要求艺术直接地服务于政治斗争，而不是在形而上学的高度俯视世俗人生，以美育来解救人生，解放情感和生命力。"在这种美学观念中，文学艺术和审美的价值或功能是由外在的政治或道德目的所赋予的，而不是从文学艺术或审美自身的特点或规律内在地伸发出来的；这种观念下的美育理论也不可能指向人自身的发展和完善，所以它不可能是人生论的，而主要是政治学或伦理学的。"[44](pp. 200－201) 政治功利主义或道德功利主义在整个 20 世纪中国相当长的时间里，特别是在文艺界占据着主流地位。

非功利性是现代西方审美范畴的最基本规定之一，这个规定是指审美的知觉方式不涉及功利考虑。根据美国美学家斯托尔尼兹的介绍，"利害性"和"无利害性"是诞生于 18 世纪英国的一对伦理学概念，它们的意义是"实践性"

的；英国经验主义哲学家沙夫兹伯里在描述具有美德的人作为一个旁观者“观察和静观”自己举止和美德的美时，采用了“无利害性”概念，它是指一种不涉及实践和伦理考虑、只关注事物的美的注意和知觉方式，这种方式后来被发展为“审美知觉方式”，作为美学概念的“无利害性”由此诞生。[45](p.23)“无利害性”后来被发展成为区分审美与非审美的一个基本尺度和确立审美、艺术自律观念的一块基石，并被审美主义者进一步用作区分艺术与非艺术的标准。审美无利害性命题的精神实质在于体现了西方美学建立审美自律乃至艺术自律理论的现代性诉求，而把审美和艺术的现实功用问题排斥在了现代美学之外。王国维在引进西方审美理论时，对“无利害性”这个概念作了功能性的理解。他把它解为“不可利用”、“无用”；既然审美具有无利害的性质，因而也具有无利害的功能。他在充分强调审美和艺术的“无用”，并反对“沾沾于用”的观念之后，又反过来提出“无用之用”的命题，认为审美和艺术具有巨大的思想文化作用。蔡元培强调审美的无利害性，但是，他强调审美无功利的超越性和普遍性恰恰是要把美育作为人格改造的工具，为实现他所追求的“共和理想”服务。朱光潜虽然坚持审美经验本身不涉及功利性目的（如道德），但是，他又十分肯定审美和艺术具有人生艺术化的巨大作用。他把“审美无利害性”翻译为“无所为而为”，于是，审美直观就成了“无所为而为的玩索”或“无所为而为的观赏”。这样，审美无利害性就被中国现代知识分子“实用主义”地理解，并被本土化为一个具有思想文化意义的功利主义命题。杜卫指出，审美功利主义包含了一系列貌似矛盾的独特话语形式：审美/功利主义、无用/有用、出世/入世、无为/有为……前半部分的否定是为了后半部分的肯定：前一部分强调的是审美和艺术摆脱直接的现实社会功利目的，后一部分则肯定了审美和艺术对于人和人生的积极作用；前一部分倾向于形而下的世俗经验，后一部分则倾向于形而上的精神；二者统一于人生论美学观之中，统一于感性启蒙的目的之中。审美功利主义核心的内容是对审美和艺术的形而上理解，并以此强调了审美和艺术的现代人生论意义。“王国维、蔡元培、朱光潜积极引进‘审美无利害性’命题的一个批判性价值在于对中国传统美学中的政治或道德功利主义观念的批判。他们都坚决反对把美和艺术直接用做道德、政治说教的工具，主张审美和艺术的积极人生价值，并在此意义上强调审美和艺术的独立。”[44](p.196)审美功利主义追求审美和艺术的“无用之用”，主张为人生的美学，或者是人生论美学，反对审美和艺术直接充当政治或道德的工具，而是要求审美和艺术内在地作用于人生境界的提升；“在这种美学理论里，人不再是手段，而是目的：‘人’这个概念开始从作为伦理学、政治学之附庸的地位中被解救了出来，获得了相对独立的哲学意义。因此，审美功利主义具有鲜明的现代人文精神。这种理论形态上的形而上学追求和以启蒙为目的的人本主义精神体现了中国现代美育理论乃至美学理论独特的现代性。”[44](p.202)

显然，由于对政治功利主义或道德功利主义有着切肤之痛，“中国审美学派”不仅赓续了中国古代的传统艺术精神，也延续了审美功利主义这一中国现代美学传统，并根据时代的特点把它们整合到了当代文艺理论之中，以增强中国当代文艺学与当代中国人生存发展要求之间的联系，进一步发挥文艺学研究在思想文化建设中的积极作用。

马克思说过：“理论的对立（按：指主观主义和客观主义）本身的解决，只有通过实践的方式，只有借助于人的实践力量，才是可能的。”[46](p.83) 马克思还指出：“思想根本不能实现什么东西，为了实现思想，就要有使用实践力量的人”[47](p.152)。英国当代著名的社会学家、传媒研究专家约翰·汤普森敏锐地发现：“意识形态解释所固有的批判潜力可以部分地视为对自我塑造与自我理解过程的一种贡献。我们提出一种意识形态解释，就是提出一种可以不同于组成社会领域的人们的日常理解的解释。意识形态解释可以使人以一种新的眼光不同地看待象征形式，从而使人不同地看待自己。它可以使他们重新解释一个象征形式，联系它产生与接收的条件，联系它的结构特征与组织；它可以使他们质疑或修正他们对一个象征形式的先前的理解，从而改变对他们自己和他人的理解视野。”[48](p.27) 在我们看来，作为一种“意识形态解释”，“审美意识形态”所发挥的正是这样的实践功能。钱中文、童庆炳、王元骧等人从马克思主义的社会结构理论出发，在总结了中国现代文学理论发展正反两方面经验之后，根据文学艺术的实际，提出了“审美意识形态论”，其哲学基础是辩证唯物主义认识论和历史唯物主义的统一，而实践范畴则是它的重要基石之一。文艺的意识形态论和审美论之所以是互相联系的、统一的，其重要的理论根据之一，就在于二者都基于社会实践这一范畴之上。正如有学者所指出的那样，“马克思主义文艺学的审美意识形态论和实践范畴是统一的，而不是对立的”[49](p.135)。“中国审美学派”对于文学艺术的理解和诠释，绝不只是基于概念的分析或逻辑的推演，而是充满了研究者个体生命的投入和存在的感悟，而开启了一个完满的人文世界；他们强调审美生存是人的一种最高的超越活动，认为审美活动能使人所特有的情、智、意志及想象力，浑然一体交融运作，使作为“生命的唯一主人”的“我们自身”真正具有无比崇高的尊严。

“中国审美学派”是面向现代社会实践需求的产物，作为其核心思想的“审美意识形态论”始终在与时俱进、不断地走向深化和完善。某些学者将“审美意识形态论”的形成仅仅看成一个“历史事件”，当做“过渡时期”的文学理论看待，否认其长期的、普遍的意义——这是不符合理论实际的片面的、短视的论断。至于那些“审美意识形态论”的质疑者和反对者，往往多深陷在西方文化诸多教条的机栝之中，未能真正接上中国传统的艺术精神；他们“穷经皓首”地演绎着“不及物”的理论体系，其实只是一种由冥想、热情或推理而来的观念的“游戏”，只能满足学术上权力意志的要求。因此，这些自我标榜为“科学”的理论体系，往往“一套一套的有如走马灯，在思想史上，从来没有稳过”[39](p.102)，它们自然遭到人们的反对与唾弃。朱子当年的一番话仍发人深省：“世俗啾喧，自其常态，正使能致‘焚坑’之祸，亦何足道！却是自家这里无人接续，极为可忧耳。读所寄文字。切切然有与世俗争较曲直之意，窃谓不必如此。若讲学功夫，实有所到，自然见得圣人所谓‘不知’、‘不愠’，不是虚语。今却为只学人弄故纸，要得似他不俗过了光阴，所以于此都无实得力处。又且心知其为玩物丧志，而不能决然舍弃，此为深可惜者。”（《朱子晚年全编》卷一《答刘子澄》）反之，“中国审美学派”独辟蹊径的理论研究并非是“为理论而理论”，更不是为了攫取“权力话语”，而是为了解决迫切的现实问题。因此，“中国审美学派”从文艺理论发展的实际出发，抓住有重大意义的时代问题，而有了戛戛独造的理论体系之建构。

在谈到文学理论陈述的知识性科学规范时，国际著名比较文学学者和文学理论家佛克马曾说：“似乎有三种主要的标准可以用来评价科学陈述。众所周知的原则首先就是认为，一个命题如果符合它要描述的经验事实就是正确、有效的。和事实相符的陈述变得合理。其次，一个命题可以根据它与那些被认为有充分根据的理论的一致性而被视为有效。在这种情况下，陈述的合理性基于它与当前时兴的理论的相容性。最后，一个命题可以根据它在特定的一个研究小组内部得到接受而被视为有效。因而陈述的合理性建立在某种一致性的基础上。”[50](pp.437－438) “中国审美学派”的理论体系是在研究中国文学经验的过程中，在西方现代美学与中国传统美学的碰撞、融合中铸就而成的，它深深扎根于中国本土而又富有理论的创见，符合体现时代要求的总体性理论，而得到了相当数量学术界同行的认可，其理论陈述的合理性与科学性无可置疑。在指导当今文学创作和批评实践，提升国人的人格修养与道德境界，有效地参与着中国现代文化的建设等方面，“中国审美学派”及其理论仍将有着重要的意义。

参考文献：

[1] 马克思恩格斯全集．第3卷［M］．北京：人民出版社，2002.

[2] 李泽厚．中国思想史论（下卷）［M］．合肥：安徽文艺出版社，1999.

[3] 童庆炳．关于文学特征问题的思考［J］．北京师范大学学报，1981（6）.

[4] 赵勇编．在历史与人文之间徘徊——童庆炳文学专题论集［C］．北京师范大学出版社，2007.

[5] 王元骧．艺术特性与艺术规律［J］．社会科学战线，1984（3）.

[6] 王元骧．审美反映与艺术创造［C］．杭州：杭州大学出版社，1998.

[7] 王元骧．文学原理［M］．杭州：浙江教育出版社，1989.

[8] 钱中文．最具体的和最主观的是最丰富的——论审美反映的创造性本质［J］．文艺理论研究，1986（4）.

[9] 吴元迈．再谈文艺和意识形态的关系［A］．李志宏主编．文艺意识形态学说论争集［C］．长春：吉林大学出版社，2006.
[10] 钱中文．论人性共同形态描写及其评价［J］．文学评论，1982（6）．
[11] 钱中文．文学理论中的“意识形态本性论”［J］．文学评论，1984（4）．
[12] 钱中文．文学是审美意识形态［J］．文艺研究，1987（6）．
[13] 钱中文．文学发展论［M］．北京：高等教育出版社，2004.
[14] 童庆炳．论审美知觉的基本特征［J］．北京师范大学学报，1990（1）．
[15] 童庆炳．新时期文学审美特征论及其意义［J］．文学评论，2006（1）．
[16] 朱立元．对反映论文艺观的历史回顾与反思［A］．理解与对话［C］．武汉：华中师范大学出版社，2000.
[17] 张法．文学理论与文化研究之争［J］．天津社会科学，2005（3）．
[18] 董学文、金永兵等．中国当代文学理论（1978—2008）［M］．北京：北京大学出版社，2008.
[19] 钱中文．文学理论现代性问题——生成中的现代审美意识与文学理论［A］．走向交往对话的时代［C］．北京：北京大学出版社，1999.
[20] 徐岱．从唯理性主义到新理性主义——走向后形而上学批评理论［A］．金元浦．多元对话时代的中国文艺学建设——新理性精神与钱中文文艺理论研究［C］．北京：军事谊文出版社，2002.
[21] 童庆炳．童庆炳文学五说［C］．长春：时代文艺出版社，2001.
[22] 赵勇．“文化诗学”的两个轮子——论童庆炳的“文化诗学”构想［J］．江西社会科学，2004（6）．
[23] 王柯平．挪用与建构中的文化诗学［A］．李春青编．手握青苹果——童庆炳教授七十华诞学术纪念集［C］．桂林：广西师范大学出版社，2005.
[24] 童庆炳．植根于现实土壤的“文化诗学”［J］．文学评论，2001（6）．
[25] 童庆炳．新理性精神与文化诗学［J］．东南学术，2002（2）．
[26] 童庆炳．美学与当代文化讲演录［M］．桂林：广西师范大学出版社，2007.
[27] 钱中文．论文学审美意识形态的逻辑起点及其历史生成［J］．文学评论，2008（1）．
[28] 王元骧．艺术实践本性论纲［J］．社会科学战线，1998（3）．
[29] 王元骧．文学理论与当今时代［C］．杭州：浙江大学出版社，2002.
[30] 王元骧．论艺术研究的实践论视界［J］．江苏社会科学，2003（5）．
[31] 王元骧．评我国新时期的“文艺本体论”研究［J］．文学评论，2003（5）．

[32] 吴子林．意识形式·意识形态·文学——以马克思的“一页书”为讨论的中心［J］．浙江社会科学，2008（5）．
[33] 王元骧．关于文艺意识形态性的思考［J］．求是，2005（5）．
[34] 王元骧．论马克思主义文艺学在当代的发展和意义［J］．东方丛刊，2007（4）．
[35] 王元骧．我对“审美意识形态论”的理解［J］．文艺研究，2006（8）．
[36] 赖大仁．关于文艺本质特性问题的思考——读王元骧先生几篇近作有感［J］．社会科学战线，2000（3）．
[37] 朱自清．朱自清古典文学论文集［C］．上海：上海古籍出版社，1982.
[38] 方东美．中国人生哲学［M］．台北：黎明文化事业公司，1970.
[39] 李维武编．徐复观文集（二）［C］．武汉：湖北人民出版社，2002.
[40] 黑格尔．美学（第一卷）［M］．北京：商务印书馆，1979.
[41] 宗白华．美从何处寻［A］．美学散步［C］．上海：上海人民出版社，1981.
[42] 徐复观．石涛之一研究［M］．台北：学生书局，1979.
[43] 牟宗三．从陆象山到刘蕺山［M］．上海：上海古籍出版社，1997.
[44] 杜卫．审美功利主义：中国现代美育理论研究［M］．北京：人民出版社，2004.
[45] J. 斯托尔尼兹．“审美无利害性”的起源［J］．美学译文（3），北京：中国社会科学出版社，1984.
[46] 马克思．1844年经济学哲学手稿［M］．北京：人民出版社，1985.
[47] 马克思、恩格斯．马克思恩格斯全集（第2卷）［M］．北京：人民出版社，1957.
[48] 约翰·汤普森．意识形态与现代文化·导论［M］．南京：译林出版社，2005.
[49] 彭立勋．美学的现代思考［C］．北京：中国社会科学出版社，1996.
[50] 杜沃·佛克马．认识论问题［A］．马克·昂热诺等．问题与观点［C］．天津：百花文艺出版社，2000.

内容摘要：

自20世纪80年代以来，以钱中文、童庆炳、王元骧为代表的“中国审美学派”建构了一个以“审美意识形态论”为核心思想的马克思主义文艺理论新体系；该理论体系的建构深深植根于中国的现实土壤并不断发展和走向完善，引发了一系列历久弥新的学术命题，开辟了宏阔的学术空间，为我国文艺理论的发展揭开了新的篇章；“中国审美学派”有着敏锐的“问题意识”，它抓住了有重大意义的时代问题，并赓续中国的传统艺术精神与现代美学传统，而有着鲜明的实践品格;“中国审美学派”及其理论在指导当今文学创作和批评实践,提升国人的人格修养与道德境界,有效地参与中国现代文化的建设等方面,仍将有着十分重要的意义。
关键词:

中国审美学派;审美反映;审美意识形态;新理性精神;文化诗学;审美超越;实践品格

"Chinese Aesthetic School": Theory and Practice

—The Study of Qian Zhong Wen, Tong Qingbing and Wang Yuan Xiang

■ Wu Zilin

(Chinese Academy of Social Sciences Institute of Literature, Beijing 100732)

Abstract:

"The Chinese aesthetic school" which Qian Zhongwen, Tong Qingbing and Wang Yuanxiang are the important representatives have established a new system of Marxist literary theory. "Theory of aesthetic ideology" is its core idea. The new system of literary theory is deeply based on the Chinese Realistic life and developing Continuously. It brings about a series of the academic proposition and open up a great academic space for Chinese literary theory. "The Chinese aesthetic school" has a keen sense of "problem awareness". It captures an era of significant issues, and inherits the spirit of traditional Chinese art and modern aesthetic tradition. It has a distinctive character of the practice. "The Chinese aesthetic school" will play an important role in guiding the practice of literary writing and criticism, enhancing the people's personality and moral self-cultivation and participating effectively in the construction of modern China culture.

Key Words:

The Chinese aesthetic school; Aesthetic reflection; Aesthetic ideology; New rational spirit; Cultural Poetics; Aesthetic transcendence; Character of the practice

马克思主义与后现代主义的当代接合

■ 宋 伟*

（辽宁大学 文学院 沈阳 110036）

马克思主义与后现代主义是一个颇令人费解且充满疑难的题域。在许多人的观念中，一个后现代主义者，无论从何种意义上说，都不可能是一个马克思主义者，似乎，马克思主义与后现代主义从来都是南辕北辙、风马牛不相及的两件事情。正如美国后现代马克思主义理论家詹姆逊所说的那样，将马克思主义与后现代主义联系在一起，往往被许多人视为一种缺少稳固基础且充满悖论的奇异结合。[1](p. 202) 在理解马克思主义与后现代主义的问题上主要存在着两种观点。一种观点认为，后现代主义文化思潮的勃兴，不仅意味着马克思主义已经过时，甚至宣告了马克思主义的终结。在后工业时代或晚期资本主义时代，当代社会的政治、经济、文化及日常生活都已发生了根本性的变化，马克思主义已经丧失了解释当下现实的有效性。另一种观点认为，后现代主义作为当代社会生活日益时尚化、碎片化、平面化的文化表征，是一种具有相对主义和虚无主义色彩的思想模式，是一种拒斥深度、反对崇高的语言文化游戏。因此，后现代主义与具有崇高革命理想、追求人类自由解放的马克思主义之间，不仅没有任何共同之处，甚至是相互对立、水火不容的两种思想体系。虽然，上述两

* 宋伟，男，1957 年生，山东省长岛县人，辽宁大学文学院教授，博士，博士生导师，长期从事美学理论、文学理论、文化理论的研究。

本文系国家社科基金项目："马克思主义与后现代主义"（04BZW003）阶段成果、辽宁省教育厅重点基地 A 类项目：哲学思维方式变革与当代文学理论建构（2008JD41）阶段成果。

种观点表达了根本不同的理论立场，前者站在后现代主义立场上宣告马克思主义的终结，后者站在马克思主义立场上指责后现代主义，但两者的共同之处在于，他们都认为在马克思主义与后现代主义之间存在着无法对话与沟通的巨大鸿沟。然而，事实并非如此简单。无论从历史上，还是从现实上看，马克思主义与后现代主义之间都存在着千丝万缕的复杂关联。因此，如何理解马克思主义与后现代主义之间的复杂关联，不仅是当代学术界所关注的热点问题，而且是当代文化思想界所亟待解决的重大理论问题。

需要强调的是，探究马克思主义与后现代主义的复杂关联，并不是为了将马克思主义时尚化、新潮化或另类化，并不是为了给正襟危坐的马克思披上一件后现代的时髦外套，使其加入到众声喧哗的后现代大合唱之中，它所关注的重要议题是马克思主义阐释与言说当代问题的能力何以可能？这里，需要面对和解决的问题是：马克思主义应如何解释现实？即马克思主义阐释与言说当代问题的能力何以可能？显然，若想激活马克思主义阐释与言说当代问题的能力，简单地回到原典去寻找与现实对位的理论根据是难以奏效的，因为，我们必须看到，在马克思与当下现实之间存在着历史的间距和差异，如何拉近这一距离，就成为解决问题的关键所在。也就是说，要激活马克思阐释当代问题的能力，需要借助于某种连接的理论介质。从理论层面上看，可以将后现代主义尤其是批判性后现代主义的哲学思维方式，作为连接马克思与当代现实的理论介质，或许，只有以富于颠覆批判精神的后现代理论话语为中介，马克思主义才可能重新获得阐释与言说当代的能力，并与后现代主义一道，激活对当代资本主义社会文化政治的批判与解构。因此，探究马克思主义与后现代主义的复杂关联，在两者之间展开广泛而深入的互文对话，不仅有助于我们理解后现代主义，对其进行批判性的分析质疑，更有助于我们在当代语境中重新理解马克思主义，以激活其阐释当代问题的理论活力。

一、后现代语境中的马克思主义

20 世纪七八十年代，随着解构主义、后结构主义、后殖民主义、新马克思主义、后现代马克思主义、后马克思主义、后现代女性主义等后现代性理论话语的兴起，马克思主义与后现代主义的论争，逐渐引起西方学术思想界的广泛关注，成为前沿热点题域。20 世纪五六十年代，结构主义一度风行欧美。1968 年“五月风暴”之后，结构主义逐渐式微，解构主义或后结构主义思潮兴起，并构成后现代主义的重要理论基础。作为后现代主义重要组成部分的解构主义或后结构主义与左翼思想尤其是马克思主义的关系，开始成为人们关注的热点问题。

1982 年，美国学者迈克尔·瑞恩（Michael Ryan）在《马克思主义与解构：

批判性的接合》一书中，较早地探讨了解构主义与马克思主义之间的关系。瑞恩在这部"强有力的、具有挑战意味的"著作中，大胆地尝试将马克思主义与解构主义接合起来，使这一问题成为当代文化学术思想界关注的热点。值得一提的是，瑞恩曾参加由德里达主持的哲学教学研究小组（GREPH）的葛兰西研究工作，毫无疑问，这一经历有助于他更为深入地理解马克思理论与解构思想之间的关系，德里达对其所进行的研究工作也了解颇多。① 瑞恩认为，探究马克思主义与解构主义的关系，不应停留在简单类比式的比较研究上，而应将两者所具有的既相异又共通的某种精神气质相接合（articulation）。为此，瑞恩区分了两种不同的马克思主义：一个是正统的科学的马克思主义，一个是开放的、批判的马克思主义。前者不过是一种官方意识形态的产物，后者才真正体现着马克思主义的精神实质。在瑞恩看来，与其说批判的马克思主义是一个学派或一种理论体系，不如说它是一种开放的思想精神，正是这种开放的批判精神与解构主义之间达成了某种相通性。马克思的批判理论与后现代的解构策略体现了二者既共通又相异的精神气质。因此，"德里达理论的某些方面能够在批判的马克思主义的框架中加以应用。……马克思主义哲学批判方法与解构主义之间具有相似之处。……解构主义能够被当做马克思主义政治批判的一种手段"。[2](pp. 1—8) 瑞恩认为，解构主义对形而上学的颠覆具有重要的意义，这一意义不仅是哲学的，而且是政治的，因为哲学不可能不涉及政治，而政治则常常以哲学观念为理论预设。总之，瑞恩认为马克思主义与解构主义的接合，有助于清理科学的马克思主义理论中的形而上学基础，为马克思主义政治批判提供理论的支撑。

与瑞恩的研究同步，美国著名后殖民主义理论家斯皮瓦克（Gayatri Spivak）在完成了德里达《文字学》的英文译介之后，于1983年发表了一篇如何阅读马克思的论文《读德里达之后读马克思》。在文中作者以独特的视角阐述了马克思主义与解构主义的关系，提出了一种富于启发意义的阅读马克思的方法，即解构式的阅读方法："读过德里达之后再来读马克思，可以称之为是对'哲学'文本所进行的一种'文学的'或'修辞的'的阅读。这一阅读姿态在保持'政治的'异质性的同时，也对诸如'文学'和'哲学'的规范、术语和边界予以质疑。"[3](p. 30) 斯皮瓦克认为马克思对"货币"资本的揭露批判，与德里达对"文字"文本的解构颠覆，有着极其相似的一致性。斯皮瓦克以解构的眼光来看待语言、货币与形而上学之间的关系。正如语言是一种形而上学的媒介一样，货币也同样是一种形而上学的媒介，因此破解语言及货币的形而上学秘密以颠覆其合理化的根基，对于批判传统哲学或古典政治经济学来说都是至关

① 德里达在《马克思的幽灵》中提到瑞恩、比努斯特、斯皮瓦克等十几位学者关于马克思主义与解构主义的研究成果。参见德里达：《马克思的幽灵》，中国人民大学出版社1999年版，第134页。

重要的。斯皮瓦克指出:“在马克思与德里达之间建立对话,把二者结合起来,可能仅仅突出了最小的事实,即他们两人都属于辩证的传统。……解构分析将同意马克思提出的观点,同时又对它提出质疑”。[3](p. 30)只有彻底瓦解传统形而上学的全部理论根基,马克思对资本逻辑的政治经济学批判的革命意义,才可能真正地释放出来。如此说来,德里达对传统形而上学的解构与马克思对古典政治经济学的批判,具有异曲同工之妙,甚至可以说,传统形而上学的解构是古典政治经济学批判的理论前提。斯皮瓦克试图通过马克思与德里达之间的互文性阅读,释放或激活蕴含在马克思主义之中的解构批判精神。

以当代著名理论家詹姆逊、波斯特等人为代表的新马克思主义或后现代马克思主义者,力图在坚守马克思主义立场的同时,吸收后现代的思想资源,进一步将马克思主义与后现代主义接合在一起,对马克思主义进行后现代式或解构式的修正或增补,促使其向当代文化政治语境转向。

詹姆逊对马克思主义与后现代主义的关注可谓由来已久,他在发表于1972年的《语言的牢笼》一书中论述德里达的后结构主义思想时就曾指出,“德里达对书写这一概念的解释能力所持的独到的见解可以说已经给马克思主义留有一席之地”[4](p. 148)。1984年,詹姆逊在为法国后现代理论家利奥塔(Jean-Francois Lyotar)的《后现代状况》英译本所写的序言中,进一步论及了马克思主义与后现代主义的关系。在介绍利奥塔的后现代思想时,詹姆逊指出,“利奥塔的看法毕竟仍属于法国‘新马克思主义’中的一个支派,其主要的批判目标是黑格尔和卢卡奇的所谓‘整体性’概念。”[5](p. 93)詹姆逊将利奥塔的后现代状况直接描述为晚期资本主义的文化政治问题,也就是说,后现代思想所关注的问题域,依然属于资本主义的问题域,而资本主义问题则必须纳入到马克思主义的框架内来加以考察。因而,要想深入地分析晚期资本主义,无论是后现代主义的思想范式,还是马克思主义的分析模式,同样都是不可或缺的,这无疑构成了马克思主义与后现代主义相接合的基本前提。此后,詹姆逊陆续发表了《后现代主义,或晚期资本主义文化逻辑》(1984)、《马克思主义与后现代主义》(1989)、《后马克思主义五条纲领》(1996)等文章,反复强调和阐明这一基本理论立场,致力于马克思主义与后现代主义的接合,逐渐形成并建构起独具特色的后现代马克思主义的理论框架。詹姆逊说,“我认为马克思主义同某些后结构主义理论的关联极为密切,尽管这种关系并非一眼就可以看破”。[6](p. 129)他以德里达、德勒兹等人的思想经历为例,阐述了上述著名的后现代理论家介入马克思主义的缘起,即“大理论家更为明确地意识到他们自己的工作是如何建立在马克思主义问题性之上的”[6](p. 128)。在詹姆逊看来,后现代主义所关涉的一系列问题是从马克思主义的问题框架或问题域中生发出来的,后结构主义“作为一个历史概念,它又是从马克思主义的问题性中生发出来的。我说的不是马克思主义本身,而是马克思主义所致力探讨和解决的问题。……马克思主义在寻求一种更为贴切精微的关于文化和意识形态的概念。而所有具体的后结构主义题旨都来自对于这一问题的探讨。……人们当然可以脱离历史而谈后结构主义文本本身的价值，但如果你想在更大的语境中弄清楚问题的来龙去脉，你就得注意马克思主义的框架”。[6](pp. 128—129) 作为当代著名的马克思主义理论批评家，詹姆逊试图将马克思主义与后现代主义相接合的理论取向，对于拓展马克思主义与后现代主义之间的互文对话，在批判和吸收后现代主义思想资源的过程中开阔马克思主义的当代视域，具有重要的理论意义。

另一位美国社会批判理论家马克·波斯特（Mark Poster）分别于 1984 年、1987 年发表了《福柯、马克思主义与历史：生产方式对信息方式》、《福柯：当代与历史》，对马克思主义与福柯的新历史谱系学进行了比较分析。在波斯特看来，福柯与马克思的关系错综复杂，但人们对这一问题大多从两方面去理解：或将福柯看做是马克思主义传统的延续者，或将福柯视为马克思主义的背叛者。这两种观点局限于非此即彼的二元对立之中，对于理解福柯与马克思之间错综复杂的关系并无益处。因此，波斯特提出理解此一问题的另一种路径，即将福柯与西方马克思主义并置在一起，侧重考察两者之间的关联，由此梳理福柯与马克思主义的复杂关系。波斯特认为福柯与西方马克思主义同属于新左派的知识分子阵营，但如果将这一问题的思考还原到 1968 年的历史语境之中，就可以见出两者的联系与差异。他认为，“如果西方马克思主义的出现，被看做是对世界大战到冷战以来传统马克思主义所面临的困境的理论回应，那么，福柯新近的著作，可以被视为是西方马克思主义对 20 世纪 60 年代以来的激荡变动所产生的新的社会政治难题的理论回应”。[7](p. 1) 在波斯特看来，“五月风暴”向马克思主义提出了有别于传统“总体化”政治抵抗的一种新的异质性的文化政治学问题，而福柯的思想正是对这一新的文化政治状况的理论回应。因为，“五月风暴”瓦解了传统的政治学视域，将阶级政治转换为文化政治，将政治革命转换为文化革命，将政党斗争转换为文化斗争，宣告了以阶级为主体的“总体化”社会革命方案的终结。由此看来，福柯对于知识与权力、话语与权力、技术与权力、真理与权力的后结构主义分析，应该被理解为是对“五月风暴”以来新的当代文化政治问题加以理论化的一种尝试。这种理论尝试既是对西方马克思主义的延续，又是对传统马克思主义的修正，但无论怎样说，福柯所致力于的“知识/权力”的新历史主义的考古学勘查，依然处于马克思主义的问题域之中，它实质上是新一代社会批判理论家或新左派知识分子对“五月风暴”所提出的当代文化政治问题所做出的理论回应。波斯特指出，尽管福柯与马克思主义传统之间存在着明显的区别，但“福柯的论点在许多方面更为接近马克思”，“马克思和福柯都把批评的任务定位于——尽管方式有所不同——‘积极的’进攻。……福柯在相当程度上超越马克思的地方在于他为进攻性的当代批评与自我建构之间建立了联系。福柯比马克思更为明确地主张历史写作既是自我确定的形式，又是一种社会批判的实践”。[8](p. 50)在探寻了福柯与马克思的关系之后，波斯特继续致力于深化后现代境遇下的社会批判理论话语，以进一步修正或发展马克思主义，使马克思主义获得阐释当代社会文化政治的功能。波斯特试图用“信息方式”取代马克思的“生产方式”，更为关注信息技术时代的文化政治问题，认为可以用“信息方式”这一概念替代马克思的“生产方式”的概念，前者适于描述高度发达的资本主义，后者只适用于描述前期资本主义，而马克思的思想则更多地局限于前期资本主义生产方式的分析之中，已经无法回应以“信息方式”为主的高度发达的资本主义所出现的新问题。波斯特认为应该将媒介、技术、语言、符码等文化表意系统的分析优先纳入批判理论的视野之中。所以，必须吸收后结构主义的思想资源，用后结构主义改造或增补马克思主义，生成一种新的社会批判理论话语。为实现这一目标，波斯特更为关注鲍德里亚前期的符号政治经济学批判理论。他认为：“鲍德里亚对信息的分析与马克思对商品的分析是平行的。就在马克思主义因为不能译解商品符号学而变成‘意识形态’之处，鲍德里亚进来了，他丰富并发展了历史唯物主义，使它符合发达资本主义的新的形势。……在《符号政治经济学批判》一书中，鲍德里亚所强调的是对马克思的修正，而不是对他的补充，但他已经播下了后马克思主义批判理论的种子了。”[9](p. 148)

后马克思主义（Post-Marxism）作为 20 世纪 80 年代前后在西方后现代语境下兴起的一种具有明显左翼倾向的文化思潮，是后现代主义理论中一种具有马克思主义批判精神的新思潮。从此意义上说，后马克思主义就是马克思主义与后现代主义相接合的理论产物。经由后马克思主义，马克思主义与后现代主义相接合的议题，获得了较为系统完整的理论表达，并奠定了这一论域的基本议题。1985 年，由左翼知识分子拉克劳（Ernesto Laclau）和莫菲（Chantal Mouffe）合著的《霸权与社会主义战略：走向激进民主政治》一书出版，使后马克思主义成为最引人注目的当代理论话题。该书被认为是后马克思主义的代表性作品，拉克劳和莫菲因此被誉为“后马克思主义的旗手”。拉克劳和莫菲的理论议题引起了广泛的关注和论争，其中，如何理解马克思主义与后现代主义之间的关系，成为备受思想界关注的热点理论问题。虽然，如何界定后马克思主义尚无定论，但就拉克劳和莫菲来说，后马克思主义就是后现代语境中的马克思主义，即将马克思主义置于后现代语境中加以理解的一种马克思主义，或可以将其称之为后现代的马克思主义。对此，英国后马克思主义研究学者斯图亚特·西姆（Stuart Sim）认为：“成为后马克思主义者，就拉克劳和莫菲的风格来说，就是尝试着把后结构主义、解构、后现代主义和女性主义之中的新近理论发展嫁接到马克思主义中来，从而使马克思主义与那些不再响应经典马克思主义教条的新文化氛围具有相关性。”[10](p. 36)在西姆看来，后马克思主义就是马克思主义与后现代主义的嫁接。通过这种嫁接，将马克思思想置于当代语境之中，可以实现对正统的教条的马克思主义的解构，并使之获得回应当代诸种政治问题的理论活力。拉克劳和莫菲认为，后现代理论“进一步激进化了由启蒙运动和马克思主义所提供的解放的可能性”。因此，“激进政治绝不把后现代哲学的发展视为一种威胁，相反，它欢迎后现代哲学，把它视为完成激进政治之目标的不可或缺的工具”。[11](p. 261) 在谈到后马克思主义与解构主义的思想渊源关系时，拉克劳和莫菲认为在《霸权与社会主义战略》一书中，“更重要的因素是尝试着把拉康、德里达、福柯等后结构主义思想家所阐述的政治理论洞见运用到我们的研究中和政治实践中。这大概是这本书影响最大的方面：许多对马克思主义传统不感兴趣的人也能认可这些”。[12](p. 169) 可见，在后马克思主义者眼中，将马克思主义与后现代主义相嫁接或接合，不仅是其重要的理论特征，更是其重要的理论贡献。虽然，后马克思主义究竟是对马克思主义的发展，还是对马克思主义的背离，尚有待进一步争辩分析，但是，可以确定无疑的是，后马克思主义者试图通过吸纳后现代主义新的思想资源，在两者之间展开更为广泛深入的对话，以建立一种后现代语境中的马克思主义激进政治学，使马克思主义与后现代主义的关系问题成为人们无法回避，且必须面对和解决的当代议题。

后马克思主义或后现代马克思主义试图引入后现代主义以实现对马克思主义的增补、嫁接或接合，在引起广泛争论的同时，更激发了当代学者从不同的学科领域进行深入研究的理论兴趣。后马克思主义对当代西方女性主义理论产生了直接而深远的影响，并由此形成了后马克思主义的女性主义和后现代女性主义思潮。1991 年，著名的马克思主义的女性主义理论家米切尔·巴瑞特（Michele Barrett）出版了《真理的政治：从马克思到福柯》一书，实现其女性主义研究的后马克思主义转向。巴瑞特所说的从马克思到福柯的真理政治学思考，亦可直接表述为从马克思主义到后马克思主义的文化政治学思考。巴瑞特赞同拉克劳、莫菲对正统马克思主义的基本判断及背离摒弃，积极响应他们的后马克思主义方案，使马克思主义与后现代主义的议题得以推进和展开。巴瑞特认为正统马克思主义的主要缺欠是深陷于“物质决定论”、“经济决定论”、“历史决定论”、“阶级决定论”、“生产决定论”等“本质主义”的形而上学泥淖之中，导致其解释当代问题能力的丧失。“马克思主义的唯物主义（其实质是经济还原论）的假定不能够作为 20 世纪后期政治、文化和社会生活的分析基础。因为，20 世纪后期的‘决定因素’与 19 世纪中叶工业资本主义的‘决定因素’相比，已迥然不同。”[13](p. 139) 因此，必须寻找一个新的替代性方案，修正或改造马克思主义，以激活其理论活力，使之重新获得解释当代问题的能力。与拉克劳和莫菲有所不同的是，巴瑞特认为与其引入葛兰西的文化霸权理论来修正和改造马克思主义，不如引入福柯的话语理论来得更为直接和彻底。换言之，如果拉克劳、莫菲的替代性方案是经由葛兰西迂回到后现代主义的路线设计，而巴瑞特径直选择的则是福柯式的后现代主义策略。巴瑞特似乎想明确表明，她的后马克思主义替代性方案是更为彻底的后现代马克思主义。在这一策略中，马克思的意识形态理论与福柯的后现代话语理论直接接合，马克思对神秘化的统治阶级意识形态虚假性的批判，被直接转换为福柯对权力话语所生产的真理政治的谱系学分析。至此，对文化霸权的分析也就可以直接转换为对"话语/权力"关系的分析。"福柯从绝对实在的权力分析，转向了对权力关系的分析。……这意味着所有话语都处于某种权力关系之中，权力是话语在争夺控制主体过程的动力体，权力是话语争夺操控主体的过程的策源地，同时也是这一操控过程的总和。"[13](p.139)在巴瑞特看来，福柯的权力论是一种权力关系论，而传统权力论将权力简单地理解为一种实体性存在，显然，这种实体化的传统权力论模式已不适用于分析现代权力的运作机制。基于上述理解，巴瑞特认为自己找到了将马克思与福柯、马克思主义与后现代主义相接合的联结点。

二、幽灵学视域中的马克思主义

应该看到，上述将马克思主义与后现代主义相接合的诸种努力，主要来自于坚持左翼立场和倾向的后现代主义研究者，显然，后现代主义研究者并不等于就是后现代主义者，至少大多数研究者还不能被称为具有原创性的后现代主义理论家。从此意义上说，上述将马克思主义与后现代主义相接合的种种努力，并不是来自于后现代主义自身的理论冲动和内在诉求。由于各种各样的原因，一些后现代理论家都有意或无意地回避马克思主义与后现代主义的话题。早在20世纪70年代初的一次访谈中，当采访者有意将话题导入解构主义与马克思主义关系的问题上时，德里达的态度十分谨慎，认为如果轻率地回答这一问题，"只能造成教条主义、混淆或机会主义的后果。要使自己预防这一后果，就要认真地看待马克思主义文本的困难和异质性，以及它极为重要的历史的利益关系。"德里达表示，对马克思文本的解读必然意味着改变，但至今尚未找到令他满意的解读方式，"一个决定性的阐释尚未完成"。[14](pp.70—71) 1989年，苏联东欧剧变之后，西方自由主义者宣告，20世纪以来的社会主义政治革命实践以失败告终，自由民主的资本主义已经取得了最后的全面胜利，"历史已经终结"，"马克思主义已经死亡"，马克思主义陷入全面危机，马克思主义向何处去的问题，因此成为西方左翼知识分子所必须面对和亟待回答的重大问题。1993年，德里达在题为"马克思主义向何处去?"的大型国际会议上，作了《马克思的幽灵》的专题发言，宣称马克思主义并未终结，马克思的精神不会死亡，马克思的幽灵将永远徘徊于历史的时空之中，成为我们时代最为宝贵的精神遗产。德里达的观点可以看做是他对于苏联东欧剧变之后所提出的"马克思主义向何处去?"的正面的积极回应。正是在这一特殊的历史时段，在马克思主义何去何从的重要历史关头，德里达旗帜鲜明、立场坚定地提出，“现在该维护马克思的幽灵们了”。在德里达看来，由于各种各样的原因，此前在马克思的问题上一直谨慎寡言，或许可以理解为一种策略；而现在，已经到了必须做出决定性阐释的历史时段，已经到了必须维护马克思精神的关键历史时刻，“求助于某种马克思主义的批判精神仍然是当务之急，而且将必定是无限期地必要的”。[15](p.122)《马克思的幽灵》的发表，标志着将马克思主义与后现代主义相接合的理论尝试和努力，已成为来自后现代主义自身的内在理论诉求。

耐人寻思的是，前期德里达在关于马克思主义与解构主义的问题上为什么如此谨慎小心？而后期德里达又为什么如此鲜明地坦言自己与马克思的内在关联？德里达选择这一特殊的历史时段向马克思致敬，断言马克思的幽灵永远不会死亡，并宣布自己是马克思精神遗产的继承人，究竟是一个迟到的追悼，还是一个恰逢其时或不合时宜的致敬？从20世纪70年代访谈者问及德里达与马克思主义的关系算起，已经过去二十年之久；从瑞恩的《马克思主义与解构》一书的出版、斯皮瓦克发表《读德里达之后读马克思》以及拉克劳、莫菲出版《霸权与社会主义战略：走向激进民主政治》算起，已经过去十年左右，德里达为什么一直没有站出来正面回应这一问题，这是一种无意的疏忽，还是一种有意的躲闪或回避？是一种无可奈何的选择，还是一种幽灵般记忆情结的叙述，抑或是一种机敏的策略？对此，德里达在《马克思的幽灵》中解释说：“在此也许该强调一个事实，即马克思主义与解构理论之间的关系自70年代初以来就已经在所有的方面引发了人们各种各样的探讨，这些探讨相互之间常常是对立的和不可简约的，但也是为数众多的。对我而言，它多得使我在此再也不能公正地对待它们和辨别我对它们所欠的人情。”[15](p.134)德里达表示，《马克思的幽灵》可以看做是对诸多关于马克思主义与解构主义研究的一个回应。如此看来，德里达对这一论题所知甚多，这表明他迟迟不做正面的回应，并不是一种无意的疏忽。那么，德里达为什么一直不正面回应这一问题呢？他真的是在有意躲闪或回避某种东西，还是另有一层耐人寻思的深意在其中，这确是需要德里达解释或回答的一个问题。难怪英国马克思主义批评家伊格尔顿在《马克思的幽灵》发表后不无刻薄地发难：“我们不禁要问，在里根一撒切尔时代的漫漫长夜里，在我们需要他的时候，雅克·德里达其人在哪里呢？”在伊格尔顿看来，德里达对马克思的解构式致敬，不过是一种机会主义的解构招数，所以，“马克思主义刚到边缘位置，德里达便想靠近它，这样才更符合他的后结构主义打算”。[16](p.12)对德里达来说，伊格尔顿式的发难应该是意料之中的事情。在《马克思的幽灵》中，德里达已经意识到在这样特殊的“此时此刻而不是其他的某个时刻”，以解构的方式“强调马克思主义的精神，尤其是如果我们允许人们把这理解成是我们打算在复数和诸幽灵的意义上，在不合时宜的诸幽灵的意义上……来理解那些精神，那么就不难想象为什么我们将不会令马克思主义者们感到高兴，更不会令所有其他的人感到高兴。当然，我们不必回避这样一个事实”。面对来自各方责问，德里达辩护说：“我已经听说过这种话：‘你真是挑了一个好的时候向马克思致敬！’或者是‘正是时候！’为什么这么晚？我相信出乎意料的事件的政治品德。还有，如果一桩出乎意料的事件并没有好的机会，或者是多少可以计算的机会使其刚好适时地到来，那么一种策略（政治的或其他的）的不合时宜则仍然可以提供证明，确切地说，是为正义提供证明，至少是为所需要的和我们不久之前谈论过的正义提供证明。”因此，“如果有人把我们在此冒险的姿态理解成是一种对马克思主义的为时已晚的整合，那他就大错特错了”。[15](pp.123－124)通过德里达的辩护，我们大致可以理解他的基本立场和深层用意，即他之所以选择在此时而不是彼时的特殊历史时段向马克思致敬，呼唤马克思的幽灵，不失为一种策略上的考虑，这种策略的深层动机来自于为正义提供证明的政治诉求，它将自己置于既不合时宜又恰逢其时的历史时段的夹缝之中，因此，它也是一种冒险的姿势或策略。说它不合时宜，是指苏联东欧剧变之后，马克思主义遭遇到前所未有的挑战和危机，马克思主义已经终结或死亡，至少马克思主义的话语已经过时，此时谈论马克思无疑是一种不合时宜的冒险。说它恰逢其时，是指苏联东欧剧变表明官方正统的教条主义的马克思主义已经破产失败，因为“苏联的解体，如果不表明马克思主义自身的终结，那也表明正统马克思主义某些观点的终结”[17](p.27)。因此，长期以来被误读扭曲或利用的马克思思想，获得了重新恢复其真正精神和内在意蕴的机会，获得了重新释放多元异质的解构精神与批判本性的可能，以使其成为最有效的分析批判当代资本主义社会的理论资源。在德里达看来，这种既不合时宜又恰逢其时的冒险姿势或策略，正是理解《马克思的幽灵》的时间性与主题的关键所在。

正如德里达所预料的那样，《马克思的幽灵》的发表引发了来自各方面的质疑和论战。1999年，美国学者米切尔·斯普林格（Michael Sprinker）编辑出版了关于这场论战的文集：《幽灵的界线：与德里达论战》。文集收集了当代马克思主义理论家对《马克思的幽灵》一书的批评以及德里达本人对这些批评的回应文章：《马克思和儿子们》。其中，汇集了以詹姆逊、奈格里（Antonio Negri）、蒙塔格（Warren Montag）、曼彻瑞（Pierre Macherey）为代表的支持派和以伊格尔顿（Terry Eagleton）、刘易斯（Tom Lewis）和艾哈麦德（Aijaz Ahmad）为代表的反对派的不同观点。反对派认为解构的马克思主义以文本游戏的方式对马克思主义进行修正与增补、解构与置换、缝合与嫁接，把马克思主义变成了适用于解构主义运作的工具，它表面上激进先锋，实质上空洞无物，尤其是放弃阶级政治等传统经典概念必然导致对马克思进行解构式的“去政治化”，使幽灵学的马克思已经远离了马克思主义的主旨。伊格尔顿认为，德里达的马克思主义其实质是一种没有马克思主义的马克思主义，是一种背离马克思主义的马克思主义，或者说，德里达不过是借用或盗用马克思的名义，使之转换为有利于解构主义操作的便利工具。在《没有马克思主义的马克思主义》一文中，伊格尔顿以讥讽的口吻批评德里达："解构主义实际操作起来一点也不像激进的马克思主义，倒像是一种文本政治的替代形式。……如果解构主义超过了某种常见的含马克思主义的修正主义或那种烦人的左派自由主义，那么它只能使反形而上、反体系、反理性主义的论辩成为一种招摇过市的混乱宣示，也许非常潇洒，非常风光，但它的理论信度将遭受严重损失"。[16](pp. 121－122) 刘易斯、艾哈麦德认为德里达对马克思的幽灵化解读和写作具有明显的"去政治化"倾向，被幽灵化的马克思实质上也就是"去政治化"的马克思，这就势必要背离马克思主义政治实践的题旨。刘易斯在《幽灵学的政治：德里达的马克思的幽灵》一文中，认为德里达对马克思主义的所谓解构，其实质是否定了"马克思主义理论的所有核心概念"，尤其是否定了作为一种分析工具和主体的"阶级"概念，必然对社会革命的政治实践持"悲观主义"态度。艾哈麦德在《和解的德里达："马克思的幽灵"与解构的政治》一文中，认为德里达转向马克思主义，表达了解构主义试图与马克思主义和解的一种姿态，虽然马克思主义者应该对这种和解的姿态给予认同和理解，但必须看到德里达的马克思主义与马克思主义有着根本的不同。艾哈麦德批评德里达对阶级政治学的拒绝，并认为《马克思的幽灵》弥漫着一种弥赛亚主义的"准宗教"氛围。总之，在这些批评者看来，德里达解构主义的马克思主义，不过是一种无马克思主义的马克思主义，是一种非马克思主义的马克思主义，甚至是一种反马克思主义的马克思主义。

詹姆逊、奈格里、蒙塔格、曼彻瑞分别发表《被窃的马克思书信》、《幽灵的微笑》、《被武装和未命名的精神：德里达的马克思的幽灵》、《去质料化的马克思，或德里达的幽灵》，对德里达表示赞同和支持，并提出其不足和有待进一步商榷和思考的问题。他们总体上认同《马克思的幽灵》中的基本观点，认为解构主义与马克思主义相接合，有助于在当代语境中重新阐释马克思主义，并将深化马克思的当代理解。在《幽灵的界线：与德里达论战》这一文集中，德里达发表了《马克思和儿子们》的长篇论文，对来自各方的批评声音予以回应，进一步阐述了自己的立场和观点。德里达认为那些自诩为马克思主义批评家们误读、误解了他的思想。他首先批评了那些自以为"拥有马克思专有权"的所谓法定的马克思主义者的固执已见，认为任何人都无权宣称自己是马克思主义的唯一继承人，再次重申马克思思想及其解读的多样开放性。针对伊格尔顿的"无马克思主义的马克思主义"的讥讽式批评，德里达指出，"无马克思主义的马克思主义"也许更接近和忠实于马克思，因为，马克思本人的马克思主义就是一种无马克思主义的马克思主义，在此，德里达再一次提及马克思的那句名言："我不是一个马克思主义者"。此外，德里达还逐一反驳了斯皮瓦克、刘易斯和艾哈麦德等人的批评，对"阶级政治"、"去政治化"、"再政治化"、"正义伦理”、“新国际”、“弥赛亚性”等问题进行了进一步的辩护和申明。德里达逝世之后，美国批评理论家文森特·B. 雷奇（Vincent B. Leitch）撰写《晚期德里达：主权的政治》一文，对其晚期思想进行了回顾性的总结。在雷奇看来，晚期德里达思想所凸显的主题无疑是对当代政治问题的关切与追问，这一思想主题在《马克思的幽灵》中获得了集中的表达，并成为始终萦绕的幽灵性议题："回顾过去，德里达最著名的政治论述仍旧是他在《马克思的幽灵》一书中对后冷战时代的新世界秩序的十大弊端的谴责。他自始至终坚持这种全面的控诉。"[18](p.201) 针对围绕《马克思的幽灵》所展开的诸多论争，雷奇也进行了概括性总结并阐述了自己鲜明的立场和观点，认为《马克思的幽灵》是一部极富创见性的政治哲学著作，是德里达思想步入高峰时刻的一个重要标志。雷奇将《马克思的幽灵》置于德里达晚期思想转型的整体背景之中进行考察，描述了这种政治转型的整体持续性。他对晚期德里达思想的回顾性总结表明，诸多批评指责误解或曲解了德里达。德里达向马克思致敬，召唤马克思的幽灵，表达的解构政治学的理想愿景，并非一时的心血来潮，也并非机会主义式的投机，更不是一种"去政治化"的解构策略，而是一种贯穿始终的当代政治哲学思考。毫无疑问，这种解构式的政治哲学愿景，将为解构颠覆后冷战时代的全球政治霸权提供极富挑战性的思想资源。

虽然，德里达幽灵学的马克思主义或解构式的马克思主义，遭到来自各方的质疑批评，且有待于进一步论争辨明，但作为当代著名的后现代思想家，德里达向世人坦言自己是马克思精神遗产的继承人，直接申明马克思主义与后现代主义之间所存在的内在关联，表明了后现代主义者对这一问题的基本态度和立场，引起了国际学术界更为广泛的关注，将马克思主义与后现代主义问题的论争和研究提升到一个崭新的维度。

上述描述和分析表明，马克思主义与后现代主义之间确实存在着千丝万缕的复杂关联。显然，面对两者之间如此紧密而又复杂的关联，仅仅停留于表面的描述是不够的，更不应将其作为马克思主义依然是"放之四海而皆准"的永恒真理的一种佐证。应该明确的是，马克思主义与后现代主义之间所构成的复杂关联，向我们提出了许多敏锐而复杂的崭新问题。在两者之间展开广泛而深入的互文对话，不仅有助于我们理解后现代主义，对其进行批判性的分析质疑，更有助于我们在当代语境中重新理解马克思主义，以激活其阐释当代问题的理论活力。因此，如何理解马克思主义与后现代主义之间的复杂关联，关涉到在当代语境中如何重新理解马克思主义，关涉到马克思主义的当代命运及其未来走向，是我们所必须面对和亟待解决的重大理论问题。

参考文献：

[1] 弗雷德里克·詹姆逊．马克思主义与后现代主义［A］．王逢振．詹姆逊

文集．第 4 卷：现代性、后现代性和全球化［C］．北京：中国人民大学出版社，2004.
[2] Michael Ryan. Marxism and Deconstruction ［M］. Baltimore and London: Johns Hopkins University Press, 1982.
[3] Attridge, D. Bennington, G. Young, R. Post-structuralism and Question of History [M]. New York: Cambridge University Press, 1987.
[4] 弗雷德里克·詹姆逊．语言的牢笼、马克思主义与形式［M］．南昌：百花州文艺出版社，1997.
[5] 弗雷德里克·詹姆逊．后现代主义的时代精神［A］．王岳川．后现代主义文化与美学［C］．北京：北京大学出版社，1992.
[6] 弗雷德里克·詹姆逊．马克思主义与理论的历史性［A］．王逢振．詹姆逊文集．第 1 卷：新马克思主义［C］．北京：中国人民大学出版社，2004.
[7] Mark Poster. Foucault. Marxism and History: Mode of Production Versus Mode of Information [M]. Cambridge: Polity Press, 1984.
[8] 马克·波斯特．福柯：当代与历史［A］．汪民安．福柯的面孔［C］．北京：文化艺术出版社，2001.
[9] 马克·波斯特．第二媒介时代［M］．南京：南京大学出版社，2001.
[10] 斯图亚特·西姆．后马克思主义读本［A］．周凡，李惠斌．后马克思主义［C］．北京：中央编译出版社，2007.
[11] 道格拉斯·凯尔纳，斯蒂文·贝斯特．后现代理论：批判性的质疑［M］．北京：中央编译出版社，2001.
[12] 尚塔尔·莫菲．尚塔尔·莫菲谈竞争主义、卡尔·施米特以及激情在政治中的作用［A］．周凡，李惠斌．后马克思主义［C］．北京：中央编译出版社，2007.
[13] Michele, Barrett. The Politics of Truth : From Marx to Foucault [M]. Stanford : Stanford University Press. 1991.
[14] 雅克·德里达．多重立场［M］．北京：三联书店，2004.
[15] 雅克·德里达．马克思的幽灵［M］．北京：中国人民大学出版社，1999.
[16] 特里·伊格尔顿．历史中的政治、哲学、爱欲［M］．北京：中国社会科学出版社，1999.
[17] 道格拉斯·凯尔纳．正统马克思主义的终结［A］．俞可平．全球化时代的马克思主义［C］．北京：中央编译出版社，1998.
[18] 文森特·B. 雷奇．晚期德里达：主权的政治［A］．王宁．文学理论前沿，第 5 辑［C］．北京：北京大学出版社，2008.

内容摘要：

马克思主义与后现代主义之间存在着千丝万缕的复杂关联，在两者之间展开广泛而深入的互文对话，不仅有助于我们理解后现代主义，对其进行批判性的分析质疑，更有助于我们在当代语境中重新理解马克思主义，以激活其阐释当代问题的理论活力。如何理解马克思主义与后现代主义之间的复杂关联，关涉到马克思主义的当代命运及其未来走向，是当代文化思想界所亟待解决的重大理论问题。

关键词：

马克思主义；后现代主义；接合

The Contemporary articulation between Marxism and Postmodernism

■ Song Wei

(College of literature, Liaoning University, Shenyang 110036)

Abstract:

A number of complicated subtle correlations exist between Marxism and postmodernism and how to interpret the correlations is a significant theoretical problem urgently to be solved in contemporary cultural and intellectual circles. The extensive and in-depth intertextual interlocution between Marxism and postmodernism will not only assist us with interpreting, critically analyzing and oppugning postmodernism, but help us with the interpretation of Marxism in the contemporary context so as to activate its theoretical vigor to interpret contemporary issues.

Key Words:

Marxism; postmodernism; articulation

从文化主义到“话语转向”

——斯图亚特·霍尔与英国文化研究的范式转型

■ 陈 静*

（南京大学 文学院 南京 210093）

文化研究在西方的兴起至今已有近半个世纪，作为一种跨学科的研究思维方式、方法与理论，文化研究在当代社会、文化语境及人文学科之中所起到的作用都是毋庸置疑的。国内文化研究的浪潮也在近十年中达到了一个较高的水平。在20世纪最后的十年间，“文化研究”成了理论界的宠儿，相关译著、专著、合集、论文纷纷面世，并随之在学界中掀起了一系列关于文学研究与文化研究的界定与区分、日常生活审美化以及消费文化等问题的探讨和争论。然而，热度并不代表深度，在对文化研究的内在理论肌理的梳理和对关键性问题的把握上，我国学者的认识和研究尚不能算是全面的和深入的，这一点从对斯图亚特·霍尔的研究中就可见一斑。

斯图亚特·霍尔作为英国伯明翰文化研究中心（CCCS）的第二任主任，他一方面对前期的研究进行了总结，另一方面开拓了许多新的研究领域，并以其自身的理论建构与发展将英国文化研究带入了一个高峰时期。他所具有的地位和他的理论本身具有的内涵及影响力使得他在思想上所经历的几次转变也不可避免地影响到了文化研究的整体，他所涉及的主要问题也往往是文化研究的主要论题。他实现了文化研究从阿尔都塞的结构主义马克思主义向葛兰西的霸权

* 陈静，女，甘肃天水人，上海交通大学人文艺术研究院助理研究员，研究方向为文化及媒体研究。

理论的转向，拓展了接合理论，使之在文化研究中得到了广泛的接受。同时，他没有一味地将所有的现实都还原到“话语”和意识形态，而是以强调实践的特定性来建构一种鲜活的理论。

可以说，霍尔作为英国文化研究的领军人物，其地位关键性及其理论的重要性是毋庸置疑的。甚至，毫不夸张地说，对于霍尔思想脉络及其主要理论的认识同时也可视为对文化研究，尤其是英国文化研究历史脉络及主要问题的认识。但就目前国内文化研究学界的现状来看，对霍尔的研究还是停留在部分译文的基础上，同时也非常局限地限制在传播方式与模型、意识形态和身份认同的几个问题上，缺乏一种宏观的把握和深度的切入。也正是有感于此，本文力图从霍尔理论的关键性问题及其发展脉络入手，以一种历时性的梳理来展现英国文化研究从“文化主义”到“话语”转向的一系列范式转型，并由此凸显出霍尔的“接合”理论所具有的独特的理论价值。

一、文化转向与英国文化研究

正如雷蒙·威廉斯（Raymond Williams）所说，“文化是英语中最为复杂的两三个词中的一个”[1](p. 87)。从泰勒从人类学的角度对“文化”所下的定义到麦克麦洪所归纳的有关“文化”的 27 条，再到雷蒙·威廉斯所总结出的三大类，对“文化”进行简洁、准确的定义始终是一个难题。威廉斯指出“文化”的含义最早与农业劳动的“种植”有关，其后在 19 世纪的初叶，发生了具有历史意义的词义转折，几乎成为“文明”的反义词。尽管文化一词“大概直到马修·阿诺德（Matthew Arnold）的时候，它才丢掉了诸如‘道德的’和‘知识的’这样的形容词得以独立使用，表达‘文化’这个抽象概念”。[2](p. 10)此后的“文化”又与殖民主义、结构主义、女性主义等产生了千丝万缕的关系。但文化作为人类历史与社会发展的一部分，其所起到的作用是毋庸置疑的。对抽象意义上的独立的文化进行研究则为越来越多的学科领域内的学者所重视。

在 20 世纪初出现的文化转向，则是这一趋势愈演愈烈的结果和表现之一。“所谓的文化转向将我们从对于文本的沉迷中唤醒过来，使我们发现‘世界’并不能被还原成语言，就如同它不能被还原成心灵、神圣意志、善或经济的生产方式一样”。[3](p. 103) “文化转向”开辟了理论研究的新视野和新领域。正是从 20 世纪五六十年代开始，“文化”的意义逐渐凸现了出来。一时间，对“文化”问题的关注不约而同出现在不同学科的研究者的理论视野之中，其中最为引人注目的就是，1964 年 CCCS 的成立，这不仅显示了“文化”浪潮的重大冲击力，更是标示着一种围绕“文化”问题所建立的特定研究组织和新的理论视野的出现。CCCS 经过近 20 年的初步发展，在 20 世纪 80 年代逐渐繁荣起来，并影响到了文化研究之外的其他学科以及世界其他地方，从而推动了一场国际思想运动的形成和壮大。在CCCS及更大范围的文化研究中，关于“文化”的论题始终是其所关注的主要问题，围绕最开始的“文化的本质”继而延伸出了一系列有关主题（例如大众文化、文化与社会、文化与意识形态、表征等）和研究范式，并各自不断衍生、发展出许多观点和理论。虽然CCCS在2000年已经关闭，但作为文化研究曾经的领军及中坚力量，其所做出的贡献和理论成果仍是我们的宝贵财富，其所培养出的许多文化研究人才也依然在文化研究领域进行着不懈的努力。

从CCCS的研究发展和理论传统来看，经过了一系列“转向”，如从早期的文化主义到结构主义，再到“葛兰西转向”，继而是在拉克劳和墨菲影响之下的“话语转向”[4](p.124)，我们应注意到的是，这种发展的过程并不具有绝对或精确的先后序列性，而更多的是呈现出一种由多种理论构成的，以某些问题（例如文化本质、意识形态、整体性、主体等）为联结点，并综合运用多种方法于实践，看似无中心，实则有线索和脉络的理论集合。这一集合并不能称之为体系，因为其并不具有严格的理论中心范畴及逻辑框架，它本身从内部就具有消散性和解构性——集合在同一集体中的研究者们就同一问题不断提出新的看法，在不同时期内也有新的发展或批判，甚至是自我批判和推翻，这点在霍尔思想中也得到了鲜活的体现。

二、文化研究的早期：文化主义范式

霍尔在《文化研究：两种范式》中，对英国文化研究（主要是CCCS）在20世纪60年代到70年代末的发展进行了梳理和评析，提出主要有以下几种研究范式：文化主义、结构主义和葛兰西转向。

文化主义作为文化研究开始的切入点，主要代表人物有霍加特（R. Hoggart）和雷蒙德·威廉斯（R. Williams）。霍尔以他们的著作——《文学的用途》（*The Uses of Literacy*）和《文化与社会》（*Culture and Society*）的出版作为文化研究的“发端日”，也以之为文化主义的代表。简单来说，文化主义的主要内容及特点在于：重新对“文化”进行定义，来反对二元对立下高雅文化与低俗文化的区分，并建立一种新的文化观和文化传统，以期在“思想”领域内运用并复活“文化”的术语含义，实现与过去“文化”的断裂。

同时，在文化与社会的关系上，“将‘文化’看做有关不同社会种种描述的总和，这些描述可以使社会获得意义并反映它们的共通经验”[5](p.52)，“意在突出‘文化’与社会实践相关”（两者之间具有一种互动的关系），从而“把握一个特定时代、作为整体经验性存在所有实践和社会形态之间相互影响的方式。这就是要分析的‘情感结构’”。[5](p.54)这是威廉斯在《漫长的革命》中所提出的观点。他反对经济基础与上层建筑之间必然的决定作用，认为上层建筑是具有其自身的社会功能的。威廉斯提出的研究“情感结构”的方式以及汤普森（《英国工人阶级的形成》）对“经验”的强调，构成了文化主义的另一特色，同时他对文化自身独立性和功能性的强调也开了文化研究中的先河。他所强调的对庸俗马克思主义和经济决定论的反对立场，也为此后的文化研究所秉持。

在文化与主体意义和价值关系上，文化主义认为文化是产生于各种独特社会群体和阶级中的意义和价值。后者产生于既定的历史条件和历史关系中，是各群体和阶级借以“把握”和对应各种生存环境的必要条件；同时还是传统和实践的体现，是对生存的理解的表现。将意义和价值视为文化的核心，这与对“经验”的强调一起显示出文化主义对历史主体及其能动性的重视，体现出其人道主义立场。

在文化构成上，文化主义将文化视为一种“整体的生活方式”（威廉斯语）的具有整体性的、不可分离的意义。威廉斯“反对结构主义者对实践特殊性和‘自足性’的强调，以及他们把社会分离成互不相关的部分的分析，他强调实践一般的‘构成性活动’和‘作为人类的感性的活动’”。[5](p. 55) 保持一种整体的文化就必然体现出一种总体性的面貌，就略去了个别事例和独特性因素存在的意义，体现出一种不存在偶然性的必然性。

这种文化主义的文化研究范式，应该说其在发轫之时具有相当重要的意义，它一方面对传统进行了继承，但更为重要的是在“断裂”中找到了新的发展，并改变了旧的文化观的面貌（尽管这种改变并不是完全彻底的）。同时他们对文化与社会实践以及共同经验的强调，凸显了大众作为日常生活主体的意义，从而为大众文化研究的兴起奠定了基础。

三、范式危机：结构主义与文化主义

霍尔认为结构主义范式并不是从阿尔都塞的结构马克思主义开始的，他将之追溯到列维—斯特劳斯，认为他“借用了索绪尔的语言学范式，承诺要通过一种全新的方式为关于文化的人文科学提供一种能够科学化和严谨化的范式”[6](p. 48)。正是通过对这种语言学范式的借用，他将语言与文化联系了起来，从而打开了通过语言系统来研究文化的新视野。这也为文化研究找到了一种不同于以往那种历史性描述或民族志式记录的，显得更为系统、科学，更具普适性的研究方式。

同样是“文化”，结构主义却有着不同于文化主义的认识。列维—斯特劳斯即将“‘文化’概括为思想范畴、框架和语言”[6](p. 59)。语言作为“文化”的首要媒介，其在行为方式和实践中的独特运作方式，即“意义的生产”（指意性实践），是与行为方式和实践产生、转化思想范畴和精神框架的方式类似的。这也就是说文化的运作方式即是像语言一样的运作方式，也就是“意义的生产”。那么文化的转化就可以看做是语言系统的内部的转化。而语言“作为人的基本结构，能够把各种各样的基本句子转化为形形色色的新话语，同时又把这些话语保留在它的特定的结构之中”。[7](p.7) 正因为语言结构的这种转化功能不仅保证了结构的形成，同时还起到了构成作用——在不断面对新的情况时能够不断地根据结构的规律得以将已有的句子结构转化为新的话语，从而保证了结构的自足性。从这点来讲，语言是具有自我调节功能的，不因外界因素而破坏自身的“封闭”性，使得全部的因素都在自身内部结构中得到体现。因为文化与语言的方式是一样的，因此文化结构也同语言结构一样具有转化、构成与自我调节功能。同时，语言也成为考察文化的媒介，成为文化研究的首要考察对象。

在文化的构成上，如前所述，结构主义是将文化看做是一个具有转化、构成和自我调节功能的结构，列维一斯特劳斯因此放弃了文化与非文化的区分，“这样就把决定论和总体性问题大体上搁置了”，而代之以结构主义的因果论——“组织的逻辑，内部关系的逻辑，在结构之内阐释部分的逻辑”。[6](p.59) 在此情况之下，结构之外并不存在结构得以存在的原因，结构内部的关系完全是建立在结构内部分与整体、部分与部分之间的关系之上的。霍尔认为正是阿尔都塞将结构主义的诸种理论特征应用到了马克思主义之中，而阿尔都塞关于意识形态的论述对概念、主题和关系的强调也正体现了这一点。

同时，结构主义对于“整体”的概念的认识比文化主义的“总体性”概念更具复杂性。后者“推断方式背后仍有着‘表现的总体性’ (expressive totality) 的某种复杂的单纯性”[6](p.63)。而前者提出的这种“整体”则是由实践的差异构成的，其指向的是一种独立自主性和“多元决定论”，并非由单一或最根本矛盾决定的。这也就开启了一种系统阐释的研究，即将各种并非同源于一基础、同一时间或同一地点的实践的具体方式同时当做一个整体来思考。而这种对差异性的看法也是霍尔认为阿尔都塞的著作更为优越（比德里达和福柯）的原因，“是因为它执著地坚持将特异性或差异性看做‘缩小的政治’或是置于一种能指的永久滑移中。它相信一种必然的不平坦的复杂结构，而差异性和同一性在其中总是得到体现。一句话，它承认了根据‘差异中的统一性’来分析社会型构中的政治、文化、经济和意识形态的重要性”。对霍尔而言，这看法的极大优点是它提醒知识劳动者注意到这一事实：“将历史能动性地看做是‘决定的’几种不同层面和类型的完整组合的必然性”[4](p.120)。

在文化与社会的关系上，结构主义与文化主义通过它们对“经验”的不同看法充分体现出彼此间的对立关系。文化主义认为文化和意识形态是集体性的，是所有个体之上的“共同感”。“经验”是这种“共同感”的基础，意识与社会条件都是包含于其中的。而结构主义认为文化意识不仅仅是集体的，更是个体的，是一种无意识的结构。“经验”也并非基础反而是文化的结果，与社会之间并不是一种纯然反映的关系，个体对于社会的经验必须通过结构的规定。由此，人也不可能是文化和社会的主动创造者，而是身陷其中的结构的受动者。

霍尔对文化主义和结构主义作了比较，他认为文化主义与结构主义有许多共同之处，例如两者都指涉到了基础/上层建筑关系，并且对还原主义的决定论观点进行了突破。但两者在许多方面存在对立，往往结构主义之所长正是文化主义之所短，反之亦然。当然这种颠倒并不是必然对应的，但是它们确实在某些对立上体现了出来。正如托尼·本尼特所说，“结构主义分析特别关注对文本形式的分析，专注于解释文本结构的那些据说是组织了阅读或观看实践的方式，经常忽略制约这些文本形式生产或接收的条件。文化主义恰恰相反，在赞扬通俗文化表达了社会亚群体或阶级的真正利益和价值的过程中，经常是不做辨别地一味浪漫。而且，这一看法来源于本质主义的文化观，即认为文化是特定阶级或性别本质的体现。……这些理论分歧因其与不同学科视野的联系而愈加明显。……”[8](p. 427) 结构主义相对而言，是更为合适的那个，但它也并非是最恰当的范式，事实上，正是它自身决定了它的缺点。例如，它对“结构”的树立，带上了自我生产的倾向，而这是由其结构自身特点决定的；它的系统阐释也包含着高度形式主义的危险，而这点也是许多人对结构主义有所非议的原因之一。

而文化主义相对于结构主义之长在于它正确地指出“某个确定时刻意识斗争的发展和组织是进行历史分析、意识形态分析和意识分析不可缺少的要素：这与它在结构主义范式中历来遭贬低的情形相反”[5](p. 64)。因为结构主义对共时性结构、差异性关系以及高度概括的形式的强调，使得它并不重视具体的、历史中的、内容要素的存在意义。因此意识形态是无历史的，历史中也就不存在所谓意识的斗争。正如在索绪尔语言学中语言系统对言语行为起到一种支配性作用一样，这种统治的意识形态与被统治的个体意识之间的关系也是决定性的，而这就忽略了意识形态斗争中的主动的、有组织的意识形态斗争存在的可能性，以及人作为历史和政治的积极自为的动力的存在。

虽然文化主义对结构主义的缺陷有所补偿，但两者并不能就此统一在同一理论框架之下，综合为一个具有明确理论概念和充分理论根据的领域。在文化研究的意义上对两者的借用都不是将之视为完整意义上的理论，而是针对“它们之间（既有分歧也有共通）阐明了必定是文化研究的核心问题”[9](p. 65)。而它们共同的缺陷是，它们不断地回归基础/上层建筑的隐喻。虽然它们都对基础/上层建筑进行了突破，但是还是没有摆脱基础决定性作用的影响。在此情况下的再现并不是反映论意义上的真实对应，而是建立在差异基础上的复杂性表征。如果将这种非还原决定性问题的再现放回到文化之中，也就是对基础与上层建筑之间复杂的关系考察，即对决定性条件下的表征问题的考察。

因此，对此问题的解决并不是文化主义或结构主义能够完成的，而这种理论上的困境造成了在实践中的无力感，面对日益复杂的政治局面，如何能找到新的批判武器？这也构成了霍尔任职期间的CCCS所面临的“范式危机”，而在这个危机之中，霍尔从葛兰西的著作中得到了知识源泉。

四、“葛兰西转向”的意义

在20世纪50年代，葛兰西的著作被翻译引入英国，而此时的英国新左派开始对文化政治问题进行讨论，并试图开创文化研究途径。因此葛兰西从介入英国文化研究伊始，便是以一种政治批判的角色出现。从文化研究发展历程来看，葛兰西所具有的意义无疑是重大的，并且是持续而深远的。但葛兰西的影响并不是直接的，而是在不断的认识与实践中逐渐明晰起来的，这也就是为何其意义会在文化主义和结构主义范式危机之后凸现出来的原因。

首先，葛兰西较之阿尔都塞的意识形态理论，更突出了意识形态的斗争概念。前面已经谈到过，阿尔都塞以及结构主义对意识形态的看法是一种结构中的想象关系，虽然突破了基础/上层建筑的限制，但将之视为一种结构的机能，而忽略了斗争的自发性和能动性，这对于文化政治而言，实际上是降低了其社会批判的意义，同时也是简化了意识形态内的复杂性。

其次，阿尔都塞以“差异同一体”发展了葛兰西所坚持的基础/上层建筑是“复杂同一体”的观点。但是值得注意的是，阿尔都塞的“差异同一体”始终是在结构之内的，差异性的存在必须依赖于结构内的部分之间的关系，历史性的发展过程是被排除在结构之外的，或者说，历史性的发展是被共时性内化在结构之内。而葛兰西的“复杂同一体”概念构建的是一种相互关联的多重层次。“这些层次由葛兰西称之为‘有机—时代’的抽象的形式分类延伸而来，在某种意义上，它们适用于资本主义发展中的时期或世纪，并下至历史上的特殊的具体层面”。[4](p.110) 这样，“复杂同一体”具有的历史性使其得以在任一特定时期上展开，而不受共时性结构的限制，从而使得某种确定时刻和条件下的接合成为可能。

第三，阿尔都塞及结构主义对于主体的能动性持一种消极的态度。这同他们对意识形态的态度是一致的。在这种情况下，个体作为主体存在的能动性是被结构决定的，是一种被限定的状态，这就将消解意识形态斗争的可能性。而这一点是霍尔不赞同的。他始终坚信的“知识的悲观主义、意志的乐观主义”使得他倾向于葛兰西对于主体能动性的看法，后者“通过将能动性置于力量关系之中，并强调这些关系持续地处在过程中，葛兰西铺设了一条通向将能动性看做是矛盾和由碎片组成的观点的道路。他鲜少提及阶级统治，而是用利益的‘占统治地位的集团’或者‘历史的集团’——由矛盾以及霸权的领导所必须‘接合’（cemet）成的合奏中的不和谐音构成的——来指称概念化的力量”[4](p.111)。对霍尔而言，葛兰西对于能动性与霸权斗争的强调是非常具有启发性的。他认为认同模式和传播的内容并不是自发的，接受者也不是被动地接收传播的讯息，因此不能将传播视为一个透明的、封闭的、无技术、无意识形态的过程，否则将必然走向一种先验的自然主义，这点对霍尔而言是非常重要的，他因此认为对意识形态的再发现，是媒介研究中被压抑者的回归。

对霍尔而言，“安东尼奥·葛兰西是对斯图亚特·霍尔的思想和文化分析方法产生影响的首要知识源泉。在部分意义上，这体现出霍尔所认识到的在葛兰西所处的历史位置和他自己的之间的历史性的共鸣”[4](p.108)。应该说，霍尔在面对自身所处的历史情况下自觉选择了葛兰西。而除去我们以上所谈到的葛兰西思想对于范式危机所起到的“弥合”作用外，霍尔还对葛兰西的思想进行了加强。

霍尔毫无怀疑地承认了葛兰西的“意识形态无系统”的理论。他与葛兰西一样，强调了“规范性压迫机制”通过将表象的虚假反映的自然化，来实现其他被统治集团的支持和接合。同时也同葛兰西一样，反对将国家视为统治阶级的有组织的强制暴力，强调霸权是通过“积极的”、“教育的”机制来达到实现“共同感”的目的，以组织起对占统治地位的隐形的、透明的秩序的支持。如果说，葛兰西是在社会学的层面上，就当时意大利所面临的问题来探讨这个问题，那么霍尔就是将其施用到了更为广阔的天地，不仅将之置于文化领域之内，同时还根据英国的社会政治状况给予其新的实践和发展（对于这一点在霍尔 20 世纪 80 年代对于撒切尔主义的一系列论述中可以看到）。

此外，葛兰西带给霍尔的不仅仅是理论上的影响，更是一种知识分子的历史角色感。如前所述，霍尔认识到他与葛兰西所处历史地位的一种共鸣感。可以说，“葛兰西对无产阶级共同感中自相矛盾之处以及一些左翼思想形式的诡辩所作的富有洞察力的分析向霍尔提供了一个至关重要的历史角色模式。如同葛兰西一样，霍尔投入严阵以待的知识分子角色中去，努力致身于他的时代的真理，抵制感伤与自私所带来的腐蚀性力量”。[4](p.112) 纵观霍尔多年的学术生涯，他一直保持着一种对于社会现实的敏锐分析力和批判意识，并试图对不断出现的新问题进行分析并做出解答，从而挖掘出文化、政治及社会表象下掩盖的复杂“真相”。

但霍尔对于“葛兰西”思想并非是一种全然的理论借用。正如他在《艰难的复兴之路》中所说，“这里并不是对葛兰西思想进行全面的展示，也并非是对今日英国政治状况的系统说明。这是借助源于葛兰西著作的一些观点，对于左派所面对的某些令人困惑的两难境地进行‘大胆思考’的一种尝试。我并非以某种简单的方式声称，葛兰西对于我们现在的困境‘已有答案’或者说‘掌握了关键’。我只是相信我们必须以葛兰西，这种不同以往的方式来‘思考’我们的问题”。[10](p.161) 由此，我们也可以明白，为什么在文化主义和结构主义的范式危机时刻，霍尔会选择葛兰西的思想，一方面是因为葛兰西自身的正确性，另一方面，则是一种历史性时代的需要，一种范式策略的考虑。

五、拉克劳和墨菲的“话语转向”

在“葛兰西转向”之后，新马克思主义者拉克劳和墨菲进一步对庸俗马克思主义的经济化约论和对身份进行预设的阶级观念进行了抵抗性的论述，打破了阿尔都塞所赋予经济的特权的同时，在继承和发展了葛兰西的霸权理论的基础上，他们将话语、霸权和意识形态问题结合起来，将“接合”提升到了理论的高度。拉克劳和墨菲将“接合”理论作为一种政治的策略提出，试图打破传统马克思主义在力量关系发展上的历史规律性，他们认为“正统马克思主义理论属于代表或表现的模式，因为马克思主义认为工人阶级代表群众的历史利益，因而成为他们的代言人。他们认为从社会理论和实践上看这是行不通的：尽管工人阶级被看成领导阶级，它其实无法肩负这一领导的使命，因为工人阶级受先锋队（党）和有机知识分子的领导和支配。于是便出现了党代表群众那种权威式的行为”。[11](p. 65)他们强调阶级基础上的主导影响是在实践接合中形成的，但在这一实践中他们抽掉了单一阶级的独占地位。

在意识形态问题上，他们打破了阿尔都塞将意识形态看做是一个统一的、无历史的力量的模式，也没有像葛兰西那样认为意识形态是一种世界观，而将意识形态理解为一种方法，借以认识遇合的特性、话语中的无限的意指过程以及接合的激进的偶然性。在葛兰西那里，遇合即是指各种不同限定因素的特殊合成体。拉克劳和墨菲认为一个特殊部门的霸权之所以能够达到普遍的认同，并不是依靠统治制度在不同的各部门中的延伸，而是“假设了普遍性和特殊性之间的成功接合（articulation）（也即是霸权的胜利）”[12](p. 45)。而“一个阶级行使霸权，并不在于它能够将一种统一的世界观念强加于社会中的其他阶级，而在于它能够将各种不同的世界观念如此地接合起来，以至于它们之间的潜在对抗被中立化”[13](p. 36)。这样，“接合”成为霸权实现的机制，同时，他们还认为，如果这种共同体的普遍的目标显示了偶然性的接合，则“在基本的社会联系中的知识（＝意识形态）的功能的向心性必然地伴随着它”[14](pp. 45－46)。也就是说，通过这种接合保证了意识形态功能的实现。

拉克劳和墨菲在结构分析中对能动性和想象的研究不仅借鉴了福柯和拉康的话语理论，同时还抛弃了对阶级的分析。他们认为话语是充满无限表象的复杂的社会地形，实践存在于话语领域之中。“激进的偶然性”构成了所有话语的形式以及接合的实践，这样，社会作为话语之外的、对能动性的强制性力量，即是“一种对人类存在的比喻，它反映了对能动性和经验的真实基础的认识的缺失和匮乏”[4](p. 110)，因此也不具有任何对现实的解释权利，而都可以视之为接合的影响。拉克劳对“激进的偶然性”的强调也是出于一种政策策略：“一旦同一性被设想为复杂地阐明的集体意志，用诸如阶级、种族集团等等简单的名称来指称它们，并美其名曰暂时的稳定点，我们就收获很少。真正重要的任务是理解他们构造和解体的逻辑，以及它们在其中相互关联的空间的形式规定”。[12](p.49) 在这种“激进的偶然性”中，同一体就不存在任何稳定性，而是处于关系联结的不断变化之中，接合就形成一种对同一性进行分析的语境。而当实践成为一种存在于话语之中的活动之后，“作为阶级型构或阶级能动的主体的质询总是话语的影响而不是对具体社会现实的反映”[12](p.126)。这打破了阿尔都塞所赋予经济的不合逻辑的特权，反驳了认为能动性具有自发性的原则。

六、霍尔的“接合”理论

在身份认同问题上，拉克劳和墨菲继承了葛兰西思想——身份认同通过差异来定位，且必须被作为差异的话语构成、偶然性之间相互作用的象征秩序的资源来概念化。这种定位也是偶然的，并受制于结构的变形/重新配置。无论是能动性还是结构都没有被优先设定在意义的解释和发展上。可以说，意义的解释和发展实际上在接合实践中而部分确定地被概念化了。他们提倡将身份认同看做是多样的、非连续性的、碎片化的和分散的。身份认同和意义在权力的网络中得到了部分的确定，而“意识形态中的斗争是减弱用以固定身份认同的接合的束缚力的唯一途径。激进政治因此也从关注建构同一体的传统马克思主义转移到了围绕差异建构起团结的新的问题式”。[4](p.126) 而这一问题式也是霍尔在20世纪80年代中期开始关注的，并逐渐形成了他自己的“接合”理论。他在1985年的一次访谈中对此进行了详细的阐述：

> 我一直使用“接合”一词，但我并不知道我赋予它的意义是否为人完全了解。在英国，这概念有双重意义，因为“articulate”意指表述。说出、具体陈述，它承载着语一言（language-ing）、表达等意义。但我们也称呼一部“联结”货车；一部货车其车头（驾驶座）和后半部（拖车）可以——但毋需必然——相互联结起来。两部分彼此互相联结，但乃是透过一个特别的环扣，这环扣可以拆开。因此，一个联结（接合）乃是“可以”在一定条件下将两个不同原素形成一个统一体（unity，即同一体）的一种接合形式。这环扣并非永远都是必然的、被决定的、绝对的以及本质的。你必须问，在何种环境下联结可以被融铸出来。因此，所谓一个论述（discourse，即话语）的“统一”（unity）实际上是不同的、相异的原素之接合，这些原素可以用不同的方式重新接合，因为它们并无必然的“归属”（belongingness）。“统一”之所以重要，在于它是该接合的论述与社会势力间的一个环节，藉此，在一定的历史条件下，它们可以，但并非必须结合起来。因此，一种接合理论既是理解意识形态的原素如何在一定的历史条

件下，在某一论述之内统整起来的方式，同时也是一种诘问它们如何在特别的时机上，成为或不成为和一定政治主体接合的方式。让我用另一种方式来说吧：接合理论问的是一个意识形态如何发现其主体，而不是主体如何认定属于它的必然且不可避免的想法；它使我们去思考一个意识形态如何赋予人民力量，使他们开始对自己的历史情境有所意识或理解，而不会把这些“理解型式”化约为他们的社会经济或阶级位置，或是其社会地位。[15]

“接合”——“articulation”——的拉丁语形式为“articulus”，在索绪尔的语言学中意指清晰地言说，“可意指连续的音节的细分，也可暗示（言说）链分化为意义的单位”[16](p. 75)。在霍尔使用该词时更为强调的是它所表示出的前后部分之间的联结关系。霍尔所理解的“接合”有着几点限定。首先，一个联结（接合）必须要在一定的条件下，而这一条件就是接合存在的前提和语境。第二，“这环扣并非永远都是必然的、被决定的、绝对的以及本质的”。这实际上就是指“接合”并不是历史的必然结果或者说是被基础/本原所决定的，而是一定条件下的“偶然”的结合。第三，论述的“统一”是“不同的、相异的原素之接合，这些原素可以用不同的方式重新接合，因为它们并无必然的‘归属’(belongingness)”。这说明，“接合”起来的原素具有差异性，并且并非是因为某种决定性的原因而必然联结在一起的，可以在不同的条件下以不同方式任意重新联结。这就意味着一种文化形式或同一体可以在不同的时期和条件下打碎，然后再重新在一定的时期和条件下接合，形成一种新的结合过程。从文化政治的角度考虑，不同的因素既可以在社会主义条件下接合，形成符合社会主义结构和意识形态的同一体和身处其中的主体，也可以在资本主义条件下，重新接合形成一种新的文化形式。第四，“统一”联结起来的是“接合”成的论述和社会势力，两者在“接合”中产生一种关系。因此，接合理论具有两种目的，或者说两种施用的方式，一是对“意识形态的原素如何在一定的历史条件下，在某一论述之内统整起来的方式”的理解，二是对意识形态原素“如何在特别的时机上，成为或不成为和一定政治主体接合的方式”的诘问。这样，“接合”成为一种对意识形态进行介入的方式，借以询问主体在意识形态中的位置问题。

霍尔论述的“接合”受到拉克劳、墨菲的“接合”理论的影响，这主要来自于后者的《马克思主义中的政治和意识形态》一书，霍尔认为拉克劳和墨菲主要论点为“种种意识形态要素的政治涵义并无必然的归属，因此我们有必要思考不同的实践之间——在意识形态和社会势力之间、在意识形态内不同要素之间、在组成一项社会运动之不同的社会团体之间等等——偶然的、非必然的联结。他以接合概念同夹缠于马克思主义中的必然论和化约论逻辑决裂”。[15]拉克劳对于“接合”的普遍存在性、偶然的、非必然的强调也为霍尔所继承。霍尔也赞同通过“接合”来与马克思主义必然论和化约论的决裂，这也是霍尔一向致力的目标。其次，霍尔认为结构主义在历史中否定了主体的存在，这是无法接受的，而“论述的观点要求我们用一种非整体论的、非统一的方式再度提出并重新整合主观的向度。从这观点来看，我们不可忽视拉克劳和莫菲探讨政治主体建构极富潜能的著作，以及他们对政治的主体性源于统整的自我——它也是统整的说话者、确实的表述主体——这概念的解构。论述性的隐喻极其丰富且具有巨大的政治效果，譬如，它使文化理论家体认到，我们所称的‘自我’，是从差异中且经由差异建构出来的，而且仍是矛盾的，同样地，文化形式也类此方式，不曾全然封闭或‘缝合’”。[15] 再次，在《马克思主义中的政治和意识形态》一书中，拉克劳在话语中抛弃了先验的阶级的存在，这点也是霍尔所赞同的。

但霍尔所认识的“接合”与拉克劳和墨菲所论述的还是有所不同的。首先，霍尔认为拉克劳和墨菲在新作中，将“‘所有的’实践概念化为只是论述而已的一种持续之哲学的努力，而所有历史行动者的主体性皆由论述所建构；它只谈及位置性而不谈及社会实际位置，而且只注意能够把具体的个体召唤到不同的主体位置中的方式”[15]。这样实际上是将无主体的历史转换为由话语（论述）建构的主体，主体依然与社会相隔离，并且根据其主体一位置而存在，这一点是明显地继承了福柯的话语理论，霍尔认为这也就是认为“实践除其论述的面向外已一无所有”。这就是他与拉克劳的不同。拉克劳认为“世界、社会实践是语言；然而我却要说，社会‘如’——语言般运作。当语言之比喻是重新思考许多基本问题的最佳方式时，就会有一种从认识其效用和力量到认为它实际就是如此的滑移。一旦当人们采取第一种立场时，便有一种极为强劲的倾向，驱使他们从理论上去进行各种各样的逻辑推衍。也许在理论上他们比我更一致；按理说，一旦你已开启一扇门扉，那么穿越它并去看看世界从另一角度看来像什么是相当合理的。但我认为这往往造成它们自己的一种化约论。我会说彻底的论述主张是一种向上的化约论，而不是像经济主义那样是一种向下的化约论。情况似乎是这样的，在排拒一种粗糙的唯物主义时，X 如 Y 一般运作的比喻被化约成 X＝Y。这儿有着一个非常戏剧化的浓缩，它非常强烈地提醒我们理论的化约主义”。[15] 仅仅是一个字的不同，却在本质上有着区别。拉克劳认为世界、社会实践是语言，语言就成为世界与社会实践之决定，依然是一种化约论的还原主义。霍尔则认为，语言只是世界与社会实践的一种方式及效用，但并不能就此作为其本原出现。而“如语言一般运作”则并非是一种折中主义而是一种策略的选择，它放弃了在理论上的逻辑推衍和向本原化约的冲动，而保持在一种过程之中。其次，霍尔认为意义形态的/文化的/论述的实践是持续存在于物质关系之力量的决定界限。他回到马克思的自然观，但并没有还原到自然，而是认为“物质条件是一切历史实践之必要但非充分条件，当然，我们应思考以其限定的论述形式呈现的物质条件，而非视之为一种固定不易的绝对——我认为论述的主张常有丧失对其物质实践和历史条件参照的危险”。[15]霍尔部分地继承了马克思主义意义上的唯物主义，但强调了社会与文化对自然所起到的多元决定。第三，霍尔认为拉克劳和墨菲前后两本著作所体现的差异并不是因为理论抽象层次的不同，而是在高度哲学的层次上，以一种极严谨的概念性的方式在政治场合中制造物体，而忽略了其他决定层次的存在，尤其是历史构型的问题。而拉克劳认为对同一性的观点正体现了这一点。

事实上，“霍尔保留了作为一名马克思主义者对政治和文化分析上的历史特征的坚持。他对话语转向的展开仅限于激进的偶然性观念，这一观念在更为广阔的历史和政治叙事中落实了遇合和接合”。[4](p. 126) 因此有人认为“霍尔对该概念的使用中有着相当多的滑移”，并总结出了五种不同的意义：

1. 构成社会的“关系的集合”
2. 将意识形态转化为文化或将那些确定的意识形态结合起来的“话语的过程”
3. “制造”这个世界的概念的“社会力量”
4. 市民社会中的、抽取出意识形态的“多种自治的”部分
5. 政治话语的“不同的社会实践”或“范围”转化为“规则和统治”的运作。（伍德 1998：407）[4](p. 123)

正如霍尔所说，“我失去了渡口，但是我并没有随波漂流。身份认同不是固定的，但也不是随处都是的。而任务就是如何思考身份认同对我们具有重要意义这一事实，以及如何记录某一序列上的某些连续性，但我们从来不仅仅是我们是的那个”。[4](p. 127)

在文化研究中，“接合”概念作为一个关键词，同霸权概念一样，已经上升为一种理论和方法。从理论方面来讲，“接合”可以被理解为在描述一种社会形态的特征时为避免落入还原论和本质论的双重陷阱所采用的一种方法。从这个意义上讲，“接合”不啻为一种“理论转型”，使文化研究从一种传播模式（生产—文本—消费，编码—解码）转向一种语境理论[13](p. 36)。但是，接合也可以被理解为文化分析中所使用的一种方法：一方面，接合为理解文化研究所探讨的问题提供了方法论构架；另一方面，它为文化研究提供了一种将分析对象“语境化”（contextualizing）的方法。“……从认识论的层面来讲，接合是一种思维方式，把我们称之为对应、不对应以及矛盾的结构看做是建构我们所谓的同一性的要素；从政治的层面来讲，接合突显了蕴涵着统治与从属关系的权力结构和权力作用；从策略的层面来讲，接合提供了一种机制，可以形成一种特定的社会形态、社会遇合（conjuncture）或社会语境的介入”。[17](p. 33) 应该说，这种总结和概括较为准确和全面地把握了文化研究中“接合”理论的主要方面。

七、霍尔之后：文化研究所面临的挑战

从霍尔的“接合”理论我们可以看到文化研究对后现代做出的回应。但这并不能完全解决文化研究自身危机和来自外部的批判。以跨学科研究为显著特征的文化研究，虽然从一开始就力图避免陷入体制化的僵局，但随着研究的深入与扩大和越来越多的学者接受了文化研究的方法与理论，并用于文化实践，文化研究成为一种沿袭的、既成的定式，在自我突破上进入了一种循环论。同时，后现代状况不可避免地对文化研究形成了影响。麦克罗比就指出，“当关于后现代主义和现代性的讨论取代更为熟悉的关于意识形态与统治权的讨论时，文化研究已经彻底地变味了。文化研究采取了两种回应方式。一方面，它推动了重返经济还原分析形式；另一方面，它导致了对刺激消费不加批评的赞扬。”[18](p. 321) 对于文化中的经济因素的考虑重新提上研究日程，事实上，文化研究一开始对于经济的还原论就持有一种批判态度，此后的诸多努力也都致力于对此进行批判，但发展到后来，许多对于文化的文本分析被某些哲学观点所滥用，而忽略了这些实践中的社会因素，导致其脱离了其身处的生产和消费的物质条件，因此无法形成一种充分综合的模式，这也就是麦克罗比所称的“文本的陷阱”。她对于这两种回应方式都进行了毫无保留的批判，认为前者是向马克思主义经济化约论的回溯，而后者是更为彻底地脱离了马克思主义。因此她提出一种向“新葛兰西主义”回归的解决途径。她提倡“葛兰西派文化分析的延伸”，而“呼吁回到人种论的文化分析，这种文化分析把‘给（通俗文化）无生命对象注入生命的亲身体验’作为研究的对象。这样的研究将被置于再生产的背景之下”。简而言之，麦克罗比所做的正是霍尔在70年代晚期和80年代初期所做的事：即建议新葛兰西派的霸权理论在人类能动作用问题（“积极的体验”）和社会与经济结构问题(“再生产”)之间保持某种平衡。

如果说麦克罗比仍是在以霍加特、威廉斯、霍尔为传统的文化研究体系内进行批判与自我构建的话，来自 CCCS 之外的另一种力量则对此传统进行了更为彻底的批判，即以默克多、戈尔丁和麦奎根为代表的文化政治经济学。

我们在此仅就麦奎根的观点加以说明。麦奎根认为麦克罗比的论点有两个疏漏，一是源于其自身的文化民粹主义立场，二是由于她对詹姆森和哈维这些作者的作品的曲解，“他们的确重新阐述了经济和文化，但不是以她所认为的那种粗糙的简化主义或‘反映论’（reflectionist）的方式阐述的”[19](p. 469)。麦奎根认为，新葛兰西派的霸权主义虽然曾一度与经济生产结合起来，但是它与文化的政治经济从一开始就存在分歧，因此向新葛兰西主义的回归并不能解决文化研究中对文化的政治经济的忽略问题，而这也导致了一种对解释学模式情有独钟的民粹主义。麦奎根还认为霍尔成熟的理论即是一种新葛兰西主义。尽管霍

尔富有创造性地吸收了葛兰西《狱中札记》的思想并予以发展，但他“对一个问题或一组问题的探究，很可能导致对偏见、遗漏、忽视重要的决定因素、未完全考虑一切的批判。例如：‘为什么撒切尔主义如此受欢迎?’就是一个易受偏见批评的问题。当然，正是这类问题使得斯图亚特·霍尔在20世纪80年代名噪一时”。[19](p.469) 正是在此意义上，麦奎根称霍尔为“20世纪80年代文化民粹主义的最雄辩、最可信的代表”[19](p.469)。而文化研究从一开始对文化政治经济学的忽略，“迄今仍为该研究领域的最自残的特征之一。最重要的困难实际上在于把一种对经济简化主义的恐惧设为前提。结果，媒介机构的经济问题和消费者文化的主要经济动力很少被调查，简单地用括号括掉了，因而严重削弱了文化研究的解释与（效果上的）批判能力”[19](p.469)。麦奎根对此提出了解决方案，他认为必须在文化研究与文化政治经济之间进行对话。这实际上就是要求重新考虑基础与上层建筑之间的关系问题，从根本上而言，这也是对马克思主义的再理解和再生产，同时也是对文化的独立自主性提出再认识。

参考文献：

[1] Williams. keywords: A vocabulary of culture and society (Revised edition) [M]. New York: Oxford University Press, 1985.

[2] 特里·伊格尔顿．文化的观念 [M]．南京：南京大学出版社，2003.

[3] J.E. 艾略特．从语言到媒介：为挑战文化研究之文化理论所作的一个小小的辩护 [A] 新文学史（第一辑）[C]．北京：清华大学出版社，2001.

[4] Rojek. Stuart Hall [M]. Cambridge: Polity Press, 2003.

[5] 斯图亚特·霍尔．文化研究：两种范式（节译）[A]．罗钢，刘象愚．文化研究读本 [C]．北京：中国社会科学出版社，2000.

[6] 斯图亚特·霍尔．文化研究：两种范式（节译）[A]．陶东风，金元浦，高丙中．文化研究 [J]．天津：天津社会科学院出版社，2000(1).

[7] 特伦斯·霍克斯．结构主义和符号学 [M]．上海：上海译文出版社，1997.

[8] 托尼·贝内特．通俗文化与“葛兰西转向”[A]．奥利弗·博伊德—巴雷特，克里斯·纽博尔德．媒介研究的进路——经典文献读本[C]．北京：新华出版社，2004.

[9] Stuart Hall. “Encoding/decoding” [A] S. Hall, D. Dobson, A. Lowe and P. Willis. Culture, Media, Language [C]. London: Hutchinson, 1980.

[10] Stuart Hall. The Hard Road To Renewal: Thatcherism and the Crisis of the Left [M]. London: Verso, 1988.

[11] 马文通．西方文化研究中的微观干预和激进民主 [J]，读书，1996（9）．
[12] 朱迪斯·巴特勒，欧内斯特·拉克劳，斯拉沃热·齐泽克．偶然性、霸权和普遍性——关于左派的当代对话 [M]．江苏人民出版社，2004.
[13] Grossberg. Cultural Studies and/in New Worlds [J]. Critical Studies in Mass Communication，1993（10）．转引自萧俊明．新葛兰西派的理论贡献：接合理论 [J]．国外社会科学，2002（2）．
[14] 安东尼奥·葛兰西．狱中札记 [M]．北京：中国社会科学出版社，2000.
[15] 斯图亚特·霍尔．后现代主义、接合理论与文化研究，http://staffweb. ncnu. edu. tw/hdcheng/articles/，2009－2－14.
[16] 费尔迪·南德·索绪尔．索绪尔第三次普通语言学教程 [M]．上海：上海人民出版社，2002.
[17] 萧俊明．新葛兰西派的理论贡献：接合理论 [J]．国外社会科学，2002（2）．
[18] 约翰·斯道雷．文化理论与通俗文化导论（第二版）[M]．南京：南京大学出版社，2001.
[19] 吉姆·麦奎根．民粹主义与普通文化 [A]．奥利弗·博伊德一巴雷特，克里斯·纽博尔德．媒介研究的进路——经典文献读本 [C]．北京：新华出版社，2004.

内容摘要：

作为英国CCCS的第二任主任，斯图亚特·霍尔不仅对早期文化研究的成果进行了总结，并且开辟出新的领域，领导CCCS走向了一个高峰时期。从文化研究的发展来看，CCCS与霍尔理论的发展经过了一系列“转向”，从早期的文化主义到结构主义，再到“葛兰西转向”，继而是在拉克劳和墨菲影响之下的“话语转向”与“接合”理论，是一种由多种理论构成的，以某些问题为联结点，并综合运用多种方法于实践，看似无中心、实则有线索和脉络的理论集合。

关键词：

文化；文化主义；结构主义；“葛兰西转向”；“话语转向”；接合

From Culturalism to Discourse Turn

Stuart Hall and the Transformation of Paradigm in Cultural Studies

■ Chen Jing
(College of Literature, Nanjing University, Nanjing, Jiangsu 210093)

Abstract:

As the second director of the CCCS, Stuart Hall not only generalized the achievement of early culture studies, but also explored the new field and led the CCCS to a period of prosperity. Rethinking of the history of cultural studies, it will be found that CCCS and Hall's theory actually had evolved from a series of "turns" which began with the debate between culturalism and structuralism, then led into the "Gramsci Turn", followed by "Discourse Turn" and lastly presented with the theory of "articulation" by the influence of Laclau and Moffe. The process consists of many theories and links with several key questions, which seems like centerless but a theoretical collection that also applied many kinds of methods to practices.

Key Words:

culture; culturalism; structuralism; "Gramsci Turn"; "Discourse Turn"; articulation

论主体的生存空间

■童　强*

（南京大学　人文社会科学高级研究院　南京　210093）

本文主要讨论社会生产空间及其变化对人所产生的影响。人的生存所依赖的生产方式，畜牧、农耕到现代企业，始终在不断变化。在传统时代，生产场所主要是土地、农田，而在现代，则是工厂一类的高度组织化的场所。这一空间上的变化表明了社会组织生产方式上的转变：从个体的耕作转变为大规模组织化、功能化的生产。这一空间变化至少有两个方面的特点：一、生产空间从生活空间当中分离出来；二、生产（职位）空间主要是完成职位所规定的功能化操作所形成的空间。从理论上讲，最初的劳作空间是给定的，而现代的职位则成了一个不得不终生争取的目标。

现代生产不仅营造了一种专门化的职业空间，规定了基本操作，而且还塑造了适应自身体制的劳动者、操作者。这种劳动者的空间特征在于，他在出售自己的职位操作的同时，必然放弃自身对于个体空间的控制权。

职业（职位）空间在生存空间中具有核心的支配地位，它要比其他场所体现出更强的社会化、组织化特征；它在很大程度上决定着我们的生活空间，并以明确的“空间索引”的方式规划着我们的生活：劳作与消费；同时还深刻影响了我们的观念情感以及社会关系。

---

* 童强，男，1961年生于浙江绍兴，南京大学中国思想家研究中心副教授，博士。

本文是国家社会科学基金项目“空间哲学与现代社会”（06BZX073）阶段成果。

一、从农田到车间

人的生存空间粗略地可分为两部分，如果将居住、生活、休闲看成是消耗性、支出性的空间，那么与之对应的劳动场所就是生产性、收入性的空间。否则，生存空间就不能实现自给自足。传统时代，共同体是以共同占有土地与财产为基础，因此对于农耕的部族、家族而言，开垦的农田是整个部族世代相传的共同财产。在后来的以共同体为基础的传统社会中，均衡地分配给所有个体成员（农民）一定的生产性空间——土地，是法理、社会组织、土地政策无可置疑的基本起点。

土地是农民生存的空间起点，这一点在《孟子》中可以看得很清楚。《孟子·梁惠王上》中孟子说："五亩之宅，树之以桑，五十者可以衣帛矣。鸡豚狗彘之畜，无失其时，七十者可以食肉矣。百亩之田，勿夺其时，八口之家可以无饥矣。谨庠序之教，申之以孝悌之义，颁白者不负戴于道路矣。老者衣帛食肉，黎民不饥不寒，然而不王者，未之有也!"在使"黎民不饥不寒"的设想（也是社会得以维系的基本实践）中，孟子特别点明"五亩之宅"、"百亩之田"，这包含了人的生存所有的空间要素。"五亩之宅"是居住空间，即休养性、消耗性空间；"百亩之田"是劳作场所，生产性空间。在人的劳动与技术的共同作用下，两部分组合成一个家庭自给自足的空间，即有着基本衣食保障，并维持着道德秩序与精神生活的家园。事实上，中国传统社会早期总体上是土地公有，一夫一妻受田百亩，以维持家人的生活，按口授田的均田制也是土地公有。中唐以后，才以土地私有为主。①

当然，古代并不是在明确的天赋生存权利的意义上，给予农民土地的。分配土地，安排农民耕种，包含了权力集团征收赋税、维持国家运转的目的，正如《周礼·大司徒》中说："制天下之地征（税），以作民职，以令地贡，以敛财赋，以均齐天下之政。"但一般地说，赋税并不能看做是配授农民耕地的条件，因为，赋税是所有社会成员应尽的义务。因此，理论上讲，农民拥有耕种的土地是无条件的、天经地义的事情，而历代王朝的土地政策，也是以农民拥有耕地为前提，并且尽可能地使失去耕地的农民重新回到土地上。[1](p.2)这是农业社会组织起来的理论基础。对于国家而言，它的经济秩序关心的是，在一块有限的土地上尽可能养活最大数目的人口。因此，它急于把广大的农民安置在土地上，使他们不仅自己养活自己，而且还养活整个统治阶层和精神产品生产

① 中国土地制度颇为复杂。上古大体土地公有，统治者将土地配授给农民，汉代土地逐渐私有。自北魏、北齐、北周、隋至中唐约三百年，实行均田法，都是以土地国有为基础，使耕者有其田。唐德宗时，均田制废弃，实行土地私有，以后的时代都是以土地私有为主。参见赵冈、陈钟毅：《中国土地制度史》，新星出版社，2006年，第1—40页。

者。[2](p.114)只是后代土地普遍私有，由于土地继承和私人购买土地所有权、使用权的现象普遍起来，才掩盖了农民无条件拥有土地的起源。应该说，早期传统社会事实上已经认识到，人的生存必须拥有一定的空间，而且这种空间必须能够为其生存提供基本条件。因此，孟子讨论的不是要不要给予、如何给予农民这样一个空间，而是对于已经有这样空间的百姓而言，如何维持生存。

总之，传统的共同体时代，土地成为一切维系的根本。在"这个地方"，在家乡，在情感与人生的归宿地，共同体的成员很自然地就建立起与这片土地密切相关的各种情感、信念、社会关系和行为准则。每个共同体的成员有着共同的祖先与神灵，相同的价值取向，遵循着共同的习惯、风俗、礼仪和祭祀仪式，使用着同一种方言，都有着相同的空间经历和对风土人情的了解。尚未成年，他就已经看到了自己将来劳作的位置；成人之后，他很自然地就在那个位置上了。就像他的体力、情感一样，这个劳作的位置随同他，给予他，给予他在这个世界、这个社会上的一席之地。在这里，土地如果算是农民的"职位"的话，那么，这个职位是自然在那里的，并且就其身份而言，是预先给定的。尽管土地本身并不意味着直接可以生存，农民必须以劳动和技能收获粮食以维持生计，而且还得提供赋役，但这个工作场所无疑是仅仅以人（农民）自身的缘故就保持在他的生存空间当中，并与居住构成他的整个生存空间，其中并没有中介的干预。

但在进入市场经济的过程中，传统的生存空间发生了根本性的变化。当然，这一变化并不是从农业，而是从商业、手工业、家庭作坊式的劳动开始的。

波兰尼细致地描述了西方市场经济的形成史。他说，市场经济的生产过程本身是通过买与卖的形式来组织的。在重商社会中，生产由商人通过发包（putting out）的形式来组织。商业资本家向家庭手工业者提供原材料让他们生产，并且以纯粹的商业企业的方式来控制生产过程。这个时期，普遍的手工业生产明确地处在商人的组织领导之下。商人熟悉市场，了解市场需求的数量以及质量要求，并且能够保证原材料（如羊毛、染料等）的供应以及有些家庭手工业所需要的设备（如织机、梳毛机）等。在几个世纪里，这种生产方式的规模逐渐成长，最终在像英格兰这样的国家里，家庭手工业式的毛纺业成为国家的支柱产业，覆盖了广大的区域。在这里，以买卖为生的布商，并不真正关心生产，他只关心利润。波兰尼强调："在这里，商品的制造既不涉及互惠互助的态度，也不存在家庭作坊对需求满足的关切；既没有手艺人由其劳动创造而生的自豪感，更与公共赞誉所带来的满足感无关。所需要的仅仅是赤裸裸的获利动机，这种动机是以买卖为职业者最熟悉不过的。"[3](p.64)这种状态尽管已经包含了市场经济的因素，但总体上来说，它与传统的社会保持着更多的联系。如果从空间角度分析，那么，此时传统家庭的生存空间，包括居住与生产合而为一的空间并没有发生根本性的改变。波兰尼说："只要机器还只是一种既不昂贵

也不特殊的工具，这一状况就不会改变。”[3](p.64)

但是随着生产与技术的发展，传统的生产空间已经不能适应新的需要，必须把分散的生产空间从家庭的背景中抽出来，专门配置（设备、人员、原料）、组织（生产管理）构成一种特定的空间——工厂。这是完全不同于农业、家庭手工业生产方式的现代工业生产体系。波兰尼认为，正是“复杂精制的、因而是专门化的机器和工厂的发明”，改变了商人与生产之间的关系。复杂的机器以及建造工厂的巨大投资，包括建立一系列工厂的生产管理制度，使得工业的重要性超过了商业。他明确指出其中的变化：“工业生产不再是商人通过买卖形式组织起来的商业活动的附属品；现在它包含了长期投资以及相应的风险。除非生产的连续性得到合理的保证，否则，这样一种风险是难以承受的。”[3](p.65)

风险使得生产空间必须成为一种以自身的理性精心计算、设计、维护的空间。农耕的自然灾害风险是人们无法避免的。家庭手工作坊，投资不大，产量十分有限，风险比较小。可是，当生产是通过工厂模式，即以更专业化、更高效的机器来大批量生产产品时，随着投资增大，风险损失也随之增大。产品只有在能够前瞻性地看到它通过有效的促销手段保证售出的前景时，投资才是值得的。因此，大规模的生产，必然要求持续的大规模市场销售来降低自身的风险，维持自身的运转。

传统时代农民生产的主要目的在于自身的生存，而不是供应市场，而现代工业的生产则主要是供应市场，通过产品销售，竭力保证资本的“生存”。生产、劳作在资本追求最大利润的驱动下，已经不再是人的生存的一部分，而是分离为资本体制下一个特殊装置的功能运作过程。装置运行得好，它可以增大财富积累；运行得不好，资本甚至可以变卖装置本身。生产过程、生产空间显然已经完全功能化、职业化。简而言之，农民在田间干活是因为自己需要生存，而工厂的生产就其本性只是为了投资资本的安全和增值。

二、职位：空间与操作

生产空间的职业化体现在两个方面，一是生产空间分离开来，成为职业空间，二是生产场所的各种活动规定为一种“职业操作”。

一、分离的生产空间

当一个生产场所涌入许多机器、人员，并且需要特定的制度加以管理时，很自然地就会从整个生活空间中区别开来。这种分离是现代生产空间的基本特征。韦伯说，这种区分“从根本上把职务工作作为一个分离出来的领域同个人的生活范围分开，把职位上的财物同官员的私有财产分开”。[4](p.280)吉登斯也认为，这不是一个简单的空间划分，而是对人们活动的时空分区，是现代性的时空区域化的过程。[5](p.165)一个空间从背景中分离出来，意味着自身内部可以设立某种特殊的行为法则、作息时间表以及观念准则，总之，形成一种独立的职业空间。

职业空间的典型是科层制。韦伯对科层制（官僚制）的分析可以帮助我们理解职业空间的特点。专职人员，加上必要的设备以及文书档案，就构成了一个科层制的办公场所——办公室。韦伯认为，科层制像金字塔一样，有着明确的权威等级。最高权威处在最上层的位置，下达指令，协调各项决策。指令自上而下传达到基层，上级有权力与责任控制并监督下一级岗位的工作。组织机构的任务是作为“公务”分派给每个成员。每个级别、岗位都有成文的规章制度控制成员的行为。成员的日常职责、所具有的权力、强制手段以及调用物资等都有明确的规定。一般来说，所有成员都是全职，并定期拿到货币工资。韦伯特别强调，科层体制，不论是组织的运作，还是成员的行为，都超越了个人的色彩，完全受到理性的支配。他说：“官僚体制是‘理性’性质的：规则、目的、手段和‘求实的’非人格性控制着它的行为。”[4](p. 324)

生产空间与生活空间的分离意味着什么？对于个体或家庭而言，这种分离并不只是两者之间的距离变大了，形成了车间与宿舍两个区域，更为关键的是，生产空间有着新的组织形式和规则。它已经不再像生活空间那样，按照一般的生活法则加以运行，也不可能再像农民的耕作那样，基本处于个体的控制之下。正如韦伯、波兰尼所阐述的那样，重新组织起来的生产空间是特殊的空间，有着市场经济的法则和运行模式。

传统个体或家庭的生存空间是自给自足性的，既有生产性的空间，又有消耗性的空间。个体的生存不仅在经济上是均衡的，而且在空间上也是均衡的。但现代工业体制彻底取消了传统个体空间中耕地一类的劳作场所。就自给自足、能够保持某种生存独立性、整体性而言，个体的空间已经残缺，并彻底蜕变为单纯的消费性、支出性的空间。《击壤歌》中“日出而作，日入而息。凿井而饮，耕田而食。帝力于我何有哉”的那种自足性、自得性已经完全消失，个体的生存成为一个永久需要依赖于“他者”的过程。

重新组织起来的生产空间并不是零散地分布在个体的空间之中，而是以高度集中、组织化的工厂、功能服务机构的形式出现，各种复杂的功能系统衔接、耦合在一起，形成了现代社会庞大的功能服务体系。

功能系统（行政、金融、交通等）通过相应的组织机构（如各级政府机构、银行、公交公司以及运输公司等）的中介，将整个生产空间分解、转换为不同系列的“职位”（如工商管理科科长、储蓄所的柜员、公交公司的司机等）。人与功能系统之间，只能通过系统的“职位端口”与“消费/服务端口”实现连接。简单地说，人们只能通过城市提供的各种消费与服务端口得到相关的产品和服务，食物、自来水、电力、燃气、交通、电信、医疗、教育、娱乐等；另一方面，每个人又都必须争取获得职位端口，即通过在某个职位上的劳动获得工资，以支付自己所需要的产品与服务的费用。

“职位端口”取代了原先的劳作空间。传统的劳作场所是个体空间的重要组成部分，个体可以支配其中的每个劳动环节以及最终的产品。但现在这个劳作空间被取消了，取而代之的仅仅是集中管理、结构化、组织化的“职位”，而且，我们只能通过在这个职位上的劳动来获得生存，“职位”成了我们生存营养液的唯一输液管。如果说劳作空间是生存的核心、源泉的话，那么取消或者以端口装置替代这一空间，则意味着现代个体的生存已经变成无空间性的了。

更为关键的是，传统时代的劳作空间，理论上讲是现存地“在”我们的生存空间中，但现代职位却完全是隶属于外在的功能系统，它从没有“天然地”对接在我们的生存空间之中，更不用说构成生存空间的一部分了。它如今成为我们始终需要寻找、争取的位置，需要通过教育投资、职场履历等各种竞争的方式，才可能获得的输出自己劳务的端口。个体的生存演变成为端口化的交换过程。

二、职业操作

职业系统中的职位必然是结构化了的。如果经济活动本质上是格式塔的一部分，[6](p. 7)那么，每个职位实际上都从属于某个格式塔。这就是说，职业机构的功能目标、内部管理与协调、与其他团体之间的关系处理等各项任务，决定了组织内部的职位总数、每个职位的参数，相关物资的配备决定了职位的种类、职责、权利以及相互关系等。组织机构的所有任务，通过合理计算，分解或者如通常所说的那样“落实”到内部的每一个岗位上，转换成为每个“职位”上的工作量。

就职者在岗意味着按照预定的指标，完成各项任务，实现规定的功能。例如，一个公交司机在岗必须完成某条线路的正常公交运输任务，一个税务官员必须完成职责明确规定的工作，他们都像螺丝钉一样在整个机器系统中实现自己的功能。职位就是功能系统中实现特定功能的部件，职位最显著的特征就是功能性。因此，在功能层面上，可以定义：职位就是仅仅按照规定的要求，标准化、专业化地完成的一系列操作。这个操作我们称之为“职位操作”、“职业操作”。

“操作”在现代有着特殊的含义。自然科学领域中有所谓操作主义(operationalism)，即认为，科学概念是通过一定的操作程序引入的。只有通过特定的操作，相应的概念才有意义。长度的概念就是在测量长度的操作中确定的，概念就是一整套操作；反之，不能用一套操作加以说明的概念就不能当做工具来使用。尽管这一理论不免陷入某种困境，“但对科学认识论来说，仍然具有重要意义”。[7](p. 69)另一方面，人们还从这种定义的方式上看到了一种具有广泛社会影响的思想方式。布里奇曼（P. W. Bridgman）说："采用操作主义观点的意义远不止于对概念意义的理解，而是意味着我们整个思想习惯的深刻变化，意味着我们不再容许在思想概念里把我们不能用操作来充分说明的东西当做工具来使用。"马尔库塞认为，这种思想方式正在哲学、社会学领域中占据统治地位，那些不能用操作或行为加以说明的概念正在被排除，而现实已经完全吸收思想意识，思想不是另行表述的内容，而直接就是生产机构所生产的商品与服务，直接就是产品所代表的生活方式。[8](pp. 12-14) "职位"原本富含的意义正在消失，而只抽象、蒸馏为一系列可以计量的、可预先指定的、有显示度的操作。即使创造性的工作，诸如研究人员、教师的工作尚且都能够量化、测算、统计、评价，还有什么职位上的工作不能操作化，不能用操作加以定义呢？现代性的主要代表就是福特式的工厂，这种工作场所"使人类的活动变成简单、常规化和预先规定好了的，使得人们能够不加置疑、机械地行事，却不需要脑力的参与，同时使得所有的自发性和个体的主动性受到压制"。[9](p. 122) 令人怀疑的是，在这种操作环境中，人的内在的自发性、主动性如何充分发展起来。

在职业空间中，没有别的东西发生，只有一系列职业操作。操作，预先都有明确的规定，并与从业人员的个性无关。非人格化的机构倾向于将其职员非人格化。一般来说，职业化的官员，正如韦伯所说，"只不过是在一台机器上赋予专门化任务的一个环节"。最高上级推动机器，它就不停地运转，并为每个官员规定好了难以更改的行进路线。官员"首先被牢牢地锻造在所有被纳入这台机器的同僚们的利益共同体上，使它继续运作，并使按社会化方式实施的统治继续存在下去"。[4](p. 309) 如今，科层制实际上已经扩展为所有大型职业组织的运作模式，成熟的公司意味着能够把就职者改变为"无名无姓的管理人员和工人"。[10](p. 47) 这一点在专门职业（医药、法律、大学教育、建筑等）领域中颇为明显。默顿对此有过研究，他认为，专门职业只提供专业服务，而服务的范围都有明确的职业化的限定，从业者仅在他们有限的专业知识范围内提供服务。同时，他们的这种服务具有普遍性的标准，即对所有的当事人都意味着是同等的服务。[11](p. 140)

从"服从"行为的变化上，也可看出现代职业的非人格化特点。在组织机构中，下属成员都具有服从的义务。但是，现代与传统的组织形态中的"服从"有着不同的倾向。① 在中国传统社会，官僚体制中的职位，虽然是按照某种原则预先设定的，但职责内外的界限仍然比较模糊。相比韦伯的理论所描述的官僚制，古代官员的选拔，更具有个人的色彩，或者说，因人而异。无论是科举

① 韦伯说："服从应该意味着，服从者的行为基本上是这样进行的，即仿佛他为了执行命令，把命令的内容变为他的举止的准则，而且仅仅是由于形式上的服从关系，而不考虑自己对命令本身的价值或无价值有什么看法。"（参见［德］马克斯·韦伯：《经济与社会》上卷，林荣远译，商务印书馆 1997 年，第 240 页）

考试，还是高级官员选拔自己的掾属，[12](p.479) 更看重的是个人的背景与特征。士人一旦被选中，便会把中选视为专门针对自己的提携与赏赐，因此对上级怀有牢固的忠诚和感激。他不仅会在工作上保持效忠，会在各项事务中充分考虑上级的公私方面的利益，甚至在自己全部的生活领域中保持自己的忠诚。《礼记·杂记》记载，春秋时代，臣子要为以前的上级（如诸侯、大夫）服丧，这一传统甚至在汉末仍能看到。上下级关系超出了一般职位的限定。在古代，学生在老师家里做杂役几乎是天经地义的事情。总之，古代的服从关系往往超出机构事务的范围，不仅要求职责范围内的服从，而且由于某种人身依附的倾向，还会将职责以外的服从视为理所当然。

而在现代，“职务就是职业”，职业化要求“就任职务，包括在私人经济里，被视为承担一种特殊的忠于职守的义务，换取提供有保障的生活。对于现代的忠于职守的特殊性质来说，决定性的是，它在纯粹的类型中，并不……建立同一个人的关系，而是它报效于非个人的客观的目的”。[4](p.280) 换言之，就职者的工作并不是为了对上级个人负责，而是对组织系统负责；① 职位上所要求做的事情主要不是出于就职者个人内心的某种意愿或想法，而是出于这个职位的职业化要求。医生既要与病人保持一定距离，又要适度地关心病人，体现的就是一种“距离性关怀”（detached concern）的行为规范。因为“完全的承诺会变成一种自我失败（self-defeating）”，然而“没有距离感的职业同情是无效的；没有同情心的职业冷漠是残忍的”。[11](p.140) 家长受到传统习俗的影响，试图通过赠送礼物的形式使教师关注自己的孩子，但对于高度职业化的行业而言，它的职业规范必然要求教师不能忽略每一位学生。在一定程度上，餐厅服务员的微笑是职业化的，热情周到也只是其非人格化操作的一个环节，他/她本人的真实态度究竟如何，对于实际的服务而言并不重要，顾客也并不需要了解这一点。

理论上讲，职场要求就职者避免个性的操作，避免将个人的判断、态度、价值取向过多地带入工作中来。这样一来，在职位序列中，就职者多少只是无差别的填充而已。他作为一个完整的人却因为职位的要求而发生分离，一部分非人格化、功能性的操作被留在职位范围内，而另一部分更多地代表他个人意愿、个性、人格的行为则隔在职业范围之外。这种分离，在现代应该说正日益普遍。

三、主体：可售的操作

市场经济不仅创造了高度职业化、操作化的职位，而且还创造了能够满足

① 这种观念在古代同样有所体现。中国历代王朝中时有社稷大臣，他更强调自己的行为对于社稷天下负责，而不仅仅是对皇帝个人的效忠。当然，在传统社会，这种观念不可能普遍化。而在现代职场上，紧紧跟随个人的做法仍然流行。

职位空间、职位操作要求的劳动者。主体是语言、政治和文化建构的结果，同时也是空间建构的结果，显然，市场体制正是通过一种生产空间的设计来实现它对主体性的建构。

市场经济体系为了降低或克服自身的风险，不得不将自身吞吐的所有东西商品化，不仅把生产出来的产品作为商品在市场上出售，而且也将工业生产要素，劳动力、土地和货币变成商品。“工业的每一种要素都被认为是为了销售而生产出来的，惟其如此，它们才成为与价格相互影响的供求机制的操控对象。从实践来讲，这意味着必然存在每一种工业要素的市场；在这些市场中，每种要素都被组织成一个供给组和一个需求组；每一种要素都有一个与供求状况相互影响的价格。这些无数的市场相互衔接，形成一个总市场（One Big Market）”。[3](p. 62) 总市场就是市场体系在空间上的设计。

在这个大市场中，失去了自身生产空间的个体只有将自身转换成为一种可以出售的劳动力的形式卖出，才能生存。劳动力或劳动能力，按照马克思的说法，就是“一个人的身体即活的人体中存在的、每当他生产某种使用价值时就运用的体力和智力的总和”。[13](p. 195) 使劳动力成为商品，具有两个条件：一是劳动者有劳动力；二是他一无所有，只有出卖自己的劳动力。关于第一点，马克思说：

> 劳动力只有而且只是因为被它自己的占有者即有劳动力的人当做商品出售或出卖，才能作为商品出现在市场上。劳动力占有者要把劳动当做商品出卖，他就必须能够支配它，从而必须是自己的劳动能力、自己人身的自由所有者。劳动力占有者和货币占有者在市场上相遇，彼此作为身份平等的商品占有者发生关系，所不同的只是一个是买者，一个是卖者，因此双方是在法律上平等的人。这种关系要保持下去，劳动力所有者就必须始终把劳动力只出卖一定时间，因为他要是把劳动力一下子全部卖光，他就出卖了自己，就从自由人转化为奴隶，从商品占有者转化为商品。他作为人，必须总是把自己的劳动力当做自己的财产，从而当做自己的商品。而要做到这一点，他必须始终让买者只是在一定期限内暂时支配他的劳动力，消费他的劳动力，就是，他在让渡自己的劳动力时不放弃自己对它的所有权。[13](pp. 195—196)

第二个基本条件，即工人因工资而失去对其生产的产品的所有权，用马克思的原话就是：“劳动力占有者没有可能出卖有自己的劳动对象化在其中的商品，而不得不把只存在于他的活的身体中的劳动力本身当做商品出卖。”[13](p. 196) 货币工资在今天看起来十分自然的事情，但在现代化的转变过程中，却是一场制度革命。早期的农业和手工业人口都占有或部分地占有自己的产品，

但现代工业却以工资形式完全剥夺了工人对自己生产的产品的所有权。[14](pp. 29－30)

市场经济追求利润的动机使得它将劳动力、土地和货币完全当做商品，但波兰尼认为，这些商品只是虚构形象。如果商品是为了在市场上出售而生产的东西，那么基于这样的定义，“劳动力、土地和货币显然都不是商品。”劳动力仅仅是人类活动的另外一个名称，就其本身而言，它并不是为了出售才存在的，而且它本身并不能从人的整体生活中分离出来被转移或储存。土地是自然的另一个名称，并非人类的创造。货币是购买力的象征，一般而言，它并不是生产出来的，而是由银行或者国家金融机制形成的。所以这三者都不是为了出售而生产出来的，这样说来，“劳动力、土地和货币的商品形象完全是虚构的。然而，正是在这种虚构的帮助下，关于劳动力、土地和货币的实际市场才得以组织起来；实在地在市场上被购买和出售”。[3](p. 63) 卡尔·波兰尼指出了现代工业的大转型所造成的“劳动者与其生活手段的分离”，即生产和交换从一种普遍、基本的生活方式中脱离出来，劳动力（连同土地和货币）由此被看做纯粹的商品，并被像商品一样地对待的过程。鲍曼说：“正是这一新的分离使劳动能力得以自由流动，投之于不同的用途（也是更佳的用途），重新组合，成为其他结构（也是更佳的结构）的组成部分。这便使得体力和脑力的运用凝结为一种独立的现象——一种可以像所有东西一样加以处理的东西，包括运用、移动以及与其他东西结合或分开。”[9](p. 5)

劳动力完全被当做商品，必将导致难以想象的后果。波兰尼认为，“如果允许市场机制成为人的命运、人的自然环境，乃至他的购买力的数量和用途的唯一主宰，那么它就会导致社会的毁灭。因为劳动力这种所谓的商品不能被推来搡去，不能被不加区分地加以使用，甚至不能被弃置不用，否则就影响到作为这种特殊商品载体的人类个体的生活。市场体系在处置一个人的劳动力时，也同时在处置附在这个标识上的生理层面、心理层面和道德层面的实体人。如若被剥夺了文化制度的保护层，人类成员就会在由此而来的社会暴露中消亡；他们将死于邪恶、堕落、犯罪和饥荒所造成的社会混乱（dislocation）”。[3](p. 63) 波兰尼期望看到的是人在作为劳动力的同时，市场体系仍能保全一个完整意义上的人。不过，这种保全能否是实质性的，确实很难断言。分离已经发生，在波兰尼试图指出劳动力只是虚构的商品形象中，可以看到，劳动者确实已经出售了自己的什么，否则他不会得到工资。事实上，在作为个体生存空间组成部分的劳作场所丧失之后，人就无法在一种与地方性、当地性的空间保持全面联系的意义上保全人的完整性了。

就职者工作时，他确实因为持续地按照某种规定做了一些什么而得到了薪金，那么，即使我们无法从人那里真正抽象出那个叫做“劳动力”的商品，但至少在某种行动的层面上、人与他者之间交互作用的意义上，可以定义他出售了自己的什么。操作主义再次有了用处。按照上文尝试所做的界定，就理想形态而言，职位不是别的什么，仅仅就是一系列非个性化、非人格化的"操作"，那么，劳动者出售的正是自己的操作，更准确地说，是作用在操作对象上的已经完成的操作。

在现代企业将"职位操作"抽象出来，加以规定、计量，标定工资额度的同时，对应着的正是"职位操作"的可能完成者，将自身天生自然的日常行为、普通的能力（如微笑、使用刀具）加以形式化的培训，使之成为符合某种规范的操作能力（迎宾、使用手术刀），并且以培训证、上岗证、资质证书的形式予以认可。微笑的姿态、使用手术刀的能力，当然还是保留在就职者身上，但一旦进入职位空间，它们就以操作的形式，作用在一定的对象上，从而得到分离与计量。就像地上的一个物体通过搬运操作，现在放在了桌子上一样，所有的来客看到了微笑，病人身上的手术完成了，操作购买者是为此操作而付款。

"职位操作"，通过作用在特定的对象上，于是从劳动者身上分离、抽象出来，成为某种可以计量的、标价、搬运、成批打包出售的商品。这一分离、抽象的过程，是以职位的预先设定为前提。也就是说，劳动力事实上只能按照职位的特性、规定的操作，裁剪、拼装、界定自己。只有当一个 IT 职位空出时，应聘者中拥有相关知识技能、能够完成相关操作的人，才有可能将自己符合要求的操作，通过作用对象分离出来，成为可以出售的商品。在失业率居高不下而没有 IT 职位空出时，他有可能需要按照搬运工或者保安的操作形式塑造自己。没有就职时，所有的"操作"实际上只能以潜在的形式存在，他无法确定自己可售的部分，尤其在今天，这种可售部分的界定越来越是职位提供者说了算的时候更是如此。在未售出时，他无法真正将自己可售部分抽取出来，他甚至都无法确定自己到底属于哪种劳动力、操作者：会开车的大学教授可以去做出租车司机（如列斐伏尔）；大学毕业生（"降低姿态"）去做保安。事实上，在不能分离自己的操作或劳动力时，我们就失去了生存的能力。这意味着，那部分等待被认购的操作是如此的重要，以至于当它需要被成批打包、运输、销售时，我们作为完整的人全然不得不随同那个分离的部分而一起被打包、销售。

四、主体关系：空间索引与操作关系

职业岗位不仅预设有专业化、职业化的操作，有着一定的薪水标准，而且必然是空间化的，有着明确分布的空间。芒福德说："在城市中，人们首次可以在一种局部的职业中渡过整个一生。劳动者变成了复杂的社会机器上的一个可以任意取代的部件，固定于同一位置，重复同一活动，终生被束缚在同一个地点。"[15](p. 110) 埃利亚斯也认为，大街上流动的人群实际上每个人"都归属于某个确定的位置"[16](p. 15)。这个位置不是比喻的说法，而是一个现实的空间位置。它有可能是在办公室里、柜台前，也可能是流动的位置，如公交司机的岗位就在他的驾驶室，尽管公交车不停地行驶在公路上，但岗位所带给司机的空间事实上是相当固定的。一个产品推销员的职位就是能够或预期能够推销掉产品的地方。甚至“黄牛”、“医托”也有近乎职业化的“岗位”，他们总是出现在火车站附近那些既有众多的购票者又能避开警察追踪的区域，总是出现在大医院附近公交车站边等那些特殊的地点上。正因此，职位不仅定义了自身的操作，而且还指定了不可随意更改的工作地点和空间。这个空间区域可以称之为“职位空间”，它具有如下特征：

首先，职位时空对个体生存时空的支配。

个体一旦接受这个职位，必然亲历这个职位所规定的空间。工作地点事实上成了个体空间的地理中心，它在很大程度上决定了就职者在哪座城市居住，在哪个城区居住。在同等情况下，住宅总会尽可能靠近工作地点。他的活动范围就是以工作地点为圆心，以限定的时间内交通工具所达到的半径形成的圆。

空间总是与时间因素相配合，形成一个工作的时空分区。工作时间因此成为个体全部日程安排的基准。在工作日的循环中，工作时间总是优先确定，个体无从更改，甚至无法拒绝。一旦就职，在岗人员理论上讲就只能接受职位所规定的工作时间，医生值夜班，公交司机的首发班车，都是职位规定的无可选择的时间。工作时间段确定之后，员工才可能据此安排其他的日程，上夜班的员工只能白天休息。总之，职位的时间与空间，完全处于支配地位，充分决定了个体日常生活的时空安排、生活节奏。

在工作空间与时间所限定的区域中，任职者必须“在场”。尽管可以实行弹性工作制，减少工作时间，甚至还可以实行“在家办公”等，但这些变化形式并没有真正改变职位时空所具有的支配地位以及中心的意义。个体总是被重新带回到这个原点，这个日复一日需要重新开始的限定时空中。

劳动者在出售他的劳动力时，只是在一定的时间限度内（工作时间）让渡自己劳动力的控制权，如职位通常规定的八小时的工作时间。但必须指出的是，员工实际上也不得不同时转让自身个体所在空间的控制权。职位是一个时空分区，因此，“职位操作”的出售实际上包含了身体时间与空间上的让渡。

这就是说，劳动者出售的劳动力或“操作”无法摆脱现实的身体、现实的空间而存在，他在将自己的“操作”打包出售时，不可能仍把自己的身体停留在自己想停留的地方。在现场“操作”时，身体以及身体所经验的整个空间也同时出售了。也就是说，当雇主购买了员工的“操作”时，实际上也购买了他的身体以及身体所经验的整个空间。但是，从来没有人为此付款，而且似乎谁也没有意识到其中存在这种交易，但这确实是由劳动者自己控制、但已经多少失去控制权的交付。与传统时代比较，不难发现，这是所有雇主因为现代观念而得到无偿馈赠。雇主似乎仅仅只购买我们的“操作”，但实际却得到了更多的东西，或者说更多地控制了我们。看似可以分离的操作，又因无法与身体所在的时间与空间相分离而放弃了个体空间的自主性。虚假的分离为进一步深刻的空间控制提供了基础。

其次，职位空间对社会关系的影响。

由于高度的分工，现代社会的“有机团结”得到加强，人们更迫切地需要依靠他人，而且接触机会（共同在场）增多，人们可以借此建立起许多社会联络、社会关系，但同时，这种团结又遇到某些阻碍，人之间的关系变得淡漠起来。

“有机团结”是涂尔干提出的概念，他认为现代的劳动分工产生一种新的合作形式，即有机团结。而传统社会，分工的程度较低，是以“机械团结”为基础。在传统社会中，法律本质上是镇压性的。个体如果违背集体的约定，触犯集体所拥有的共同意识、共同信念，就是犯罪，必须予以惩罚以确保法律的尊严。[17](pp. 42－43) 而现代社会的恢复性制裁法规并不包含共同意识，它所确定的关系并不是无所区分地针对任何人，而是针对“特定社会要素之间的关系”。因此，违法行为被认为仅仅损害了行动的一个特殊领域，而不涉及群体的共同信念。因此，惩罚的作用仅仅在于重建原有的关系。社会通过代表它的特别中介机构介入这些法律事务。这种关系明显不同于压制法所规定的关系，后者不需要中介，它直接将个人意识维系于社会意识，将个人归属于社会。[17](pp. 76－77) 压制性法律维护的是共同意识，因此，它的凝聚并不是来源于个体自身内在的需求；而恢复性法律维持的是社会意识，维护的是社会的正常运转，因此，它的凝聚更多的来源于个体自身对社会的认同。这样，现代社会的分工形成了一种新的合作形式：从产品方面来说，它很少是由个体独立完成的，而是依赖许多人的分工协作才能得以完成；从生活方面来说，已经没有人能够做到自给自足。现代生活中人们相互依赖的程度大大增加了。

不过，传统时代同样有着“依赖”。《孟子·滕文公上》中就有一段描写乡民彼此熟悉、相互扶助的令人向往的场景：“死（丧葬）徙（搬家）无出乡，乡田同井，出入相友，守望相助，疾病相扶持，则百姓亲睦。”乡民有需要丧葬或者搬家之类的需求时，根本无须到外乡寻求帮助，一切都在乡里解决了。我们不能否认这其中没有那种彼此都强烈感受到的依赖。吉登斯提过西方 18、19 世纪地方社区或乡村接生的例子。乡村妇女分娩时，根本不可能想象在村外求得帮助，总是由当地妇女来帮忙，其中会有一位在助产方面富有经验的妇女。[18](p. 437) 在这种依赖中，人与人之间是面对面、直接的请求与帮助的关系，其中并没有什么中介。帮助只是人们基于共同的信仰、意识、情感以及习俗而保持着的多重关系之中的一种行为。一方面来说，请求和帮助的行动都不是个体采取的完全个性化的行为，而是按照传统习俗、共同意识所赞许的方式而采取的做法；另一方面来说，就请求以及给予帮助本身而言，是否重大其实并不重要，关键在于它在与共同意识密切相关的意义上关系重大。《论语·公冶长》记载："子曰：'孰谓微生高直？或乞醯焉，乞诸其邻而与之。'"有人向微生高讨一点醋，不巧，他家中正好没有，但他却没有直说"没醋"，而是从邻居那里讨了一点再给来人。在这里，无条件给予是符合共同体准则的行为，在微生高无法直接向邻人证明他家中确实没有醋时（证有容易证无难），他宁可向其他邻居借讨后再给予，也不愿陈述无法证明的事实而使人怀疑他对共同体准则有所违背。正是这种相关性，所有在习俗中表述的、话语化的行动都不是简单的行动，即使邻里之间借讨一点酱油、醋的行为也关系到他们在共同体中的名声与地位。

但这种关系模式却发生了根本性的改变。现代社会是在庞大的职业系统（功能系统）内部来实现"操作"（即产品与服务）的供应与需求之间的交换。人们为服务系统提供产品与服务，获得工资，又从服务系统中购买自己所需要的产品与服务。在职业系统中，产品与服务的供求只能通过职业化、模式化、端口化的方式得以满足。女性的分娩不再需要与自己保持各种直接社会关系的助产妇女们的帮助，所有的助产妇女都被职业化到医院妇产医生的职位上，并且实行标准的职位操作。这种端口化的交往不可能包含共同体时代所具有的共同意识等复杂内容，它化约为一种功能性的、非人格化的关系。

产妇生产的手术除了经济上交易的保证之外，理论上讲，无须额外地获得求助方或帮助方其他方面的允诺。当然，现实生活中，医疗求助者仍然不断地想用"礼品"的形式获得某种更可依赖、更可保障的承诺，这实际上反映出目前的功能服务系统尚未完全功能化、职业化，或者说，传统的共同体意识尚未完全退出历史舞台。我们正处在共同体向现代性转变的过程之中。在完全转变的现代社会中，手术的行为从整个的社会共同意识中抽取出来，成为一种主要由功能系统职位规定的应有的操作，标准化、非人格的操作。因此，原则上来说，医生所采取的并非是针对手术对象具体个人的一个行动，而是针对任何有着同样情况的对象都将实施的标准化操作。医生并不需要在真正意义上知道她是谁，但出于职业道德、职业规范，特别是行业技术要求，他/她必然会对产妇负责。这种责任并非出于共同体意识，而是出于社会意识、社会所塑造的对该职业的期待与要求。这样，有所需求的产妇与提供帮助的医生之间的关系性质发生了变化，他们既不需要一个共同的背景，也不需要彼此直接的社会关系，即，他们彼此之间是否认识、是否是熟人关系全然不会影响到整个医疗过程。他们全都将自己相关的部分抽象出来在职位空间中实行某种交换。所谓"抽象"意味着他们只是将自己能够功能化的部分提取出来，而不再需要、至少在纯粹交换的层面上不再需要他们作为整体的人进行交往、交流，只需要功能人面对功能人。

面对功能化的系统，任何组织与个体都不主张也无法实现任何形式的整体

"交付"。西美尔说，在小城镇，人们彼此熟悉，几乎认识他所遇到的每一个人，而且关系积极。但在大城市，如果对所有短暂接触的人都像小城镇的人那样作出内心反应，那他简直就要精神分裂了。[19](p. 267) 路易斯·沃尔斯（Louis Wirth）也认为，共同体中居民数量超过几百人，成员间彼此熟识的可能性必然减小。他说："通常情况下，都市人是在高度分化的角色中交往。与农村人相比，他们自然要依靠更多的人满足生活的需要。因此，他们与大量的组织化群体相联系。但他们极少依赖于特定的人，他们对他人的依赖限于高度分化的活动方面。其实质意义是，城市生活的特点在于次级关系而不是初级关系。城市人之间的接触可能的确是面对面的，但不过是非人格化的、肤浅的、短暂的，因而也是部分的。"[20](p. 10) 所谓"高度分化的角色"、"高度分化的活动"，大体近似于职业化角色、职位所具有的功能性操作。实际上，职业空间除了功能化的服务外，它如何能够全面地、非功能地服务每个人？而此时，个体又怎能体验到已经完全体制化的系统能够提供的"人性化"的关怀？传统与操作化"关照"的区别在于，孤寡老人原先获得的是邻里之间在相处多年、并且还将相处下去的关系下提供的关照，而功能化的关照则可能是敬老院式的照看或者是社区提供的护理人员的上门服务。

现代社会中的个体确实是增强了相互之间的合作与依赖，但这种联系却是通过职业化的功能系统的中介实现的。没有功能系统，我们甚至彼此都无法形成短暂的接触（如与检票口检票员的接触）；而有了功能系统，我们彼此又无须接触。（通过检票口时，我与检票员是一种接触吗？）传统时代那种将共同体成员维系在统一的意识、共有的空间、亲近的血缘关系之下而形成的直接、全面的社会关系大大减弱了。

现代生活中，如果缺乏职业系统的中介作用，那么无论产妇，还是医生都很难直接联系上对方。这就像"物物交换"，想要用一头牛换四只羊的人并不能很快地找到合适的交换对象，货币通过"半交易"解决了其中的问题。① 同样，庞大的职业体系则以一种有序的组织形态，为产品与服务的供与求提供了检索。它既是社会需求与满足的功能索引，同时又是相对稳定的空间分布所形成的**空间索引**。具有医生资质的人借助索引寻找到对口的功能化、专业化的空间（医疗机构），并且找到自己的职位；而求助者则根据空间索引，找到相应服务的输出端口——医院，并且是完全对口的科室。服务的输出端口实际上储存了一定量的"操作"，等待出售，而医疗求助者经过功能分检（诊断）最终从相应的端

---

① 货币可以使交易双方从物物交换的双重巧合中解脱出来。甲向乙提供劳务，获得乙支付的货币作为报酬，并向丙购买商品。事实上，丙向甲提供的商品，是乙支付甲提供劳务所获得的报酬。货币充当媒介的一次交易只是半交易，即甲和乙只完成了物物交换的一半，甲和丙完成了另一半。半交易能够得以实现，在于众人认可货币的信用，即它是由政府出面担保的由一人向另一人提供的付款保证。（参见［美］詹姆斯·S. 科尔曼《社会理论的基础》，邓方译，社会科学文献出版社，1999 年，第 139—145 页）

口购买所需的操作。事实上，庞大的职业空间中的所有交换都必须功能化才可能进行。求职者将自身的劳动力功能化、操作化才可能被购买，而顾客只有将自己的需求或问题功能化才可能得到相应的产品或服务。尽管社会职业系统发展很快，但人的贫困因其在根本上无法转化为功能性的问题，而始终难以“解决”，但产妇分娩却是完全可以功能化操作解决的问题，而且一旦出现其他并发症，还可以扩展利用其他的功能操作。

空间索引所指引的完全是高度功能化、专业化的特定区域，这可以从分娩的地方看出来。传统社会，“妇女们基本上是在他们居住的地方生孩子，而且人们相当重视他们的出生的确切地点，如在当地社区或村子里，在这所房子或那所房子里，在这个房间或那个房间里。通常，分娩是在母亲家里主要的或者公共的房间里进行”。“然而，今天最为普遍的生孩子的做法是去医院，而且随着这种变化又带来其他重要的变化。我们中已经没有几个人会对出生的地点产生一种情感上的联系。那个地方现在是一个大的没有人情味的医院。……出生过程本身是由医院里的专业人员，即医生、护士和其他医务人员来控制和监督的”。[18](p. 437) 功能系统的中介特征深刻地反映在空间上。医院宽敞明亮、设备先进但缺乏人情味，它作为功能区域更多体现的是医患之间功能化操作上的联系，而不像家中屋子，是一种将各种生活内容、背景、情感都包容在一起的空间。

现代分工一方面使人们的生活有了基本的功能保障，相互之间的联系、依赖增大了，但另一方面，这种联系又被职业系统的空间和法则平面化、抽象化，成为只有在专业化、功能化区域内部处理的技术性、例行性的工作。个人内在层次上的交往不免受到抑制，无法充分发展起来。人之间情感的、内在性、整体性的联系很难在职业空间内部成为正式而有效的交往，它们被划到系统的外围并利用其他方式建立起来。

概括起来，本文提出了如下主要观点：

第一，现代职业规定了每个职位的时空区域内一系列非人格化的功能操作，它所形成的“空间索引”规定着我们的劳动与消费只能以一种片面的、功能化的方式出现。

第二，传统时代，劳作空间在理论上是“天生”给予的，那意思是，给你一个可以劳动的场所，你在养活一家人的同时，承担赋税的义务；但现代社会，传统模式的劳作空间已经从个体的生存空间中删除，个体必须通过日益激烈的竞争获得出售自己职业操作的输出端口，才可能生存。生存此时转变为个体与服务系统之间功能性的交换。

第三，在出售我们的职位操作时，实际上把我们所拥有的个体空间也一并出售了。

参考文献：

[1] 杜佑．通典（卷一、二）[M]．北京：中华书局，1988.

[2] 马克斯·韦伯．资本主义与农业社会 [A]．甘阳编．民族国家与经济政策 [C]．北京：三联书店，1997.

[3] 卡尔·波兰尼．大转型：我们时代的政治与经济起源 [M]．冯钢、刘阳译．杭州：浙江人民出版社，2007.

[4] 马克斯·韦伯．经济与社会（下卷）[M]．林荣远译．北京：商务印书馆，1997.

[5] 安东尼·吉登斯．时间与社会组织 [A]．吉登斯．社会理论与现代社会学 [C]．文军、赵勇译．北京：社会科学文献出版社，2003.

[6] 大卫·雷斯曼．保守资本主义 [M]．吴敏译．北京：社会科学文献出版社，2003.

[7] 汉斯·波塞尔．科学：什么是科学 [M]．上海：上海三联书店，2002.

[8] 马尔库塞．单向度的人 [M]．刘继译．上海：上海译文出版社，2006 年.

[9] 齐格蒙特·鲍曼．个体化社会 [M]．范祥涛译．上海：上海三联书店，2002.

[10] 艾尔伯特·鲍尔格曼．跨越后现代的分界线 [M]．孟庆时译．北京：商务印书馆，2003.

[11] 罗伯特·K．默顿．社会研究与社会政策 [M]．林聚任等译．北京：三联书店，2001.

[12] 顾炎武．日知录（卷八）[M]．上海：上海古籍出版社，2006.

[13] 马克思．资本论（第一卷）[M]．中央编译局译．北京：人民出版社，2004.

[14] 钟独安．全球化时代的权力与生存 [M]．涂珏等译．北京：华夏出版社，2003.

[15] 刘易斯·芒福德．城市发展史——起源、演变和前景 [M]．宋俊岭、倪文彦译．北京：中国建筑工业出版社，2005.

[16] 诺贝特·埃利亚斯．个体的社会 [M]．翟三江、陆兴华译．南京：译林出版社，2003.

[17] 涂尔干．社会分工论 [M]．渠东译．北京：三联书店，2000 年.

[18] 安东尼·吉登斯．社会学 [M]．赵旭东等译．北京：北京大学出版社，2003.

[19] 西美尔．大城市与精神生活 [A]．桥与门 [M]．涯鸿等译．上海：上海三联书店，1991.

[20] 路易斯·沃尔斯．作为一种生活方式的都市生活 [A]．赵宝海、魏霞

译，孙逊、杨剑龙主编．阅读城市：作为一种生活方式的都市生活［C］．上海：上海三联书店，2006.

内容摘要：

传统时代的生产空间主要在耕地上，而现代社会则集中在诸如工厂一类的职业化场所。这一空间上的变化使得职业空间与生活空间分离开来，同时，使得人们具有丰富意义的生产活动转变成为一种功能化、非人格化的"职业操作"。市场经济不仅创造了高度职业化、操作化的职位，而且还创造了能够满足职位操作要求的劳动者。劳动者通过自身劳动力的商品化，即出售自己的职业操作，获得生存所需要的工资。生存此时不再具有耕地所保证的空间，而是成为一种与庞大的社会服务系统、市场体系之间的交换过程。

关键词：

职位；空间；操作；主体性

On the Existent Space of Subject

Tong Qiang

(Center for the Studies of Chinese Thinkers, Nanjing University, Nanjing 210093)

Abstract:

The production space in traditional time mostly referred to cultivated land, but in modern sociality that referred to professional place such as factory and so on. This spatial transformation not only embodied the separation of working space and living space, but also included the change that the existence activities with plentiful meaning merely became a professional operation with functional and non-personalized characters. The system of the market economy created professional and operational positions; meanwhile it brought out many laborers who can satisfy the demand of the positions. Laborers sold their professional operations to obtain the wage for their survival, which means that labor power had become commercialized one. Now our existence no longer possessed the space on cultivated land, but became the exchange process between the laborers and the gigantic system of the social service as well as the free market.

Key Words:

occupation; space; operation; subjectivity

谁是悲剧英雄?

——《安提戈涅》的三种经典解读

■ 肖　琼*

（南京大学　文学院　南京　210093）

《安提戈涅》① 是古希腊悲剧家索福克勒斯的作品，故事的梗概大致如下：底比斯王俄狄浦斯得知自已弑父娶母，罪孽深重，因此去位，并客死他乡，留下二子二女。二子为争夺王位，刀兵相见。一子波吕涅克斯率岳父城邦的军队攻打底比斯，另一子厄特俄科勒斯率底比斯军抵抗，两人都战死沙场。克瑞翁，俄狄浦斯王之母/妻的弟弟，继任底比斯城邦的王位。为惩罚叛徒，克瑞翁下令不许安葬波吕涅克斯，违者处死。俄狄浦斯之女安提戈涅挑战克瑞翁的法律，认为哥哥即使是叛徒，也应当得到安葬，因为人死了入土为安是天神制定的永恒不变的不成文法。克瑞翁按照法律判处安提戈涅死刑——将她关进墓室，让其自然死亡。安提戈涅的未婚夫、克瑞翁之子海蒙为了爱情而自杀，并导致其母即克瑞翁的妻子自杀。克瑞翁陷于极度的痛苦。对于这部戏剧所表现的集中冲突性使得后代很多理论家纷纷将其作为阐释对象，我在这里只提三种不同的经典式的解读方式，以对比三个理论家在不同的文化背景和理论背景中对作品作出的不同阐释，不仅丰富了安提戈涅的形象意义，同时在方法论意义上也为我们提供了方法借鉴。

* 肖琼，女，汉族，1972年生于江西永新，南京大学文艺学博士研究生，研究方向为西方马克思主义美学研究。

① 文中《安提戈涅》的引文均出自罗念生《古希腊罗马文学作品选》，北京出版社，1988年。

一、黑格尔对《安提戈涅》伦理式的解读

黑格尔对《安提戈涅》的评价相当之高，称其“不仅是曾经创作出的最出色的悲剧，而且是历史上最卓越的艺术品”。[1](p.25) 当然，黑格尔对《安提戈涅》盛誉之高主要是因为《安提戈涅》与他的悲剧冲突理论非常契合，是能够体现他的理念的“最优秀最圆满的艺术作品”[2](p.313)。黑格尔主要是从冲突的角度来描述悲剧，并从他的冲突论出发对悲剧人物、悲剧情节、悲剧原因和悲剧解决作了严格的规定。

首先，不同于以往用命运来解释古希腊悲剧的原因，黑格尔从他的冲突论出发，将悲剧发生的原因解释为不同的伦理性动机导致人物行动之间的冲突。黑格尔认为绝对理念在现实中的具体生产，就是体现为现实中的各种各样流行的宗教、伦理、法律等方面的观念或理想。由于它们都是绝对理念的子集，都有其合理的一面，因此现实中的人们在依据各自的伦理性原则进行行动时，就会必然地产生冲突，而如果这些人物始终坚持自己的伦理原则，各不相让，最后导致悲剧。但黑格尔认为这些伦理的力量也有主次之分。“首先是夫妻，父母，儿女，兄弟姊妹之间的亲属爱；其次是国家政治生活，公民的爱国心以及统治者的意志；第三是宗教生活，不过这里指的不是不肯行动的虔诚，也不是人类胸中仿佛根据神旨的差别善恶的意识，而是对现实生活的利益和关系的积极参预和推进。”[2](p.284) 至于为什么安提戈涅和克瑞翁会有不同的伦理原则的选择，从而导致悲剧行动的发生这一点，黑格尔在他的《精神现象学》中也有所解释：黑格尔揭示了女性的伦理原则与男性伦理不同，其差别就在于：“女性，按其规定来说，是为个别性的，是涉及快感的，但她又始终保有直接的普遍性，并对欲求的个别性保有外来物的地位；与此相反，在男性那里，这两个方面（个别与普遍）是互相分离的，而且，男性，作为公民，既然拥有属于普遍性的那种有自我意识的力量，他就以此为资本替自己谋取欲求的权利，而同时对此欲求保持自己的自由。”[3](p.15) 但是在各种亲属伦理关系中，即在丈夫和妻子、父母与子女、兄弟与姐妹这三种关系中，黑格尔又认为：夫妻关系不是在它自身中而是在子女中得到实现的，夫妻关系由子女这种他物形成，然后父母就在他物（子女）的形成中消逝，子女在他物（父母）的消逝中成长为自为的存在。这就是亲子关系。上述两种关系是相互联连和过渡的。兄弟关系则与它们不同，是一种出于血缘、彼此毫无混淆的关系。“他们并不像夫妻那样互相欲求，他们的这种自为存在既不是由一方给与另一方的，也不是一方得之于另一方的，他们彼此各是一个自由的个体性。”[3](p.15) 所以弟兄关系对于姐妹来说，是一种纯粹伦理的、彼此无所欲求的关系。“弟兄的丧亡，对于姐妹来说是无可弥补的损失，而姐妹对弟兄的义务乃是最高的义务。”[3](p.15) 弟兄在家族领域实现了自我

的个别性之后，就会朝向另外一个领域发展，过渡成为对普遍性的意识，并抛弃家族的直接的原始的伦理，而姐妹则变成家族的主宰和神圣规律的维护人。这样，男女两性就克服了他们自然的本质而按照伦理实体具有的不同形式表现出两性的两种不同的伦理性质来。因此，作为女性的安提戈涅首先选择要维护亲属爱，而代表政治权力的克瑞翁则选择国家政治生活作为他的行动的伦理理由。安提戈涅依从她所持的伦理立场，所以一直强调“他没有权利阻止我同我的亲人接近”；而克瑞翁却强调国家的正义和权力的至高无上，为了保证权威的至上性，“任何一个掌握着全邦大权的人，倘若不坚持最好的政策，由于有所畏惧，把自己的嘴闭起来。我就认为他是最卑鄙不过的人。如果有人把他的朋友放在祖国之上，这种人我瞧不起。至于我自己，请无所不见的宙斯作证，要是我看见任何祸害——不是安乐——逼近了人民，我一定发出警告；我决不把城邦的敌人当做自己的朋友”。即使是与他血缘上最亲近的亲人，在黑格尔看来，他们的选择都具有现实合理性，又都具有偏颇性，从而导致了冲突不可避免的发生。

其次，黑格尔强调一切外化为客观存在的观念都要服从个别具体化的原则。黑格尔反对人物被抽象化，强调影响人物行动的背后动机。在他看来，“一般世界情况”必须具体化为人物内在的主观情绪或人生态度等具体“情致”后，才能引起矛盾，激起行动，推动人物性格的发展，这也是决定人物性格的关键因素。在黑格尔看来，理想的人物性格应该具备三方面的特征：丰富性、明确性和坚定性。正是这种具有理想性格的人物，非常明确地按照自己的情致选择自己认为应该选择的伦理原则，同时也自始至终地偏执地坚持自己的伦理选择，因此双方都各不相让，毫不妥协，最终导致悲剧的发生。安提戈涅不像她的妹妹伊斯墨涅，伊斯墨涅就不具有黑格尔所认为的理想人物的性格特征，而具有妥协性和软弱性。尽管她也持有与安提戈涅相同的伦理原则，深知克瑞翁的法令不合理，但她的立场以及劝告她姐姐的立场是：“如果我们触犯法律，反抗国王的命令或权力，就会死得更凄惨。首先，我们得记住我们生来是女人，斗不过男子，其次，我们处在强者的控制下，只好服从这道命令，甚至更严厉的命令。”安提戈涅则在明知她的固执行为将会导致死亡的情况下依然坚持，“我不会因为害怕别人皱眉头而违背天条，以致在神面前受到惩罚。我知道我是会死的”。这充分体现了理想人物性格中的明确性和坚定性。

第三，悲剧的最终结果是调解后的和谐。在两种都具有绝对本质性的伦理力量冲突面前，黑格尔的态度是必须抛弃关于有罪和无罪的错误观念。在黑格尔看来，从克瑞翁的角度来看，安提戈涅作为一位公民，首先必须服从国王的命令，即人的法律。而从安提戈涅的角度来看，亲属之爱是神的法律，高于一切。克瑞翁作为父亲和丈夫，他本应尊重家族骨肉关系的神圣性，不应下达违反骨肉亲情的命令。所以他们所要互相反对和毁坏的东西都是他们各自生活范围内所固有的东西，都具有本质性的绝对。作为国王，克瑞翁有义务维护城邦的安全，维护政治权力的权威和尊严，必须惩罚叛徒，保证法令的统一执行；而安提戈涅感到自己有义务履行当时同样神圣的家庭伦理责任。黑格尔采用了各打五十大板的方式，悲剧人物受到惩罚，但伦理实体最终回归自身，伦理实体的正确性、普遍性、整体性和必然性得到验证。于是悲剧最终以消除冲突双方的片面性，恢复伦理实体的统一而告结束。

另外，黑格尔反对艺术表现“反面的，坏的，邪恶的力量”。他说：“只有本身是正面的有实体性的力量才能成为理想动作的真正内容。”[4](p.275)这一点表明了黑格尔悲剧冲突论的局限性。尽管黑格尔已经摆脱了当时流行很久的从命运的角度解释悲剧的发生因，而从社会力量来解释它，但是在悲剧问题的解决方面，还是继承了德国古典美学关于艺术在于调和矛盾的讲法，认为美体现于静穆、统一和自身完满，艺术表现冲突的目的最终是要回归到和谐。

二、拉康对《安提戈涅》的欲望式解读

由于黑格尔反对艺术表现邪恶，强调伦理的正面效果，因而他的悲剧观点不可避免地带有偏颇性。到了现代社会，人们对于悲剧的理解又有了模式的变化。由于精神分析理论的出现，我们认识到人其实不过是天使和魔鬼的混合体，因此，悲剧不可能会排除邪恶的存在，现代悲剧观念中“其中最引人注目的例子也许是邪恶这一概念的复活”[5](p.50)。拉康继承了黑格尔对社会外在环境必须转化为人物的内在“情致”才能产生行动以及悲剧人物性格中的坚定性和偏执性等特征，但拉康不仅仅是从正面理想的体现而是从善恶的统一来看待人物，如果黑格尔的实体伦理仅仅包括人物的正面理想这一面，拉康则从欲望这个更为普遍广泛的层面上，认为悲剧的崇高形态不仅体现在悲剧人物所坚持的绝对的善，同时也体现在悲剧人物所坚持的绝对的恶。正是这一点，体现了拉康对黑格尔的超越。在拉康这里，黑格尔的伦理原则已经被成功地替换为欲望，即拉康的精神分析学的伦理。

作为支撑拉康进行悲剧分析的逻辑起点，我们应该首先区分拉康的精神分析伦理学与传统的伦理学的不同。传统的伦理学主要是以善为中心，对人的自身的具体性和现实性不太重视，强调道德与善的至高无上性，要求人们克制欲望。而拉康的精神分析伦理学则以欲望为中心，揭示道德与善与欲望的内在关系。正如黑格尔所揭示的，外在的伦理理念只有通过具体化为人物内在的主观情绪或人生态度等具体“情致”才能引起矛盾，激起行动，推动人物性格的发展，真正决定人物行动的动机还在于人的欲望。拉康的欲望又与后现代主义社会所强调的欲望不同，与康德所界定的欲望也不同，后现代主义的欲望主要停留于人的生理性和自然性的层面上，康德的欲望始终是“病态性”的。拉康的

欲望是一种本体性的存在，类似黑格尔的“理念”，是人类所有欲望和需要的生产性渊源。在拉康的欲望结构中，存在着一种阉割，这种阉割使得欲望主体以自己的方式在欲望中防卫自己。“欲望是一种防卫，防止在快乐中超出一个界限。”[6](p.637) 拉康揭示了人的心理自我中异己的存在和他性，即自我中的实在界部分。这个部分是先于主体的存在，并在主体自我的内在结构中，对主体的欲望、要求和情感进行规范和塑形。因此拉康提出存在着“纯粹的欲望能力”，认为如果欲望超越快乐原则，则可以达成欲望伦理化。

拉康对《安提戈涅》的分析集中出现在他的《精神分析的伦理学》(1959—1960)中，他在1960年5月和6月分别在他的研习班举行了三次关于《安提戈涅》的讲座，这就是《剧本的叙述》、《安提戈涅的光彩》以及《站在两种死亡之间的安提戈涅》。在这三篇论文里，拉康基本上是站在批判黑格尔的立场，反对黑格尔从伦理的角度对《安提戈涅》所作出的阐释而进行了重新阐释。在《安提戈涅的光彩》中一开头，他就鲜明地指出了自己的立场，“我不是那个宣布安提戈涅为我们感兴趣的伦理领域的转折点”。[7](p.243) 由于拉康所持的理论依据和研究路径与黑格尔不同，所以得出的结论也是截然不同。拉康以自己的精神分析理论为依据，首先质疑了黑格尔和弗洛伊德对亚里士多德悲剧理论的“净化说”的阐释。弗洛伊德将“净化”与精神分析学中的宣泄(abreaction)疗法联系了起来，在某种程度上直接将“净化”简单地等同为“宣泄”。拉康承认弗洛伊德所作出的解释在某种程度上是合理的，存在着相似性，但他认为“卡塔西斯”决非就是宣泄，它还存在着其他层面上的意义运用。拉康要求站在对亚里士多德的整个理论体系整体把握的高度，回到亚里士多德对这个词的运用方式和语境。他发现，亚里士多德的这个词并不仅仅限于在诗学的范围内，而是在更为广泛的意义上，与音乐、政治等等都发生联系。这样，拉康就排除了“卡塔西斯”仅仅与情感的联系，只是情感上的一种宣泄。拉康认为，亚里士多德并不期望净化能够获得与伦理上的联系，也不是与法令的禁止相结合。“根据快乐的拓扑学分析，在我们意识到法律发生作用之前，欲望早已浸没了我们。”[7](p.247) 像黑格尔仅仅从外在的伦理原则的角度来对《安提戈涅》进行分析，不可避免地会遗漏很多东西。拉康就是要把这些遗漏和剩余挖掘出来。运用福柯的考古知识学方法，拉康发现，catharsis 最早是出现在医学的语境中，有着医学上的特定意义，与缓解、释放、回归正常等意义联系在一起。因此，拉康说，“净化”一词传统上所作出的解释仅仅是停留在对这个词与诗学语境的孤立联系中所作出的阐发，拉康认为，这个词在其他语境中还被作为仪式性的净化意义而使用。“净化”是修辞上的隐喻。这样，从更为广泛的意义上来理解亚里士多德的“净化”，净化主要还是与精神和心理等内在因素有关。拉康将净化与欲望联系在一起，《安提戈涅》所体现的悲剧实质正在于通过它成功地构建了“欲望伦理化”的现实性表达，也让我们认识了定义欲望的目标。

在拉康的精神分析理论中，精神分析的目标在于引导被分析者辨认出自己的真实欲望。但是欲望的表达机制是一种无比复杂的颠倒性过程。作为本体性的存在之欲望是流动的、混沌的，只有在想象界和象征界通过一定的中介将之对象化，才能获得现实的表达，揭示藏匿在主体内部的欲望。在自我的人格结构中，人对本我的把握必须通过自我在本我之外组织的超我存在，才能使前自我的性状苏醒并使它们复活。正是在这个意义上，拉康才说，他者是无意识的话语。同时，真实的欲望在话语中只可以得到某种程度的表达，而不是完全的表达，无论如何，总会遗漏某种剩余。

从欲望的角度进入《安提戈涅》的悲剧性分析，所获结论与黑格尔是截然不同的。根据拉康的精神分析理论，欲望的表达总是必须借助一定的对象才能得到指认。因此，克瑞翁与安提戈涅在欲望表达的框架中是互为镜像，相互指认。从表面上来看，克瑞翁的行为有着其伦理性的指导原则。但从欲望的角度，我们通过克瑞翁在安提戈涅作为对立镜像的映像中，由他不经意中流露出来的话语，暴露了其潜在的欲望内容："要是她获得了胜利，不受惩罚，那么我成了女人，她反而是男子汉了。不管她是我姐姐的女儿，或者比任何一个崇拜我的家神宙斯的人和我的血统更亲近，她本人和她妹妹都逃不过最悲惨的命运，因为我指控那女子是埋葬尸体的同谋。"很明显，这段话充分揭示了克瑞翁对权力的迷恋。因而，我们不禁开始疑问，克瑞翁禁止人们安葬波吕涅克斯真的仅仅是因为要惩恶扬善，捍卫国家权威的神圣吗？波吕涅克斯已死，对他所施行的惩罚在他自己身上已经不起任何作用，没有任何意义了。根据杀鸡儆猴的转移性原理，克瑞翁对波吕涅克斯所施行的惩罚只是对在者的警示。泰瑞西阿斯都曾经劝告过克瑞翁，"孩子，你想想看，过错人人有，一个人即使犯了过错，只要能痛改前非，不再固执，这种人并不失为聪明而有福的人。顽固的性情会招惹愚蠢的恶名。你对死者让步吧，不要刺杀那个已经被杀死的人。再杀那个死者算得上什么英勇呢？"显然，克瑞翁禁止安葬波吕涅克斯不只是为了树立城邦的法律，而是为了追求自己的欲望，即他的权力欲。在我看来，禁止波吕涅克斯被安葬，只是意味着克瑞翁需要通过这样的行为来证实他所掌握的权力的至高无上，从而获得人们的尊敬。他的一意孤行和骄横跋扈的行动造成他对安提戈涅要捍卫的另一个领域的盲视，安提戈涅的出现勘破了自我的欲念，她使得克瑞翁所幻想的完整叙事遭到拦腰截断，并暴露了克瑞翁的欲望本质。

从精神分析的伦理学上说，安提戈涅的欲望不同于克瑞翁，她的欲望是拉康所强调的"纯粹的欲望之能力"。她的欲望在于她的死亡驱力。拉康批判黑格尔和歌德对死亡驱力的未觉察状态，主张从对美的理解切入安提戈涅的欲望。安提戈涅始终坚持自己的欲望原则行事，表现为欲望的伦理化。拉康从康德在《实践理性批判》中所作的著名假设出发："假定有人为自己的淫欲的爱好找借口说，如果所爱的对象和这方面的机会都出现在他面前，这种爱好就将是他完全不能抗拒的：那么，如果在他碰到这种机会的那座房子跟前树立一个绞架，以便把他在享受过淫乐之后马上吊在那上面，这时他是否还会不克制自己的爱好呢？我们可以很快猜出他将怎样回答。”[8](p. 39) 拉康却要在康德语焉不详之外提出他的反命题，那就是：如果是在“纯粹的欲望之能力”的角度，那么正是因为前面竖起的绞架，主体才要去实现自己的欲望，反之，绞架的不存在反而使主体丧失要表达欲望的欲望。安提戈涅并非是为了捍卫手足死亡后的神圣权利而与克瑞翁对抗，而是为了履行自己的伦理义务，拥抱完满，实现自己的死亡欲望。但在克瑞翁所制定的法令中，安提戈涅的欲望是一种禁忌的欲望，要想获得表达只有通过犯罪，遭受死亡的惩罚。但这样的死亡正是安提戈涅所需要的真正的死亡。“我除了因为埋葬自己的哥哥而得到荣誉之外，还能从哪里得到更大的荣誉呢?”与其说克瑞翁通过对安提戈涅处以惩罚体现其权力的至上性，还不如说安提戈涅借助克瑞翁的死亡惩罚完成了她的死亡欲望，成就了她的崇高美。安提戈涅的欲望界定和表达为我们揭示了另一种欲望，这也是拉康所要强调的欲望，精神分析学的伦理。正是在这个意义上，拉康才说“安提戈涅为我们揭示了定义欲望的视线”：“事实上，安提戈涅为我们揭示了定义欲望的视线。这个视线聚焦于一个形象，这个形象拥有的神秘至今尚未得到表达，因为它逼迫你就在看它的那一刻闭上眼睛。但是，这个形象就位于悲剧的中心，因为它就是安提戈涅自己迷人的形象。我们知道得非常清楚，在对话之外，在家国问题之外，在道德性的争论之外，使我们极度着迷的就是安提戈涅，在她那令人无法忍受的光辉中的安提戈涅。她具有一种特质，既吸引我们，又使我们在受到威胁的意义上感到震惊。这个可怕的、自觉自愿的牺牲者使我们惶恐不安。”[7](p. 247) 拉康从欲望的角度对《安提戈涅》所作出的重新阐释，为我们认识悲剧提供了一个新的维度。

三、伊格尔顿对《安提戈涅》的替罪羊式解读

在欲望伦理化的层面上，拉康已经揭示了安提戈涅的牺牲意味。伊格尔顿继承了拉康从欲望的角度对《安提戈涅》所作出的重新阐释，拉康对欲望的解释框架使得他跳出了欲望仅限于单纯个体的层面，欲望结构中对他性的发现和重视将欲望与他人和社会很好地联系起来。由于伊格尔顿的一贯激进的马克思主义立场，他将安提戈涅与政治和革命联系起来，使拉康的“坚持自己的欲望”变成政治指令。应该说，伊格尔顿的阅读方式是倒叙式的，以一种回溯性的阅读策略来探讨并确定安提戈涅的行动在社会历史中所具有的意义。因此，他将安提戈涅视为替罪羊式的人物，这一点显然又超越了拉康。拉康主要还是强调安提戈涅的固执，坚持自己的欲望，并且由于她的欲望是对他者的欲望，超越了自我的快乐原则，因而具有伦理性。伊格尔顿并不只是停留于对安提戈涅的

行动的非人性的偏执分析，而是要从中剥离出存在多于或不同于非人性的东西。

历史的每一种社会形态都是从最初的合理走向矫枉过正的不合理。根据黑格尔的否定之否定规律以及马克思主义的历史悲剧的叙述，在社会秩序内部自然地会生产出一股否定它自身的力量。从积极的正面的革命运动和力量表征来看，这股否定性力量随着社会的发展逐渐在成长中壮大，最后获得与之抗衡的力量以颠覆原有政权统治；但从消极方面或原有政治的自我溶解和自我消化的角度来看，就是每一种社会形态中所存在的被社会秩序驱逐到社会边缘位置的替罪羊，他们虽然孱弱无力，却以对秩序结构的拒绝和否定性姿态成为社会秩序历史危机的征兆。所以伊格尔顿对《安提戈涅》的解读是以转喻和寓言的形式，通过悲剧人物揭示社会的生生更替和潜在的转变规则。

悲剧中的替罪羊具有极端的反讽意味。替罪羊产生的原本意义在于净化，排除城里头一年聚集的污秽之物的一种仪式性表达。他们一般挑选出城里最贫困、畸形的人来担当，赋予他们以象征性的权力后，然后将他们逐出城外。通过这种仪式，在想象中卸除社会秩序中的各种罪恶。因此他们在性质上都具有双重性：一方面替罪羊在象征意义上负载着共同体的罪恶，同时又是权力的转喻，在仪式中担负着神圣的权力象征。伊格尔顿将替罪羊机制的表达方式在更为普遍性的意义上衍射开来，他的分析并不局限于对替罪羊这个机制内部的分析，以激起我们对被统治秩序驱逐和辱骂的替罪羊的同情和感伤，而是要借助这个机制辨认出能够改变现有系统的神秘力量。他注意到的是当人陷于这种极度孱弱和虚无的状态时必然的反应：人类本来是在文化这种过剩物中超越自己，当他们被剥夺得只剩下自己的时候，他们的非人性就会爆发。所以当人在面对被迫丧失主体性并且成为废物或虚无之时，从他的本性出发，他的唯一选择只有反抗。这种潜藏的革命性力量正是伊格尔顿最关注并寄予希望的。

不再像黑格尔那样将克瑞翁和安提戈涅同时作为悲剧主人公，各打五十大板的方法，拉康虽说从欲望的层面揭露了克瑞翁丑陋的一面，但从悲剧包涵恶的因素的模式转变来看，克瑞翁还是具有作为悲剧人物的属性。但伊格尔顿从替罪羊的角度，彻底摒除了克瑞翁作为悲剧主人公的可能性，安提戈涅被置放于悲剧的中心，并被作为悲剧中唯一的主人公。从替罪羊的角度切入对《安提戈涅》的悲剧性分析，伊格尔顿关注的重点是安提戈涅的“罪”、她的被社会驱逐的位置以及她的符号性死亡意义。在故事中，安提戈涅本来是处在统治秩序上层权力范畴之内的人物，是国王克瑞翁的侄女。由于触犯了克瑞翁所颁布的法令，被克瑞翁下令逐出秩序之外，并面临着死亡的惩罚。安提戈涅犯下了什么罪呢？作为替罪羊式的人物，她的“罪”是非常关键的。从安提戈涅自身来说，她并没有犯罪，她只不过根据亲属法，埋葬她的哥哥，以履行她的伦理责任，她并没有犯下任何个体的罪行，在这个意义上，她是无辜的，她没有犯罪。但是，作为一位社会公民，她又确实违反了当时的法令，犯了罪。应该说，安提戈涅的罪是人类共同的罪，安提戈涅是为了整个人类而犯罪，带上了象征他们集体的罪行和罪恶的意味。其实，克瑞翁似乎在某种程度上对安提戈涅的“罪”有着清醒的认识。在处罚安提戈涅之时，克瑞翁说：“我要把她带到没有人迹的地方，把她活活关在石窟里，给她一点点吃食只够我们赎罪之用，使整个城邦避免污染。”很明显，克瑞翁将安提戈涅视为整个社会的替罪羊，视为整个社会的被遗弃者。他不立即杀死她，而是将她驱逐到社会边缘，不是因为对亲情的念及，而是意在将她作为整个社会的替罪羊进行使用，通过这样的仪式卸除社会的罪恶。由此，我们是否可以侧面地推断，克瑞翁自己也是认为他的行为和统治秩序是充满着罪恶的。高明的是，安提戈涅并没有为克瑞翁所利用，而是充分利用她自己的对生与死之间的那段地带的占领，主动选择死亡，从而在拥抱死亡中反败为胜。

安提戈涅的逻辑只能是悖论式的。正如吉拉尔德所揭示的古代替罪羊逻辑上的悖论：祭品是神圣的，杀害他就是犯罪，可祭品正是因为遭到杀害才是神圣的。安提戈涅也必须面对这种逻辑上的悖论。如果她恋生，即使在克瑞翁赶到之时解除了对她的死亡惩罚，重新获得生命，她也只能是一个失败者；相反，她的神圣和崇高必须是在违反法令，以犯罪的形式，最后在死亡中才能成全的崇高的美，并让这个城市获得了拯救。安提戈涅很好地把握了悲剧中的节奏，更确切地说，她根本不给克瑞翁任何补偿的机会。“她对实在界充满深情的忠诚撕裂了符号秩序，并且坚定不移地走进死亡。”[1](p. 246)从此她被作为一个无辜者的剪影，定格在人们的思想里，作为社会否定性的镜像，折射出权利的脆弱和不公正。她的可怕的、自觉自愿地投入死亡去的主动姿态，让我们在受到威胁的意义上感到的不仅是震惊，同时也惶恐不安。

伊格尔顿指出，当人们能够理解安提戈涅之时，在她的虚弱之处就会涌出革命性的力量。悲剧中的安提戈涅对自己的行为有过预见性的评价，她说：“这些人全都会说他们赞成我的行为，若不是恐惧堵住了他们的嘴。”而到最后歌队的唱词也恰当地说明人们对她的行为的完全理解：“但是她是神，是神所生，我们却是人，是人所生。好在你死后，人们会说你生前和死时都与天神同命，那也是莫大的光荣!”伊格尔顿以其新的阐释视角不无信服地告诉我们，“悲剧最透彻之处在于它是一个提醒者，在他们的内心中激起巨大匮乏的恐惧感的那些生活的方式，将会发现许多令人恐怖的现实状况，这些隐藏的、畸形的生物，必须从门前清除掉”。[9](p. 140)安提戈涅死去了，所以她对未来只能预见而不能看见，但伊格尔顿看见了，我们也可以看见。故事的结局揭示谁是悲剧英雄呢?谁在这场角斗中反败为胜，享受着笑到最后的喜悦和成功呢?透过伊格尔顿对《安提戈涅》的悲剧性分析，我们也就真正地理解了安提戈涅的行为意义。

通过对《安提戈涅》的这三种经典性的解读方式进行比较性的分析，可以让我们在更丰富的意义上理解安提戈涅。可以说，黑格尔从伦理的角度，拉康从欲望的角度，伊格尔顿从替罪羊的角度分别对《安提戈涅》作出了经典性阐释，这些解释让我们从多个角度更加深刻地认识安提戈涅这个人物形象所具备的崇高和美的意义，在对《安提戈涅》的不断解读中，我们也就不断地升华安提戈涅，更贴切地走近安提戈涅。

参考文献：

［1］特里·伊格尔顿．甜蜜的暴力——悲剧的观念［M］．南京大学出版社，2007年。

［2］黑格尔．美学（第三卷）［M］．下册，商务印书馆，1997年。

［3］黑格尔．精神现象学［M］．下册，商务印书馆，1996年。

［4］黑格尔．美学（第一卷）［M］．商务印书馆，1981年。

［5］雷蒙·威廉斯．现代悲剧［M］．丁尔苏译，译林出版社，2007年。

［6］拉康．拉康文集［M］．上海：上海三联书店，2001年。

［7］Jacques Lacan. The Ethics of Psychoanalysis（The Seminar Ⅶ）［M］. London：Routledge，1992.

［8］康德．实践理性批判［M］．邓晓芒译，人民出版社，2003年。

［9］Terry Eagleton. Holy Terror［M］. Oxford University Press Inc.，New York，2005.

内容摘要：

论文通过对黑格尔、拉康、伊格尔顿分别对《安提戈涅》作出的三种经典解读进行比较性的分析，以对比三个理论家在不同的文化背景和理论背景中对作品阐释的不同视角和结论，不仅丰富了安提戈涅的形象意义，同时在方法论意义上也为我们提供了借鉴。

关键词：

安提戈涅；伦理；欲望；替罪羊

Who is the Tragic Hero?

——the three classical interpretation of"Antigone"

■ Xiao Qiong

(Nanjing university，Nanjing 210093)

Abstract:

By comparing three kinds of classical interpretation about *Antigone* respectively by Hegel，Lacan and Eagleton，the thesis points out that because of different cultural backgrounds and theoretical background，three theorists got different conclusions from different interpretation angles. It not only enriches the meaning of the image of Antigone, but provides methodology for us to learn.

Key Words:

Antigone; ethic; desire; scapegoat

金山农民画的困顿

■ 陆扬* 赵娟**

(复旦大学 中文系 上海 200433)

金山农民画是上海这个超级都市可以引以为自豪的当代民间艺术，或者说本土文化产业。它的发端可以上溯到20世纪70年代，发源地为是时上海南部毗邻浙江的金山县枫泾镇。三十余年过去，这当中社会格局、人们的观念和现实生活都发生了巨大变化。就像曾经十分风光的杨柳青年画、户县农民画这些在国内知名度更高的民间或民俗文化一样，金山农民画也面临着市场经济转型过程中好景不再、难以为继的困顿。今天金山已经县改区，枫泾则更是披上中国历史文化名镇、中国特色名镇、AAAA级景区等等殊荣，跻身于江南十大名镇之列。当地政府在推广旅游产业的同时，不失时机采取一系列举措，期望复兴金山农民画这个难得的本土文化品牌，甚至，不仅立足本土，而且放眼全国，进一步将农民画的品牌做大做强。当然前提是生存状态由昔年意识形态主导话语的支持和推介，转移到市场经济的沉浮中来。在这一背景下，本文作者访问了枫泾古镇的中洪村，这里就是当年的金山县枫围公社胜利大队，金山农民画的发祥地。在上海市金山文化局、金山农民画院的支持下，我们与近30位金山农民画作者和辅导员作过访谈，攀援文化研究深入对象展开的“民族志”方法，结合相关思考，是以有本文的缘起。

---

* 陆扬，男，1953年生于上海，文学博士，复旦大学中文系教授，博士生导师，研究方向为文艺学与文化研究。

** 赵娟，女，1982年生于武汉，复旦大学中文系文艺学专业博士生。

本文获得了复旦大学亚洲研究中心资助。

一、金山农民画的由来

金山农民画的历史追溯起来，多多少少总和是时此起彼伏的政治风云有关。对农民画的认知事实上也存在分歧，其中有一种观点认为，农民画是一种肇始于大跃进时期的绘画模式，与当时的政治背景具有内在的一致性。它是在配合当时政治运动和政治宣传中应运而生。对于具有“商品粮”情节的农民来说，创作好农民画，得到组织的赞赏，直接关系到转干、升学和政府的经费支持。因此，农民画从形成之初便具有行政性、指令性、计划性的特征。要之，农民画的模式并不具有土生土长的素质，也不具备民间艺术的原生属性，它并没有根植于民俗和民间生活，其构思和构图经过专业的培训，而平面形式化了。它的声名主要是在政府操办的各种展览上获得，本质上并非农民“自家地里的东西”。此种见解我们并不认同。它或许从一个不能忽视的角度，解释了农民画模式的来龙去脉。但是金山农民画毕竟跨越了半个世纪，这五十多年中农民画的发展并不是单一的，反之可以说，在它尝试的各种模式和路径中，金山农民画始终有意识在抛弃艺术服务政治的既定模式，走向独立的民间艺术发展方向。今天在中国进入现代转型时期，金山农民画像国内其他种种民间文化一样，陷入了前所未有的重重困境，本文将要显示，这些困境不仅仅是金山农民画要面对的问题，也是整个中国传统和民间文化必须直面和深思的问题。

一般认为，金山农民画形成于 20 世纪 70 年代末。之所以说金山农民画形成于这个时期，乃是由于此时的金山农民画一方面基本形成了自己的风格，找到自身艺术特点的定位，另一方面也开始步入国内的艺坛，受到一定范围的认可。它的直接契机是 1974 年户县农民画全国巡展到上海后，金山县文化馆下属美术组借此东风，觅得当地十来位插队知青，办出第一期农民画创作培训班。但学习户县画风，学员并非地道农民，以及初创时期学习班式的创作方式，这些时代因素都决定了金山农民画距离一种民间文化的“乡土气息”相去尚远。1976 年，程十发、韩和平、汪观清等上海著名画家下放中洪村，接受贫下中农再教育。枫泾本是程十发的家乡，在这些大家的引导下，金山农民画有了质的飞跃。同年文化馆吸收三位民间艺人进入农民画学习班，一擅长砌灶头、一专事画玻璃、一专攻雕花床。次年，金山文化馆的美术老师吴彤章等进而在中洪村物色一批能织善绣的农村妇女参加农民画创作学习班。这批人当中的阮四娣、曹金英等，后来都成为金山农民画的领军人物。迄至此时，金山农民画的风格可谓基本成形，它将印染、刺绣、木雕、剪纸、灶壁画等民间艺术融入绘画，以桃红柳绿的江南风光和本土农村生活为题材，以西方三点透视和中国散点透视都无以解释的那一种朴实的夸张，推出了金山农民画这个上海大都市语境中难得染有泥土气息的本土文化名牌。

1978年在北京举办的全国农民画展上，金山县文化馆报送九幅作品，有八幅入选。“金山农民画”这一由地方权力苦心孤诣培育出来的乡土文化，从此进入大雅之堂。1980年，金山农民画在北京中国美术馆举行首展。展览大获成功之后，金山农民画走出国门，相继有数千幅作品在十数个国家展出，当地媒体多有报道，反响热烈。1983年，上海美术电影制片厂摄制了金山农民画纪录片《画的歌》。1990年，上海电视台拍摄了金山农民画专题片《厚土》。这是金山农民画最为风光的一段时期。

1989年金山农民画院成立，是金山农民画发展史上的一个标志性事件。画院系从县文化馆中脱颖而出，吴彤章出任院长。农民画院自建宿舍和画室，以辅导班形式对本土农民画家进行培训，激励创作。画院故此顺理成章成为金山农民画的第一个国有经纪人。先时，它要求农民画家每二十天创作一幅作品，画院负责择优销售和展览，提成比例为30%。同时给予开始脱离务农，专事创作的农民发放定额生活补助。这个构想显而易见是典型的计划时代的产物，它体现了国家政府鼎力支持地方艺术和文化的一片苦心。但是这一支持既然不是非功利、无条件的资助，其国有经纪人的角色，随着市场经济的蔓延，开始强化进而发生危机，是意料中事。农民画的经济效益一旦彰显，本地画家们复制自己作品扩大销售，蔚然成风，原创性作品日见稀少。金山农民画院的辅导功能逐渐淡薄，销售功能日见突出之后，画院给画家的提成比例，也进而提高到45%。即便如此，由复制到仿制，由仿制到盗版，这些知识产权面临的困顿，一样波及金山农民画。最终，金山农民画院无可奈何地发现自己失却了垄断地位，它的一个直接结果，是世纪之交开始，农民画家先后搬出画院，回归家庭创作，甚至尝试独立创业，自主销售。虽然大部分画家，在接受订货和上门求购的同时，还是将画作交与画院代售。金山农民画的市场，由此日渐由农民画院、农民画家和画商三家分割。在这一新形势下，农民画院的命运可想而知。它的组织、培训功能在羽翼已丰的农民画家面前显得不知所从。既然它日渐无可奈何地蜕变为一个代销画作的国营机构，那么今日国企所历经的风风雨雨，它肯定一样不能幸免。画院早在2006年，曾将今后发展的道路定义为一个十六字方针：“创作辅导、展览收藏、理论研究、营销开发”。今天来看，创作辅导已是明日黄花，时过境迁，以学习农民画为生计之道，对于年轻人的诱惑力大为降低。展览收藏和理论研究，是画院能够做的，但是假如光有投入，少有产出，它必然难以为继。故而营销开发是最实际可行的策略，但是垄断好景不再，在自由竞争的市场化语境中，它能够再创昔年的辉煌吗？

具体来看画家，金山农民画家作为一个创作群体有其复杂性，如果对他们进行分类的话，每种分类方式都会存在局限，交叉重复和遗漏疏忽在所难免。就本文的脉络而言，我们不妨从若干不同角度，尝试对金山农民画的创作群体作粗略分类。值得一提的是，在市场经济刺激下，不断涌现出农民画的专业复制者。本文不拟把金山农民画的复制者纳入金山农民画的创作群体，即是说，金山农民画家，必须具备一定的创作能力。尽管由于销售利益等诸多因素驱使，具有创作力的画家，同样也会从事农民画的复制活动。从访谈的情况看来，每一位农民画的创作者，本人也就是自己画作的复制者，只是复制数量有所差异。当然也存在创作者之间相互抄袭和部分抄袭的状况。而抄袭这一概念本身的模糊且难以定性，也使对创作者知识产权的保护，存在种种实际困难。

分类可以按居住地和生活环境进行。如此有居住在城镇的画家，如张新英、邵其华、曹金根、盛璞等；居住在农村的画家，如陈德华、潘辉文、陆学英等；以及居住在旅游景点的画家，如高风和陈修夫妇、陈惠芳等。也可以按农民画的销售渠道来分，如主要在金山农民画院寄售的陈德华、潘辉文；个人自己销售和在画院销售兼而有之的曹金根、盛璞、邵其华。进而视之，个人销售的方式也有不同：如张婉英、陈修和高风夫妇、陈惠芳是自己开店销售；曹秀文、陈富林、陈卫雄、朱素珍在农民画村进行销售；曹金根、邵其华、盛璞则自己在家销售，或“经纪人”销售。当然，这些代售农民画的人，还谈不上严格意义上的买断式的经纪人，他们当中有些人是中间商或画家的朋友、老顾客，有些人则是画家在国外举办画展或者参加其他活动时，结识的国外画廊策展人，如陆永忠在法国、日本、印度都有自己的经纪人。陆永忠的农民画还开启了拍卖销售的先例。

从生活方式来看，纯粹以画画为生的有曹金根、邵其华、盛璞等；农事与画画兼顾的有陈德华、潘辉文等；陆永忠则是“以画养农”，以绘画与其他产业的联姻来获取最大收益。最后，就年龄以及把握市场的能力来看，还可以分出新生代的中青年和原生代的老一辈画家。涉及农民画家群体的年龄分类，农民画院一位院长周建青的看法是，画家群体可以分为 60 岁以上，40—60 岁，以及 40 岁以下的“老中青”三代。其依据是，老画家在画作中表现的生活经历，基本上已经耗尽，缺乏创新能力。年青一代的则对古老的“土”生活缺乏认识，表现的多为现代化了的乡村和城市。而 40—60 岁的中生代画家最具创新能力，一方面，他们在审美趣味和绘画风格上与老画家的差异，甚至引出金山农民画如何“定位”的新问题；另一方面，为了迎合市场对“老东西”的要求，这批画家又自觉不自觉对老画家的风格进行模仿、改造、综合甚至抄袭。当然，上述区分或者并不具有充分的形态学的意义，但是它可以显示农民画家们的生活境遇与农民画创作之间的复杂性和丰富性。事实上有形的分散和无形的关联才是这些农民画家的整体面貌一瞥。而恰恰是这类独特的关联域，和画家的个人气质形成了各自不同的绘画风格，在各自的面临的不同问题中，遭遇着自身独有的生活和艺术体验。

二、农民画村

金山农民画有它独特的表现手法。除了近年为迎合国外市场需要，开始有人作油画尝试，它主要是水粉画形式。但是它不用水粉画纸，而同一般工笔画和年画相似，使用宣纸。颜料则是大路流行货马利牌水粉色。同时为扬长避短，农民画作者普遍使用双宣，如此水粉的质地和宣纸的柔润两相结合，酝出当地人称之为“糯”的特有质感。它的构图应属于随心所欲一类，可以将不同时间、不同空间的对象交错叠加表现，同一幅画中出现仰视、平视、俯视、正视、侧视等多种视角，比比皆是。它有儿童画的烂漫天真，又有成人作品的老谋深算。用色方面，一方面金山农民画同其他地域的大多数农民画一样，以强烈对比和鲜亮色调为其特色。另一方面，枫泾典型的江南水乡地貌，小桥流水、红花绿草、绿树掩映的农舍，这一切都使金山农民画用色鲜艳中相对显得柔和，处于冷暖色调的居中地带。当然我们还可以说，金山农民画的观念和形式并不是固定的，而是处在动态之中，随着创作实践的发展不断扩张、丰富和延伸，因而金山农民画的基本特征，毋宁说也是一个常新不败的动态过程。

金山画院走的是艺术的大众化路线，或者说，文化的普及路线。这也是金山画院的母体，形形色色地方文化馆的一个基本使命。艺术在当代社会危机重重，它的生与死成为一个众说纷纭的热门话题。农民画院面临的种种困境，毋宁说也是艺术在全球化语境中面临的重重挑战。但金山农民画不仅仅同艺术结缘，作为一个蜚声海内的文化产品，它还可以有新的庇护人。2008 年 4 月，“中国农民画村”在枫泾中洪村的金山农民画村挂牌。“中国农民画村”的上属是金山区旅游局。旅游这个当代文化产业最炙手可热的宠儿，早在 2006 年“中国农民画村”的前身——“金山农民画村”开放之际，就成了金山农民画的新的恩主。“金山农民画村”曾获得“中国十大魅力乡村”、“中国乡村旅游飞燕奖”等多种殊荣。或许殊荣不足以解决生存之虑，终于，农民画村采用“招商引资”的策略，引来包括陕西户县、天津杨柳青、吉林东丰、重庆綦江、云南腾冲、山东日照、湖北黄州、河南舞阳、青海湟中，当然还有本土上海金山，这样十个“中国现代民间绘画画乡”的农民画家入驻，是以标志金山农民画村转型成功，依托旅游资源，凤凰涅槃再生为“中国农民画村”。

“中国农民画村”是枫泾古镇大大小小的看点之一。它的独立门票是 30 元，但是游客可以购买枫泾古镇包括“中国农民画村”在内的景点联票，票价 60 元。而不包括农民画村的景点联票，则是 50 元。这个票价设计，可以想见，光顾“中国农民画村”的，大都是上海市区来枫泾作古镇一日游的市民。枫泾的知名度尚不足以像周庄、同里那样吸引八方来客，它的旅游客源主要还是来自上海市区和周边地区。这也决定“中国农民画村”的市场定位，不管它自己，甚至它的主人金山旅游局多么心有不甘，首先还是走马观花式的旅游景点。的确，农民画村的观赏性堪称无可挑剔。进得高墙圈起的画村，但见绿草如茵，鲜花似锦，新竹掩映着绿波荡漾的小河，景致赏心悦目胜过大多数自然村落。它的经营方式是个体自主，独门独户，产销一体。枫泾镇政府为入驻的各地农民画家提供颇具乡土气息的画室。画室也是居室，它们是清一色的粉墙青瓦，平行三间的典型江南民居式建筑。中间是展厅也是营业场所，两边一间是画室或者说工作室，一间是居所。主人基本上都来自于上述十家画乡，是来此谋生的年轻夫妇。

金山旅游局的干部告诉我们，入驻此地的农民画家发觉如今他们有了更多机会，向不同艺术特色的农民画派取经，获得更多的艺术灵感。枫泾对于外来客人的基本策略，是鼓励他们自主创业，故此在开张的第一年，每月发放一千元的生活补贴。补贴将视农民画村的发展态势，适时予以调整乃至取消，最终目的是让入驻的农民画家们能够依靠自己的力量，生存下来。简言之，以画养画，以画为生，以画致富，“中国农民画村”如是正在成为一个文化产业，由政府、企业、媒体和画家的共同利益关系推动前行。这个策略往好说，是辅助入驻画家自立，往糟说，便是让这些画家自生自灭。其实“画家”这个词在这里已经多少显得名不副实，因为在这一以经济效益为唯一标准的生存状态中，创作已经变得无足轻重，举足轻重的是市场经营。可是本身已经无可奈何地沦为旅游观赏对象的农民画，在市中心的上海老街等市井中以及在旅游集市上都可以十分低廉的价格求得，在这个背景下又如何指望被养在深闺的它在销售市场上呼风唤雨呢？

正是本着此一疑惑，我们走进了杨柳青的画室。其实比较一下杨柳青年画和金山农民画的境遇，也是耐人寻味的。以年画著称的杨柳青，曾经是中国四大名镇之一，今天它位居天津市区化边缘的尴尬位置，致使它的旅游优势几乎丧失殆尽，早已逊位塘沽。当地政府斥巨资修建了雕梁画栋的仿古式巨大建筑群，期望重现当年的繁华。可是客流短缺的尴尬，决定了入驻者寥寥，迄今还是门前冷落车马稀。杨柳青年画不是农民画，更同主流意识形态少有相干，它是地道的民间艺术、民间文化。本文作者任教南开大学期间，曾带领学生调研天津本土文化，杨柳青年画不消说是首当其要。但我们不无悲哀地发现，杨柳青年画因为消费需求好景不再，即便地方政府下大力扶持，终还是回天乏力，在它的本土一样是在惨淡经营。本地的杨柳青年画社是个近似金山画院的机构，集展览杨柳青年画历史、制作工序，以及作品本身的印制、填色、装裱和销售为一体。它的门票长时间定位在 5 元。应当说，这个定位是比较符合市场路线的。杨柳青年画社的主要功能是展览和传承杨柳青年画，销售只是它的一个副产品，而不似金山的“中国农民画村”那么急功近利。年画社展售的作品，质量明显高于四边的密密层层的私人画店，这也使它稍高的价格显得情有可原，容易接受。

杨柳青年画是木版印刷，人工上色。它的传统题材是年年有鱼、花前月下，以及戏剧场景等。旧时雕版大多毁于文革，但也不乏百年雕版幸存者，仿制传统年画刻版，也是不算太难的手艺。是以杨柳青年画社的学徒多为年轻人，期望学成将来可以自主创业。这和金山农民画后继乏人的现实，稍有区别。看着这些大都不到 20 岁的青年，眼睛几乎贴着画面，你涂红、我涂绿地给画面批量上色，心里不由掠过一阵酸楚。这些年轻学徒的月工资，基本上是在 500 元左右。这里可以见出天津和上海这两个中国大都市经济水平上的差异。在金山的“中国农民画村”，杨柳青年画入驻仅有一家，我们见到的主人是一个年轻天津女孩，其年画制作工艺是地道的杨柳青传统，唯销售价格较之当地高出数成。面对来来回回无心掏腰包的观光客，女孩显得无奈。在一个传统文化、民间文化、高雅文化无一例外在走大众文化道路的时代，文化主体的悲哀喜乐，委实已变得无足轻重了。

三、市场路线

如上所见，谓金山农民画的市场现实近似残酷，并非夸张。金山农民画和其市场实现价值，大多数情况下并不是平衡的。农民画的创作者究竟是为艺术作画，抑或为市场作画？我们不妨来看销售得好的画都是一些什么类型的作品。那些成为市场宠儿的画作，无疑是牵动每一个画家内心的期盼、迎合市场趣味的。让自己的画受到欢迎从而卖出好价钱，对每一个金山农民画家，无疑具有非常重要的现实意义。

在画家采访和市场调查中，可以发现销售得较好的画，都具有很强装饰性的特点。具体来说，首先色彩漂亮，色调有对比，但又不能太强烈，因为对比过于强烈，居家装饰就显得刺眼。其次格调清新明朗、欢快喜庆，不宜太突出悲情色彩，否则作为装饰，就有点压抑甚至不吉利。一个例子是本土农民画家陈德华的画，题材多来自戏剧，如出自《白蛇传》的《巧遇》、《雷峰塔》等充满悲剧意味的剧目，色彩谨严而清冷，极有悲情感染力，尽管被很多专业画家看好，市场上却屡遭冷遇。再次，风格上诚然要有民间的“土”，但是又不能太土，太土也不受欢迎，最好加入一点现代元素，使作品显得“鲜”和“活”。其装饰，“好看”是第一位的，“艺术性”在于天成，特意追求反显刻舟求剑。有鉴于国外消费市场主要看重金山农民画的“土”，即民族和乡土风情，对于作者的名头以及作品的可复制性并无特别要求，金山农民画作品的价格同作者的声名无直接关联，获奖作品在市场上门庭冷落的情况比比皆是。这与一般艺术品市场中名与实的直接利益关系，有显著不同。

上述情况给金山农民画创作群体带来的直接影响，是农民画家为求稳定的经济收入，开始走高端市场路线和大众市场路线这两条迥异的路线。前者追求农民画的高价格，后者追求销售的大数量。在追求高价格方面，市场意识比较强的画家开始打出个人“品牌”，进行限量销售、拍卖销售、展览销售。例如，在枫泾古镇旅游景点开店销售农民画的高风、陈修夫妇，注册了“红胜火”品牌。他们对不同作品实行10幅到200幅限量不等的销售策略，以保证价格。陆永忠则通过国外画廊的经纪人、画展和拍卖行展开销售，其中一幅1米×1米的油画，拍到12万元人民币。在追求大销量上，典型的做法莫过于大量复制自己的作品，薄利多销，有的创作者一幅作品复制量可以高达400多张。甚至连创作者本人都不知道自己的作品究竟复制了多少。这样一种机械复制的状态，显然许多创作者也是不甚满意的。

在采访中，曹金根坦言：“我理想的生活状态就是安静的生活，稳定的收入，安心地搞创作，我不希望像机器一样每天重复，我其实不想这样做。真的是这样，现在是没办法。现在我就是为生活而去画，不是为艺术而去画!”

曹金根的感慨具有代表性。陈德华、潘辉文等一批老画家，坚持认为好销的不一定是好画，专家认可以及获奖才是好画。在卖钱和获奖之间，他们更注重后者。为生活去画呢，还是为艺术去画？看来艺术即便生不逢时，四处碰壁，依然不失为与生俱来流淌在我们血脉中的本能和梦想。但艺术在市场路线的全面冲击下的确显得无奈。市场路线表现为：其一，观察市场上销售得好的作品，通过综合、模仿、稍微改动甚至全盘照搬；其二，根据顾客的要求作画，包括题材、风格、数量等等，一概听从买方需求。顾客需要什么，就画什么。市场上什么卖得好，就画什么。是不是金山农民画无关紧要，紧要的是能够销出。金山农民画的艺术价值和市场价值，显然并不完全对等。依傍市场逻辑，不少画家认为，有人买，卖得出去才是好画，才是艺术，专家说好不算好，艺术要得到市场的认同。

艺术路线和市场路线的区别，应当说是显而易见的。前者是为画而画，追求金山农民画的原创性；后者是为市场而画，追求市场经济利益的最大化。前者具有不可复制性，具有鲜明的个人风格和创造力；后者是机械复制，薄利多销，模仿乃至抄袭。就创作周期来看，前者周期不稳定，耗时良久；后者则周期稳定，讲究打扑克。就趣味导向而言，前者可见出独立的民间艺术的审美追求；后者则追随市场趣味，注重装饰性。其最终目标也判然有别：前者期待自身艺术水平的提高和风格的形成，它的现实收入是不稳定的；后者期望占据最大的市场销售额，故具有相对稳定的经济收益。很显然，在市场路线的巨大吸引力面前，在很多优秀金山农民画创作者都自觉不自觉靠拢市场的现实面前，艺术路线的呼声是微弱的。或许它有必要反思自己的生存状态，推陈出新，走出适应市场路线的新路来。我们对以曹金根为代表的迁居在城镇的画家群进行分析，可以见出，该群体一般具有以下三个特征：

首先，他们都接受过金山农民画院的培训，曾经在金山农民画创作中表现出优秀的艺术才能。他们意识到市场标准和艺术标准之间存在不平衡，但即便在这一不平衡状态中，他们内心有纯粹追求艺术创作的冲动，也有艺术创作的潜力，但现实的压力，又使他们受制于市场路线。故此，一方面金山农民画的创作基本是以市场为导向进行生产，生产形式以复制为主；另一方面，作者根据自己和买方审美趣味进行创作，亦多见其例。

其次，金山农民画的创作成为个人和家庭的主要谋生手段，担负着维持家庭生计职能，农民画的创作，故而不是业余，而是职业行为。农民画家们的收入随金山农民画市场变化而变化，故而把握市场，对于创作的重要意义自不待言。金山农民画的销售渠道，基本以个人自主销售为主，画家有自己的客户群，农民画院的寄售量，在销售总量中比例日渐萎缩。

最后，迁居使得这一部分农民画家成为农村和城镇的“间际人”，他们从农村迁居到城镇居住，户口已经迁入城镇，故不能享受到农村农民的养老保险福利。他们在城镇没有依附单位或企业，也不能享受城镇居民的福利；面对复杂和不确定的未来生活，他们缺乏安全感，普遍存在身份认同危机。

以上三个特征或可视为市场路线的必然结果。走向纯粹的市场，走上以卖画为生的道路，同时意味着脱离农村和农村生活，这对于农民画创作无论是内容抑或形式上的民间性，势必产生深刻影响。由是观之，金山农民画离开土地，走上复制或任由市场左右的道路，因而失去与民俗、与土地、与真正的民间生活的联系，无疑是市场路线的一个负面效应。农民画由此改头换面，成为一种无深度的消费品。画家的创作不复来自自身的乡土体验和灵感，而是投合买方所好，苦心孤诣揣摩、猜测和捕捉市场趣味来进行创作，这或许是一种悲哀，但是，它未必不是当代文化转型时期的一种必然。或者说，农民画家背弃自己原生态的生活，投靠市场，恰是体现了这个群体在市场转型中面临的特殊风险。这种风险源于农民群体心理、市场规律、现代生活乃至中国民间文化中的特有因子，它肯定不是金山农民画创作群体单独面临的问题。毋宁说，它是今天我们每一个人所面临的经济问题、文化问题和社会问题。

故金山农民画面临的最终问题是：画家们到底该走什么道路，他们究竟应该画“金山农民画”，还是作为“金山农民”而画？前者意味着畅销和复制，意味着不必一定具有金山的乡土气质，只求表面上“像”金山农民画；后者意味着用金山农民的形式，画金山农民的生活，表达金山农民的生活和情感体验，以及金山农民的视觉审美风格。这条路站在金山农民的基点上，它当然是一条真正的“金山农民画”的发展道路。问题是，离开市场路线，这条美好的道路恐怕只能是纸上谈兵，画饼充饥。针对这一两难窘境，可以有所为的，首先应是地方政府。一方面，它责无旁贷，理当不计一时一地的投入与条件，扶助优秀的艺术作品；另一方面，引导农民画走文化产业的道路，充分发掘它的市场潜能，毋庸置疑亦为今日经济转型的必然。对此故意回避，只能是自欺欺人。金山农民画的缘起和发展，政府行为自始至终出演着重要角色，当此危机和困顿接踵而至的非常时期，相信地方政府对金山农民画可以有更为深入的关怀举措，而不是仅仅将它当成一个吸引眼球的旅游产品。

内容摘要：

金山农民画的诞生和发展都历经了地方政府的大力扶助，但是它扎根于本土民俗和乡村生活体验，形成自身的艺术语言和新的视觉表现形态。然而在传统社会发生裂变的当代语境中，因自身因素和外部市场生产机制渗透，当下金山农民画面临着诸多问题，陷入困境。走艺术路线抑或市场路线，这不仅是金山农民画，也是当代中国一切民间文化必须面对的现实问题。对此地方政府应能有所作为，应不计一时一地的投入与条件，扶助优秀艺术作品，引导农民画走文化产业的道路，体现人文关怀和市场潜能发掘的两相结合，是为明智。

关键词：

金山农民画；农民画家；农民画村；市场路线；文化转型

The Dilemma Faced by Jinshan Peasant Painting

■ Lu Yang　Zhao Juan

(Department of Chinese Literature, Fudan University, Shanghai 200433)

Abstract:

As a typical local cultural product in Shanghai, Jinshan peasant painting roots in the folk-custom of Jinshan, the south countryside of the metropolis, sponsored by the local government from its very birth in 1970's. With its unique, vivid artistic language and visual expression, Jinshan peasant painting has become the cultural proud of Shanghai shining out both dominant ideology and a market success. However, in the age of cultural transition, painting for art or painting for market's sake grows to be a keen question faced not only by Jinshan peasant painting, but also by all local or folk cultures in contemporary China. In this part, a wise policy for government could be giving stronger support to the cultural industry with market potential as well as a humanistic consideration.

Key Words:

Jinshan peasant painting; peasant painters; peasant painting village; marketing; cultural transition.

简论民歌的保护与发展

——以陕北民歌《三十里铺》的演变为例

■ 强东红* 陈春莉**

（南京大学 文学院 南京 210093；

咸阳师范学院 中文系 咸阳 712000）

《三十里铺》现有原生态民歌、官方改编民歌和新秧歌剧三个版本。后两者以原生态民歌为基础，利用了它的形式元素，但在内容上进行了较大改动，突出了主旋律，实际上已经与原民歌有很大不同，却以民歌的名义获得成功，并且在一定程度上推动了陕北民歌的发展。本文意欲对这种现象进行分析，探讨保护与发展民歌的途径。

一、民间的《三十里铺》

陕北民歌《三十里铺》是根据陕西绥德三十里铺村发生的一件真人真事编成的。在20世纪30年代后期，村里有一对青年男女郝增喜和王凤英自由相恋，但遭到封建势力的反对与阻挠，以失败告终。增喜先在父母包办下结婚，后来参军离开家乡，一年后凤英也嫁于他人。一些村民将这件在当时的陕北农村较

---

* 强东红，男，1971年生，陕西绥德人，南京大学文学院博士生，咸阳师范学院讲师，主要从事审美人类学研究。

** 陈春莉，女，1979年生，山东聊城人，文学硕士，咸阳师范学院讲师，主要从事文学理论研究。

本文为陕西省教育厅科研项目“陕北民歌与文化认同”（项目编号：09JK270）及咸阳师范学院科研项目“陕北民歌的认同机制研究”（项目编号：08XSYK203）的阶段性成果。

为少见的自由恋爱之事编唱成曲，并渐渐流传。后来一位村民移居到延安，此歌被采风的鲁艺工作者发现，视为反映自由恋爱的民歌进入纸质文献。

从鲁迅艺术文学院编选的《陕北民歌选》来看，《三十里铺》曲调在当时已经完全定型，歌词也多达17段，已成为一首具有地点、人物、时间和完整情节的叙事歌。[1](p.215)如阿兰·鲍尔德所指出的，民歌的叙事性、对称结构、俗套段落、简单韵律使其得以易记易唱和易于流传。[2](p.22)叙事性也是《三十里铺》得以在较短时间流行开来的一个重要原因，村民在歌唱中既可以玩味风流韵事，缓解他们自己在日常生活中难以实现的欲望，又可以轻松地从日常生活的单调节奏中解脱出来，并与其他村民实现交流和认同。歌词虽然多达17段，但内容朴素、结构对称、韵律简单，便于记忆。一些富有生活气息和地域特色的叠词，如“野鹊子喳喳”、“灰塌塌”和“神神”等，一些非常富有表现力的俗语如“好像猴娃娃过新年”，在纸质文本上看来平淡无奇，但在村民日常生活的小场合的吟唱中，却足以烘托表演气氛，长达17段的吟唱，看似简单地重复，却正可以充分展现歌手的口才与演唱技能。

这首民歌的流行也与其曲调简单易唱有关。与四句歌词对应的四个乐句中，第一句、第二句完全一样，第三句的后半句又与前两句的后半句完全一样，第四句又是第一句的较为复杂的变化。主旋律是纯四度音程的四次重复，前三句从$\dot{1}$到5，后一句从4到1。曲调也易于演唱，以高音宫（$\dot{1}$）起音，带有信天游惯有的舒展开阔的特色，为陕北歌手一张口就以其高亢嘹亮的嗓音吸引观众提供了机会，紧接着又重复加强一句，便于歌手充分发挥，第三句起音虽然还在高音上（$\dot{1}$），但马上一转滑落到了富有地方特色的中音4上，使歌手可以得到舒缓，也使得曲调带有变化。最后一句依然徘徊在中音部，为歌手下一段从高音开唱蓄势。而且，尽管曲调简单却不乏变化，显得悦耳动听。一方面多次重复强调起音和结音，形成一种规律性的内在节奏，给人一种稳定踏实感。另一方面又运用了一些环绕音来点缀，特别是变音4的陡然出现，显得既新奇又悦耳，具有强烈的渲染作用。在最后一节干脆以两个4音起句，调式已经与第一句不同，结尾看似是宫音，实际上已经成了另外调式的徵音。在节奏上还运用了切分音，最后一句运用了紧缩收拢的方法，以3小节而不是4小节作结，使歌曲活泼动听富有感染力。[3]

毋庸置疑，民歌《三十里铺》具有独特的魅力，但还要看到其局限性。从这首民歌的歌词来看，我们所看到的与其说是对勇敢大胆的自由恋爱的欣赏和赞扬，不如说是对现实生活中女主人公的痛苦的玩弄和戏谑。实际上，民歌的生产者在这里扮演的依然是鲁迅笔下的麻木的“看客”的角色，他们并非出于对自由恋爱的同情，而是出于无聊，以消遣的心态来编排所谓的风流韵事，并在此过程中，通过想象别人的隐秘之事来宣泄色情冲动和满足现实生活中不能满足的欲望。而且不管他们有意无意，《三十里铺》实际上多多少少隐含着封建的伦理观念，民歌在表现女主人公的痛苦之时，隐含着教诲与规训的意味，如果敢于出轨，就会遭到左邻右舍的耻笑甚至家人亲戚的责骂，以至于在现实生活中无立足之地。这一点可以从另一首广为流传的绥德民歌《凤英》中看得更为清楚。这首民歌更为直接地把凤英描述成一个生性放荡、妖艳迷人的风尘女子，她自作自受，最后得到的报应是未婚先孕，并生下找不到父亲的孩子。[4](p.86)而且，这种封建道德观念在现实生活中已经产生了强大的实践性力量。例如，王凤英就为出轨行为付出惨重代价，在爱情失败之后，因为没人再愿娶一个“放浪”的女人，不得不从交通便利、条件较好的三十里铺，嫁到偏僻落后的大山里的郝家洼，还要在乡人的指指点点和闲言碎语中度过漫长一生，并成为色情味极浓的广为传唱的黄色小调中的主人公，甚至连同子女都“脸上无光”，应该说这是非常残酷的事情。从现实生活中王凤英多次粗暴拒绝多位采访者、大闹绥德县政府阻挠新秧歌剧《三十里铺》的编排以及不配合中央电视台《想唱就唱信天游》的采访等事例，可以看出她对以前的自由恋爱之事是非常懊悔的。

二、官方的《三十里铺》

1952年，王方亮等音乐家受命组建陕北民歌合唱队，将民间的《三十里铺》改编为民歌无伴奏合唱。1954年随着合唱队在全国十大城市巡回演出取得空前成功，《三十里铺》遂响彻大江南北，成为陕北民歌的经典。

为了将《三十里铺》搬到大型舞台上演出，王方亮等人用力颇多。他们保留了民歌原来的旋律，但进行了一些调整。把独唱编为合唱，1、2、5段是领唱、哼唱、和声伴唱，又把3、4段由2/4拍改为3/8拍，这样在1、2段自由开阔地抒情歌唱之后，又衬以活泼欢快的歌唱，变化更为丰富，增强了演出效果，使其适于合唱团的大型表演。

合唱团在歌词改编上下了更大的功夫，把歌词由17段提炼为5段，使其纯化为主流文化的表达。[5]例如，男女恋爱已不再是重点，而成了群众支持亲人当兵参军的陪衬，歌词的叙事性也变得非常稀薄，个体经验已经转变成宏大叙事。歌词也对当兵参军进行了美化，实际上，普通老百姓在当时并不情愿当兵打仗，当时征兵大都是依靠行政命令摊派。这种美化显然掩盖了普通老百姓参军可能面临的分离、流血、伤痛、残肢甚至牺牲等现实问题。另外，在原歌中“四妹子”是鲜活的个体生命存在，对她那种欲说不能、有泪不敢流的痛苦心理的描绘，显得真实可感。而在这里“凤英”成为一个缺乏生命情感的高度形式化的符号，如她的“一心一意去抗战，革命胜利再相见”的革命觉悟，缺乏形成的根据，不合乎事理逻辑。在当时的传统社会语境中，即使是夫妻也不可能当众亲热，她也不可能在众乡亲们的面前以妻子的身份说“千言万言一句话，早把喜报送回家”，而且她所担心的可能更多的是亲人的安全，而不是所谓的“喜报”。事实上倒是原歌词更为可信，此时的“三哥哥”是别人的丈夫，她只能深藏苦楚远远地和默默地望着曾经的恋人离去。

改编《三十里铺》之所以称为民歌，是因为合唱团非常巧妙地利用了陕北民歌的形式元素。首先在歌手的选拔与培训上，王方亮等人的工作应该说是非常科学合理的。歌手是走乡串户从数千名陕北青少年中精选出来的，最后进入合唱团的只有 34 名，其中 30 名女孩，年龄最小的只有 15 岁，大都漂亮俊秀、嗓音甜美。合唱团对队员们进行了全方位的培养和训练，开设有政治理论课、文化课、声乐课、试唱练耳课、形体训练课。为了保持陕北民歌的淳朴风味，培训基地就扎在绥德清水沟村，队员不能学说普通话，也不能学美声唱法，还在绥德当地请来七八位民歌老艺人让队员学习观摩纯正的民歌。[6]经过四五年的强化培训，队员们在乐理知识和演唱技能方面有了长足进步，每名队员都可以演唱 400 首民歌和十多首改编的合唱曲目。实际上此时的队员已经不再是土里土气的乡野女子了，她们的文化水平和艺术修养都远非常人可比，她们在呼吸、发声、吐字和润腔方面，在演唱假声、滑音、颤音、喉音、嗖音和直音方面，在处理方言、衬字、节奏、韵律和自由音方面，都有非常熟练的技巧。如领唱《三十里铺》的马子清，据人回忆其“演唱虽然精雕细刻却丝毫听不出雕琢痕迹，自然清纯、平和沉稳、醇香厚道、回味无穷”。[7]其次，在实际演出时，用纯粹的陕北方言演唱，并用无伴奏的方式来表演《三十里铺》，突出了陕北特色和自然朴素的乡野特色。另外，演员的服装设计也煞费苦心，“演出服装是国家一级服装设计师夏亚一设计的，合唱团在她设计的多套衣服中选了三套，包括两套裤装、一套裙装，都非常有陕北特色，其中一套由周总理亲自审定，红绣花鞋，绿绣花边裤子，红绣花上衣配黑绣花兜兜，白绣花上衣配红绣花兜兜，头上还戴了一朵花”。[3]

经过这些外在形式的包装，《三十里铺》虽然远离了特定的社会历史现实，并没有表达老百姓的真实情感和内心世界，不是严格意义上的民歌，却以民歌名义大获成功。据回忆，巡回演出时，民歌合唱队是最受欢迎的节目之一，刚开始节目被排在前半场，因为极受群众欢迎，很快作为压轴节目被调到倒数第二，每次演出都在热烈高潮中结束，谢幕达五六次。合唱队后来在中南海怀仁堂给党和国家领导人演出时也获得了成功，中央电影制片厂还专门拍了纪录片，在全国播放。[6]

官方《三十里铺》非常巧妙地利用了民歌的形式，传达了主流文化的诉求，将现实状况和革命历史合理化，却在一定程度上遮蔽了历史现实中的不合理的一面，遗忘了普通老百姓在剧烈的历史转型期所遭受的痛苦与牺牲。但饶有意味的是，它在历史上却发挥了积极的和建设性的作用。

在新中国成立初期，许多有延安经验的同志，大都对陕北这块土地怀有一种恋旧情绪。延安岁月是一段辉煌时期，共产党及其军队就是在这块贫瘠的土地上壮大起来，走向全国并最后取得胜利。延安时期虽然成为过去，但过去从不会消失，而是总会融入现在，并影响现在，甚至对未来发挥作用。“一草一木总关情”，他们对延安和陕北的人事景物倍感亲切。就文艺演出而言，他们一时还不能与钢琴独奏、美声唱法或民乐合奏发生共鸣，而朴素自然、悠扬舒展的陕北民歌合乎他们的口味，满足了这种怀旧需要。舞台上所展现的过去景象，又激起他们对自己从事的革命工作的认同感，是他们给人民带来幸福，人民也拥护他们，从而产生一种强烈的自豪感。就其他民众而言，高度形式化的陕北民歌是一种非常陌生的美，散发出浓郁的原野气息，宛如天籁，清新悠扬，又充满热情与希望。而且这是从革命圣地延安而来的歌，那是一片神奇古老、粗犷雄浑的土地，舞台上所呈现的漂亮秀美和大胆多情的陕北女子形象又与那片土地和在那片土地上展开的革命岁月相联系，在他们对演出和音乐产生认同之际，也就不知不觉地会对革命事业和社会主义政权产生认同。而且音乐艺术的特殊性在于，它是流动弥漫的，与人的关系密切，可以浸透到人的身体，更能感染打动人，而且并不特别依赖于主体先在的特殊修养和文化修养。因此音乐最容易弥合消除距离与界限，如迪萨纳亚克所说：“音乐提供了融化自然我与他人之间的人为界限的最简洁、最省力甚至也是最自然的溶剂。音乐可以把广大听众团结起来。通过音乐的手段，一种超个人状态被创造了出来，歌手和听众可以在其中结为一体，加入一种共同意识、一种共同的思维、态度和情绪模式之中。”[8](p.173)当广大民众对民歌演出鼓掌致意时，实际上已经在表示对社会主义政权的认同和拥护。对于陕北人而言，尽管《三十里铺》已经远离他们的真实生活，但随着合唱队的演出取得空前成功，也加强了他们对本地区的文化与历史的认同感和自豪感。甚至就连歌中的女主人公王凤英，因为当地政府要利用《三十里铺》这张名片来发展经济，也在2004年9月领上每月600元的生活补助。

三、新秧歌剧《三十里铺》

在近几年，为了以文化促经济，绥德县政府决定把三十里铺作为一项文化品牌来开发，在2004年秋组织黄土地艺术团重新编排秧歌剧《三十里铺》。2005年初，该剧在绥德上演，同年9月在西安参加第四届陕西省艺术节，产生了一定影响。其剧情依然基于原《三十里铺》，却对内容作出重大改动，加强了主旋律，突出了戏剧性。故事发生在抗日战争初期，凤英与李双喜两位恋人青梅竹马、情投意合，他们的恋情也得到革命群众的理解与支持。这些群众具有很高的思想觉悟和革命热情，他们热切地支持亲人参军入伍并东渡黄河抗日救国。凤英没有爹娘，但有一个爱抽大烟的养父高老五。他一心想卖掉凤英换钱抽烟，故趁双喜抗日上前线之机，与地主婆米巴秀合谋欲把凤英卖给其侄子米福贵。他们利用凤英生病卧床不起之际，请了巫师来折磨诱逼凤英，但遭到凤英的强烈反抗。通过一系列斗争，在张区长和众多村民的帮助下，凤英盼到前线归来的双喜，最后坏人受到惩罚，有情人终成眷属。单纯从剧情来看，秧歌剧缺乏艺术感染力。虽然本地的编剧人员已经极尽想象之能事，但剧情还是非常简单，程式化的东西非常明显，人物性格单一扁平，大都是概念化的产物。主旋律没有用艺术的手段呈示出来，在当代语境下，这种宣传手法已经难以感染观众，让人觉得索然无味。

秧歌剧的看点在于其形式。剧中的唱词、道白基本采用了富有地域特色的陕北方言，而且大量采用了信天游、民间小曲、顺口溜、俗语、谚语、歇后语、口头语和说书里的唱曲，这些在日常生活中富有表现力的地方性语言形式，放在舞台上依然极具点缀效果。其次剧中的动作较为独特，采用了多种陕北民间文艺表演形式，如二人转、二人场子和大秧歌等各种各样的花样繁复和变化多端的舞蹈动作，还吸收了晋剧中的一些步法和程式化的动作，并不缺乏观赏性。演员虽然不过是县剧团的成员，但演技也可圈可点，如女主角凤英的唱、说、眼神、姿态、舞蹈和步法都非常人所能及。而最好的演员可能是福贵，他显然是一个插诨打科的丑角形象，他的极度夸张的结结巴巴的道白，张口就来的酸溜溜小调，和看似笨拙僵硬实际上难度极高的动作，颇能惹人发笑。秧歌剧的舞台背景、生活场景和演员的穿着打扮也颇为讲究，如山川河流、远梁近峁、小山村、窑洞土炕、井台戏楼、白羊肚手巾、碾子磨台、门窗和窗花等一定程度上展现了黄土风情的神秘诱人的魅力。

出于打造文化品牌的目的，陕西省相关部门给予该剧密切关注，秧歌剧中所展现的黄土风情和陕北民歌的魅力让他们觉得大有文章可做，于是决定将该剧作为全省的重点剧目来抓，并确定对剧本重新加工。2006 年 3 月，省委宣传部召集省内专家对剧本进行讨论，认为剧本应推倒重编，其原因可能是如前所述的剧情简单，艺术性较差，而县剧团的整体水平不具有“更上一层楼”的空间。同年 6 月，省委宣传部与榆林市文化局按照“高起点，高层次，出精品”的原则，决定另外聘请专家、专业演员和相关专业人员编排另一个陕北秧歌剧《米脂婆姨绥德汉》。也就是说，秧歌剧《三十里铺》最后被放弃并搁置起来，绥德县政府借助它“走出陕西，走出国门”的希望成了泡影。这对于绥德黄土地艺术团也是一个重大打击，毕竟维持剧团的运转需要一定的资金。在这种情况下，剧团把目光投向了农村市场，开始在农村巡回演出，以取得一定回报。

饶有意味的是，受到官方冷落的《三十里铺》，却在农村市场大受欢迎，行情火爆。在陕北广大农村，在十多年来的发展经济的浪潮中，地方政府在文化建设上投入严重不足，一些原有的露天电影、说书、唱戏等群体性的文娱活动基本消失，村民们除了看频道单一的电视之外，基本没有其他娱乐活动，秧歌剧的出现适得其时，正可以调解单调乏味的生活。而且，与其他农村戏班子相比，《三十里铺》更为吸引群众，这是因为，经过一定训练的演员的表演基本功要比一般的农民演员更为扎实一些，剧情也不再是那种离现实生活更远的才子佳人、帝王将相的故事，语言方式更为贴近群众的日常生活。更重要的是，秧歌剧是陕北民歌、秧歌、顺口溜、快板等多种陕北民间文化的大烩萃。近几年来，急剧迅速的现代化过程已经摧毁了前工业时代的集体生产方式，村民大都过着个体化的小家庭生活，很多青壮年大部分时间都出门在外打工，难以再像以前那样生产民歌。在现代技术包装的流行歌曲等大众文化甚嚣尘上的语境下，这些朴素的下里巴人的民间经验已经渐渐成为记忆，淡出广大民众的视野。忽然在这里看到了既熟悉亲切又陌生新奇的经验形式，村民们自然觉得赏心悦耳，从而产生对他们自己的传统文化的认同感，在秧歌剧演出前后，村民们和孩子们又开始吟唱一些民歌小调，这说明秧歌剧也有益于民歌的保护与发展。

四、结论

不难看出，后两个版本依然采用了原生态的形式元素，只是在内容上做出重大调整。这固然是因为歌词原内容不能满足主流文化的需要，但也要看到，原歌词所表达的道德、爱情和风俗习惯等已经缺乏现实基础，单纯固守坚持已经没有意义，因为它是衰落过时的意识形态的产物，具有狭隘性、局限性和落后性的特点，难以融入当下的现实生活。两个版本的成功也说明歌词内容可以随着现实生活的变化而变化，对旧歌词进行加工转化不仅不破坏反而会促进民歌的发展。

后两个版本的成功也说明，只要保留了民歌的形式元素，就不影响其作为民歌发挥作用。民歌的形式与内容不同，它是由地域风貌、气候特征、族群文化、风俗习惯、方言特色和音乐构成等多种因素在几千年来日积月累的过程中相互作用而形成的，形成时间非常缓慢，形成之后就不容易变化，具有稳定持续的特征。民歌形式一旦形成，就具有一定的独立性，可以不依赖于内容而独立存在，也可以脱离原来的社会历史语境和现实土壤，负载容纳其他不同的新的内容。这种经验形式也积淀蕴含着丰富的社会历史内容和集体情感能量，一定程度上与广大民众在心理情感结构上是同构的，极容易与他们发生心理共振。因此尽管官方的两个《三十里铺》都远离老百姓的真实的现实生活，但由于保留了方言、衣服和场景等外在的形式元素与民间的音乐形式，它们依然受到广大群众的欢迎。

官方改编本的问题在于，其内容只不过是利用了语言、旋律、调式、物品、场景等老百姓熟悉的一些形式要素，并没有展现老百姓的真正的日常现实生活，并没有表达他们的真正的精神需求。在我看来，让民歌完全融入老百姓的当下的日常生活可能是发展民歌的一条重要途径。如前所述，民歌的形式具有容纳新的内容的能力，当然也可以利用其反映当下的普通民众的劳作、休闲、爱情、嫁娶和生老病死等日常生活，展示他们的担心、无奈、忧愁、痛苦、恐惧、希冀、憧憬、喜悦与快乐等情感世界。这样，民歌这种老百姓喜闻乐见的形式就能更贴近他们的日常生活，表达他们的真正的精神需要，成为他们可以真正地享受的文化。这种经验形式不仅可以娱乐群众，而且可以激活他们的潜能，将其从散漫无序的状态组织成有序集中的状态，从而转化为改造现实生活的精神动力。目前的中国，现实问题非常复杂，在现代化的过程中现实生活是沉痛惨淡的，而且在社会急剧转型期间，为历史牺牲的往往是那些被边缘化的底层的老百姓，他们的生活本身就充满激烈的对抗、碰撞和矛盾冲突，如果民歌以其为现实基础而不是以观念为基础，可能会更富有悲剧意味，更能产生震撼人心的艺术效果，就不需要再去虚构不符合生活逻辑的故事情节。

总之，保护与发展民歌的重要途径可能并非固守其原来所负载的内容，而是继承、吸收和转化其古老稳定的形式元素，并以这种具有广泛群众基础的经验形式表征老百姓的当下的日常生活，表征他们的真实的情感世界。

参考文献：

[1] 鲁迅艺术文学院．陕北民歌选［C］．大连：大众书店，1948.
[2] 阿兰·鲍尔德．民谣［M］．高丙中译，北京：昆仑出版社，1993.
[3] 杨洁明．从《三十里铺》谈起［A］．刘育林．陕北民歌研究论集（一）［C］．西安：陕西人民出版社，2004.
[4] 马保信．中国陕北民歌经典［C］．西安：三秦出版社，2007.
[5] 王方亮．三十里铺［A］．北方音乐［J］．2004（12）．
[6] 王梅．陕北民歌——我的魂：忆中央歌舞团陕北民歌合唱队［A］．刘育林．陕北民歌研究论集（二）［C］．西安：陕西人民出版社，2007.
[7] 刘育林．20世纪30年代后陕北民歌的发展［A］．刘育林．陕北民歌研究论集（二）［C］．西安：陕西人民出版社，2007.
[8] 埃伦·迪萨纳亚克．审美的人［M］．户晓辉译，北京：商务印书馆，2004.

内容摘要：

从陕北民歌《三十里铺》的演变可知，民歌的内容可以随着现实生活的变化而变化，民歌的形式可以脱离原来的社会历史语境，负载容纳新的内容。保护与发展民歌的重要途径可能并非固守其原来所负载的内容，而是继承、吸收和转化其古老稳定的形式元素，并以这种具有广泛群众基础的经验形式表征老百姓的当下的日常生活，表征他们的真实的情感世界。

关键词：

三十里铺；陕北民歌；民歌形式；日常生活

On the Preservation and Development of the Folk Song in the Modernized Period

——Based on an analysis about the developing history of a folk song of the North of Shaanxi

■ Qiang Donghong Cheng Chunli

(Chinese Department of Nanjing university, Nanjing 210093)

Abstract:

From the developing history of *Thirty Mile Village* about which there are three different editions, we can know that the content of folk song may vary with reality life. It would perform the role of folk song if only it persevere folk form. And the form of folk song is able to break away its social and historical context and contain another new content in another context. So it would serve to help the preservation and development of the folk song if we put folk form into and accommodate everyday life of most of peasants.

Key Words:

Thirty Mile Village; folk song of the North of Shaanxi; folk form; everyday life.

旅游经济与纳西族舞蹈的发展

■ 陈元贵*

（安徽师范大学　文学院　芜湖　241000）

旅游经济对于民族民间艺术的发展究竟是机遇还是厄运？这向来是一个颇富争议性的话题。乐观者认为，当地居民可借此制售大量的艺术品从而改善自身生存境遇，还可借物质利益这一杠杆来改变某些技艺后继无人的窘况，甚至可以通过艺术活动来增强他们的民族认同感；悲观者则认为旅游经济的发展会打破既有艺术的生态环境，戕害其背后的精神图式，由此导致民族民间艺术的地域特性、文化特性丧失殆尽，甚至衍生出一些伪民俗、伪民间的艺术样式。但具体情形究竟属乐观还是悲观，恐怕并不能一概而论，还需放置到具体的文化情境中，针对具体的文化事象来进行剖析。在这里，我们姑且以云南纳西民族舞蹈的发展为例子，透视它和旅游经济之间的关系，并为旅游经济背景下民族民间艺术的传承与保护问题作管中窥豹式的解析。

一

根据《纳西族古代舞蹈和舞谱》的叙述[1](p.6－28)可知，纳西民族舞蹈不仅历史久远，而且种类繁多。在该族舞蹈的历史进程中，各类舞蹈逐渐从民间舞蹈这一母体中分离出来并彰显出自己的独特地位。洎乎近代，经历过多次文化重组与社会重组之后，不少传统的舞蹈样式已从公众视野中消失，剩下的主要是

---

* 陈元贵，男，1976年生，安徽省宣城人，文学博士，安徽师范大学文学院副教授，主要从事艺术人类学与文艺美学研究。

民间舞蹈与东巴舞两大类。前者多指自娱性歌舞，普遍流传于民间；后者则指东巴教跳神时的唱念乐奏和舞蹈，掌握在人数甚少的东巴、达巴巫师手中。二者之间的关系在于："东巴舞蹈原以民间舞蹈为基础，在东巴教形成以前或形成之初，二者本无区别。部落群体舞亦即民间舞被纳入东巴教祭祀礼仪之后，才出现人界舞（民间舞）与神界舞（东巴舞）的分别。然而，东巴教的原始性决定了它对原始艺术无排他性，相反地，它要用民间艺术的养分来延续、滋养它自己。所以民间舞一直是东巴舞赖以植根的土壤，反之，东巴舞又起了保存传统民间舞的作用"，[1](p.2)二者相辅相成达到共同发展。而在纳西民族走向现代化的进程中，尤其是随着旅游经济的发展，这两种类别的舞蹈均不可避免地要面对被重新改造的命运。

现代旅游业在纳西族居住地区（主要是丽江）的迅猛发展，始于20世纪90年代中期。经过前后十几年的精心打造，丽江先后获得全国文明风景旅游区、世界上最令人向往的旅游目的地以及全球人居环境优秀城市等一系列殊荣。继1997年古城申报列入世界文化遗产名录成功后，三江并流和东巴古籍文献也申报成功，分别列入了世界自然遗产和世界记忆遗产名录。旅游综合收入由1995年的3.26亿元增加到2005年的38.59亿元，旅游业的总产值占丽江国民生产总值的46%；游客年接待量也由1995年的84.05万人次增加到2006年的460.09万人次，且在最近两年依然保持着增长态势。[2]丽江旅游业的成功经验被云南省旅游界称为"民族文化和经济对接"的"丽江现象"、"世界遗产带动旅游发展"的"丽江模式"。在旅游业高歌猛进的同时，丽江市政府的领导者也一致认为，文化是旅游的灵魂，发展旅游业必须打好文化牌。由此，应"进一步推动旅游与文化的结合，不断创新纳西古乐、东巴文化、摩梭风情、丽水金沙等知名文化品牌，以一批富有时代特色和地方民族特征的文化旅游精品，打造文化旅游名市和知名旅游品牌"。[3]

在这样的社会大背景下，纳西民族舞蹈的重塑与重组也就不可避免了，这种变化主要体现在以下两个层面：首先，模糊了东巴舞与民间舞蹈之间的界限，并由此消解了神圣与世俗之间的差异，这对东巴文化的未来发展显然弊多于利；其次，民间舞蹈被重新包装，由自娱走向娱人，舞台化特征日趋明显，舞蹈的民族性与民间性则日渐消退。

二

东巴舞的变迁常系于东巴教，因为前者多为后者服务。而学界一般认为，东巴教成形于唐代，发展于宋代，繁荣于元明，衰落于清末及民国。东巴教的每次转换，自然带来东巴舞蹈的相应变化。比较突出的例子就是20世纪中期随着民主国家的建立，由政治整合带来文化整合，传统的东巴教所赖以存在的基础被扫荡殆尽，直到中共十一届三中全会落实了宗教政策和民族政策之后，东巴们才重新开展一些小型的祭祀活动。而经过几十年的中断，不光笃信东巴教的人群微乎其微，会跳东巴舞的更是少之又少。

东巴舞在20世纪晚期又被重新拾起，但主要原因并不是东巴教信者日众，而是缘于旅游经济的强劲驱动。而往日的信仰基础早已不复存在，这种重新演绎充其量也只是一种现代化的舞台表演。比较有说服力的例子就是在丽江古城中心有一个名叫“东巴宫”的地方，其特色在于表演东巴在祭祀时如何念诵经文，再现那些祭祀活动中的舞蹈。传统社会中的祭祀活动多有特定的时间、地点、目的以及参加的人群，而现在，只要买了门票进了这个叫东巴宫的地方，就有机会一开眼界。“东巴不再是沟通人神的中介，舞蹈也不是娱神而是娱人。大多数游客汇聚此地只是为了获得一点这方面知识或是一种陌生而又新奇的体验”。[4](p. 171) 事实上，很多地区的民间传统活动已逐渐被盈利性的旅游演出所替代，东巴舞中掺杂了很多观赏性的东西，早已与它的原生形态相去甚远。

与这些情形形成鲜明对照的是：现在只有在许多交通不便、还远远没有被当做旅游资源开发的地方，东巴舞才能很好地保存下来。老东巴们尚能恪守传统，认为东巴舞并不能随便表演，即使要单独表演，也只能跳给来村里调查的研究人员看。平时如果随便跳东巴舞，仪式中的神灵就会惩罚跳舞的东巴，东巴的威灵也会受到影响。此外，东巴舞中最基本的东西也是不可改变的，必须按照师傅一代代传承下来的规矩来跳。[5](pp. 177,151)

针对东巴舞在旅游经济时代所遭遇的尴尬局面，我们认为：舞蹈与宗教之间向来联系紧密，以往学者对此也多有论说，[6](pp. 82－84) 朱狄先生就曾明确指出：古代祭礼仪式最普遍的形式是舞蹈，仪式中的舞蹈能和其他各种艺术手段一起，组合成一种社会性非常强烈的文化结构，它们不仅作为传递神意的工具使祭礼的意义变得更清晰、更容易接受，同时也在神的名义下强化社会共同体成员之间的相互关系。而反过来，仪式上的各种“审美”因素又能对人类原始的审美经验产生强烈影响，这些最初的审美经验似乎可以称为人类普遍性的审美原型，“正是在这种原型的基础上，后来的文化和文化行为所需要的全部技巧才能增枝添叶”。[6](pp. 93,98)

正因为舞蹈与宗教之间这种相辅相成的复杂关系，所以，当宗教舞蹈在物质利益的驱使下而抛弃信仰走向舞台时，演出的主体、时间、空间、目的也就发生了一系列的转化。不仅东巴舞蹈在一定程度上抽离了其自身所蕴含的宗教意义，东巴舞的仪式性和神圣性减弱，文化内涵遭到消减甚至是替换，而且东巴舞的主体（东巴）在动作审美观念上也会尽量迎合观众的审美情趣——动作的幅度失去了以往因场地的不固定和相关宗教活动的种类繁多而带来的生动性与创造性；动作的力度因不再与杀鬼有关而变得流于形式，失去了以往的“刚、重、快”特征；动作的风格也因舞者心态的变化和宗教情境的淡化而不再粗犷和古朴。[5](p.172)缘于这些变化，东巴舞与纳西民间舞蹈之间也不再判然有别，神圣与世俗之间的界限也就变得模糊甚至被消解，这对整个东巴文化的发展自然是弊多于利。

三

相对于东巴舞而言，纳西民间舞蹈的历史肯定更为久远，只是因为年深日久，很多舞种都早已失传。现在的纳西民族中最为流行的舞蹈当属打跳，此外还有“热美蹉”、阿默达、阿仁仁（又译“哦热热”）、阿丽哩、“勒巴蹉”、麝篥舞和葫芦笙舞等各种形式，它们在旅游经济的影响下也呈现一些新的变化。

单以纳西族最重要的传统节日“二月八”节为例，它在每年旧历的二月初八举行，历时三天，当中要举行祭祀自然神、求子、野炊、跳舞、对歌、赛马等等活动。曾有学者调查白地村与丽江市内的小学生对这一节日的印象，前者因所处地理位置比较偏僻、纳西文化保存得很好，受调查的小学生均知道、且均参加过这一节日，而且他们对节日中的舞蹈的了解也比较接近事实本身——舞蹈是由品德好又善歌舞的人在人群中吹奏一种乐器来伴奏的，跳舞者手挽着手而且手中没有任何道具。而在被调查的丽江市区小学生中，知道“二月八”节的只占37%，而曾经参加过的只占2.7%。他们对这一节日的印象，主要来自当地旅游部门对游客的宣传和表演。所以，在他们看来，节日中的舞蹈是由录音机伴奏的，舞者之间并不牵手而是拿着丝带和手鼓之类专为表演而用的道具。至于丽江市第一中学的学生，他们在向游客表演纳西民间舞蹈时，也会在着装和动作上偏离传统很远，而更让人担忧的则是他们认为这种被改造过的样式其实是纳西民间舞蹈本来就有的面貌。[7](pp.87－89)至于在四方街举行的歌舞活动，则常常变成游客猎奇的场所，有时甚至因舞蹈参与者过多而在年轻人中造成口角乃至暴力事件。[8](pp.50,54)

针对游客的猎奇心态，也有纳西学者从本民族的立场出发表达了不满情绪，认为少数民族的舞蹈重在娱己而非娱人，这样的情形同样适用于纳西民族。[4](p.140)这一批评或多或少道出了民间舞蹈的原初意义，作为最古老、所借助的材料（人体）也最为简单的艺术门类，舞蹈几乎从它最初起源的时候就带有很强烈的自我娱乐与自我表达性质（在沟通神人世界之外）。古人所说的“舞以宣情”、“舞以咏志”，何尝不是对当时舞蹈价值的真切表述！但我们也不能完全否认纳西民间舞蹈中的娱人成分及表演因素，前面已经提到的丽江一中的歌舞表演队自不必说，单是四方街的歌舞，难道就没有人为组织的痕迹吗？四方街的歌舞在新中国成立之后很长时间内都被禁止，80年代又曾因商业兴盛而被众多摊位占据了场地。之所以能在最近几年被重新展现出来，很难否认政府有着向游客展演的心态。丽江古城保护管理委员会（现已升格为管理局）从2002年成立之时起，就已自觉担负起保护和弘扬丽江古城民族文化的责任。在他们所采取的各项措施中，就明确写有这样一条："安排专门的资金，支持、鼓励丽江的本土文化人士从事民族文化的传承、弘扬、展示等活动。目前已有一大批本土文化人士在古城内从事各种民族文化活动，如：民族歌舞表演队，每天在四方街开展各种民族民间的文化活动，既丰富了古城内老年人的生活，又展示了丰富多彩的本土文化，成为了古城一道靓丽的风景线……"[9]这样一来，纳西民间舞蹈本不具有的"文化秀"色彩，在四方街歌舞活动中却遭到人为的嫁接。民间舞蹈的主体、演出的时间与空间均已发生变化，舞蹈的目的也从自娱自乐走向表演，并带上或多或少的功利目的。由此，所谓的民族性与民间性是否依然存在也让人生疑，不仅它和汉民族舞蹈的一些异质性因素已被剥离，而且它和都市舞台上展演的所谓"精英文艺"之间似乎也看不出多少差异。

四

纳西民族舞蹈在旅游经济时代所遭遇的两难选择并非特例，放眼世界历史，很多民族都曾在现代化的进程中为如何延续与传承本民族传统文化、传统艺术的难题而困扰。在文化被日益严重地商品化的背景下，若还想极力维护"文化的真实性"，多少都有点螳臂当车的意味。近些年，围绕纳西民族舞蹈乃至纳西文化的传承与保护问题，不少学者提出了形形色色的建议，有关部门也采取了各种各样的措施。但这些建议和措施的效用究竟如何，可能还需要时间的检验。而就目前来看，其前景不是那么让人乐观，尤其是对于东巴舞而言。说到究竟，东巴舞蹈的保护和传承与它所赖以生存的文化生态环境息息相关，"作为一个整体存在的文化，东巴舞蹈必须有其生存的生态条件、生计方式、婚姻家庭和亲属制度、政治组织、法律等方面的配合"。[5](p. 176)而在现代化的进程中，科技的昌明、资本的力量无孔不入，再加上国家意识形态的强势地位，这一切都使得东巴文化的变迁无可避免，而与之相应的东巴舞的现代转化也必定非人力所能阻挡。所以，无怪乎现有的一些民族民间艺术的保护措施，会被某些学者讥为"无土栽培"、难以长久。

对比东巴舞因整体文化生态环境的变化而导致的传承维艰局面，纳西民间舞蹈在旅游经济时代的发展前景可能会相对乐观一些。而这，或多或少缘于民间艺术的"消费"特性。较之文人艺术、宫廷艺术以及宗教艺术，民间艺术更天然地倾向于成为娱乐消费的对象，因为它的起源在本质上就有着原始人类借以娱乐、消遣、休息和放松的成分。而在它的发展过程中，这种动机和愿望又一直是基本的推动力之一。从消极的层面说，民间艺术的消费特性会破坏民间艺术的淳朴风格，催生出一些粗制滥造的作品，还会让民众缺少审美的新鲜感，甚至审美过程中的兴奋和期待也常常会被是否物有所值的价值心态所冲淡。但从积极的层面说，民间艺术的消费特性能让一部分民间艺人想方设法从风格内涵、技巧手段、形式美感等各方面超越一般的自然生长、自娱性质的民间艺术，从而提供具有较高观赏性的娱乐样式。[10](pp. 270,318−319)也正因如此，纳西族民间舞蹈的发展前景应该依然广阔。

但我们也免不了会担心，或许过不了多少年，在旅游地所展现的那些民族民间艺术，很大程度上只是关于远古世界的"美好想象"，参观者误以为那是该民族原汁原味的艺术范例，而当地居民却一点也看不出来这些艺术样式和他们的传统文化究竟有多少联系。只有活动的组织者与运作方才真正清楚：什么也不是！但我们也无须对纳西民族舞蹈的未来发展过于悲观，因为，在整个纳西族繁衍生息的历史上，遭遇文化转型也属常事。其中比较大的就有三次：元明时期，结束"酋寨星列"的部落生活状况，被纳入到国家大一统的政治格局中；清代"改土归流"，由领主经济过渡到地主经济，儒家教育与汉文化广泛兴起；20 世纪 50 年代之后，社会体制发生重大变化，新的文化形态不断被输入。每次文化转型都会造成纳西族各种艺术样式的崭新变革，但也总有某些传统能根深蒂固地延续下去。所以，我们有理由相信，纳西民族舞蹈定能与该民族的生长繁衍史相伴始终。而这，也是由民族民间艺术固有的集体性、传统性所决定的。

参考文献：

[1] 杨德鋆等．纳西族古代舞蹈和舞谱［M］．北京：文化艺术出版社，1990.

[2] 新华网云南频道．丽江旅游发展状况［Z］．http://www.yn.xinhuanet.com/topic/2007−09/28/content_11286733.htm.

[3] 张祖林．加快丽江旅游业发展的思考［J］．社会主义论坛，2006（10）．

[4] 李劼．丽江纳西族文化的发展变迁［M］．北京：中央民族大学出版社，2007.

[5] 冯莉．东巴舞蹈传人——习阿牛、阿明东奇［M］．北京：民族出版社，2007.

[6] 朱狄．信仰时代的文明——中西文化的趋同与差异［M］．北京：中国青年出版社，1999.

[7] 廖冬梅、张诗亚．丽江的旅游开发对传统纳西文化传承的影响［J］．民族教育研究，2006（4）．

[8] 杨波、陈铭道．音乐事项个案研究——2003 年 12 月 2 日晚，丽江古城四方街的"甲磋"［J］．中国音乐，2007（2）．

[9] 郑建苹等．活着的古城，永远的丽江［N］．中国建设报，2006−3−16（3）．

［10］王毅．中国民间艺术论［M］．山西教育出版社，2000.

内容摘要：

旅游经济对于民族民间艺术的发展可谓利弊互现，单就纳西族舞蹈而论，旅游经济的影响主要有二：首先，模糊了东巴舞与民间舞蹈之间的界限，并由此消解了神圣与世俗之间的差异，这对东巴文化的未来弊多于利；其次，民间舞蹈被重新包装，由自娱走向娱人，舞台化特征日趋明显，舞蹈的民族性与民间性则日渐消退。在全球化背景下如何维护与传承民族民间艺术并力避中心化与同质化，须有赖于各方力量的综合作用，但总体情形不容乐观。

关键词：

旅游经济；纳西族；东巴舞；民间舞蹈

Tourism Economy and the Development of Naxi National Dance

■ Chen Yuangui

(College of Liberal Arts, Anhui Normal University, Wuhu 241000)

Abstract:

Tourism economy brings both advantages and disadvantages to the development of national and folk art. While we just discuss the national dance of Naxi, influences made by tourism economy are mainly focused on two aspects. Firstly, Dongba Dance is mingled with folk dance and the difference between sacredness and secularity is deconstructed. It is rather harmful than useful to the future of Dongba Culture. Secondly, folk dance is newly packed and begins to amuse others instead of oneself, and characters connected with performance become more and more evident while those connected with nation and folk are retreating. In the globalization background, how to protect and descend the national and folk art and try to avoid being centralized and assimilated is up to complex efforts. But the whole situation is not optimistic at all.

Key Words:

tourism economy; Naxi nation; Dongba Dance; folk dance

论中国美学的方法问题

■ 朱存明*

（徐州师范大学　文学院　徐州　221116）

我们这里要探讨的是中国美学的方法论问题。中国美学的概念已经被学术界普遍承认并被广泛使用，但这个概念的内涵仍然需要进一步明确。在美学的术语前加上中国两字表明这里的美学是“中国”的，而不是外国的。“中国”是一个限制词，指其美学所在的地理的、政治的等范围。问题接踵而来，美学是可以分为国别的吗？如果说“中国美学”的概念可以成立，那么就应该有别的国家的美学，如美国美学、法国美学、印度美学等等。一般认为，美学是一个探讨美的规律的普遍有效的学科，它的特性是对人类普遍审美经验的有效的概括，似乎不应该把美学按国别来划分。如康德的《判断力批判》、黑格尔的《美学》，并不仅仅是德国式的，而是对一个人类共同面对的审美问题的探讨，所以才能称“学”。这是在“学”的层面上看问题。有时我们把以康德、黑格尔代表的美学称之为德国古典美学。[1]美对人类来讲是有普遍性的，但对其的探讨则有时代、民族、国家、地域等的地方性的不同，所以“中国美学”的概念又是可以成立的。就像我们有语言的概念，但具体的语言则有中文、英文、俄文、法文一样。“中国美学”是一个整体的概念，不是偏正词组的“中国”的“美学”。前者指一个在近代产生的，在中西文化交流中形成的不同于中国传统美学的“审美现代性”的一个事件。后者指中国人从古到今的有关美学的种种言说，如《中国美学史》[2]中“中国美学”的概念。

---

* 朱存明，1956 年生，男，徐州市人，徐州师范大学文学院教授、博士、硕导，汉文化研究院院长。

学术界已经有人区分了“美学在中国”与“中国美学”的界限。中国古代是没有现代意义上的美学的，美学在中国是中国社会现代化的产物。中西文化在近代相互碰撞，“美学”在西学东渐中被引进来。在中国知识界开始翻译介绍西方美学，但这并不是“中国美学”。“中国美学”是在中国现代化的运动中，知识分子在中西美学的交流中，从本民族的历史条件出发，在吸收中外美学遗产和对现实的境况反思中形成的美学理论。“中国美学”是对自身审美现代性问题的理论反思。因此“中国美学”的概念是基于中国问题，吸收外国美学理论，由中国人所创立的不同于中国古典美学的一种新的知识类型。从时间上看，“中国美学”是19世纪末发生，经过20世纪，在21世纪继续发展的一种美学体制。体制一词指的是“美学”在现代学校制度下形成的学科规范和学术规范下“学科建设”中形成的学科制度，如设有专门从事美学研究的专家、学者、教授，通过研究，出版学术著作，召开学术会议，培养学位人才等的一套操作方法和规范。

这样看，中国美学既是一个逻辑性的概念，又是一个历史性的概念。“中国美学”是百年来中国社会历史发展的精神表现，它随社会的发展而发展，在不同的时代境遇中，体现不同的价值。当历史在前进时，美学具有前瞻性，它翘首望着未来，表达着理想；当历史在发生时，美学具有概括性，它总结经验，概括为理论；当历史在实践时，美学具有价值性，它指引着道德，规范着意志。[3]美学不愧为我们这个时代的精神精华，它反映着、探索着、也预言着20世纪中国伟大的历史变革。对中国美学百年发展中的学术进程进行探讨已经引起了学者的重视，并取得了众多的学术成果。① 从方法论上来反思中国美学现实的成就和问题则展开的还极其不够。但是，“中国美学”问题可以转化为中国美学的方法问题。有什么样的美学就有什么样的方法，有什么样的研究方法，就会有什么样的美学。我们关注的则是中国美学的学科发展、理论构建、学术成果、理论思潮、学术流派中的方法论基础。

① 汝信、王德胜主编：《美学的历史——20世纪中国美学的学术进程》，安徽教育出版社，2000年。邓牛顿：《中国现代美学思想史》，上海文艺出版社，1988年。张涵：《中国当代美学》，河南人民出版社，1990年。卢善庆：《中国近代美学思想史》，华东师范大学出版社，1991年。聂振斌：《中国近代美学思想史》，中国社会科学出版社，1991年。陈伟：《中国现代美学思想史纲导论》上海人民出版社，1993年。封孝伦：《二十世纪中国美学》，东北师范大学出版社，1997年。陈望衡：《20世纪中国美学本体论问题》，湖南教育出版社，2001年。邹华：《20世纪中国美学研究》，复旦大学出版社，2003年。聂振斌：《思辨的想象——20世纪中国美学主题史》，云南大学出版社，2003年。汝信、王德胜主编：《20世纪中国美学史研究丛书》（一套六本：a戴阿宝、李世涛：《问题与立场——20世纪中国美学论争辨》；b袁济喜：《承续与超越——20世纪美学与传统》；c彭锋：《引进与变异——西方美学在中国》；d马驰：《艰难的革命——马克思主义美学在中国》；e王德胜等：《创世之音——中国美学1900—1949》；f薛富兴：《分化与突围——中国美学1949—2000》），首都师范大学出版社，2006年。

一、中国美学的形成与方法论的关联

美是一种人类的生命现象，人活着就在追求美、审视美。美学就是人类的现象，是人对自身追求美的反思的理论成果。生命有多么丰富，美就有多么广阔；人类有多么复杂，美学就有多么艰难。之所以美学能成为一门公认的学科，是基于人性对人进行审美要求的反思。美总是在不断的创造中，美学也随时代、阶级、民族、个体的不同而呈现不同的理论色彩。

有人称中国古代有美无学，或者把古代的美学思想称为“潜美学”、“前美学”，因为中国古代虽然有许多关于美和艺术的谈论，但没有现代性的学科体制，谈美只能是经验性的、个体性的。实际上中国美学的形成，应该看成是一个现代性的事件。它是随着中国社会的发展，从传统社会转为现代社会的历史产物。之所以古典的美的思想观念被我们称之为美学，并且写出许多种中国美学史性质的著作，那是用现代的美学理论对历史重新编撰与阐释的结果。

百余年中国美学，经历了一个从简单到复杂，从引进介绍到消化吸收，从直接拿来到和民族传统相融合，结合现实而创立自己体系的一个发生发展的历史进程。这样看中国美学就是从清末开始，经过 20 世纪的发展，到今天仍在继续进行的一个美学进程。对这一历史时期美学进程的探讨，可以划分为不同的历史阶段，我在《情感与启蒙——20 世纪中国美学精神》中，把它划分为四个阶段，这就是从清末到“五四”，从“五四”到“建国”，从“建国”到“新时期”，从“新时期”到现在。从美学理论建设和学科形成看，这四个阶段美学研究的成果与研究方法有许多不同，当然也有相同的地方。

19 世纪后半期，中国社会面临巨大的变化，虽然有些人还沉溺于旧的美学传统之中，但时代的呼唤则产生一种新的美学精神的萌发。在与西方的对垒中，中国的丧权辱国激发了中国社会的变革。中国美学就是在向西方学习中产生的，建立新式学堂，派人出国留学，翻译西洋书籍。蔡元培总结说：“我国输入欧化，60 年矣：始而造兵，继而练兵，继而变法，最后始知教育”。[4](p. 312) 当时知识界对中国的判断是，中国落后了，必须向西方学习。西方比我们强大，因此他们的一切都比我们的好。美学便是在这样的背景下从西方引进的。中国美学的先驱，如王国维、蔡元培、朱光潜、宗白华、蔡仪等人，都是在对西方文化、美学、哲学探讨以后开始自己美学探讨活动的。当然，西方美学也不是铁板一块，西方美学也有各种不同的流派和理论体系，所以向西方学习的道路也不一样，表现在美学家的理论表述上也有差别。

“五四”运动以后，马克思主义美学开始在中国传播，美学研究也逐渐被置于马克思主义之下。后来马克思主义的哲学基础就成了解决美学问题的唯一正确的方法。随着唯物主义认识与反映论和历史唯物主义占领社会主义意识形态，在新中国成立以后成为指导思想的理论基础，唯物主义认识论的美学曾雄霸20世纪中后期中国美学的大部分时间与领域。50—60年代中国美学曾有过一次大讨论，其目的还是企图用哲学的一元论来一统天下。但复杂的美学问题，并不能像下行政命令那样来强制执行，美学总不能被体制化所规训，美学的学术性与政治性之间产生了悖论的张力。美学研究成了美的本质研究并根据研究者的哲学观来判断其正确与否。这种局面到了新时期以后才开始转变。因为从原则出发和从理论出发，并不能解决美学的实际问题。也不能用来分析审美现象。改革开放之后，一元论受到质疑，于是从方法论讨论开始，中国美学走向了多元价值的黄金时代，方法论的提倡与反思实际上是对一元论哲学的唯一正确的“权力话语”的挑战与解构。随着各种方法流派被引进，美学研究者发现唯物主义以外的研究方法，美学的多元价值、审美的丰富性、审美经验的个体性、创造性被学术界所认可，并作为许多美学立论的出发点。年青一代的美学家没有经历战争的残酷和政治恐惧的余悸，他们从自身的体验中，从社会现实的变革中汲取美学研究的力量，美学研究又回到了它的起点，从经验出发或从生命体验出发来重新建构新的美学。从马克思主义辩证唯物主义和历史唯物主义出发的“实践美学”，曾走向中国美学的巅峰，有过辉煌的光彩和荣耀，忽然在生命美学、价值美学、审美文化研究和后现代美学的另一类话语中失衡。原来美学的基础还可以突破唯物唯心等哲学而走向一种话语模式。在后现代主义美学看来，本质主义、基础主义、宏大叙事都是可疑的，都不是“真理”，也不是“规律”，更不是“客观的”，这些词都带有表现性，审美并没有什么可以离开个人判断的“客观性”。[5](p. 3)这段时间的美学发展，被有些人称为“后实践美学”。随着中国的改革开放，中国社会已经走向了多极，价值也走向了多元，美学也走向了“散文”时代。随着科学技术的发展，美学研究放弃了“教条主义”的注经研究，而走向“合而不同”。日常生活审美化、视觉文化的研究、图像理论的兴起、生态美学的出现，都是美学变革的成果，也是其原因。中国美学将在多元论中走向繁荣。

美学研究与方法密不可分，美学理论可以看成方法的展开和演化。中国美学的变革就是中国美学研究方法的变革，每次新的美学出现，都不是研究方法变革和转变的结果，方法就是达到目的的思路和手段。我们的目的是研究美，怎么去研究，这就是一个问题。虽然中国美学在进行理论构建时也曾反思方法问题，但目前对美学方法本身的探讨还极其不够。方法是工具和手段，但不能仅仅理解为工具论和手段论。方法与其对象有密切的联系，方法是对对象的本质特征认识的展开过程。方法的确立是对对象本身理解的产物。大部分的方法是在探讨的过程中产生的。

二、中国美学方法范式及异化

中国美学的产生与发展同方法论有内在的关联。我们从宏观的角度在模式上对方法论进行阐释。中国美学方法最主要的有引进法、注经法、科学法、哲学法、流派法等。

1. 引进法

引进法是中国美学研究中最主要的方法。当从价值上认识到西方的优点时，有着向外学习传统的中国人便采用了“拿来主义”的战略，先翻译介绍外国的美学，其中引进西方的美学为主，东方的为辅。这种引进表现为：派留学生去国外，以学习语言，了解异域文化。把国外的著作、学科、学制直接引进来，用西方的美学来分析中国的问题。如王国维用叔本华、康德美学来分析中国文艺中的审美精神。蔡元培引进德国学科建制在北大首开美学课。朱光潜、宗白华留学西洋，把当时在西方有影响的美学理论翻译介绍过来。这种方法在百年美学发展中有三次高潮。一为清末到“五四”时大量翻译异域的著作；二是选择了马克思主义为救国之本，翻译以苏联为代表的马克思主义美学著作；三是新时期在改革开放的大潮下，大量翻译外国美学著作。中国美学形成的理论派别，与这种翻译过来的西方美学著作的刺激与对照有内在关联。有人对大量翻译介绍西方美学著作对促进中国美学的发展持一种怀疑态度，认为这样失去了中国美学的民族性，中国美学根本没有患什么“失语症”，只是我们还没有学会说自己的话。可以设想如果没有“引进法”，中国的美学可能根本就不存在。“引进法”首先形成“西方美学在中国”的局面，通过反思，进而形成中国美学的独特性是完全可能的。中国美学在现代社会与西方的遭遇是历史性的，它是整个世界美学的现代化的一部分。美学在未来不应再分国界，而应成为真正的全人类的“美学”。美学由“地方性知识”而走向为人类审美经验立法。但现阶段美学仍然是“地方性的知识”。由于民族传统不同，地方环境差异和文化价值的差别，各国的美学理论会有所不同。

引进法的好处在于开阔了视野，中国美学在发展中找到了参照系，西方美学在思维形式、逻辑分析、论证过程、价值取向上成为比较研究的对象，刺激了中国美学的成长。相应的也带来一些弊端，西方美学是针对西方世界的历史、人文、价值、艺术、社会阶段和现实问题提出的，哪些可以与中国问题类比、吸收则是需要研究的，有些理论者对外国的东西盲目引进、食而不化、崇洋媚外、唯诺是从则是不对的。如“五四”时期提倡西方“科学与民主”的方法，“科学方法”就被异化成了神话；我们向苏联学习，引进马克思主义，马克思主义的唯物论的哲学命题，就被异化成了政治命题，进而深信“唯物论”可以解决美学的一切问题。新时期以来，各种西方的理论方法被介绍过来，如三论

（信息论、控制论、系统论），有人便拿来建构中国美学，结果是自说自话，随着时间的消逝，也就成了过眼烟云。今天，有些人开始对20世纪80年代中期提倡的方法论热进行了反思，认为对方法的过于强调，已经使方法产生了异化。虽然如此，我们也不能对方法论带来的中国美学的发展视而不见，正是新时期以来美学方法的讨论，各种方法被引进介绍，中国美学才走向繁荣。

2. 注经法

注经法在中国古代是一种典型的治学方式，这种方式在中国美学的研究中也成为一种被承继下来的研究法。“经”这里指“经典”，封建社会把儒家的代表典籍称为“经”，如著名的“十三经”。现在把那些圣人、英雄、名人的有深远影响的著作称为“经典”，如商务印书馆出版的“汉译学术名著丛书”，中国的《诸子集成》、《十三经注疏》都是经典。由于某一著作影响深远，内涵深奥，后人便加以“注”、“疏”、“笺”。如《论语》、《老子》、《诗经》、《金刚经》、《坛经》的注疏本，已经成为一笔巨大的宝贵遗产。这种注经法本来是理解前人成果的一种方法。后来生发出“我注六经”和“六经注我”的两种倾向。前者指为了准确理解经典而广征博引，以发现和阐释原著的原意和微言大义，后者指引用经典的说法来阐发自己的看法和认识。

由于中国文化传统十分深厚，长期的封建社会养成保守的心理，崇拜圣人，崇拜经书的观念和方法十分流行，以明哲保身。这影响到百余年来中国美学的建设。表现为尊崇某一理论权威的观点，或某一经典书籍的阐释，从主义出发、原则出发、本本出发、某一关键词出发阐释出一套美学体系来。唯教条是从，最后是失去了思想的原创性，并且陷入帮派论争不能自拔。

注释某人某派某书的观点，可以促进对某一理论的理解，可以确定一个理论的前提或逻辑的起点，但它往往缺乏独创性，难以产生新的思想。中国美学在20世纪后半叶的发展，出现了众多的理论流派，但似乎没有产生什么真正的影响，使普通大众失去对美学的兴趣，美学研究者也厌恶了这种注经法，而使注经式的美学走向一种孤芳自赏、自言自语，除了经院式的争辩外，没有真正解决任何问题。

3. 科学法

科学方法来源于古希腊的传统，企图从自然本身来说明自然，人类放弃了“神创”论而走向自然论，于是有了“真理”等观念的出现，并为之而进行了深入的探讨。由于传统中国缺乏西方的科学理性，中国传统的创造被称为经验性的。百年来中国在反思自身的落后时，有人认为中国缺乏的是科学精神，于是在20世纪初期开始了一场尊崇“科学民主”的思想运动，其结果是，把“科学”这一概念异化成了一个“现代神话”。在美学上，有些美学家进行了中西美学的比较，把中国传统美学归为感性的、直觉的、经验的、综合的；把西方归为理性的、分析的、逻辑的、科学的等等。且不说这种两分法的幼稚，中西美学的差异就有这么巨大吗？西方有人提倡建立一种科学的美学，中国也有人应和之，于是从方法上把美学视为“科学”，变成为一个时期中国美学追求的目标。“美”虽然是感性直观的，令人愉悦的，但“美学”确是一门“学”，凡“学”，当然有自己的学科理念、科学方法和结构模式。于是在美学的方法论中引入了科学方法。在观念上认为可以建立一门类似于自然科学的美学，一劳永逸地解决诸如美的本质、美感的本质、艺术的本质等问题。在方法上把科学、理性、逻辑推理、形式逻辑的一套引进美学和文艺学的论证过程，或者在具体方法上采用归纳法、演绎法、比较法，像研究自然的物理、化学、光学那样来研究美学。当科学发展中出现什么新的理论便拿过来研究美学，如当信息论、控制论、系统论出现时，曾被一些人拿来建构新的美学体系，但现在看来，都成了明日黄花，因为它不是从“审美现象”出发来进行的探讨，而是科学观念和方法的套用，根本不能说明复杂的美学问题。在科学内部，也有人对“科学”是绝对真理，可以放之四海而皆准提出质疑。科学研究并不能被证实，它只能被证伪，科学不过是知识的类型，知识是假说。[6](p.3)科学的转变是神秘的，是一种范式的转变而绝不是永恒的真理。实证并不能证明一切。极易堕入片面的经验决定论。因此，科学的美学，永恒的美学，普遍真理的美学都是靠不住的。因为美学的对象不是科学的对象。美不过是表示人感性愉快不愉快的一个对象，对美的探讨更应该走哲学的、人文科学的道路，探讨的是审美经验的结构和审美造型的差异，艺术的审美特征或审美的价值所在。

科学方法中的形式逻辑对美学的建立有方法论的意义，它使美的理论、观念、思想形成一门“学”。但在接近美的核心问题时，它不能解决任何问题。美不是一个逻辑学的问题，也不是一个知识学的问题，而是人文精神价值的问题。为什么所谓自称“科学的美学”种种理论并没有被认为是一门“科学”，或并不具有科学性，是因为“美学”的评价尺度并不是科学性的。就像宗教、信仰、艺术、体验等人类行为，怎么能用“科学”的尺度去衡量呢？科学的美学实际上是走错了道路。科学解释不了宗教，当然也解释不了审美。凡是自称为科学的美学，都是要重新进行审视的。最后“科学”的术语被异化为“正确”、“真理”的化身。所有美学都称自己是科学，不同意对方的观点就称对方是“伪科学”、“反科学”的。“科学”概念的内涵已经被抽空，而成了一种“话语权”的表现方式。因此，凡自称自己“科学”的美学都要在科学观念下接受质疑和分析。

4. 哲学法

美学隶属于哲学，美学是哲学的一部分或一个分支，这从学科建制上可以看出。但在实际的运行中，美学并不完全是哲学的一部分。有人把美学看成由三部分组成，这就是美的哲学、审美心理学和艺术社会学，这乍一看很合理，实际上是有问题的，审美心理学与艺术社会学都不是哲学问题。所谓美的哲学就是从哲学上来探讨美是什么？我们看到一些美的哲学的书籍就是做了这样的努力。这看上去美与哲学的关系问题已经解决了，实际上问题变得更加复杂了。有些哲学家，在哲学体系的建立过程中，不得不对美进行探讨，这种美学被称为“自上而下”的美学。问题在于还有“自下而上”的美学存在着，这种基于经验的美学，根本无视哲学的指导，而是从实证性的经验出发而归纳、演绎出美的问题。难道美学的探讨可以脱离审美心理和艺术问题，而存在另一个审美对象？

更重要的是哲学本身的问题。五十余年来，在中国，哲学曾被放在知识的峰巅，被看做世界观与方法论的总和，认为哲学观决定了一切。于是从哲学原则出发，从某一哲学派别出发，从某一哲学观念出发来解决美学问题成为时代的特色和通病。哲学被异化成某一派别的哲学，某一主义的哲学。哲学被看成超越具体事物之上，表现了普遍联系的规律，哲学就成了形而上学，成了一部分人的教条，他们的所谓哲学美学，就是从某一哲学观出发的美学。哲学观当然不是哲学，它又貌似哲学，因而很多人不加区分，或者没有能力区分。

实际上哲学在古希腊产生时只是一种追问方式，他追问的是某个东西是什么？或者这是什么——美。[7](p. 588)它的含义是“爱智慧的”。当我们追问什么是“存在”，什么是“人”时，这就是哲学。运用在美学研究上，追问什么是美，这就是哲学的方法。[8](p. 4)哲学是从思考普遍性问题上开始的，它却起源于惊异感或“好奇心”。因此，从哲学上对美的追问，不是从某一哲学观的追问，而是从人与自然的审美关系出发，美从非美的地方开始，审美从怪异中产生。正是人外在对象的种种奇异引起人们的追问，才产生了审美，而解说这一对象的普遍的思考成果就是哲学；在中国表现为“天人合一”的观念，在西方表现为追求“逻各斯中心主义”的普遍的规律性追求。在现代西方，传统的哲学观也受到了批评，他们否定形而上学，反对以抽象概念为至尊的哲学而使自己的思想转为“后哲学”[9](p. 13)。在现代中国，哲学曾超越知识和科学之上，获得“最普遍的规律之学”，现在看来也不过是一个虚构的“神话”；是一种神化自我“话语权”的方略。这样哲学在现代就转变成了“关于人对世界的态度或人生境界之学”。[8](p. 9)

在哲学被神话时，从所谓的哲学原则和规定性生发出来的美学研究就产生了异化。美学并不是从人与世界关系的“惊异感”出发来研究，而是从某种形而上学的抽象概念原理或权威人士的言语或“经典著作”中开始自己的研究。这就使中国美学中的“美的哲学”产生“疏离感”、“隔世感”、“教条感”，除了在美学研究者中产生影响，为各自的原则争辩外，对社会大众无效。在20世纪末，这种局面才有所改变。哲学方法已经走下神坛，它也不过是一种言说方式，它与虚构的小说和散文并没有什么太大的区别。哲学方法，在“后现代”社会又回到古希腊时的观念上，哲学“作为希腊词语乃是一条道路”。这条道路与老子哲学中的“道”，有异曲同工之妙。老子的道有四意：道路；自然运行的法则；言说方式；思想体系到方法。方法就是到达目的的“道路”。所以，哲学就是方法论。

5. 流派法

哲学是一种探讨的过程，通过探讨对什么是宇宙，什么是人，什么是美等问题来叙说。不同时代的人有不同的看法，不同的研究方法又会产生不同的理论流派，不同的流派又产生不同的影响，于是研究方法又产生了一种变异，这就是不是从哲学产生的原点上展开的研究，而是借用已经形成的不同的理论倾向的理论、原则展开自己的研究。

人都是普遍缺乏创造性的，人又都是善于学习的，当别人有了很好的看法，往往就会被后人继承。我们看看各种历史发展的书籍，这种历史继承性构成了波澜起伏的思想长河。现代学科的体制化，教育制度的师承关系，强化了这种流派的形成和影响。

20 世纪以来，人类的创造力大增，各种理论流派纷纭争雄，形成的“主义”也是五花八门。纯粹的胡言乱语肯定征服不了人，从某一牛角尖点上引申，生发出的种种独白理论却也有一批听众。特别是那一部分掌握了权力的人，掌握了“权力”就掌握了“话语权”，他们叙述了一个白日梦，别的人也跟着深溺其中。那些学术权威，以自己的独到研究，建立了一套系统的学说，无异于建立了一个宏伟的大厦或者一个神秘的迷宫，引来了无数的观赏者和模仿者。于是在 20 世纪中国美学的研究中，从某一流派的理论出发来建立自己的理论就成了一种最流行的方法。

我举几种谈美学文艺学方法论的著作，可以看出这种研究方法的影响。

日本著名美学家今道友信主编过五卷本的《美学的历史》，其中第三种是《美学的方法》[10]，该书就选择了 11 种研究方法，分别是现象学、解释学、艺术符号论、分析美学、实验美学、形而上学的方法、社会学的方法、比较美学、结构主义、创作学、卡罗诺罗伽①。从中可以看出，这里的所谓研究法，大部分是理论流派的。

陈鸣树教授著有《文艺学方法概论》一书，除了上篇论述了方法论的基本原理，下篇论述了方法论的实践功能之外，中篇是介绍方法论的，他列有 13 种方法，分别是：社会学方法、心理学方法、比较学方法、“俄国形式主义”、“新批评”方法、原型批评、现象学文学研究方法、阐释学方法、接受美学、结构主义文学方法、解构主义文学方法、自然科学方法的借鉴、马克思主义文艺学方法论。可以看出，他的分法基本上是从某种学派理论出发来展开不同方法

---

① “卡罗诺罗伽”一词，今道友信从外文“calonologia”引用而来，被今道友信阐释为一种“超本体论”研究法，是一种美的形而上学的构想。这个词由美、存在、理性、学问构成，认为：“它的真意是意味着力求在理性上逼近超越了存在的美的价值的学问”。

论的。[11]

胡经之、王岳川教授主编的《文艺学美学方法论》列出了社会历史研究法、传记研究法、象征研究法、精神分析研究法、原型研究法、符号研究法、形式研究法、新批评研究法、结构研究法、现象学研究法、解释学研究法、接受美学研究法、解构研究法。基本上可以看出，除了“传记研究法”是从文体立论，其余基本上是从某一思想流派出发立论的。[12]

赵宪章教授出版的《文艺学方法通论》一书[13]，则把文艺学方法归为五大范式。这就是：文艺学经验方法、文艺学美学方法、文艺社会学方法、文艺心理学方法和文艺学本体方法。这里克服了将方法与流派混淆的错误倾向，在历史与逻辑的统一的基础上，展示了文艺学方法的历史发展和范式演变。在具体论证时，则把不同流派的理论放在五大范式中。

因此美学、文艺学中的流派研究法是一种影响颇大的方法。但是，这种把方法等同于流派的做法是值得商讨的。“方法不等于流派，一种方法可能被分为多种流派所运用，一种流派也可能同时运用多种方法，”[13](p.13) 美学的方法作为一门学科的研究方法，与流派的具体研究方法显然不是在同一个层面上的，将美学、文艺学的理论流派认做不同的方法，是对美学研究方法概念的误解。某种流派，只是一种研究方法，而不是方法本身。

我们根据百余年中国美学的演化过程，从历史进程中归纳出几种方法论的模式，任何模式的形成总是对相同的相似的对象的结构的归纳。这种归纳是抽象性的、结构性的，因此，也失去了其鲜活性。要是认为仅仅有这样几种方法模式则是大错特错了。人们从不同的原则、类型出发也会有不同的归纳。

三、中国美学方法论中的悖论反思

中国美学的概念已经确立，并且已经有学者总结了这方面的发展，写出了大部头的著作。中国美学看上去是丰富多彩的，实际上有时又是空洞无物的。这当然是一个悖论。看上去丰富多彩是因为从清末中国开始向西方学习，美学被引进以后，出现了那么多的种种美学理论，几乎步西方的后尘，把西方的种种理论、学说、流派引进来，又批判掉，最后只留下引进、崇拜、批判、否定的痕迹，和研究者走过的足迹。美的真理并没有出现，因此中国美学又是空洞无物的。这个空洞无物是经过百余年的研究探索，关于美的一切问题都没有达成统一的意见。如美的本质究竟是什么？曾经有过的主观说、客观说、主客观结合说、客观社会说、实践说、生命说等等，也不过是根据自己的立场，在哲学话语下的一种推演，它们之间谁也说服不了谁。再如美学的对象是什么，也没有一致的看法，既然可以成为“学”，肯定有“学”的对象，但抽象上存在，具体时就不存在了，只能根据每个不同的研究者来确定。实际上美学本身都是可疑的，从“美学”术语的翻译上，它来自于德文的“Äesthetica”，美学之父德国哲学家鲍姆嘉通把这个词命名为一门“学科”，这个词的本义为关于感性认识的学科。感性认识包括“美”，但绝不仅仅是“美”，所以美学应研究感性中的审美，及其非美等感性类型。康德把审美称为“判断力”，黑格尔认为美学就是艺术哲学，实际上坚持的是美学的本意。但中国人引进美学后，美学的中心词被置换成了“美”，把本来属人的“审美鉴赏力”产生的美，和仅仅探讨艺术才具有的美，都外化到客观事物上去了，并以此出发，引经据典来证明美的客观性，并从此出发来批判康德、黑格尔美学的唯心主义，以此来证明自己的正确。

这都是“哲学”惹的祸。哲学本来是应该探讨什么是美，进行本体性的追问，这纯粹是一个学术问题，但在中国美学中哲学则成了政治话语权的象征物。先是神话哲学，把它推到世界观和方法论的高度，再把信仰的文化和书本作为哲学唯一正确的盖棺定论，这种哲学就成了政治的口号和术语，从此出发探讨丰富多彩的审美，怎能不走错路。中国美学在20世纪50—60年代的讨论，便是在这种观念下产生的，沿此思路，到20世纪80年代，产生了“实践美学”。美学好像被统一了，定于一尊了，但从一个“实践”概念来演绎出一个美学体系，并不能说服年青一代的美学工作者。因为何为“实践”本身就是一个值得探讨的问题。“实践”也不过是一个供不同美学家解释的“术语”而已。改革开放之后，人的地位提升，生命的价值得以弘扬，“实践美学”受到质疑是必然的。

科学方法是一个好东西，谁要是被认为“不科学”，谁就要倒霉。科学的发展促进了现代化，提升了人们的生活水平，是现代化创造的奇迹。人们尊崇科学是可以理解的，于是科学方法便被拿来研究美学，想建立一个美学科学或科学美学。但美学科学建立起来了吗？没有，我们还没有看到一个真正的美学科学来。原因就在于，美学就不是一门科学，人们用科学的一套方法研究美学是行不通的，美学仅仅是一门人文学科，是关于鉴赏判断愉悦不愉悦的价值判断的种种理论。审美就像诗与艺术一样，不能被科学的理性所规范，它代表的是人性中的“诗性”。所以中国美学方法中出现了另一种情况，愈是想建立科学美学，愈脱离审美本质。用科学的方法研究美学，仅能增加知识，而不能体验美。美需要用直觉、感悟来体验。

美学作为一门“学”，按学理和学科规范，应该证明一个普通有效的判断，传授一个可以被反复证明的理论，是可以传授给别人的。但美学家们又认为，美是感性认识的，根本与理性无关，美的知识可以传达给别人，审美却不可以传达给别人。就像康德认为的，艺术需要技巧，但艺术本质上不可传达给别人[14](p.149)，诗人可以把写诗的技巧教给他的儿子，但不能保证他的儿子能写出一首好诗。人可以把马带到饮水处，但是否喝水却是马的问题。这又带来一个问题，美学既然不能最终决定审美与艺术创造，它还有什么用。美学仅仅是美学家训练思维的游戏吗？理论是抽象的，人们一度认为，具体的事务都是个别的，未必是真理的，只有抽象的理论才是普遍有效的，但普通的又只能是抽象的。美学理论无视艺术家具体的经验，艺术家也不想去看那些高头讲章的什么所谓理论。中国美学往往脱离了与具体审美行为的联系是一个时代的通病。

翻译介绍国外的种种美学理论是好的，打开国门，视野大开，有了参照系，吸收营养以建立符合中国国情的美学是我们的愿望。但是，我们看到引进是引进了，却没有很好的消化。翻译异化成了仅仅翻译介绍。有些人称要打通古今中外，建立有中国特色的美学，却看不到有价值的成果。有人对外排斥，对外语的表述转化为“汉语”的表达不大理解。有人对中西美学进行比较，不问时代、背景、社会的不同，在理论和术语之间寻觅“贯通”。

在对中国美学方法进行反思时，从宏观上我们看到存在一些悖论，这的确是一个问题。英国哲学家罗伊·索伦森说：“我把悖论看做是一个哲学的原子，因为悖论是思想走向成熟的基本起点。”[15](p.2) 美学是由其存在的问题而不是由它的答案来维系的。美学理论源于日常生活对审美体验概念表达的困惑，这种困难即悖论，悖论使我们徘徊于好多很好的答案之间的问题里，对审美之秘的历史解答使问题一代又一代地维系着。美是客观的还是主观的？美感是功利性的还是超功利性的？艺术是天才创造的还是技巧创造的？不同的美学家都有不同的看法。一般而言，悖论的某个答案单独看是很有说服力的（自圆其说），而势均力敌般的对手之间的“拉锯战”，则使问题保持了生气。常识看上去或许是天衣无缝的，悖论则标志了我们常识世界的一系列缺陷。

20世纪90年代以来，有人认为“中国美学热”已经退潮而走向沉寂，实际上这一阶段的美学才是真正健康发展的美学。美学从定于一尊的形而上学的“实践”中走出，走向生命，走向体验，走向日常生活，走向大众文化，人们开始反思视觉文化、图像转型、环境美学和身体美学。美学由哲学的巅峰滑向实用体验的运用。

这是美学的堕落，还是美学的复兴？

人们建立科学的美学，要遵循一定的研究方法，但从百年来中国美学的方法论进程中，也看到其弊端，这就是方法的指导极易走向其反面被方法所困，以致失去了方法论的意义，或者说美学存在的问题并不是美学本身的问题而是方法的问题。如“五四”时对“科学”方法的提倡而走向“唯科学主义”论；如马克思主义哲学方法被运用时，形成唯物主义一元论；“三论”被引进时的“三论热”现象。各种流派的美学方法都有一大批追随者，这导致中国美学教条主义的幼稚病。

今天应该对方法的内涵重新认识。方法不是科学，方法不是哲学，当然也不是形而上学。方法不是一些流派，也不仅仅是一种工具。从词源学上来看，方法在古希腊语中是“沿着道路的意思”，因此方法可以理解为遵循正确道路的行动。“因此，所谓方法最好理解为道路”。[16](p. 18) 如我们想到一个地方，可以乘汽车，也可以骑自行车，也可以步行，重要的是在路上正确前行以到达目的地。当然在没有道路的时候自己要开辟道路，不然就没法到达目的地。当没有工具的时候，自己可以创造，如造车、造船、造桥。所以法国当代著名哲学家埃德加·莫兰认为：方法，乃“天然之天性”。[17](p. 4) 方法从没有方法的地方开始，开始时只有反对方法，也就是说敢于起步，由于好奇心、激情、开放而使我们钟情于一个目标，你就开始了方法的探索。西班牙人马查多（Machado）诗云："于无路处行路"，方法只能在寻找中产生，为了到达你一无所知的那一点，必须踏上你一无所知的那条路。中国美学应该放弃所谓的十几种引进的方法论，而走向“美的现象”还原本身，从而探索出一条通向“美学”这一宏伟目标的道路。

用老子的话表述就是：“道法自然”。

参考文献：

[1] 蒋孔阳．德国古典美学［M］．商务印书馆，1980.

[2] 李泽厚、刘纲纪．中国美学史（第一卷）［M］．中国社会科学出版社，1987.

[3] 朱存明．情感与启蒙——20世纪中国美学精神［M］．西苑出版社，2000.

[4] 蔡元培．蔡元培全集（第三卷）［M］．中华书局，1984.

[5]［法］让—弗朗索瓦·利奥塔尔．后现代状态——关于知识的报告［M］．三联书店，1997.

[6]［英］卡尔·波普尔．猜想与反驳——科学知识的增长［M］．上海译文出版社，1986.

[7]［德］海德格尔．什么是哲学［A］．海德格尔选集（上）．三联书店，1996.

[8] 张世英．哲学导论［M］．北京大学出版社，2002.

[9]［美］理查德·罗蒂．后哲学文化［M］．上海译文出版社，2004.

[10]［日］今道友信．美学的方法［C］．文化艺术出版社，1990.

[11] 陈鸣树．文艺学方法概论［M］．上海文艺出版社，1991.

[12] 胡经之、王岳川．文艺学美学方法论［M］．北京大学出版社，1991.

[13] 赵宪章．文艺学方法通论［M］．江苏教育出版社，1990. 浙江大学出版社，2006（修订版）.

[14]［德］康德．判断力批判（上）［M］．商务印书馆，1985.

[15] Roy Sorensen, *Philosophy and the Labyrinths of the Mind*, Oxford

University Press, Ine. 2005.
[16] 今道友信. 美学方法 [M]. 文化艺术出版社, 1990.
[17] [法] 埃德加·莫兰. 方法: 天然之天性 [M]. 北京大学出版社, 2002.

内容摘要:

论文对中国美学形成及研究的方法论问题进行了探讨。论文首先区分了美学在中国与中国美学的概念;"中国美学"的概念是吸收外国美学理论,由中国人所创立的不同于中国古典美学的一种新的知识类型。"中国美学"问题可以转化为中国美学的方法问题,因为中国美学是在现代研究方法基础上形成的,中国美学的变革就是中国美学研究方法的变革。中国美学方法最主要的有引进法、注经法、科学法、哲学法、流派法等。不同的方法,反映了不同时期对美学研究的不同要求。中国美学应该放弃所谓的十几种引进的方法论,而走向"美的现象"还原本身,从而探索出一条通向"美学"的独特道路,促进21世纪中国美学的发展。

关键词:

美学; 中国美学; 方法; 反思

The Issue of Methodologies of Chinese Aesthetics

■ Zhu Cunming

(School of Chinese Studies, Xuzhou Normal University, Xuzhou221116)

Abstract:

The paper discusses the form of Chinese aesthetics and its research methodology. First of all, the concept was distinguished between aesthetics-in-China and Chinese aesthetics. The conception of "Chinese Aesthetics" deprives from foreign aesthetic theories, and a new type differs from classical Chinese aesthetics created by Chinese people. Chinese Aesthetics can be transformed into a methodology of Chinese aesthetics because it is formed on the basis of the Chinese aesthetic modern research methods. As a result, the revolution of Chinese aesthetics equals to the change of research methodology on Chinese aesthetics. The main methods on Chinese aesthetics are introducing, annotation, science, philosophy, schools and etc. Different ways reflect different requirements for aesthetics study on different periods of time. Chinese aesthetics should abandon the introduction of the so-called dozen methodology brought abroad, and go for "the phenomenon of beauty" to restore itself. After all, the

unique path to "aesthetics" can be approached and we can promote the development of Chinese aesthetics of 21 century.
Key words:

aesthetics; Chinese aesthetics; methodology; self-examination

约稿启事

一、约稿内容，本刊以发表马克思主义美学和文艺学研究的论文、译文、述评、书评以及有关研究资料为内容。

二、来稿篇幅与文本要求，每篇字数限于一万字左右，特殊需要可适当增加字数。本刊欢迎用电子邮件投稿，主题请注明“《马克思主义美学研究》投稿”，如果文本稿件请附软盘。来稿格式请参照《〈马克思主义美学研究〉投稿格式》。

三、译稿要求，请译者将原著作者同意翻译出版的授权证明，连同原文复印件一并寄来。

四、来稿请在文末注明作者真实姓名、职称、学位、学历、工作单位、详细地址、邮编、电话号码和电子邮件等项内容，以便联系。凡不同意编辑修改原稿者，也请注明。

五、来稿一经刊用，即致薄酬，并寄样书两本。本刊已加入 CNKI 中国期刊全文数据库，如作者不同意文章转载，请在来稿时申明。

六、本刊采用匿名评审制度。

七、本刊编辑部有少量《马克思主义美学研究》（全十二辑）存书，有需求者请与编辑部联系，购买全套邮资免付，零星购买同样欢迎。

八、投稿地址：南京大学文学院美学研究所（邮编：210093）《马克思主义美学研究》编辑部收

E-mail：rma9805@gmail. com

《马克思主义美学研究》投稿格式

1. 文章标题：要求简明、具体、确切，字号为四号黑体，居中，字数应以不超过 20 字为宜，必要时可加副标题。

2. 作者：作者姓名置于篇名之下空一行，文章应标明作者的工作单位，包括单位全称、所在省市名及邮政编码，整个数据用圆括号括起，置于作者名下；多位作者署名之间用逗号隔开，姓名右上角加注阿拉伯数字序号，并与其工作单位前的序号一致。

文章应附作者简介，包括：姓名、出生年月、性别、籍贯、工作单位、职务、职称、学位；作者简介是在文章标题的右面上标星号，然后以脚下注的形式作出。

3. 基金项目：文章如属基金项目，请于作者简介下方标明项目名称和编号。

4. 正文：正文应先空两格，字号为五号宋体，行间距为单倍行距；文中小标题前后要空一格，字号为小四黑体。

5. 中英文摘要：中文直接摘录文章中核心语句写成，具有独立性和自含性，字数应以 150—200 字为宜。"摘要："字样为黑体小五，冒号之后的部分为宋体小五；英文摘要（Abstract）：与中文摘要基本对应。

6. 中英文关键词：中文选取 3—8 个反映文章最主要内容的术语，"关键词："字样为黑体小五，冒号之后的部分为宋体小五，多个关键词之间用分号隔开；英文关键词（Key Words）：与中文关键词完全对应。

7. 中/英文摘要与关键词一并放于文后。

8. 注释：用于对正文作补充性说明的文字，采用页下注的形式，注号为"①②③……"上标的形式，每页单独计算而不采取依次排序的方式，字号为小五宋体。

9. 参考文献：用于说明引文的出处，采用文末注的方式，注号为"[1]、[2]、[3] ……"上标的形式，字号为小五宋体，以单字母方式标识参考文献类型：

M—专著，C—论文集，N—报纸文章，J—期刊文章，D—学位论文，R—报告，S—标准，P—专刊，A—专著、论文集中的析出文献，Z—其他未说明的文献类型。

详细标注规则如下：

（1）凡出处相同的参考文献，第一次出现时依顺序用注号，以后再出现时，一直用这个号，并在注号后以圆括号的形式直接标出页码，如："[1]（p. 118）；[2]（pp. 7—8）；[5]（pp. 4，58）"。对于只引用一次的参考文献，页码同样标在注号之后。文末依次排列参考文献时不再标示页码。

（2）注项（下列各类参考文献的所有注项不可缺省）：

a. 专著：[序号] 主要责任者．文献题名 [M]．出版地：出版者，出版年．

比如说：[序号] 韦伯．学术与政治 [M]．北京：三联书店，1998.

b. 期刊文章：[序号] 主要责任者．文献题名 [J]．刊名，年，卷（期）．

比如说：[序号] 翟学伟．人情、面子与权力的再生产 [J]．社会学研究，2004（5）．

c. 论文集中的析出文献：[序号] 析出文献主要责任者．析出文献题名 [A]．论文集主要责任者．论文集题名 [C]．出版地：出版者，出版年．

比如说：[序号] 赵树理．艺术与农村 [A]．黄修己．赵树理研究资料 [C]．太原：北岳出版社，1985.

d. 报纸文章：[序号] 主要责任者．文献题名 [N]．报纸名，出版日期（版次）．

比如说：[序号] 周诚．试论喜剧 [N]．文汇报，1960—11—16

e. 外文版专著、期刊、论文集、报纸等：用原文标注各注项，切忌中文与外文混用。

图书在版编目(CIP)数据

马克思主义美学研究. 第12卷第2期/王杰主编.
—北京:中央编译出版社,2009.12
ISBN 978-7-5117-0151-0

Ⅰ.①马…
Ⅱ.①王…
Ⅲ.①马克思主义美学-研究
Ⅳ.①B83

中国版本图书馆 CIP 数据核字(2009)第240607号

马克思主义美学研究. 第12卷第2期

出 版 人 和 龑
策划编辑 谭 洁
责任编辑 王忠波
责任印制 尹 珺
出版发行 中央编译出版社
地　　址 北京西单西斜街36号(100032)
电　　话 (010)66509360(总编室) (010)66509367(编辑室)
(010)66161011(团购部) (010)66130345(网络销售)
(010)66509364(发行部) (010)66509618(读者服务部)
网　　址 www.cctpbook.com
经　　销 全国新华书店
印　　刷 北京中印联印务有限公司
开　　本 787毫米×1092毫米 1/16
字　　数 420千字
印　　张 22.25
版　　次 2009年12月第1版第1次印刷
定　　价 49.00元

本社常年法律顾问:北京大成律师事务所首席顾问律师 鲁哈达
凡有印装质量问题,本社负责调换。电话:(010)66509618